U0729146

本 书 编 委 会

主　　编：洪银兴

编委会成员：刘　灿　黄泰岩　石　磊　龙小宁
葛　扬　任保平　张二震

XINBIAN SHEHUI ZHUYI ZHENGZHI JINGJIXUE JIAOCHENG

新编社会主义政治经济学教程

洪银兴◎主编

人 民 出 版 社

策划编辑:郑海燕
责任编辑:郑海燕　张　燕　李甜甜
封面设计:王欢欢
责任校对:王迎姣

图书在版编目(CIP)数据

新编社会主义政治经济学教程/洪银兴 主编. —北京:人民出版社,2018.9
ISBN 978-7-01-019733-3

Ⅰ.①新…　Ⅱ.①洪…　Ⅲ.①中国特色社会主义-社会主义政治经济学-高等学校-教材　Ⅳ.①F120.2

中国版本图书馆 CIP 数据核字(2018)第 197347 号

新编社会主义政治经济学教程
XINBIAN SHEHUI ZHUYI ZHENGZHI JINGJIXUE JIAOCHENG

洪银兴　主编

人民出版社 出版发行
(100706　北京市东城区隆福寺街 99 号)

中煤(北京)印务有限公司印刷　新华书店经销

2018 年 9 月第 1 版　2018 年 9 月北京第 1 次印刷
开本:710 毫米×1000 毫米 1/16　印张:32.5
字数:467 千字

ISBN 978-7-01-019733-3　定价:98.00 元

邮购地址 100706　北京市东城区隆福寺街 99 号
人民东方图书销售中心　电话 (010)65250042　65289539

目　录

第二篇　经济制度

第三篇 经济运行

第四篇　经济发展

第五篇　对外经济

导　　论

中国特色社会主义政治经济学是对中国特色社会主义经济制度、经济发展道路进行理论概括的系统性经济学说。习近平新时代中国特色社会主义经济思想是中国特色社会主义政治经济学的最新成果。构建中国特色社会主义政治经济学需要以改革和发展的重大问题为导向,既要坚持马克思主义基本原理和方法论,又要结合我国经济发展实际,形成充分体现中国特色、中国风格、中国气派的经济学理论体系。

第一节　中国特色社会主义政治经济学的产生

中国特色社会主义政治经济学就其学科领域属于政治经济学。其渊源可以追溯到马克思主义政治经济学。中国特色社会主义政治经济学是当代中国的马克思主义政治经济学,是马克思主义政治经济学与当代中国实践的结合。当代中国最大的实践就是中国特色社会主义。因此,中国特色社会主义政治经济学是马克思主义政治经济学与中国特色社会主义实践相结合的产物。

一、马克思主义政治经济学的产生与发展

政治经济学,广义地说,是研究一定社会生产、交换、分配和消费等经济活动中的经济关系和经济规律的科学。政治经济学是马克思主义的三个组成部分之一。

政治经济学是一门古老的经济学科。政治经济学在我国之所以能保持其主流经济学地位,根本原因是它的与时俱进,是随着实践的发展常青

的经济学科。政治经济学作为一门科学，有其形成和发展的过程、特定的研究对象、特定的研究任务和研究方法。

在古汉语中，“经济”一词是“经邦济世”“经世济民”的意思。在西方文化中，最先使用“经济”（Economy）一词的是古希腊思想家色诺芬。在他那里，“Economy”一词是指“家庭管理”。在19世纪下半叶，日本学者把西方著作中的“Economy”译作现代意义上的“经济”。后来，中国也采用这种译法。

14—15世纪，随着贸易特别是海外贸易的迅速发展，产生了重商主义思想。重商主义的研究视野集中在流通领域，研究商业和对外贸易。法国重商主义代表人物A.蒙克莱田在1615年出版的《献给国王和王太后的政治经济学》一书中首先使用“政治经济学”一词，表明了他所论述的经济问题已经超出了家庭管理的范围，涉及国家的经济管理问题。

成理论体系的古典政治经济学，在英国是由威廉·配第创始，亚当·斯密集大成，大卫·李嘉图最后完成的。古典政治经济学代表处于上升时期的资产阶级的利益和要求，在一定程度上研究了资本主义生产的内部联系，提出了劳动创造价值的思想，并接触到了剩余价值问题。这是古典政治经济学的科学成分。但由于阶级利益的局限性，古典政治经济学没有考察剩余价值的来源和实质，把资本主义看作是自然的永恒的制度，这就不可避免地带有庸俗的成分。由于古典政治经济学具有科学和庸俗这两种成分，在它以后沿着这两种成分发展便产生了马克思主义政治经济学和西方经济学两大体系。

19世纪中叶，马克思和恩格斯批判地继承了英国古典政治经济学的科学成分，创立了马克思主义政治经济学。马克思主义政治经济学代表当时作为独立的力量登上历史舞台的无产阶级的利益，对政治经济学做了根本性的改造，主要表现在：(1)第一次明确提出政治经济学的研究对象是人与人之间的社会生产关系，创造了生产力与生产关系矛盾运动的历史唯物主义分析方法，并据此进行社会经济分析。(2)首创了生产商品的劳动二重性学说，创立了科学的劳动价值论。(3)建立了科学的剩余价值理论，发现了资本积累的一般规律和历史趋势。(4)揭示了资本主义为社会主义所代替的必然性，并预见了未来的社会主义和共产主义社会的一些基本特征。

19 世纪末 20 世纪初，资本主义进入帝国主义阶段，列宁分析了当时帝国主义的基本经济特征，特别是帝国主义阶段经济的垄断特征，创立了帝国主义理论，揭示了发展到垄断阶段的资本主义经济的基本特征及帝国主义和无产阶级革命的时代特征。列宁亲自领导了无产阶级夺取政权后向社会主义社会过渡的实践，创造了过渡时期的理论。其基本内容包括：第一，社会主义经济基础的形成必须通过大力发展生产力和不断提高劳动生产率来实现。社会主义最终战胜资本主义的条件是其生产力水平超过资本主义。第二，资本主义向社会主义有直接过渡和间接过渡两条途径。资本主义发展程度低或殖民地半殖民地国家（特别是东方国家）向社会主义过渡需要间接过渡，即需要通过保留商品货币关系，借以形成和发展壮大社会主义经济基础。第三，1920 年年底至 1921 年年初在俄国实施新经济政策，可以说是对过渡时期经济理论的最早探索。新经济政策所提出的国家资本主义，不仅包括鼓励国内发展私人资本，还包括积极引进外国资本。列宁的贡献是把马克思主义政治经济学发展到了新的阶段。

在列宁以后，斯大林继承列宁的事业，领导苏联人民进行社会主义经济建设。斯大林依据社会主义建设的最初实践，对社会主义建设的一系列规律做了新的概括。以斯大林所著的《苏联社会主义经济问题》为基础，苏联科学院经济研究所在 20 世纪 50 年代初出版了《政治经济学教科书》，其中包括以资本主义生产关系为对象的政治经济学资本主义部分和以社会主义生产关系为对象的政治经济学社会主义部分。这本教科书阐述的社会主义社会的一个个经济规律，曾经在一段时间广泛流传于包括我国在内的各个社会主义国家。特别是斯大林时期建立的社会主义经济体制模式，尤其是计划经济模式曾经被其他社会主义国家所效仿。斯大林逝世以后，各个社会主义国家先后进行了经济改革。苏联和东欧国家退回到了资本主义制度。中国则探索中国特色社会主义道路。

马克思主义政治经济学是不断发展的科学。恩格斯曾经说过，“我们的理论是发展着的理论。”[1]每一个时代的理论思维,都是一种历史的产物,“它在不同的时代具有完全不同的形式,同时具有完全不同的内容”[2]。马克思主义政治经济学在中国既有发展的过程又有中国化的过程。

二、中国特色社会主义的探索和伟大实践

构建中国特色社会主义政治经济学的任务是由我国经济发展的实践提出的。从1949年新中国成立起,我国就开启了建设中国特色社会主义的进程。

中国的社会主义社会脱胎于半殖民地半封建社会。在这个基础上进行的社会主义革命和建设是前无古人的。以毛泽东为核心的中国共产党中央领导集体领导中国人民夺取了新民主主义革命的胜利,建立了社会主义制度。开创了站起来的时代。在这个时代产生的毛泽东思想是马克思列宁主义的基本原理同中国革命实践相结合的产物。如果说马克思当时创立的是在资本主义条件下推翻旧社会的政治经济学,那么毛泽东思想则是在半殖民地半封建社会条件下推翻旧社会并向社会主义社会过渡的政治经济学。

毛泽东思想对中国特色社会主义经济建设进行了最初探索。特别是1956年以后,随着社会主义制度基本建立,苏联模式的计划经济体制在基本形成的同时也逐步暴露出了弊病。毛泽东等中央领导集体成员开始对苏联模式产生怀疑,并结合中国实际探索中国特色的社会主义发展道路。

毛泽东同志在1956年4月发表了《论十大关系》一文,接着在20世纪60年代组织中央领导同志集中学习斯大林的《苏联社会主义经济问题》和苏联的《政治经济学教科书》。毛泽东同志写下了读书笔记,记录了他对社会主义经济及其规律的新认识。针对“大跃进”时期刮共产风、否认商品货币关系等“左”倾思想及其产生的后果,毛泽东同志特别重视对社会主义经济规律性的探讨。毛泽东同志明确认为,我国还存在商品

---

① 《毛泽东选集》第一卷,人民出版社1991年版,第31页。

② 《马克思恩格斯全集》第26卷,人民出版社2014年版,第499页。

生产，价值规律仍在起作用，虽然他不承认价值规律对生产的调节作用，但强调在等价交换和经济核算方面要利用价值规律。

从1978年党的十一届三中全会起中国开始了波澜壮阔的改革开放，在邓小平理论、“三个代表”重要思想和科学发展观的指引下，依据党的解放思想、实事求是、与时俱进的思想路线，逐步摆脱了苏联斯大林模式的束缚，走上了建设中国特色社会主义的道路，开创了富起来的时代。在这个时代，随着社会主义初级阶段的确认，加快了改革开放的进程。实现了由单一的公有制经济向多种所有制经济共同发展，计划经济向社会主义市场经济，从封闭半封闭经济向开放型经济的历史性转变，实现了农业大国向新兴工业化国家的转变，实现了由低收入国家向中等收入国家的转变，开始了全面建设小康社会和加快社会主义现代化建设的进程。社会主义中国由一个极其落后的半殖民地半封建的社会到2010年一跃成为世界第二大经济体。

从2012年党的十八大起以习近平同志为核心的党中央开启了强起来的时代。这是中国特色社会主义的新时代，产生了习近平新时代中国特色社会主义经济思想。如2017年12月中央经济工作会议概括，其基本内容包括：坚持加强党对经济工作的集中统一领导，保证我国经济沿着正确方向发展；坚持以人民为中心的发展思想，贯穿到统筹推进“五位一体”总体布局和协调推进“四个全面”战略布局之中；坚持适应把握引领经济发展新常态，立足大局，把握规律；坚持使市场在资源配置中起决定性作用，更好发挥政府作用，坚决扫除经济发展的体制机制障碍；坚持适应我国经济发展主要矛盾变化，完善宏观调控，相机抉择，开准药方，把推进供给侧结构性改革作为经济工作的主线；坚持问题导向，部署经济发展新战略，对我国经济社会发展变革产生深远影响；坚持正确工作策略和方法，稳中求进，保持战略定力、坚持底线思维，一步一个脚印向前迈进。在习近平新时代中国特色社会主义经济思想的指引下，接近十四亿人即将一个不少地全面进入小康社会，并且正在开启现代化建设的新征程。中国正在成为世界经济的动力源，中国对世界经济增长的贡献率达到30%。

中国经济的成功彰显出中国特色社会主义经济制度和发展道路的优越性,很值得用马克思主义的立场、观点和方法进行科学的理论概括。由此产生的中国特色社会主义政治经济学将对世界作出贡献。所有这些伟大的实践都大大地推动了中国特色社会主义政治经济学的完善和发展。

科学的理论指导中国特色社会主义的伟大实践;伟大的实践又推动中国特色社会主义政治经济学理论的创新。中国特色社会主义,以其理论和成功的实践回答了社会主义的发展中大国实现国家富强人民富裕的重大问题,比如:在东方经济落后的国家建设什么样的社会主义、能否通过社会主义道路走向富强?社会主义和市场经济能否结合和怎样结合?在二元结构突出的农业大国如何实现现代化?在后起的资源相对缺乏的国家如何实现可持续发展?这些需要直面的世界性理论难题,马克思在当时不可能碰到,也不可能作出科学的预见。以中国特色社会主义政治经济学为理论指导所取得的中国经济成就,对这些重大问题作出了正确的回答,是对马克思主义的重大发展,为整个人类的经济科学文明发展作出了贡献。

第二节　中国特色社会主义政治经济学的研究对象和属性

中国特色社会主义政治经济学是当代中国的马克思主义政治经济学,其研究对象对马克思主义政治经济学有继承性,但它面对中国特色社会主义的发展实践需要创新。

一、马克思主义政治经济学的研究对象

关于政治经济学的研究对象,马克思在《资本论》第一卷“序言”中指出:“我要在本书研究的,是资本主义生产方式以及和它相适应的生产关系和交换关系。”①

生产力和生产关系的矛盾分析是马克思主义政治经济学的范式。研

① 《马克思恩格斯选集》第2卷,人民出版社2012年版,第82页。

究对象是偏重生产关系还是偏重生产力？就看研究的任务。马克思创立的政治经济学面对的是资本主义经济，任务是揭示资本主义被社会主义替代的客观规律。相应的分析重点是资本主义生产关系阻碍生产力发展，毫无疑问，政治经济学的研究对象偏重于生产关系。马克思主义政治经济学是研究一定生产力基础上的生产关系的科学。

社会再生产包括生产、交换、分配和消费四个环节。就如马克思所说，"一定的生产决定一定的消费、分配、交换和这些不同要素相互间的一定关系。当然，生产就其单方面形式来说也决定于其他要素"①。因此，政治经济学研究生产关系，既要研究生产、交换、分配和消费之间的相互关系，也要研究人们在社会生产、交换、分配和消费中的关系。

政治经济学的出发点是生产。政治经济学研究的生产总是一定社会发展阶段上的生产。社会生产是生产力和生产关系的统一。研究生产关系的目标是要使生产关系适应和促进生产力的发展。政治经济学对生产关系的研究不可避免地要研究生产力。生产力是人们改造自然和控制自然界的能力，它反映人和自然界之间的关系。政治经济学是在与生产关系的相互作用中研究生产力。社会发展阶段归根到底是由生产力的发展水平决定的。当然，政治经济学不是一般地研究生产力，而是要研究影响和制约生产关系发展的生产力，特别注意生产力和生产关系的矛盾运动。在各个社会都会存在多种层次的生产力水平，政治经济学依据的是该社会占主导的生产力，并特别关注先进的社会生产力，因为先进的社会生产力代表社会发展的方向，生产力与生产关系的矛盾运动，主要是指先进社会生产力与生产关系的矛盾运动。

生产力与生产关系的矛盾运动是社会经济发展的动力，生产关系一定要适应和促进生产力发展是客观规律。生产关系的变革总是由生产力的发展要求而提出来的。当资本主义发展到一定阶段，社会生产力和生产关系的对抗性矛盾单靠资本主义自身的力量是不能从根本上得到克服的，资本主义必然为社会主义所代替。而社会主义社会的生产力和生产

① 《马克思恩格斯选集》第2卷，人民出版社2012年版，第699页。

关系的矛盾,可以通过社会主义制度的自我完善和自我发展得到解决。因此,以资本主义为研究对象的政治经济学分析生产力与生产关系的矛盾运动,目的是揭示资本主义生产关系对生产力的阻碍作用,寻求改变这种生产关系的动力。除此以外,我们也要研究资本主义在其制度允许的范围内为缓解矛盾、避免社会矛盾激化而采取的调整生产关系的措施,为社会主义建设和发展所借鉴。

二、中国特色社会主义政治经济学研究对象的创新

作为当代中国的马克思主义政治经济学,中国特色社会主义政治经济学分析生产力和生产关系的矛盾运动,也要以生产关系为研究对象。但是,研究任务不是揭示社会主义的灭亡,而是社会主义的发展和完善。与此相应,中国特色社会主义政治经济学的研究对象有两方面创新:

一方面,中国特色社会主义政治经济学研究的生产关系不能只是研究社会主义生产关系。马克思主义政治经济学面对同一个社会中有多种生产关系存在,经济分析抓住占支配地位的生产关系。这就是马克思所说的:“在一切社会形式中都有一种一定的生产决定其他一切生产的地位和影响,因而它的关系也决定其他一切关系的地位和影响。这是一种普照的光,它掩盖了一切其他色彩,改变着它们的特点。”①因此在相当长的时期中,政治经济学社会主义部分只是分析社会主义生产关系。而在社会主义初级阶段,所有制结构的特点是以公有制为主体,多种所有制经济共同发展。多种非公有制经济充满活力,而且多种所有制经济的混合也成为基本经济制度的实现形式。在此背景下,公有制经济不可能成为掩盖其他所有制色彩的“普照的光”。因此,中国特色社会主义政治经济学对生产关系的研究就不能限于对公有制的研究,其他非公有制经济和混合所有制经济也应成为政治经济学研究的对象。

现实的经济制度是生产关系的具体形式。因此,作为经济改革理论指导的中国特色社会主义政治经济学所研究的生产关系就不能只是几个

① 《马克思恩格斯选集》第2卷,人民出版社2012年版,第707页。

原则规定，更多的是生产关系的具体形式。最为典型的是社会主义初级阶段基本经济制度的分析，既要研究各种所有制反映的生产关系的基本属性，又要研究各种所有制的实现形式和相互关系。此外，还有基本收入制度、土地制度等等。经济制度不可避免地涉及上层建筑，虽然上层建筑不是政治经济学的研究对象，但是根据马克思关于经济基础和上层建筑关系的分析，政治经济学研究生产关系的总和即经济基础时也会在一定范围联系上层建筑，特别是经济制度作为反映社会性质的根本性制度，很大部分属于上层建筑。尤其是当我国明确依法治国以后，许多经济问题的治理离不开法治。例如，政治经济学还需要研究影响生产关系的界定、保护产权和规范市场运行的法律制度等。

中国特色社会主义政治经济学另一方面的重大创新是在研究对象上突出研究生产力，并从发展生产力的角度研究生产关系。在已有的政治经济学社会主义部分的教科书中，一直只是把生产关系作为研究对象，而不把生产力作为研究对象。这恐怕同当年斯大林的观点相关。他在《苏联社会主义经济问题》中针对当时关于社会主义政治经济学的研究对象的讨论中有人主张探讨和发展社会生产中生产力组织的科学理论的观点给予了严厉的批评，认为："在社会主义政治经济学中，用生产力组织问题来代替经济问题，这是什么意思呢？这就是取消社会主义政治经济学。""把经济政策问题压在政治经济学上，就是葬送这门科学。"受此影响，在相当长的时期，政治经济学对社会主义经济的研究也限于生产关系的研究，而不把生产力作为研究对象。不仅苏联的政治经济学教科书如此，我国的政治经济学教科书也是这样。生产力只是在"被联系"进入研究视野。

生产力成为中国特色社会主义政治经济学的研究对象，同马克思设想的进入社会主义社会后的发展任务是一致的。马克思、恩格斯在《共产党宣言》中指出：无产阶级夺取政权以后，任务是要"尽可能快地增加生产力的总量"①。其依据是社会主义最终取代资本主义的物质条件，是

① 《马克思恩格斯选集》第1卷，人民出版社2012年版，第421页。

其生产力水平达到并超过了资本主义的水平,贫穷不是社会主义。对我国来说,更为重要的是,当我国进入社会主义社会时,没有完成别的国家在资本主义下完成的生产的社会化、现代化的任务,生产力没有达到发达的资本主义国家水平,社会主义的物质基础没有建立起来。在此条件下,社会主义的本质就是发展生产力。这意味着只有发展生产力才能发展社会主义生产关系。由此决定,中国特色社会主义政治经济学把对生产力的研究放在重要位置,以增进国民财富作为目标和归宿。

实践证明,在社会主义条件下,政治经济学的研究对象如果只是限于生产关系,而不进入生产力领域,会使政治经济学研究的范围和领域越来越窄,对中国经济的解释能力及指导作用越来越小。政治经济学难以科学地指导中国的经济发展。与此同时,形形色色的经济学都在抢夺发展生产力领域的话语权,中国特色社会主义政治经济学不占领这个领域,也就失去了这个领域的话语权和指导权,最终把自己边缘化。

理论是对实践的概括。中国用不太长的时间从贫穷落后的农业大国一跃成为世界第二大经济体;近十四亿人口不仅摆脱了贫困而且即将一个不少地全面进入小康社会;中国的经济增长率即使进入中高速增长的新常态仍然处于世界前列,已经成为世界经济的动力源。中国经济成功的原因,显然不能用别的国家的发展理论来说明,主要是因为,一方面,中国发展有其特殊的国情,任何外国的发展理论都难以正确指导和说明人口众多、城乡和地区发展不平衡的社会主义国家的发展问题;另一方面,中国的发展问题离不开生产关系分析,只有政治经济学既研究生产关系又研究生产力。两者结合在一起而产生的理论才能正确地指导中国经济发展,尤其是需要利用社会主义经济的制度优势推动经济发展。

因此,处于社会主义初级阶段的政治经济学的研究对象,不仅要研究生产关系,也要研究生产力,而且要把对生产力的研究放在重要位置,以增进国民财富作为目标和归宿。这也是以人民为中心的经济学自身的要求。可以说,中国特色社会主义政治经济学就是基于这个研究对象和任务的理论突破而逐步建立的。

中国特色社会主义政治经济学研究生产力,研究什么?邓小平同志说:一个是解放生产力,一个是发展生产力。需要把两个方面讲全了。习近平总书记又提出“牢固树立保护生态环境就是保护生产力、改善生态环境就是发展生产力的理念”①。这样,中国特色社会主义政治经济学对生产力的研究就有三个层次的内容:一是解放生产力;二是发展生产力;三是保护生产力。中国特色社会主义政治经济学理论体系的构建,就是要建立解放、发展和保护生产力的系统化的经济学说。这样,经济发展理论就成为中国特色社会主义政治经济学的重要组成部分。

解放生产力涉及的是生产关系的完善和改革。其基本要求是根据我国所处的社会主义初级阶段的特征,推进改革开放,从根本上改变束缚生产力发展的经济体制机制。包括基本经济制度的改革和完善、资源配置方式的改革、基本分配制度的改革和完善、宏观调控体系的改革和完善等。在这里,解放生产力是动力,发展生产力是目的。如果说解放生产力基本上属于生产关系层面,那么发展生产力和保护生产力有自身的发展规律,不能仅仅靠解放生产力这个途径。

中国特色社会主义政治经济学理论体系包含体现发展和保护生产力的系统性经济发展学说,具有重大的理论和现实意义。这是中国特色社会主义政治经济学理论体系的重大拓展,它不只是研究生产关系,不只是谈姓社姓资的问题。在社会主义初级阶段,只有在经济发展的基础上实现了生产力的发展和保护,社会主义经济制度才能稳定发展,社会主义生产关系才能不断完善。在此基础上建立的中国特色社会主义政治经济学,需要为国家和企业经济决策和经济政策制定提供理论指导。

三、中国特色社会主义政治经济学的本质属性

经济学有没有阶级性?马克思的回答是明确的。马克思在创立马克思主义政治经济学时,明确了政治经济学的阶级性。马克思指出,代表资产阶级利益的“政治经济学所研究的材料的特殊性质,把人们心中最激烈、最卑鄙、最恶劣的感情,把代表私人利益的复仇女神召唤到战场上来

① 《习近平关于全面建成小康社会论述摘编》,中央文献出版社2016年版,第165页。

反对自由的科学研究。例如,英国高教会派宁愿饶恕对它的三十九条信纲中的三十八条信纲进行的攻击,而不饶恕对它的现金收入的三十九分之一进行的攻击”①。马克思创立的政治经济学,公开主张和维护无产阶级利益,为无产阶级和全人类的解放事业服务。马克思创立的政治经济学的阶级性,不仅表现在对资本主义批判,公开主张和维护无产阶级利益,为无产阶级和全人类的解放事业服务。这就是《共产党宣言》所指出的:“过去的一切运动都是少数人的,或者为少数人谋利益的运动。无产阶级的运动是绝大多数人的,为绝大多数人谋利益的独立的运动。”②毫无疑问,无产阶级夺取政权以后则是为人民谋利益。马克思主义政治经济学的阶级性,不仅表现在对资本主义批判,还在于为无产阶级揭示了理想社会。这就是被马克思称为“自由人联合体”的社会主义社会和共产主义社会。马克思主义政治经济学所推导出的未来社会的基本经济特征,反映无产阶级对未来社会的向往和为之奋斗的决心。

习近平新时代中国特色社会主义经济思想明确宣示代表全体人民的利益,明确以人民为中心的发展思想,就是要发展生产力、增进人民福祉,不断促进人的全面发展,实现全体人民共同富裕。这个思想既表明了构建中国特色社会主义政治经济学的基本立场,也决定了中国特色社会主义政治经济学的学科属性。

以人民为中心,就要明确“人民”的范围。在不同的历史时期,人民这个概念有着不同的内容。在建设社会主义的时期,根据毛泽东同志当年界定的:一切赞成、拥护和参加社会主义建设事业的阶级、阶层和社会集团,都属于人民的范围。按此定义,以人民为中心的经济学,不能被某个利益集团绑架,必须代表全体人民的根本利益和人民的福祉。这同最大限度地满足人民群众不断增长的物质和文化需要的社会主义生产目的是一致的。由此可知,中国特色社会主义政治经济学需要在以下三个方面取得突破。

① 《马克思恩格斯选集》第2卷,人民出版社2012年版,第84页。

② 《马克思恩格斯选集》第1卷,人民出版社2012年版,第411页。

第一，以发展社会生产力增进人民福祉为目标建立建设新社会的经济学理论。

人民福祉的增进靠生产力的发展。社会主义初级阶段的主要任务是发展生产力，满足不了人民群众对美好生活的需要。发展生产力固然需要不断完善生产关系及与之相适应的上层建筑。实践中仅仅调整生产关系是不够的。在半殖民地半封建社会基础上进入社会主义社会后，面对的现实问题是生产力发展水平落后于发达的资本主义国家。因此，实践马克思关于社会主义规定性的基本途径，是依靠发展生产力建立实现社会主义的物质基础。这样，政治经济学要由以阶级斗争为纲转向以经济建设为中心，成为经济建设的理论指导。解放和发展生产力，增进国民财富，达到共同富裕，就成为政治经济学研究的使命。

第二，建立以共同富裕为目标的共享发展的经济学理论。

人民对美好生活的向往是中国特色社会主义的奋斗目标。这是以人民为中心的中国特色社会主义政治经济学的本质属性的具体体现。其中最重要的原则是公平正义和共同富裕。社会主义公平是建立在人民的主体地位基础上的。共同富裕是目标，受生产力发展水平的限制，实现共同富裕需要一个过程。在社会主义社会尤其是在初级阶段，劳动还是谋生手段，各种生产要素参与分配，不可避免地会存在先富和后富及富裕程度的差别。这是人们分享改革和发展成果的差异。在新的发展阶段提出的公平正义、民生为本，突出需要解决低收入群体公平合理地分享经济发展的成果。人民群众能够分享发展的成果，就能够支持改革和发展。

第三，建立以人的全面发展为目标的经济学理论。

中国特色社会主义是亿万人民自己的事业。人民是发展的动力源泉，人自身的发展水平直接决定经济和社会的发展水平。随着科技发展和社会进步，人才资源成为发展的第一资源。就像当前的创新和创业需要大众创业、万众创新。人的全面发展即人的现代化，涉及人的素质的提高，即身体素质、文化素质和道德素质的提高。这些人的发展的内容不仅依赖于经济发展水平，还依赖于文化、教育、医疗等社会发展水平和环境保护水平。

根据上述本质属性,中国特色社会主义政治经济学在功能上的学科定位就是:作为政治经济学,它提供一种意识形态,分清社会主义和资本主义,但不仅仅是意识形态,它还提供基本的经济学理论;它提供思想教育教材,解决社会主义的制度自信、道路自信、理论自信和文化自信,但不仅仅是思想教育教材,还要为我国的经济决策和政策制定提供经济理论指导;它要批判各种非马克思主义经济思潮,但不仅仅是当批判家,还要当中国特色社会主义经济的建设者。

第三节　中国特色社会主义政治经济学的理论创新

坚持问题导向是马克思主义的鲜明特点。问题是创新的起点,也是创新的动力源。只有聆听时代的声音,回应时代的呼唤,认真研究解决重大而紧迫的问题,才能真正把握住历史脉络、找到发展规律,推动理论创新。中国特色社会主义政治经济学围绕我国发展的重大问题,着力提出能够体现中国立场、中国智慧、中国价值的改革和发展的理论和理念。

一、中国特色社会主义政治经济学的新时代特征

时代特征,与政治经济学研究的问题导向相关。所谓问题导向,最重要的是所处时代的重大发展问题导向,并作出科学回应。根据习近平总书记的论述,中国特色社会主义先后有三个时代:“站起来时代”“富起来时代”和“强起来时代”。新中国成立,中国进入“站起来”的时代;改革开放,中国进入“富起来”的时代;现在正在进入“强起来”的时代。基于以人民为中心的基本立场,中国特色社会主义政治经济学的新时代特征主要表现在以下两个方面:

改革开放以来,“富起来”和“强起来”时代的伟大实践推动了中国特色社会主义经济领域的一系列创新。尤其是习近平新时代中国特色社会主义经济思想是中国特色社会主义政治经济学的最新成果。新时代坚持和发展中国特色社会主义,总任务是实现社会主义现代化和中华民族伟

大复兴。这也应该成为新时代中国特色社会主义政治经济学的总任务。根据这个总任务，新时代中国特色社会主义政治经济学，必须从政治经济学理论系统地回答坚持和发展什么样的中国特色社会主义、怎样坚持和发展中国特色社会主义，包括新时代坚持和发展中国特色社会主义的总目标、总任务、总体布局、战略布局和发展方向、发展方式、发展动力、战略步骤等基本经济问题。

1."富起来"时代的理论创新

"富起来"时代的理论创新是从确认我国处于社会主义初级阶段开始的。发展中国特色社会主义需要依据中国的基本国情，这个国情就是中国长期处于社会主义初级阶段。社会主义初级阶段的历史任务是逐步摆脱不发达状态，基本实现社会主义现代化，由农业人口占很大比重、主要依靠手工劳动的农业国逐步转变为非农业人口占多数，包括现代农业和现代服务业的工业化国家。建设中国特色社会主义不是改变社会主义制度，也不是降低社会主义的要求，而是要使现阶段的社会主义制度安排适应现阶段的生产力发展水平，并有利于生产力的发展，从而推动社会主义事业的发展。

在经济改革方面，中国特色社会主义政治经济学的重大贡献包括：公有制为主体、多种所有制经济共同发展的社会主义基本经济制度的建立，激发了新的动力和新的要素；社会主义市场经济理论的确立，明确了经济体制改革的方向；按劳分配为主体、多种分配方式并存的社会主义基本分配制度的确立，各种生产要素按贡献取得报酬，推动了各种创造社会财富的源泉充分涌流；公有制可以有多种实现形式理论的确立，推动了混合所有制经济的发展；对外开放用好国际国内两个市场、两种资源的理论的确立，推动了全方位、宽领域、多层次的对外开放格局的形成。在这些理论的正确指导下，中国特色社会主义经济制度得以确立。

在经济发展方面，坚持解放和发展生产力是马克思主义政治经济学的基本原理，也是社会主义的本质要求。经济发展进入中国特色社会主义政治经济学的研究视野本身就是政治经济学的重大进展。我国在探索社会主义建设道路过程中提出了统筹兼顾、注意综合平衡，以农业为基础、工业为主导、农轻重协调发展等独创性观点。针对城乡二元结构,创造了在农村发展小城镇、就地转移农村剩余劳动力和走农村工业化的道路。中国特色社会主义现代化进程中明确了小康社会阶段并把全面建设小康社会作为奋斗目标。针对经济发展方式转变,提出科学技术是第一生产力理论、科学发展观、新型工业化和城镇化理论等等。在这些理论的指导下,中国经济得以快速健康发展。

2.“强起来”时代的理论创新

党的十八大以后,中国特色社会主义进入新时代,产生了习近平新时代中国特色社会主义经济思想,这是中国特色社会主义政治经济学的最新成果。在习近平新时代中国特色社会主义经济思想指引下,产生了一系列中国特色社会主义政治经济学的创新成果。以下按逻辑顺序概括新时代中国特色社会主义政治经济学最突出的理论创新。

一是关于新时代及其主要矛盾转化的理论。党的十九大明确提出中国特色社会主义进入的新时代是“强起来”的时代,其主要经济特征有三个:第一,经济发展进入新时代,即经济发展由高速增长转向高质量发展。经济发展需要推动质量变革、效率变革、动力变革,提高全要素生产率。第二,社会主要矛盾已经转化为人民日益增长的美好生活需要和不平衡不充分的发展之间的矛盾。矛盾的主要方面由过去表述的“落后的社会生产”转变为发展的不平衡不充分。第三,在即将全面建成小康社会的基础上开启现代化建设的新征程。

二是新发展理念。在遵循新时代客观规律基础上产生的创新、协调、绿色、开放、共享的发展理念中,创新着重解决发展动力问题,是发展的第一动力;协调着重解决发展不平衡问题,突出补齐短板;绿色着重解决人与自然和谐共生问题,突出生态文明建设;开放着重解决发展内外联动问题,推动建立人类命运共同体;共享着重解决社会公平正义问题,实现共同富裕。新发展理念是对我国经济发展实践经验的科学总结,是习近平新时代中国特色社会主义经济思想的主要内容,也是新时代中国社会主义经济建设的科学指南,开辟了新时代中国特色社会主义政治经济学的新境界。新发展理念的内涵表明,它不仅是新时代发展的理念,也是新时代改革的理念，系统阐述新发展理念就成为中国特色社会主义政治经济学的基本内容。

三是完善社会主义初级阶段基本经济制度理论。党的十八届三中全会把公有制为主体、多种所有制经济共同发展的基本经济制度，进一步明确为中国特色社会主义制度的重要支柱、社会主义市场经济体制的根基，并且明确国有资本、集体资本、非公有资本等交叉持股、相互融合的混合所有制经济是基本经济制度的重要实现形式。在巩固和发展公有制经济，鼓励、支持、引导非公有制经济发展，坚持“两个毫不动摇”基础上进一步提出对公有财产权和非公有财产权两个不可侵犯。对国有企业提出按商业性和公益性分类改革的思路，对国有资产管理体制提出建立以管资本为主的管理体制，推动国有资本做强做优做大。

四是完善社会主义市场经济理论。1992 年党的十四大明确建立社会主义市场经济体制的改革目标，并把社会主义市场经济定义为：市场在国家宏观调控下对资源配置起基础性作用。党的十八届三中全会根据我国市场经济的发展程度，将市场对资源配置所起的作用改为决定性作用。这个修改，回归到了市场经济的本义。正如习近平总书记所说：理论和实践都证明，市场配置资源是最有效率的形式。市场决定资源配置是市场经济的一般规律，市场经济本质上就是市场决定资源配置的经济。市场决定资源配置和更好发挥作用两者不能偏废。两者协同作用才能使经济既有效率有秩序又能体现公平正义要求。

五是完善社会主义基本分配制度理论。社会主义初级阶段基本经济制度确立以后，按劳分配为主、多种分配方式并存的基本分配制度也就得到了确认。多种分配方式是指劳动、资本、技术、管理等生产要素参与收入分配。党的十八大报告提出，健全生产要素按贡献参与分配的制度。党的十八届三中全会在坚持上述生产要素按贡献参与分配的基础上，又提出：各种生产要素的报酬由各自的生产要素市场决定。这些表述意味着，各种生产要素参与收入分配的份额，不只是取决于各自的投入，还要取决于各自的“贡献”和供求状况。针对多种生产要素参与收入分配后收入差距扩大的问题，从党的十八大起就明确提出促进社会公平正义、缩小差距,逐步实现共同富裕的要求:在初次分配阶段就要根据社会主义要求处理好公平和效率的关系,再分配更讲公平。党的十九大又强调坚持按劳分配原则,完善按要素分配。

六是完善对外开放理论。开放发展的理念要求充分利用国内和国外两种资源,开拓国内和国外两个市场,这是国家繁荣发展的必由之路。现在中国经济进入了新时代,开放发展也进入了新时代。习近平总书记的开放发展思想是其新时代中国特色社会主义经济思想的重要组成部分。其中包括:构建人类命运共同体的思想,相应的"一带一路"的倡议;推动形成全面开放新格局的思想,相应的坚持"引进来"和"走出去"并重,利用自由贸易区等开放载体,形成陆海内外联动、东西双向互济的开放格局;提高对外开放质量的思想,相应的既要注重提升出口质量和附加值,又要注重外资质量和选择;全球价值链思想,相应的产业迈向全球价值链中高端和形成面向全球的贸易、投融资、生产、服务的价值链,培育国际经济合作和竞争新优势。显然,新时代的开放发展思想将大大向前推进我国的对外开放。

二、学好用好中国特色社会主义政治经济学

经济改革的中国模式、经济发展的中国道路得到了实践的检验和肯定。所有这些都可归结为作为指导思想的当代中国马克思主义政治经济学的成功。马克思创立的经济学对未来社会的经济制度和经济发展破了题,依据中国实践创新的中国特色社会主义政治经济学正在解这些题。习近平总书记在主持中央政治局就马克思主义政治经济学基本原理和方法论进行集体学习时,列举的我国在探索社会主义建设道路过程中已经提出的独创性理论成果,是适应当代中国国情和时代特点的政治经济学,不仅有力地指导了我国经济发展的实践,而且开拓了马克思主义政治经济学的新境界。马克思主义政治经济学领域的一系列重大理论创新成果,适应当代中国国情和时代特点,是对中国特色社会主义经济建设中获得感性认识的升华,是对推动经济发展实践的理论总结,引领和推动了中国特色社会主义事业的发展,开创了经济发展的新局面。

立足我国国情和发展实践建立的中国特色社会主义政治经济学，是我们建设和完善中国特色社会主义的理论指导。当前政治经济学研究的重要任务是对当代中国马克思主义政治经济学的重要理论成果进行归纳和系统化，不断形成并认同中国特色社会主义政治经济学的理论成果，进一步完善中国特色社会主义政治经济学的理论体系。

习近平总书记指出，构建中国特色哲学社会科学要把握好三方面资源：一是马克思主义的资源；二是中华优秀传统文化的资源；三是国外哲学社会科学的资源。构建中国特色社会主义政治经济学同样要把握好这些资源。以其中的经济发展理论体系为例，首先是继承性。在马克思主义政治经济学的理论宝库中挖掘其系统的发展生产力理论，使其成为经济发展理论建构的指导思想和方法论基础。其次是开放性。批判地吸收世界先进的发展理论。例如：二元结构现代化理论、中等收入陷阱理论、全要素生产率理论、可持续发展理论、知识经济理论、国家创新体系理论等。最后是创新性。中国的发展理论是在讲中国故事，体现中国智慧。如：中国的新型工业化、信息化、城镇化和农业现代化"四化"同步社会主义现代化道路，中国的全面建成小康社会都是值得总结的发展理论。

我们党把马克思主义政治经济学基本原理同改革开放新的实践结合起来，不断丰富和发展马克思主义政治经济学，形成了当代中国马克思主义政治经济学的许多重要理论成果，这些理论成果，是适应当代中国国情和时代特点的政治经济学，不仅有力指导了我国经济发展实践，而且开拓了马克思主义政治经济学新境界。2015 年 12 月召开的中央经济工作会议又明确提出"要坚持中国特色社会主义政治经济学的重大原则"。2016 年 7 月 8 日在经济形势专家座谈会上习近平总书记又要求：坚持和发展中国特色社会主义政治经济学。从习近平总书记连续多次的重要讲话中，可见中国特色社会主义政治经济学在习近平总书记的治国理政理念中居于重要地位。

习近平总书记对各级领导干部提出了学好用好政治经济学的要求。所谓学好，指的是认知，也就是对中国特色社会主义政治经济学揭示的客观经济规律的认知；所谓用好，指的是实践，按经济规律办事。学习好运用好中国特色社会主义政治经济学基本原理，有利于我们掌握科学的经济分析方法，认识经济运动过程，把握社会经济发展规律，提高驾驭社会主义市场经济能力，更好回答我国经济发展的理论和实践问题，提高领导我国经济发展能力和水平。

中国特色社会主义政治经济学主要涉及三个重大原则：一是坚持解放和发展社会生产力；二是坚持社会主义市场经济改革方向，使市场在资源配置中起决定性作用；三是坚持调动各方面积极性，充分调动人的积极性。这三个方面可以说是当代中国马克思主义政治经济学的核心内容，也是构建中国特色社会主义政治经济学理论体系的重大原则。

本书按照中国特色社会主义经济的重大问题安排的逻辑体系共分五篇。第一篇为经济发展进入新时代；第二篇到第五篇分别对现实的社会经济按经济制度、经济运行、经济发展、对外经济四个层面进行分析。本书的结束语不同于同类教科书阐述向共产主义发展的趋势，而是立足于当下，概述习近平新时代中国特色社会主义经济思想指引的强国富民之路。

中国特色社会主义处于发展中、实践中、探索中，中国特色社会主义政治经济学也在发展中不断完善。

第一篇

经济新时代

第一章　社会主义经济和社会主义初级阶段

社会主义理论经历了从空想到科学的发展，社会主义经济制度经历了从探索、形成到完善的发展。当代中国仍然处于并将长期处于社会主义初级阶段。这是当代中国的最大国情。建设中国特色社会主义必须从这个基本国情出发。构建中国特色社会主义政治经济学需要将马克思主义的科学社会主义原理同中国处于社会主义初级阶段的实际相结合。社会主义初级阶段理论是中国改革开放的重要理论基石。

第一节　社会主义经济的经典界定

马克思在他当时所处的资本主义的条件下，依据对资本主义社会基本矛盾的分析，提出了社会主义代替资本主义的历史必然性，并且合乎逻辑地推导出未来的社会主义社会的基本特征。正确认识这些基本特征及其实现的条件，对于我们建设中国特色社会主义经济，具有十分重要的指导意义。

一、社会主义代替资本主义的必然性

马克思、恩格斯在《共产党宣言》中提出“资产阶级的灭亡和无产阶级的胜利是同样不可避免的”，这是社会经济发展的必然规律。

马克思、恩格斯把社会主义学说从空想变成科学的一个重要标志，是把生产力的发展作为社会发展的决定性因素的观点引入到社会主义理论中。马克思主义政治经济学的经典之作《资本论》，深入资本主义发展的

实践深处，以唯物史观基本原理及其原则，考察资本主义经济发展的历程，分析资本主义经济运行的环节，剖析资本主义生产关系的实质，揭示资本主义生产方式的运动规律，把握资本主义发展的过去、现在和未来的结构，科学地得出人类社会由低级向高级发展的结论。这就是马克思说的，“发展社会劳动生产力，是资本的历史任务和存在理由。资本正是以此不自觉地为一个更高级的生产形式创造物质条件”①。资本主义生产关系的历史任务在于“迫使人类去为生产而生产，从而去发展社会生产力，去创造生产的物质条件；而只有这样的条件，才能为一个更高级的、以每一个个人的全面而自由的发展为基本原则的社会形式建立现实基础”②。

从资本积累的历史过程和趋势来看，资本原始积累是资本家剥夺小农，资本的集中是大资本剥夺小资本，一个资本家打倒许多资本家。可见，个别资本是通过资本的积累、积聚和集中这些形式不断增大的，由此大大提高了生产社会化程度。生产社会化了，社会生产却是无政府状态的，与之相对立的是资本主义企业内部实行严格的管理，执行严格的计划。这必然导致生产的无限扩张和社会有支付能力消费相对不足的矛盾，社会范围内的经济危机就不可避免。正如马克思所说，“规模不断扩大的劳动过程的协作形式日益发展，科学日益被自觉地应用于技术方面，土地日益被有计划地利用，劳动资料日益转化为只能共同使用的劳动资料，一切生产资料因作为结合的、社会的劳动的生产资料使用而日益节省，各国人民日益被卷入世界市场网，从而资本主义制度日益具有国际的性质。……生产资料的集中和劳动的社会化，达到了同它们的资本主义外壳不能相容的地步。这个外壳就要炸毁了。资本主义私有制的丧钟就要响了。剥夺者就要被剥夺了”③。

马克思分析了资本主义条件下产生的合作工厂和股份制之类的企业制度，认为这些企业制度是对资本主义私有制的扬弃，同时也为建立社会主义经济形式提供了入口。在《资本论》第 3 卷中，马克思即指出，股份

---

① 《马克思恩格斯选集》第 2 卷，人民出版社 1995 年版，第 466 页。
② 《马克思恩格斯文集》第 5 卷，人民出版社 2009 年版，第 683 页。
③ 《马克思恩格斯选集》第 2 卷，人民出版社 2012 年版，第 299 页。

制“是在资本主义体系本身的基础上对资本主义的私人产业的扬弃”，应把它和工人自己的合作工厂一起“看作是由资本主义生产方式转化为联合的生产方式的过渡形式”。与此同时，马克思又强调这种扬弃，“是资本主义生产方式在资本主义生产方式本身范围内的扬弃”。在这里，既指出在资本主义自行扬弃的过程中释放出了“新社会的因素”“新的经济制度要素”，又强调这些因素仍然处在资本主义生产方式范围之内的历史方位。

马克思认为，与信用事业一起发展的股份制企业具有一种趋势，就是使企业中的管理劳动作为一种职能越来越同自有资本或借入资本的所有权相分离。不仅是管理与资本所有权分离，而且，随着信用的发展，连资本也具有了社会性质，即资本社会化。马克思说，“那种本身建立在社会生产方式的基础上并以生产资料和劳动力的社会集中为前提的资本，在这里直接取得了社会资本（即那些直接联合起来的个人的资本）的形式，而与私人资本相对立，并且它的企业也表现为社会企业，而与私人企业相对立。”①随着生产社会化和各企业间经济联系的发展，信用制度大大完善，金融组织的作用日益突出。由此，马克思提出了与私人资本相对立的社会资本的概念。这样，一方面资本具有社会性质，另一方面一切应由职能资本家执行的职能由经理来执行，“留下来的只有执行职能的人员，资本家则作为多余的人从生产过程中消失了”。②

恩格斯在对马克思关于信用在资本主义经济中的作用部分的增补中，根据当时垄断的发展，发现生产社会化的进一步提高，自由竞争日暮途穷。“在每个国家里，一定部门的大工业家会联合成一个卡特尔，以便调节生产，一个委员会确定每个企业的产量，并最后分配接到的订货。”他从中发现一种趋势：“竞争已经为垄断所代替，并且已经最令人鼓舞地为将来由整个社会即全民族来实行剥夺做好了准备。”③

归结起来，资本主义经济的发展为社会主义经济制度的建立创造了

① 《马克思恩格斯文集》第 7 卷，人民出版社 2009 年版，第 494 页。
② 《马克思恩格斯文集》第 7 卷，人民出版社 2009 年版，第 436 页。
③ 《马克思恩格斯选集》第 2 卷，人民出版社 2012 年版，第 569 页。

必要的条件。第一,在资本主义条件下高度发展的科学技术、生产力和社会财富,是社会主义经济制度得以建立的重要物质基础。第二,在资本主义制度下发展起来并日臻完善的信用制度是发展新的生产方式的重要杠杆。第三,在资本主义制度下发展起来的股份经济、合作工厂、企业联合及所形成的垄断,是进入社会主义的重要"入口"。

二、社会主义经济制度的基本规定

马克思主义经典作家对未来社会生产关系的主要特征做了科学预见和规定,包括以下几个方面。

1. 生产资料公有制

在社会主义社会,生产资料私有制被消灭了,生产资料公有制即生产资料归社会占有。恩格斯在《反杜林论》中将此解释为:"社会一旦占有生产资料并且以直接社会化的形式把它们应用于生产。"①马克思认为,消灭资本主义后建立起来的所有制是:"在资本主义时代的成就的基础上,也就是说,在协作和对土地及靠劳动本身生产的生产资料的共同占有的基础上,重新建立个人所有制。"②这里所讲的个人所有制,是指生产者个人使用属于社会的生产资料,也就是马克思所说的,"这种财产不再是各个互相分离的生产者的私有财产,而是联合起来的生产者的财产,即直接的社会财产"③。

根据马克思主义经典作家的论述,社会主义所有制包括了如下含义:第一,代替资本主义私有制的是社会占有生产资料的生产资料公有制。第二,公有的生产资料仍然有个人使用的问题,因此需要在社会成员之间进行分配。这就是重建"个人所有制"。这里的"个人",是指彼此自由地联合起来的劳动者整体中的个人,不是指彼此分散的、利益相互对立的个人。第三,联合体中个人使用公共的生产资料,消费属于个人的消费资料。

---

① 《马克思恩格斯全集》第26卷,人民出版社2014年版,第327页。

② 《马克思恩格斯选集》第2卷,人民出版社2012年版,第300页。

③ 《马克思恩格斯选集》第2卷,人民出版社2012年版,第567—568页。

2. 共同富裕和个人消费品按劳分配

马克思设想的未来社会,“一方面,社会的个人的需要将成为必要劳动时间的尺度,另一方面,社会生产力的发展将如此迅速,以致尽管生产将以所有的人富裕为目的,所有的人的可以自由支配的时间还是会增加。因为真正的财富就是所有个人的发达的生产力。”①在第一个阶段即社会主义社会,收入分配是各尽所能、按劳分配。而到第二个阶段即共产主义社会,则是按需分配。

马克思主义政治经济学认为,生产资料的所有制决定了消费资料的分配方式。生产资料公有制决定了社会个人消费品采取按劳分配的方式。马克思说:“设想有一个自由人联合体,他们用公共的生产资料进行劳动,并且自觉地把他们许多个人劳动力当做一个社会劳动力来使用……这个联合体的总产品是一个社会产品。这个产品的一部分重新用作生产资料,这一部分依旧是社会的,而另一部分则作为生活资料由联合体成员消费。”②在公有制条件下,劳动者共同占有社会的生产资料,因而实现了劳动者在生产资料上的平等,劳动者除提供自己的劳动外,谁都不能给他提供其他任何东西。这就既消除了劳动者靠个人劳动之外的手段来谋求个人消费品的可能,也消除了剥削的可能。

马克思认为,分配方式会社会随着生产机体本身的特殊方式和生产者的相应的历史发展而改变。在自由人联合体中,每个生产者在生活资料中得到的份额是由他的劳动时间决定的。劳动时间是“计量生产者在共同劳动中个人所占份额的尺度,因而也是计量生产者在共同产品的个人可消费部分中所占份额的尺度”③。马克思当时所预见的按劳分配方式不需要货币插手,这是因为,在全社会范围内共同占有生产资料,社会能够直接计算社会劳动时间,不需要通过市场机制来比较和计算劳动时间,个人消费品分配也就不需要采取货币形式。

① 《马克思恩格斯选集》第 2 卷,人民出版社 2012 年版,第 786—787 页。
② 《马克思恩格斯选集》第 2 卷,人民出版社 2012 年版,第 126 页。
③ 《马克思恩格斯选集》第 2 卷,人民出版社 2012 年版,第 127 页。

3. 人的自由全面发展

经济关系的本质是人与人之间的经济关系。马克思将资本主义条件下的雇佣劳动者相比于过去时代的劳动者所获得的自由概括为三个方面的内容:一是法律上的自由,即工人是受法律保护的自由人;二是选择雇主和选择劳动地点、劳动条件、职业以及收入水平的自由;三是选择自身技能发展的自由。虽然这种自由比以往社会前进了一大步。但是,由于生产资料被少数人控制,工人的劳动还是要服从资本家的意志、被资本家剥削,所以,资本主义条件下的自由不是真正意义上的自由。

劳动者实现真正意义上的自由,是在消灭了阶级对立的社会主义社会之后才能实现。马克思说,“当阶级差别在发展进程中已经消失而全部生产集中在联合起来的个人的手里的时候”,“代替那存在着阶级和阶级对立的资产阶级旧社会的,将是这样一个联合体,在那里,每个人的自由发展是一切人的自由发展的条件。”自由人联合体“以每个人的全面而自由的发展为基本原则”①,自由个性不仅在形式上而且在实质上都已成为现实。其基本原因是社会财富已成为人们共同使用、共同发展的物质条件。未来社会将是一个“把每一个人都有完全的自由发展作为根本原则的高级社会形态”,马克思把人的自由而全面发展看作是共产主义社会的主要特征,认为只有在通过共产主义运动积极“扬弃”了私有财产和旧式分工的条件下,人的自由全面发展才能获得真正的可能性。

人的自由归根到底取决于时间的节约。“社会发展、社会享用和社会活动的全面性,都取决于时间的节省”。② 这需要社会生产力高度发展,人们提供的劳动有足够的剩余,从而有条件缩短工作日,相应地每个人从而整个社会可自由支配时间的增加。“创造可以自由支配的时间,也就是创造产生科学、艺术等等的时间。”③社会为生产小麦、牲畜等所需要的时间越少,它所赢得的从事其他生产、物质的或精神的生产的时间就

① 《马克思恩格斯选集》第1卷,人民出版社2012年版,第422、647页。

② 《马克思恩格斯文集》第8卷,人民出版社2009年版,第67页。

③ 《马克思恩格斯文集》第8卷,人民出版社2009年版,第86页。

越多。因此，自由时间对人的全面发展起基础性作用。

4. 计划经济

马克思所说的自由人联合体经济的一个重要特征，就是“社会生活过程即物质生产过程的形态，作为自由联合的人的产物，处于人的有意识有计划的控制之下”。[①] “社会必须合乎目的地分配自己的时间，才能实现符合社会全部需要的生产。因此，时间的节约，以及劳动时间在不同的生产部门之间有计划的分配，在共同生产的基础上仍然是首要的经济规律，这甚至在更加高得多的程度上成为规律。”[②]计划经济即对经济活动的自觉调节与控制。其中最为基础的是，自觉地在各种需要之间按比例分配社会劳动。

在公有制的条件下，整个社会保持高度的集体理性，能够依靠自我力量实行经济活动的自觉控制。在马克思看来，资本主义社会的市场理性总是在事后起作用，而社会主义社会的理性则是在事前起作用，“社会必须预先计算好，能把多少劳动、生产资料和生活资料用在这样一些产业部门而不致受任何损害”[③]。“劳动时间的社会的有计划的分配，调节着各种劳动职能同各种需要的适当的比例。”[④]社会只有对生产过程进行自觉的控制，才能实现直接的计划生产。

第二节　社会主义发展阶段和划分阶段的生产力标准

马克思主义政治经济学认为，一个社会的经济制度是该社会生产关系的总和。生产力的发展变化决定生产关系的变革。实行什么样的经济制度，由生产力的性质决定。

① 《马克思恩格斯选集》第 2 卷，人民出版社 2012 年版，第 127 页。
② 《马克思恩格斯文集》第 8 卷，人民出版社 2009 年版，第 67 页。
③ 《马克思恩格斯选集》第 2 卷，人民出版社 2012 年版，第 379 页。
④ 《马克思恩格斯选集》第 2 卷，人民出版社 2012 年版，第 127 页。

一、生产关系一定要适应生产力性质

在生产力与生产关系的对立统一中,生产力起决定性作用,这是因为,一方面,生产力在社会生产中是最活跃、最革命的因素,处在不断发展变化过程之中。它的这种发展变化会引起生产关系的变化和发展,而与生产力相比较,生产关系在一定历史时期内表现为相对稳定,不像生产力那样积极、活跃。另一方面,生产力的状况如何,决定或要求有什么样的生产关系。生产关系要适应生产力的发展状况,生产关系的变革要以生产力的发展为物质基础。在一种生产关系所能容纳的生产力的作用全部发挥出来之前,它就不会灭亡;当一种新的生产关系赖以存在的物质基础没有成熟时,它也不会出现。如果超越生产力的现状变革生产关系,反而会阻碍生产力的发展。人类社会各种类型的、性质的生产关系的更替和发展,最终都是生产力发展的结果。

生产关系对生产力具有反作用。当生产关系与生产力相适应时,就能促进生产力的发展;当生产关系与生产力状况不相适应时,就会成为生产力的桎梏,阻碍生产力的发展。从人类社会迄今为止出现的五种生产方式的演进过程来看,一种新的社会生产关系或新的社会经济制度的出现,也就成为生产力的发展形式,促进生产力的发展。随着生产力的发展和社会的进步,某种生产关系又会与生产力的发展要求不相适应,从而成为生产力的桎梏。这时,就要求有新的社会生产方式代替旧的社会生产方式。

上述生产力与生产关系的对立统一关系,表明生产关系一定要适应生产力的性质,这是客观规律。其客观要求是:有什么样的生产力,就应该有什么样的生产关系与之相适应。先进的社会生产力客观要求采取与之相适应的生产关系形式。反过来说,所建立的生产关系应该为发展先进的社会生产力提供空间。

生产力的发展有一个从低级到高级、从落后到先进的过程。生产关系也有一个由低级到高级的发展过程。这意味着,无论是生产力还是生产关系都存在着阶段性、层次性。生产关系适应生产力性质意味着生产关系的发展阶段与生产力的发展阶段应该是对应的。不能以为生产关系越是先进,越有可能发展先进的社会生产力。就社会主义生产关系来说,虽然是促进生产力发展的先进社会制度,但社会主义生产关系本身也有阶段性。我国在20世纪50年代后期党的八大上曾经提出当时社会的主要矛盾是先进的社会制度和落后的生产力之间的矛盾。克服这个矛盾的途径本应是发展生产力,可是后来的实践却是继续提升生产关系,其结果是生产力遭到严重破坏。这意味着,人为地、过早地变革生产关系,会阻碍和破坏生产力的发展。可见,生产关系的调整并不都是生产力向前的推进,也可能是后退。关键在于生产关系的调整与生产力的发展相适应。

生产关系与生产力的矛盾,是人类社会的基本矛盾。根据马克思主义的生产力决定生产关系的原理,划分社会主义社会发展阶段的标准,只能由生产力标准来决定。

为了解放和发展社会生产力,人们必然会对特定社会的生产关系进行调整。调整生产关系的途径有两条:一是变革这一社会的根本制度,用新制度代替旧制度,如资本主义制度代替封建制度是解放和发展生产力,社会主义代替资本主义也是历史进步。二是在特定社会基本制度保持不变的前提下,对特定社会的经济体制进行调整,对社会经济运行的具体制度进行重新安排或创新。

先进的社会生产力是一个新的社会制度赖以建立并得到发展的物质基础。资本主义是建立在大工业这一物质基础之上的,而包括我国在内的社会主义国家大多是在资本主义世界最薄弱的链条上取得了胜利。这就是说,社会主义尚未建立起强大的物质基础。因此,要坚持社会主义,就必须围绕坚持社会主义的物质基础这一中心,发展先进的社会生产力。

二、社会主义代替资本主义的物质基础

社会主义代替资本主义的必然性可以用生产力和生产关系的矛盾来说明,同样,社会主义社会的发展和完善也要以社会生产力的发展来说明。马克思有著名的"两个决不会"的论断:"无论哪一个社会形态,在它所能容纳的全部生产力发挥出来以前,是决不会灭亡的;而新的更高的生

产关系，在它的物质存在条件在旧社会的胎胞里成熟以前，是决不会出现的。”①马克思在《资本论》中对未来社会的基本特征作出预见性规定后，紧接着就指出，这些规定性的实现，“需要有一定的社会物质基础或一系列物质生存条件，而这些条件本身又是长期的、痛苦的发展史自然的产物”②。这里既指出了新社会需要一定的物质基础，又指出这些物质基础的形成需要长期的历史发展。

在马克思的预想中，社会主义经济制度与资本主义经济制度是前后相继的两个社会。资本主义生产方式是公有制借以产生的制度基础。在资本主义的充分发展中，已经孕育着公有制的生成成分。否则，公有制不可能作为一个系统和完整的世界性的体系出现在人类社会。这就是马克思说的：“在物质生产力和与之相适应的社会生产形式的一定的发展阶段上，一种新的生产方式怎样会自然而然地从一种生产方式中发展并形成起来。”③不过，“一个社会即使探索到了本身运动的自然规律”，“还是既不能跳过也不能用法令取消自然的发展阶段”，但是“它能缩短和减轻分娩的痛苦”④。

所谓新社会的物质基础，根据马克思的思想，必须是高于资本主义条件下所达到的生产力水平。原因是未来社会是对资本主义社会的积极扬弃，它应该是建立在资本主义制度已经容纳不了自身生产力的物质基础之上，使“新生产形式的物质基础发展到一定的高度，是资本主义生产方式的历史使命”。⑤ 马克思主义经典作家指出，发达的资本主义是社会主义的“入口”，实际上指出了社会主义是在发达的资本主义国家所达到的生产力水平基础上建立的。因此社会主义社会的生产力基础，是生产力已经达到并超过资本主义国家所达到的水平。这也就是社会主义的物质基础。

① 《马克思恩格斯选集》第 2 卷，人民出版社 2012 年版，第 3 页。

② 《马克思恩格斯选集》第 2 卷，人民出版社 2012 年版，第 127 页。

③ 《马克思恩格斯选集》第 2 卷，人民出版社 2012 年版，第 571 页。

④ 《马克思恩格斯全集》第 44 卷，人民出版社 2001 年版，第 9—10 页；《马克思恩格斯选集》第 2 卷，人民出版社 2012 年版，第 83 页。

⑤ 《马克思恩格斯文集》第 7 卷，人民出版社 2009 年版，第 500 页。

列宁的一国胜利学说指出了社会主义可以首先在一国取得胜利，社会主义可以在经济落后的国家取得胜利，特别是在帝国主义最薄弱的环节取得胜利。但他并没有认为社会主义可以在经济落后的国家建成。列宁认为，高于资本主义条件下的劳动生产率是社会主义战胜资本主义的条件。在现实中根据列宁的“一国胜利”学说，进入社会主义社会的国家都没有经过高度发达的资本主义阶段。这些国家包括中国在内，在取得社会主义革命胜利时，其生产力还没有达到资本主义国家所达到的水平，或者说生产力没有达到足以实现社会主义的水平。进一步说，虽然这些国家进入了社会主义社会，但社会主义的物质基础还没有建立起来。

过去流行的观点，只是把增长速度超过发达资本主义国家看作是社会主义的生产力标准，而把经济上各个方面的发展水平都超过资本主义国家看作是共产主义高级阶段的生产力标准。这就把社会主义社会和共产主义社会的生产力标准都整整降低了一个档次。实际情况是，发达国家经济水平的基数大，现实中社会主义国家的基数小，即使我们的增长速度超过资本主义国家，没有充分的理由表明我们的生产力水平超过资本主义国家。

三、对社会主义发展阶段认识的深化

在《哥达纲领批判》中，马克思第一次明确地把共产主义社会划分为低级和高级阶段，他认为在推翻资本主义之后，不可能立即进入完全的共产主义社会，只可能进入共产主义社会的低级阶段，即社会主义阶段。共产主义社会两个阶段在经济上的根本差别是经济发展程度的不同。

马克思主义经典作家没有直接指出社会主义社会的阶段性问题，但他们关于未来社会发展阶段的论述为后人提供了方法论指导。他们还曾明确指出，东方的、落后的半文明国家要达到社会主义需要经历不同于西欧的发展阶段。1882 年恩格斯在给考茨基的信中谈到印度那样的殖民地国家革命胜利后的社会发展问题时提到，“这些国家要经过哪些社会和政治发展阶段才能同样达到社会主义的组织，我认为我们今天只能作一些相当空泛的假设。不过有一点是肯定的：胜利了的无产阶级不能强迫他国人民接受任何替他们造福的办法,否则就会断送自己的胜利。"①

十月革命胜利后,建设社会主义在俄国成为现实。虽然列宁经历了向社会主义过渡的时期,没有经历社会主义社会的实践,不可能明确指出社会主义初级阶段问题,但他已经觉察到了社会主义发展阶段的某些征兆。列宁在1918年第一次使用"发达的社会主义社会"的概念,他已经认识到,在落后的俄国,还不能一下子直接进入到发达的、有稳固基础的社会主义社会。因此,列宁依据社会主义建设的最初实践,使用了"初级形式的社会主义"、社会主义的"低级发展阶段、初级发展阶段"等概念。②

列宁之后,作为领导第一个社会主义国家进行社会主义建设的领导人斯大林,没有认识到社会主义发展的阶段问题。1952年斯大林在《苏联社会主义经济问题》一书中,过早地提出了向共产主义过渡的任务。事实证明,斯大林的这种超阶段的认识脱离了当时苏联的实际,其结果是欲速则不达。尽管如此,在社会主义建设实践中斯大林还是不自觉地承认了社会主义初级阶段的某些特征,采取了一些适合社会主义初级阶段特点的政策和措施。比如,他明确提出社会主义公有制的两种形式,允许农民保留自留地,承认在社会主义社会的一定范围内保留和利用商品生产、货币流通和价值规律的作用。

斯大林超越初级阶段急于向共产主义过渡的做法,对其他社会主义国家产生了很大的影响。20世纪50年代,包括中国在内的进入社会主义社会的各个国家,大都同苏联一样,企图跑步快速进入共产主义,建立起超越社会主义初级阶段的生产关系和经济体制。历史证明,实行这种超越阶段的生产关系和经济体制的国家都没有成功。

新中国成立后,经过3年国民经济恢复,便开始进行生产资料的社会主义改造,以生产资料公有制代替生产资料私有制。中国共产党及时制定了过渡时期总路线。过渡时期总路线规定,要在一个相当长的时期内,逐渐实现国家的社会主义工业化,逐步实现国家对农业、手工业和资本主

---

① 《马克思恩格斯选集》第4卷,人民出版社2012年版,第548—549页。

② 《列宁文集》第3卷,人民出版社1975年版,第54页;《列宁选集》第4卷,人民出版社1975年版,第142、176页。

义工商业的社会主义改造。1956 年中国大部分地区的生产资料社会主义改造顺利完成。

中国在 1956 年基本完成社会主义改造的时候也遇到了社会主义发展阶段问题。党的八大明确指出，我们只是确立了社会主义制度，还没有建成社会主义。但是，接下来的总路线、"大跃进"、人民公社化运动刮起的"共产风"，搞"穷过渡"，试图一步跨入共产主义，由此建立的社会主义生产关系的发展程度超越了生产力的发展水平，最终遭到了生产力的惩罚。

党的十一届三中全会确立了以经济建设为中心的发展道路，拉开了中国经济改革的序幕。改革开放的深入推动了人们对我国所处阶段认识的深化。在改革中人们发现，改革的一些做法同传统的社会主义经济理论的某些原理和规则相矛盾。许多在社会主义条件下有利于生产力发展和生产商品化、社会化、现代化的东西被当作资本主义的东西，排除在社会主义现阶段的经济过程之外。显然，不明确中国所处的发展阶段，改革的进程难以加快，生产力也难以进一步发展。党的十一届六中全会通过的《关于建国以来党的若干历史问题的决议》，首次提出了"社会主义初级阶段"的概念，党的十二大报告对这一论断做了论述，党的十三大报告进一步把这个问题作为建设社会主义的首要前提提了出来，并阐述了社会主义初级阶段的基本路线。

第三节　社会主义初级阶段经济的基本特征

中国的社会主义处于初级阶段是邓小平同志在改革开放初期提出来的。到 2017 年党的十九大，习近平总书记又进一步指出：我国仍处于并将长期处于社会主义初级阶段的基本国情没有变，我国是世界上最大发展中国家的国际地位没有变。全党要牢牢把握社会主义初级阶段这个基本国情，牢牢立足社会主义初级阶段这个最大实际。

一、我国处于社会主义初级阶段

在人类历史的长河中，社会主义社会高于资本主义社会形态的标准是生产力的各个方面都超过资本主义。达不到这个标准的社会主义社会只可能是社会主义初级阶段。主观随意地拔高社会主义的发展阶段,只会破坏生产力,延缓社会主义经济制度的发展和完善。中国在党的十一届三中全会以前建设社会主义中出现失误的根本原因之一,就在于生产关系和经济体制的一些安排超越了社会主义初级阶段。

我国没有经历资本主义社会,是从半殖民地半封建社会一跃而入到社会主义社会的。1956 年我国的社会主义改造提前完成。这标志着我国实现了从新民主主义到社会主义的转变,进入了社会主义社会。但是,旧中国的半殖民地半封建社会遗留下来的是十分落后的社会经济和科学技术。我国的过渡时期没有真正完成国家的工业化任务。一直到今天,我国虽然进入了社会主义社会,并且经过 40 年的改革开放取得了举世瞩目的伟大成就,但是社会主义的物质技术基础尚未整体建立起来,我们仍在全面建成小康社会并在为全面实现现代化而奋斗。这意味着,在我国,由于生产力发展水平的原因,社会主义尚未从根本上建成,尚处于初级阶段。

中国的社会主义处于初级阶段是由生产力水平决定的。只要生产力没有达到和超过资本主义国家所达到的水平,这时的社会主义社会只能处于初级阶段。对此需要进行时空分析。首先,马克思预见的资本主义和社会主义是时间先后的两个社会,社会主义社会的生产力水平无疑高于资本主义,否则就进入不了社会主义社会,而现实中的社会主义和资本主义是在空间上并存的两个社会,后者的发展阶段比前者长得多。就像我国社会主义社会的生产力水平较旧中国要高得多,但同并存的发达的资本主义国家相比在很多方面还差得多。其次,达到和超过资本主义国家的生产力水平是一个动态的概念。现今的社会主义国家的生产力水平可能已经超过当年马克思预言实现社会主义时英国所达到的水平,但不能说社会主义已经有了自己强大的物质技术基础。原因是在马克思以后到现在,资本主义国家的生产力水平又有了较大的发展。虽然资本主义国家的经济增长速度不高,但它们的基数较大。在这种情况下,社会主义国家的经济增长速度必须更快,而且需要经过较长的时期,才能最终赶上并超过资本主义国家的生产力水平，从而走出社会主义初级阶段。

基于上述生产力水平基础上建立起来的社会主义社会不可能达到马克思主义经典作家所设想的标准。如果把按照马克思和恩格斯设想的标准建立起来的社会主义社会称为成熟的、发达的社会主义阶段的话，那么，现阶段的社会主义社会则是尚未成熟、不能完全实现马克思、恩格斯设想的社会主义社会标准的社会主义阶段。

因此，社会主义初级阶段，并不是泛指任何国家进入社会主义都会经历的起始阶段，而是特指我国这样一个从半殖民地半封建社会脱胎而来的社会主义必然要经历的特定的历史阶段。社会主义初级阶段包括两层含义：第一，我国社会已经是社会主义社会，必须坚持而不能离开社会主义。这就与否定社会主义道路的各种错误思潮划清了界限。第二，我国社会主义社会还处在初级阶段。社会主义初级阶段，是在经济文化落后的中国建设社会主义现代化不可逾越的历史阶段。我国通过这个阶段去实现别的许多国家在资本主义条件下实现的工业化、经济的市场化、现代化和国际化。这个阶段起始于我国社会主义基本制度确立，终结于我国社会主义现代化实现，生产力水平达到并超过发达的资本主义国家。

二、社会主义初级阶段的根本任务是发展社会生产力

在现实中，首先进行社会主义革命的是不发达的国家。虽然社会主义可以在生产力水平落后的国家首先取得胜利，但社会主义不可能在落后生产力的基础上建成。虽然我国的 GDP 总量达到世界第二位，但直至 2017 年人均 GDP 才 9482 美元，居世界第 70 位，只是美国 60015 美元的 1/6。显然，我国的生产力水平要达到发达国家水平，路还很长。我国将长期处于社会主义初级阶段。

既然我国处于社会主义初级阶段是由生产力水平决定的，发展社会主义就需要发展生产力。这就是邓小平同志所指出的，处于社会主义初级阶段的社会主义本质就是解放和发展生产力。这也是建设中国特色社会主义的基本出发点。

根据解放和发展生产力的要求，社会主义初级阶段，是逐步摆脱不发

达状态，基本实现社会主义现代化的历史阶段；是由农业人口占很大比重、主要依靠手工劳动的农业国，逐步转变为非农业人口占多数、包含现代农业和现代服务业的工业化国家的历史阶段；是由自然经济半自然经济占很大比重，逐步转变为经济市场化程度较高的历史阶段；是由文盲半文盲人口占很大比重、科技教育文化落后，逐步转变为科技教育文化比较发达的历史阶段；是由贫困人口占很大比重、人民生活水平比较低，逐步转变为全体人民比较富裕的历史阶段；是由地区经济文化很不平衡，通过有先有后的发展，逐步缩小差距的历史阶段；是通过改革和探索，建立和完善比较成熟的充满活力的社会主义市场经济体制、社会主义民主政治体制和其他方面体制的历史阶段；是广大人民牢固树立建设有中国特色社会主义共同理想，自强不息，锐意进取，艰苦奋斗，勤俭建国，在建设物质文明的同时努力建设精神文明的历史阶段；是逐步缩小同世界先进水平的差距，在社会主义基础上实现中华民族伟大复兴的历史阶段。

社会主义初级阶段的根本任务是发展生产力，也是由社会主义初级阶段的社会主要矛盾决定的。以人民为中心，充分满足人民需要是社会主义经济制度的本质要求。在社会主义制度下，人民群众是社会经济建设过程中的主人，人民群众的物质和文化需要的增长，一般不会遇到经济制度的限制，但会遇到生产力发展水平的限制。当然，社会主义初级阶段本身也是分阶段的。进入社会主义初级阶段的初期，社会主要矛盾是人民群众日益增长的物质文化需要同落后的社会生产之间的矛盾。相应的，发展生产力的任务是改变社会生产的落后状态。经过40年的改革开放，经济的发展和社会生产力的巨大进步已经在很大程度上满足了广大人民群众的物质生活需要。我国稳步解决了十几亿人的温饱问题，总体上实现小康，不久将全面建成小康社会，人民美好生活需要日益广泛。同时，我国社会生产力水平总体上显著提高，社会生产能力在很多方面进入世界前列，更加突出的问题是发展不平衡不充分，这已经成为满足人民日益增长的美好生活需要的主要制约因素。这样社会主义初级阶段进入新时代后的主要矛盾就是人民对美好生活的需要与发展不平衡和不充分的矛盾。与此相对应，发展生产力的任务就是改变发展的不平衡不充分状态。

一种社会制度是否先进和具有优越性,从根本上说,就看其能否促进社会生产力的发展,创造出比先前的经济制度更高的社会生产力。社会主义最大的优越性在于解放和发展生产力。中国特色社会主义经济建设特别是改革开放以来取得的巨大成功已经充分显示,社会主义比资本主义能够更快地发展生产力,提供了创造社会主义替代资本主义的物质基础的发展趋势,为向未来更高形态过渡奠定必备的物质条件。

三、社会主义初级阶段的生产关系

我国还处于社会主义初级阶段是由生产力发展水平决定的,但社会主义初级阶段的经济特征则反映在生产关系上。我国虽然已进入了社会主义社会,但社会主义制度尚未发展成熟,社会主义性质在社会主义生活的各个方面还不能充分显示出来,突出体现在两个方面:一是社会主义经济关系本身还处于初级阶段;二是现阶段的社会生产关系结构还带有社会主义初级阶段的特征。

就社会生产关系结构还带有社会主义初级阶段的特征来说,社会主义本质是消灭私有制,而在社会主义初级阶段,服从于发展生产力的中心任务,不但不能消灭私有制,还要在一定范围发展私有制,因此形成公有制为主体、多种所有制经济共同发展的所有制结构。由此决定分配制度调整的内容是,实行多种分配方式,允许合法的非劳动收入;在共同富裕方面承认先富和后富的差别。所有这些方面符合社会主义初级阶段生产力发展的要求。在这种社会主义初级阶段的社会经济结构中,社会主义的规定性就在于,坚持公有制为主体、按劳分配为主体,先富帮后富。所有这些生产关系的安排,目的就是让一切创造财富的源泉充分涌流。

就初级阶段的社会主义生产关系来说,既然明确进入了社会主义社会,社会主义经济的基本特征就要充分显现,如公有制为主体、按劳分配为主体、缩小收入差距等。但处于初级阶段的社会主义经济关系也具有初级阶段的特征,不可能是完全成熟的,达不到完全成熟的社会主义的标准。这可以从以下三个方面来说明:

第一,公有化的程度不可能很高。首先,公有制不可能是单一的,具有多种形式,不仅包括国有经济,还包括集体经济。其次,公有制有多种实现形式和经营方式,包括股份制、股份合作制、合作制等形式。最后,在经营方式上可以实行租赁或者承包经营等方式。尤其是在党的十八届三中全会的《中共中央关于全面深化改革若干重大问题的决定》中,把混合所有制作为基本经济制度的重要实现形式,使得公有制的实现形式更加多样化。公有资产不一定都在完全的公有企业中经营,也可以在包含了非公有制成分的混合所有制中实现。

第二,按劳分配不可能充分。主要表现在两个方面:一是按照马克思的设想,按劳分配的"劳"应是劳动时间,而在现阶段单纯以劳动时间作为分配的标准,不能避免出工不出力,不能反映实际的劳动贡献和劳动效率,按劳动能力分配,无法避免提供劳动不足的问题。按劳动成果分配,无法在社会化大生产中的共同劳动成果上得到体现。因此无论是哪一种劳动作为分配标准都不可能是完全的。二是不同部门不同企业的劳动者由于效益的差别,分配水平存在较大差距,这意味着同工不能同酬,而在同一企业内部的分配又不能完全破除平均主义,由此等量劳动得不到等量报酬。

第三,富裕程度存在先后差别。从效率考虑,在社会主义初级阶段允许一部分地区一部分人先富起来,并且允许各种生产要素参与收入分配,不可避免存在不同要素所有者之间存在先富和后富的差别,地区之间、部门之间、不同的劳动者之间存在先富和后富的差别。

显然,依据社会主义经济关系初级阶段特征,改革的一个重要方面是调整社会主义生产关系,使经济体制不是反映未来的高级阶段的社会主义生产关系,而是反映处于初级阶段的社会主义生产关系。

四、建设中国特色社会主义经济

社会主义初级阶段的确定为中国特色社会主义建设奠定了基础。社会主义初级阶段理论是在我们党总结世界社会主义;特别是中国社会主义曲折发展的历史经验和教训的基础上逐步提出的,标志着我们党对中国社会主义发展现状有了正确的认识，也对中国社会主义所处的历史方位做了正确定位。这样，社会主义建设才能明确方向、明确重点。社会主义初级阶段理论的提出，是党制定和执行正确路线、方针、政策的基本依据，开创了中国共产党领导社会主义经济建设的新局面，是科学社会主义理论的新发展。纠正了超越阶段的错误观点和政策，也抵制了抛弃社会主义基本制度的错误主张。40 年来我国改革开放和现代化建设的伟大实践证明，从社会主义初级阶段的实际出发脚踏实地地建设社会主义，既不是离开社会主义，又符合中国国情。这是我们取得举世瞩目巨大成就的根本原因。

资本主义社会可以跨越，但经济发展的阶段不能跨越。因此，中国明确处于社会主义初级阶段，是要在这个阶段完成别的国家在资本主义条件下完成的市场化、现代化的任务。相应地，在社会主义初级阶段所要建设的中国特色社会主义涉及以下三个方面：

一是市场化改革。这是在社会主义初级阶段建设中国特色社会主义的根本动力。改革也是一场革命，是解放生产力，是中国现代化的必由之路。经济体制改革的目标是建立和完善社会主义市场经济体制。在社会主义条件下发展市场经济，是前无古人的伟大创举，是中国共产党在创造性地发展马克思主义理论的进程中作出的历史性贡献。社会主义市场经济体制是同社会主义基本制度结合在一起的，它既要反映和体现市场与市场经济的一般规律，又要反映和体现社会主义基本制度的要求，使市场在资源配置中起决定性作用和更好地发挥政府作用。

二是现代化。发展是当代中国的主题，是中国共产党执政兴国的第一要务，在改革开放过程中积累了丰富的关于发展的思想和理论。中国是一个人口众多的国家，在较短时间里由低收入阶段进入中等收入阶段，彰显了中国特色社会主义的优越性。进入中等收入阶段后，我们面临着新的发展问题。解答好这些问题，需要不断创新中国特色社会主义经济发展理论。把创新发展、协调发展、绿色发展、开放发展、共享发展贯穿于经济发展的全过程，从而要求在推进经济发展进程中必须以创新为第一动力、以协调为内在要求、以绿色为基本条件、以开放为必由之路、以共享为发展目的。

三是国际化。对外开放是改革开放以来中国的基本国策，是中国特色社会主义经济理论的一个重要内容，对外开放的深度和广度不断拓展，实现了从封闭型经济向开放型经济的历史性转变。坚持“引进来”和“走出去”相结合，充分利用国际国内两个市场，优化资源配置，拓宽发展空间，以开放促改革促发展，借鉴资本主义发达国家的先进技术和管理经验，积极参与国际经济合作和竞争，增强国际竞争力。要正确处理对外开放同独立自主、自力更生的关系，维护国家经济安全。在坚持对外开放的同时，把立足点放在依靠自身力量的基础上，大力推进自主创新，实现自主发展。

思考题

1. 怎样理解马克思主义经典作家关于社会主义代替资本主义的必然性的重要理论？他们对未来社会生产关系的主要特征所作的科学预见及其规定的主要内容是什么？

2. 中国社会主义初级阶段的基本内涵是什么？怎样理解生产力是划分社会主义发展阶段的标准？

3. 为什么说社会主义初级阶段的根本任务是发展社会生产力？

4. 社会主义初级阶段的生产关系具有哪些特征？

第二章　经济发展进入新时代

恩格斯指出："我们的理论是发展着的理论。"①每一个时代的理论思维，都是一种历史的产物，"它在不同的时代具有完全不同的形式，同时具有完全不同的内容"②。政治经济学理论更要关注所面对的经济处于什么样的发展阶段。原因是处于什么阶段就有什么样的发展目标、什么样的发展方式、什么样的发展环境以及什么样的发展动力。

第一节　中国特色社会主义新的历史方位

新中国成立以后，社会主义的发展中大国，要实现国家富强、人民富裕面临一些重大问题：在东方经济落后的国家建设什么样的社会主义、怎样建设社会主义、走什么样的社会主义道路？这些问题，马克思在当时不可能碰到，也没有现成的答案。以中国特色社会主义政治经济学为理论指导所取得的中国经济成就，对这些重大问题作出了正确的回答，是对马克思主义的重大发展，是对整个人类的经济科学文明发展作出了贡献。

一、中国特色社会主义进程的新飞跃

中国共产党从诞生之日起，就把为中国人民谋幸福、为中华民族谋复兴，作为自己的初心和使命。在毛泽东思想的指引下，中国人民经过艰苦卓绝的斗争，取得了新民主主义革命的胜利，建立了新中国。紧接着又进

① 《毛泽东选集》第一卷，人民出版社 1991 年版，第 123 页。

② 《马克思恩格斯全集》第 26 卷，人民出版社 2014 年版，第 499 页。

行了向社会主义的过渡，建立起了社会主义制度，从此中国和中国人民站了起来，实现了中华民族伟大复兴进程中的第一次伟大飞跃。随着斯大林的逝世以及按苏联模式建立起来的社会主义经济体制弊病的逐步暴露，以毛泽东为核心的党中央开始了对中国特色社会主义制度和道路的艰难探索。

1978年12月，党的十一届三中全会开启了改革开放新的伟大革命。在邓小平理论、“三个代表”重要思想和科学发展观的指引下，推进了市场化改革和全面的对外开放，建立起公有制为主体、多种所有制经济共同发展的基本经济制度，按劳分配为主体、多种分配方式并存的基本分配制度，发展了社会主义市场经济。到2010年，中国一跃成为世界第二大经济体，进入中等收入发展阶段，中国开始富了起来，实现了中华民族伟大复兴进程中的第二次伟大飞跃。

2012年党的十八大召开，以习近平同志为核心的党中央领导中国进入了新时代，开启了中国“强起来”的第三次伟大飞跃。中国告别低收入阶段进入上中等收入阶段，经济发展由高速增长转向高质量发展。在这个新时代，中国面临着一系列新的重大发展问题。习近平新时代中国特色社会主义经济思想不仅为中国，而且为解决人类发展问题贡献了中国智慧和中国方案。

改革开放之后，我国社会主义现代化建设确定“三步走”战略目标。到党的十八大时，解决人民温饱问题、人民生活总体上达到小康水平这两个目标已提前实现。在这个基础上，党的十八大明确提出“两个一百年”的奋斗目标。第一个“一百年”奋斗目标，即建党一百年时(2021年前后)全面建成小康社会。其目标是经济更加发展、民主更加健全、科教更加进步、文化更加繁荣、社会更加和谐、人民生活更加殷实的小康社会；第二个“一百年”奋斗目标，即在新中国成立一百年时(2049年前后)建成富强民主文明和谐美丽的社会主义现代化强国。到那时，我国物质文明、政治文明、精神文明、社会文明、生态文明将全面提升，实现国家治理体系和治理能力现代化，成为综合国力和国际影响力领先的国家，全体人民共同富裕基本实现，我国人民将享有更加幸福安康的生活，中华民族将以更加昂扬的姿态屹立于世界民族之林。很显然,“两个一百年”奋斗目标就是推动我国由“富起来”转向“强起来”的奋斗目标。

“强起来”的重要方面是从经济大国转变为经济强国。我国成为世界第二大经济体,是经济大国,但还不是经济强国。历史的教训是:经济大国不一定是经济强国,甚至还可能挨打。1820 年,中国的 GDP 世界第一,占世界的 32.9%,是英国的 7 倍,却在鸦片战争中被英国打败了。1913 年,中国的 GDP 排世界第二,被八国联军打败。1936 年,中国的 GDP 是日本的 1.9—2.8 倍,但被日本侵占了 14 年。显然,作为经济强国不仅表现为处于世界前列的 GDP 总量,更是表现为处于世界前列的科技创新能力,处于全球价值链高端的产业,包括人民币国际化在内的处于世界前列的现代金融体系,处于世界前列的居民收入和全面发展水平,以及反映现代科技水平的国防现代化水平。归结起来,就是党的十九大所提出的富强民主文明和谐美丽的社会主义现代化强国的要求。

现在我国正处于“两个一百年”奋斗目标的历史交汇期,在即将全面建成小康社会的同时开启全面建设社会主义现代化国家新征程,也就是开启了强起来的新时代。

二、经济发展的新起点

中国原先是贫穷落后的农业大国,新中国成立以后开始社会主义建设,尤其是 40 年的改革开放,取得了突飞猛进的经济成就。主要指标包括:

GDP(国内生产总值)指标:GDP 总量 2010 年达 40.1 万亿元人民币(折合 5.88 万亿美元),成为世界第二大经济体。2017 年达 827122 亿元人民币,折合 122427.76 亿美元,远超处于第三的日本(48844.9 亿美元)。2010 年中国人均 GDP 为 3.06 万元人民币,折合 3566 美元,进入中等收入国家行列;2017 年人均 GDP 达 59660 元人民币,折合 8582.94 美元。这是明显的上中等收入国家水平。

产业结构:2013 年,第一产业增加值占国内生产总值的比重首次降到 10%;第二产业增加值比重为 43.9%;第三产业增加值比重为 46.1%,

第三产业增加值占比首次超过第二产业。2017 年,第一产业增加值占国内生产总值的比重为 7.9%,降到 10%以下;第二产业增加值比重为 40.5%,第三产业增加值比重为 51.6%。这表明中国已经从农业国变为新兴工业国,服务业比重也超过了 50%。

城市化率:2011 年城市化率超过了 50%,达 51.27%;2017 年达 58.52%。这表明中国进入城市化中期,成为以城市人口为主的国家。

总的来说,我国进入经济发展新起点的主要表现是:稳定解决了十几亿人的温饱问题,总体上实现小康,不久将全面建成小康社会,我国社会生产力水平总体上显著提高,社会生产能力在很多方面进入世界前列。经济发展存在的突出问题是发展不平衡不充分。

美国经济学家罗斯托的经济成长阶段论界定:一个国家从贫穷走上富有,从传统走上现代,分为六个阶段:(1)传统社会阶段;(2)为起飞创造条件的阶段;(3)起飞阶段;(4)向成熟推进阶段;(5)高额群众消费阶段;(6)追求生活质量阶段。其中,起飞阶段是传统社会与现代社会的分水岭。[①] 经过起飞阶段以后的三个阶段的特征,虽然各不相同,时间有先后,但都可以看作是进入经济现代化阶段后的各种表现。借用罗斯托的经济成长阶段论来说明我国进入经济发展现阶段的特征,全面建成小康社会就相当于起飞阶段的完成。我国正在进入的现代社会就有三个特征:一是"向成熟推进",是指现代技术在各个经济领域中广泛使用,实现经济长时期的持续增长。二是"高额群众消费",是指资源越来越倾向于被引导到耐用消费品的生产和大众化服务的普及。三是"追求生活质量",涉及自然(居民生活环境的美化和净化)和社会(教育、卫生保健、交通、生活服务、社会风尚、社会秩序)两个方面:一方面,与医疗、教育、文化娱乐、旅游有关的服务部门加速发展,成为主导部门;另一方面,认真处理和解决环境污染、城市交通拥挤和人口过密等问题。

---

① 参见[美]W.W.罗斯托:《经济增长的阶段:非共产党宣言》,郭熙保等译,中国社会科学出版社 2001 年版,第 4 页。

第二节　新时代面临的新的重大发展问题

不同发展阶段有不同的发展问题。低收入阶段有低收入阶段的发展问题,为此就有相应的发展战略。我国进入新时代的一个重要背景是告别低收入阶段进入中等收入发展阶段。中等收入阶段会有不同于低收入阶段的发展问题,在经济形态上必然会产生出一系列与以往阶段不同的特点,从中抽象出带有客观必然性的新常态,具有重要的理论和实践意义。

一、潜在经济增长率的改变

潜在经济增长率是宏观经济学的重要概念。所谓潜在经济增长率,是指一国在各种资源得到最优和充分配置的条件下,所能达到的最大经济增长率。具体地说,一国的经济增长率取决于以下要素:劳动数量和质量的提高(通过人口增长和教育);资本的增长(通过储蓄和投资);技术进步。[①] 除此以外,经济结构的改变、资源的可持续供给以及市场需求容量变化都会影响潜在经济增长率。因此,认识我国经济发展进入新时代,需要充分认识潜在经济增长率在进入新时代后的变化。现阶段对潜在经济增长率的影响因素主要是经济结构、技术基础和资源的可持续供给。

我国从 1979 年到 2010 年的 31 年中 GDP 平均增长率为 9.9%,可以说是持续的高速增长。从 2012 年起,我国经济增长正式告别 9%以上的快速增长。2010 年 GDP 增长率高达 10.45%,2011 年开始下降为 9.3%,2012 年和 2013 年的增速均为 7.7%,2014 年为 7.4%,2015 年为 7%,2016 年为 6.7%,2017 年为 6.9%(见图 2-1)。

与过去的高速增长不同,近年来的速度属于中高速增长。中高速增长成为我国新阶段的新常态有其客观必然性,基本上反映了潜在经济增长率的变化。

---

① 参见[美]迈克尔·P.托达罗、斯蒂芬·C.史密斯:《发展经济学》,余向华、陈雪娟译,机械工业出版社 2014 年版,第 86 页。

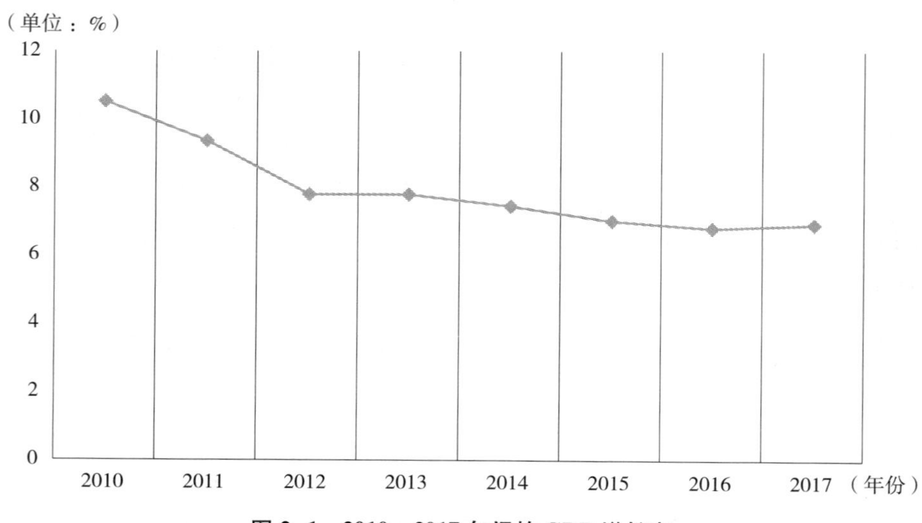

图 2-1　2010—2017 年间的 GDP 增长率

我国在改革开放 40 年中保持高速增长的主要原因是改革开放解放了潜在的生产要素，从而支持了较为长期的潜在经济增长率。经过这么多年的高速增长，潜在的增长要素已经得到了充分释放，如果没有新的要素被动员出来，潜在经济增长率就有下降的趋势，主要表现是：

第一，农业剩余劳动力支持的低成本劳动力供给明显减少。过去 40 年经济的高速增长尤其是工业化的快速推进，很大程度上靠的是农业剩余劳动力转向非农业部门。农村工业化和城市化在进行 40 年后，到今天虽然没有完成，但城市化率已过了 50%，剩余劳动力转移速度明显减慢，沿海地区民工荒开始显现。与此相关的另一个问题是农民工的低工资也难以持续。这不仅是因为农业剩余劳动力供给减少，还因为农民工进入第二代后，其生活水平要求也相应提高。表现为农民工工资水平提高，2009 年农民工平均工资为 1783 元，是 2001 年的 2 倍，近年来更高。这意味着低成本劳动力供给基本上不再存在。

第二，支持高投资、高储蓄的人口红利明显减少。过去 40 年因实施独生子女的计划生育政策产生了人口红利效应，劳动者赡养人口少而有较高的储蓄率。现在，一是老龄化社会已经到来。65 周岁以上人口占比已从1982年的4.9%上升到2010年的8.87%。2016年我国65周岁及以上人口15003万人，占总人口的10.8%。二是从20世纪70年代末实行的独生子女政策所产生的14周岁以下人口占比，从1982年的33.59%降低到2016年的16.67%，虽然这个比例意味着劳动力抚养的儿童数量减少，其受教育的年龄进一步延长，但进入劳动年龄的人口已明显减少。据国家统计局数字，2012年，中国15周岁以上不满60周岁的劳动年龄人口绝对数减少了345万人。2013年劳动年龄人口统计范围由15周岁提升到16周岁，数量依然净减244万人。2014年，统计范围还是以16周岁到60周岁为分界线，净减371万人。内地2016年年底16周岁至59周岁（含不满60周岁）的年龄人口总数较2014年年底减少349万人，至9.07亿人，在全国人口中占比65.6%。由此带来劳动力抚养人口数量的增加，现在是3—4个劳动力抚养一个人。这样，劳动年龄人口持续多年净减少，赡养人口增加，必然带来支持高储蓄高投资的人口红利的减少。

第三，随着住房、汽车等高额消费品进入普通居民家庭，中国的高额消费阶段也正在到来，居民边际消费倾向有提高的趋势。中国人的消费水平明显提高，中等收入人口达到3亿人，即使是低收入群体中也有消费攀比现象。满足温饱型消费需求的中国居民消费正在转向中高端消费。受此影响，中国的国民总储蓄率在2010年达到最高的51.5%之后，开始逐步下降，平均每年下跌0.5%。2015年的国民总储蓄率为48.4%，与其他国家（美国为19.2%、日本为27.0%、英国为12.9%、德国为27.7%、印度为32.5%）相比，仍处于较高水平。

第四，物质要素供给的不可持续问题越来越突出。能源、资源、环境的瓶颈约束正在制约经济增长。以能源为例，《中国能源发展报告（2014）》显示，2013年中国能源消费总量为37.5亿吨标准煤，同比增长3.7%，中国能源消费占全世界的22%。同期中国GDP占全世界的12.3%，这种高能源消耗是无力支持经济持续增长的。无论是世界范围还是中国，节能减排的制度性约束日益刚性。为了保证中国人的吃饭问题，基本建设用地面积也成为刚性指标，可建设用地明显紧张，土地价格明显上升。所有这些资源和环境的约束，越来越成为增长的自然界限。

要想突破这些界限，只能另辟蹊径，转变发展方式。

对发展中国家来说，影响潜在经济增长率的不只是前述要素供给，还有结构问题。正如现代发展经济学所指出的："一国要实现从传统经济系统转变为现代经济系统，除了需要资本积累（包括物质资本和人力资本）以外，还需要一系列相互联系的经济结构的变革。这些经济结构变革几乎涉及所有经济函数的改变，包括生产方式的转变和消费者需求的构成、国际贸易和资源利用的变化，以及诸项社会经济因素的变化，如城市化和国家人口的增长以及分布等。"①这意味着对发展中国家的发展来说，发展不只是增长速度问题，还有一个重要的结构变化问题。不仅表现为产业结构处于中低端，还表现为供求结构失衡。结构优化升级能够支持长期的发展，变化缓慢可能会降低潜在经济增长率。

以上分析表明，进入新时代，我国的潜在经济增长率只能是中高速增长率。研究潜在经济增长率的意义在于：一是不盲目追求高于潜在经济增长率的速度，二是现实经济增长率要使潜在经济增长率充分释放。现实中经济过热和过冷就表现为：现实经济增长率大于或小于潜在经济增长率。

二、跨越转向高质量发展的"关口"

党的十九大报告提出了我国经济已由高速增长阶段转向高质量发展阶段，正处在转变发展方式、优化经济结构、转换增长动力的攻关期，建设现代化经济体系是跨越关口的迫切要求和我国发展的战略目标。

我国进入新时代的一个重要背景是告别低收入阶段，进入中等收入阶段。与此相关，我国所要跨越的"关口"，就是进入高收入阶段的关口，跨越这个关口实际上就是跨越"中等收入陷阱"。世界银行《东亚经济发展报告（2006）》指出：一些新兴市场国家（如拉美国家）在 20 世纪 70 年代均进入了中等收入国家行列，但直到 2006 年世界银行发表此报告时，这些国家仍然挣扎在人均 GDP 为 3000 至 6000 美元之间，并且见不到增

① ［美］迈克尔·P.托达罗、斯蒂芬·C.史密斯：《发展经济学》，余向华、陈雪娟译，机械工业出版社 2014 年版，第 81 页。

长的动力和希望。由此提出的“中等收入陷阱”的概念，指的是发展中国家进入中等收入阶段后难以摆脱低收入阶段的发展模式，一方面，收入方面的竞争力下降，进入中等收入阶段后收入普遍提高，其劳动密集型产业无法在收入方面与低收入国家竞争；另一方面，创新能力不足，其产业在掌握核心技术方面无力与发达国家竞争。这种发展模式造成“中等收入陷阱”的三大威胁：一是收入差距达到了库兹涅茨“倒U型”曲线的顶点；二是腐败指数达到了库兹涅茨“倒U型”曲线的顶点；三是环境污染指数达到了库兹涅茨“倒U型”曲线的顶点。这三个方面达到“倒U型”曲线的顶点后不能进入向下的通道，便陷入“陷阱”。此外，进入中等收入阶段后的居民，随着文明程度的提高，维权意识大大增强。居民不可能容忍由权利的不公平导致的收入差距的扩大，更为关注健康、教育和货币。由此产生激烈的社会矛盾就会阻碍经济的进一步发展，从而使经济陷入“中等收入陷阱”，难以跨越。提出“中等收入陷阱”的概念，不等于说所有国家和地区都会陷入这个陷阱。像新加坡、韩国等国家靠现代化的过程跨过了这个陷阱。

我们明确提出，在转变发展方式、优化经济结构、转换增长动力方面建设现代化经济体系，从而跨越转向高质量发展的“关口”，也就能成功地避免和跨越“中等收入陷阱”，实现高质量发展。

三、经济发展目标的多元化

在低收入发展阶段，人民的需要相对单一，主要是衣食住行等物质上的需要的增长，收入日益增长。主要制约因素是落后的社会生产不能满足人民日益增长的物质和文化需要。与此相对应，发展问题实际上只是增长问题，目标也单一。以GDP增长为导向，以速度为增长指标，以发展生产为基本路径。

进入中等收入阶段后，人民物质生活达到小康，衣食无忧，在此基础上产生与人的全面而自由发展相关的美好生活的需要，涉及健康、教育、文化、生态等方面的需求。与此相对应，发展就不只是增长问题，增长不等于发展。如果经济增长了，但是环境被破坏了，人民的健康受损了，贫富分化了,这种增长是无意义的。经济发展比经济增长有更广泛的含义,发展必须追求人民的幸福,满足人民对美好生活的需要,涉及经济社会的各个层面,不仅是摆脱贫困,科技进步、公平分配、增加社会福利、社会发展、生态文明都要纳入发展目标。

已有的发展经济学理论基本上是基于低收入阶段的。中国由低收入阶段向中等收入阶段迈进面临的发展问题,是摆脱贫困进入小康。发展的重要路径是推进工业化和城市化。相应的发展理论主要涉及:追求GDP的增长、高积累低消费、以高投入追求高速度、粗放型发展方式、农业剩余劳动力转移,等等。应该说,这些发展理论对我国摆脱贫困,由低收入阶段进入中等收入阶段有着重要的理论指导意义。但是,当我国进入中等收入阶段后,继续延续这些发展理论指导,没有发展理论的创新,难以指引新的发展阶段的发展,甚至可能陷入"中等收入陷阱"。

面对进入中等收入阶段后的时代发展课题,跨越"中等收入陷阱",必须发挥社会主义的制度优势,更好地发挥政府作用。一是致力于共同富裕。在低收入阶段为迅速摆脱贫困,追求GDP的快速增长,强调效率优先,允许一部分地区一部分人先富起来。进入中等收入阶段以后,需要追求公平正义,基本公共服务均等化,使人民共享改革发展成果。二是致力于协调发展。在低收入阶段实际上实行不平衡发展战略,进入中等收入阶段后,不平衡问题突出,短板也显露。需要根据协调发展的要求补齐短板。其中包括:补齐农村发展的短板以克服城乡二元结构;补齐贫困地区和贫困人口的短板;补齐人的全面发展的短板。三是致力于生态文明建设。不仅要坚持绿色发展,还要修补被破坏的环境和生态,创造更多的生态产品,满足人民的生态需求。四是致力于社会发展,推动教育、文化、卫生等领域的现代化,满足人的全面发展的需求。所有这些就是进入新时代后高质量发展的要求。

第三节　高质量发展的新时代

经济发展进入新时代的重要标志是由高速增长转向高质量发展。在低收入阶段,我国可以创造持续高速增长40年的奇迹,而在进入中等收入阶段后,中高速增长将是新常态。从战略机遇期视角观察新常态,需要发现发展的机遇,进一步说是转向高质量发展的机遇。

一、高质量发展的内涵

在低收入阶段,谋求高速增长的发展战略常常是高投入、高消耗。我国经济发展由高速增长转向中高速增长,不是降低发展的要求,实际上是倒逼改变发展战略,为加快转变经济发展方式提供空间。在低收入发展阶段所采取的单纯以高投入谋求高速度的发展方式不能再延续到中等收入发展阶段。而是要转向高质量发展,实现中高速增长的可持续。

何谓发展的质量?高质量发展,是什么样的发展?习近平总书记将增长速度由高速增长转向中高速增长的新常态解释为:发展方式从规模速度型转向质量效率型。就是说,过去的高速增长是规模速度型的,现在所要转向的中高速增长是质量效率型的。显然,进入中等收入阶段,我国的增长速度转向中高速是不可避免的,但中高速得以可持续并建立在质量和效率基础上,需要转变经济发展方式。支持中高速增长的发展方式不只是集约型方式,更为重要的是创新发展方式。需要推进供给侧结构性改革,寻求新的发展动力。需要追求经济增长的最小成本。只有在资源得到有效地利用、环境污染得到有效地控制、社会福利增进的基础上实现增长才是有价值的。

世界银行2000年发布的题为《增长的质量》报告指出:不仅仅是增长速度,而且增长的质量也同样重要。增长的来源和模式影响着发展的效果。该报告对仅仅依赖GDP增长作为衡量进步的标准提出质疑。突出增长质量的具体要求是:将促进经济增长的政策与普及教育、加强环保、增加公民自由、强化反腐败措施相结合,使人民生活水平得到显著提高。报告强调:我们需要更多更好的"高质量"的增长,这不是一种奢侈品,这对于国家抓住时机、改善这一代人以及子孙后代的生活具有决定性的意义。显然,所有这些质量要求实际上包含在发展的内涵中。

高效率的投入和高效益的产出。高质量发展具体表现在以下四个方面:第一,针对新时代社会主要矛盾,高质量发展是能够满足人民日益增长的美好生活需要的发展。第二,体现新发展理念,高质量发展是坚持创新、协调、绿色、开放、共享发展要求的发展。第三,反映资源有效配置的要求,高质量发展是有效配置资源、高质量的投入产出比的发展。第四,反映宏观稳定的要求,高质量发展是经济增长处于合理区间的发展。

党的十九大报告明确把提高供给体系质量作为主攻方向,要求提高全要素生产率,努力实现"更高质量、更有效率、更加公平、更可持续"的发展目标。推动高质量发展的基本路径是实现三大变革,即"质量变革、效率变革、动力变革"。

二、遵循客观规律的发展

2013 年 7 月 29 日中央政治局会议上,习近平总书记指出"发展必须是遵循经济规律的科学发展,必须是遵循自然规律的可持续发展,必须是遵循社会规律的包容性发展"。这是对新时代中国经济发展新特征、新趋势的科学把握,是对推动经济持续健康发展新思路、新目标的高度概括。遵循客观规律的发展就是高质量发展。

第一,遵循经济规律,实现科学发展。我们强调要以提高质量和效益为中心,不能简单以生产总值论英雄。发展中国家在发展经济增长的初期一般都追求一个"快"字,实施赶超战略,试图在较短的时期赶上发达国家的现代化水平。单纯追求"快"的增长方式适应于经济发展初期阶段的环境。随着经济发展的全面推进、经济发展整体水平的提高,在新的发展阶段要实现经济发展的持续性,就不能单纯强调数量和速度,而要强调发展的质量和效益。一方面,要由过去的投资和进出口的带动向消费投资和出口协调发展转变,在强调投资需求和进出口需求对经济发展和经济增长拉动的同时,更加强调消费对经济发展的作用。另一方面,要由过去低成本的规模扩张向提高效率方面转变,推进技术进步,加快产业结构优化升级,在优化结构中加快发展、提高效益、降低能耗,走自主创新之路、新型工业化之路、农业现代化之路。

第二,遵循自然规律,实现可持续发展。人与自然的关系在一开始是人类屈服于自然，后来提出人类征服自然，与此相应的发展方式产生了一系列不顾资源和环境有限性的约束而掠夺和破坏自然的行为。特别是进入工业时代以后，人类利用工业化的文明成果——先进的技术对大自然加以索取和掠夺，对整个社会和自然都造成了巨大的威胁，产生了人口、资源、环境和经济增长系统的不可持续性。新时代对环境、资源和生态问题要给予高度的重视，在现代化建设中不仅要求新的项目不能破坏生态，还要求治理因过去发展对生态所造成的破坏，提供更多优质生态产品以满足人民日益增长的优美生态环境需要，实现人与自然的和谐。

第三，遵循社会规律，实现包容性发展。过去强调经济发展，社会发展相对滞后，使得经济发展与社会发展不协调。所以，在发展方式转变中要强调经济和社会的协调发展。经济社会协调发展是社会文明进步的标志。经济发展和社会发展是相互作用的，经济发展是社会发展的基础，社会发展反作用于经济发展。和谐的社会能够调动劳动者积极性，从而促进经济发展；反之，社会矛盾凸显则制约了经济发展的脚步。社会发展要遵循社会规律，最为重要的是公平性、全民参与共享发展成果的包容性发展。

三、中高速增长

我国经济进入新常态，表明高质量发展的速度一般是中高速。这种速度能够为转向高质量发展提供回旋的空间。其主要说明因素除了上述进入中等收入阶段后的潜在经济增长率外，还有以下三点：

第一，就增长的基数来说，我国 GDP 在 2010 年 40.1 万亿元人民币、2012 年 519470 亿元的基础上，2016 年达 744127 亿元，在这么高的基数上，每年仍然能够以接近 7%的速度增长，2017 年 GDP 总量为 827122 亿元，与 2016 年相比，增长 82995 万亿元（6.9%），相当于 1999 年一年的 GDP 总量，实属不易。显然，GDP 基数扩大后不可能长久保持原来水平的高速增长。这个速度从世界范围来看都是高的。这几年中国对世界经济增长的贡献率一直在 30%的水平。

第二，在进入中等收入发展阶段后，向高收入国家发展目标不只是经济增长的数量问题，更是质量和结构问题，发展的目标更为广泛，不只是单一的GDP经济增长目标，不可能将资源集中用于经济发展，需要腾出一部分资源用于发展其他目标（如教育等社会发展）。

第三，进入中等收入阶段后，解决了温饱问题后居民的消费需求开始转型，更为关注健康、安全、卫生、档次方面的需求。而生产和服务还停留在低收入阶段的供给，追求数量，不重视质量，为生产而生产，势必产生有效供给不足与无效供给和低端供给所产生的库存和过剩问题，由此产生速度的下滑。这种供给不能适合需求变化的状况不改变，将会使中高速增长难以维持。

虽然新常态表现为中高速增长，但经济持续下行决不是新常态。如果速度持续下行，中高速增长不能维持，可能带来一系列风险。其中包括：产能过剩风险、企业资金链断裂风险、债务违约风险、局部性金融风险、房地产市场和股票市场走势分化引发的风险，以及财政收入增长放缓所产生的地方政府债务风险。基于此，习近平总书记在党的十八届四中全会上的讲话中明确了速度的底线：确保到2020年实现国内生产总值和城乡居民人均收入比2010年翻一番的目标，必须保持必要的增长速度。只有在实体经济止跌并回升，在稳增长实现后，才有条件尽快实现发展方式的转变。

中高速增长不是自然形成的，是需要经过努力才能达到的。从发展的角度研究新常态，新常态不是不要速度，而是不仅要求实际的增长速度能够达到潜在经济增长率决定的中高速增长，还要使反映现阶段发展水平的潜在经济增长率可持续，甚至要努力使潜在经济增长率保持在中高速的较高水平。就是说，中高速增长仍然需要支持潜在经济增长率的各个要素的支撑。因此，对中高速增长的新常态，需要有新的战略思考。根据潜在经济增长率的内涵，需要在要素供给质量、经济结构、发展动力上形成中高速增长的支撑。

四、中高端结构

经济发展的低质量与经济结构的中低端相关，反映低收入阶段和发展中大国的特征。现有的经济结构还是低收入发展阶段的结构，与追求高速增长的发展战略相平衡。其特征，首先，在三次产业结构中，虽然已经改变了农业国地位，产业结构中制造业尤其是传统制造业比重高，服务业尤其是现代服务业比重过低；我国的产业结构处于中低端。不用说达不到高收入国家水平，连中等收入国家的平均数也没有达到。其次，制造业基本上处于中低端，产业科技密集度较低，发达国家在飞机制造、特种工业材料、医疗设备、生物技术等高科技领域占据更大份额，而我国在纺织、服装、化工、家用电器等较低的制造业科技领域享有领先地位。即使是在高科技制造业中，大部分处于“微笑曲线”的低端，核心技术和关键技术在国外。核心技术和关键技术环节不在我国的居多，中国创造的部分少，品牌也是以国外的居多，由此会产生高产值、低附加值等问题。最后，我国高消耗、高污染行业偏多，产业绿色化程度低。这些结构性问题与过去高速增长相适应，不适合当今的高质量发展要求。

经济转向高质量发展时代后，经济结构的再平衡就成为题中应有之义：其方向除了提高服务业尤其是现代服务业比重外，需要科技和产业进入国际前沿。战略性新兴产业既代表着科技创新的方向，也代表着产业发展的方向，是科技创新和产业创新的深度融合。发展战略性新兴产业实际上是培育国际竞争中的产业优势。目前世界范围内建立在互联网、新材料、新能源相结合基础上的第三次产业革命正在兴起。根据G20杭州峰会确定的创新增长蓝图，现在被称为“新经济”的战略性新兴产业涉及制造业和服务业两个方面。一是反映新工业革命标志的高端产业。如智能制造、机器人、新能源、新材料、环保产业、生物技术等；二是体现于传统产业和服务业的互联网经济和数字经济。前者涉及制造业领域创新的产业，后者涉及服务业领域创新的新业态。依据世界产业发展的趋势，前瞻性地培育战略性新兴产业的一般特征是：以重大技术突破和重大发展需求为基础，对经济社会发展具有重大引领作用。同时，从战略性新兴产业的投入要素结构来看，主要表现为知识技术密集、物质资源消耗少。因此，基于战略性新兴产业的特征，立足于我国现有的科技基础和产业基础,现阶段应当重点发展节能环保、新信息技术、生物技术、高端装备制造、新能源、新材料、新能源汽车等战略性新兴产业。

以往的结构调整基本上采取增量结构调整的方式,也就是靠新增投资结构来调节经济结构。需要发展的就增加投资,不需要发展的就少投资或不投资。这就是所谓的增量扩能方式。这种调整方式的后果是长期形成的过剩产能、污染产能和落后产能得不到淘汰和化解,日积月累,占用了大量的资源,严重拖累产业结构的转型升级。实现高质量发展的结构调整与以往的结构调整不同,是要在转型升级中进行结构调整。产业结构的中高端化,是建立在产业和科技创新基础上的转型升级。因此,经济结构调整从增量扩能为主转向调整存量、做优增量并举成为新常态。一方面需要着力优胜劣汰,淘汰过剩产能、污染产能、落后产能,同时要通过产业链的调整提高附加值。另一方面需要腾笼换鸟、凤凰涅槃,腾出发展的空间和资源发展新产业、新业态,使产业结构得到根本性转型和提升。

五、中高端消费

中高端消费反映进入新时代后人民对美好生活的需要,是高质量发展的重要标志。党的十九大报告将中高端消费作为需要培育的新增长点和新动能,所要完善的供给体系,已经不只是提高数量上的供给能力,更重要的是在质量上跟得上消费需求的升级,满足人民对美好生活的需要,这也是有效供给的着力点。

根据马克思的理论,生产决定消费,但消费也决定生产。消费创造出新的生产的需要,为生产提供动力和目的。马克思说:“如果说,生产在外部提供消费的对象是显而易见的,那么,同样显而易见的是,消费在观念上提出生产的对象,把它作为内心的图像、作为需要、作为动力和目的提出来。消费创造出还是在主观形式上的生产对象。没有需要,就没有生产。而消费则把需要再生产出来。”①尤其是在市场经济中,消费对供

① 《马克思恩格斯选集》第2卷,人民出版社2012年版,第691页。

给的促进和拉动作用更为明显。在进入中等收入阶段后，所谓消费拉动更为重要的是中高端消费拉动。

何谓中高端消费？涉及两个层次：一是中高端人群的消费，尤其是中等收入者，消费欲望最强，消费能力也最高，我国现阶段拥有世界上最多的中等收入者，人数达到3亿。即使是低收入群体消费也在升级，尤其是攀比文化的影响，也会产生中高端消费的需求。二是相比解决温饱问题的低端消费，中高端层次消费主要是满足发展和享受层次的消费。更为关注供给品的品牌、质量、档次、环保、安全、品位等。这反映进入中等收入阶段的消费者消费需求转型升级。很显然，中高端消费是中国进入新时代后市场的主旋律，也是高质量发展的重要拉动力。对生产和服务的供给者来说，不能停留在低收入阶段或者满足低端消费追求数量型供给，不仅要从中高端消费中发现新市场，更要从中高端消费中发现技术创新的方向，发现市场和管理创新的方向。

第四节　创新引领高质量发展

经济发展由高速增长转向高质量发展，是个系统工程，需要一系列的转型升级，尤其是需要推动高质量发展的新动能。新动能可以给经济增长带来新的活力、新的动力、新的能量。新动能不仅是经济发展的新引擎，也是改造提升传统动能、促进实体经济蓬勃发展的动力。

一、互联网、大数据、人工智能同实体经济深度融合

创新本身就是新动能。习近平总书记指出：“从全球范围看，科学技术越来越成为推动经济社会发展的主要力量，创新驱动是大势所趋。”[①]他强调：“我们必须认识到，从发展上看，主导国家发展命运的决定性因素是社会生产力发展和劳动生产率提高，只有不断推进科技创新，不断解

① 中共中央文献研究室编：《习近平关于社会主义经济建设论述摘编》，中央文献出版社2017年版，第126页。

放和发展社会生产力,不断提高劳动生产率,才能实现经济社会持续健康发展”。

习近平总书记在2018年4月长江经济带座谈会上就新旧动能的转换指出:正确把握破除旧动能和培育新动能的关系。既要紧盯经济发展新阶段、科技发展新前沿,毫不动摇把培育发展新动能作为打造竞争新优势的重要抓手,又要坚定不移把破除旧动能作为增添发展新动能、厚植整体实力的重要内容。[①] 这表明,进入新时代的新动能与进入经济发展新阶段后的科技发展新前沿的成果密切相关。

新时代的新科技就是信息化。习近平总书记提出,以信息化培育新动能,以新动能推动新发展。互联网、大数据和人工智能是信息化进入新时代的最新成果。推动互联网、大数据、人工智能同实体经济深度融合就能产生引领高质量发展巨大的动能。这方面的引领作用在于创新战略性新兴产业,攀升高科技产业价值链中高端,推动产业结构中高端化,增强国家的整体竞争力,研发并采用绿色技术,节能减排,实现可持续发展。

针对美国挑起的贸易战,习近平总书记作出了核心技术是国之重器的指示,强调核心技术是买不来、讨不来的,这就提出创新驱动必须是内生的要求。互联网、大数据、人工智能同实体经济的深度融合,不仅要同服务业融合,更要同制造业融合,发展先进制造业,包括传统产业采用现代最新技术,如“互联网+”“智能化+”“绿色化+”。由此产生的各种新经济业态必然会形成发展的新动能。

一是“互联网+”的产业升级效应。经济发展进入了移动互联网的时代。移动互联网的产业发展功能是颠覆性的。移动互联网进入哪个产业领域,哪个产业领域就能得到根本改造并进入现代产业体系。“互联网+零售”产生网购;“互联网+金融”产生互联网金融;“互联网+媒体”产生新媒体;“互联网+出租车”产生网约车;“互联网+教育”产生“慕课”(MOOC);“互联网+物流”产生快递等等。与此同时各类产业都要“+互

---

① 习近平:《在深入推动长江经济带发展座谈会上的讲话》(2018年4月26日),《人民日报》2018年6月14日。

联网”，如零售实体店遇到网购产业的冲击，也“+互联网”；金融业面对互联网金融业的冲击，也“+互联网”。服务业几乎都通过加上互联网找到发展的新动能。制造业也在出现这种趋势，就如三一重工的董事长在2018年“两会”上讲的：核心业务全部在网上，管理流程全部靠软件，产品必须高度智能化。

二是大数据成为重要的经济资源。一般的经济资源指的是资本、劳动力、技术、管理和自然资源。现在大数据也成为新的经济资源。大数据具有4V特点：Volume（大量）、Velocity（高速）、Variety（多样）、Value（价值）。大数据的发展正如习近平总书记所指出的：工业化时期数据量大约每十年翻一番，现在数据量每两年就翻一番；浩瀚的数据海洋就如同工业社会的石油资源，蕴含着巨大生产力和商机，谁掌握了大数据技术，谁就掌握了发展的资源和主动权。企业通过互联网获得的大数据将成为发展的重要资源，与资本、技术同样重要。谁通过互联网掌握大数据，谁就能垄断市场。

三是战略性新兴产业作为科技创新的成果代表产业发展的方向。其源头是科技创新。这是决定长期发展的新动能。国家竞争力很大程度上表现在科技和产业占领世界的制高点。在现代，产业创新依靠科技创新引领。产业达到中高端水准关键在于科技创新与产业创新的结合。首先，产业的核心技术、原创性技术来自基础研究的成果，依托基础研究创新原创性、颠覆性产业技术。这就需要切实完善科技创新的体制机制，研发既有产业化价值又达到国际前沿的新产业技术。大幅度提升自主创新能力，着力推进原始创新，大力增强集成创新和联合攻关。其次，有效衔接科技创新和产业创新，鼓励大学与企业共建产学研协同创新平台，如习近平总书记所要求的打通从科技强到产业强、经济强、国家强的通道，解决好从“科学”到“技术”的转化，建立有利于出创新成果、有利于创新成果产业化的机制，由此形成创新驱动的内生增长。相应的体制安排是建设和完善国家创新体系，推动产学研协同创新，建立激励创新的体制机制。

二、产业迈向全球价值链中高端

党的十九大报告提出的新动能包括现代供应链。其内容不仅涉及供应链的布局,更为重要的是全球价值链的攀升,改变所处全球价值链的低附加值地位。

经济全球化发展到现阶段的突出表现是,国际分工发展为产品内分工,即同一种产品在全球范围内各个国家和地区布局产品的生产、流通和营销环节,相应地形成连接研发、生产、销售、服务等过程的全球价值链。相应地,国际竞争突出表现为全球价值链竞争:一方面是全球价值链之间的竞争;另一方面是全球价值链内部的竞争,表现为争夺其中的主导地位和高附加值环节的竞争。长期以来,欧美发达国家的跨国公司大都处于全球价值链的研发和营销环节两端,掌握核心技术和关键技术,因而在全球价值链中居主导地位。

一国产业在全球价值链中所处的地位反映其产业的国际水准。党的十九大报告要求“促进我国产业迈向全球价值链中高端”。我国创新型国家建设规划中都有产业攀升全球价值链中高端的目标:2020 年进入创新型国家时,要求若干重点产业进入全球价值链中高端;基本实现现代化跻身创新型国家前列时,主要产业进入全球价值链中高端。

我国过去基本上是基于劳动力和资源环境的比较优势嵌入全球价值链的,包括以加工贸易方式嵌入生产者驱动的全球价值链,以代工贴牌等方式进入采购者驱动的全球价值链,这么多年来也确实获得了全球价值链的红利。嵌入全球价值链,使跨国公司的资金、技术、管理等优势与我国劳动力、土地成本、基础设施等方面的优势相结合,也引进了一批先进产业。但其缺陷也逐步显示出来:处于价值链低端的加工制造环节,核心技术和关键技术环节不在我国的居多,中国创造的部分少,品牌也是以国外的居多。现在我国产业所处的全球价值链地位面临两大挑战:一是由于劳动力成本、土地成本的明显上升,不仅附加值进一步下降,还存在“低端锁不定”的风险,主要利用劳动力和资源环节的外资正在转向他地。二是受制于人。从理论上说,在全球价值链上,谁的技术水平高、谁具有成本优势,就用谁的产品。就如美国高通的高级芯片在这方面有明显优势,其产品就进入我国一些产品的供应链。但是在贸易保护主义条件下就可能存在受制于人和“断供”的风险。

高质量发展要求我国产业在全球价值链中所处的位置转型升级,从根本上扭转我国处于全球价值链分工体系中的不利地位。其方向涉及以下三个方面:

一是低端的加工组装环节,一方面通过机器换人,依靠智能技术,降低劳动力成本,增加附加值;另一方面递次攀升,进入技术和质量要求更高、附加值更高的元器件制造环节,就如近年来国外知名品牌的轿车组装的零部件国产化。

二是根据自主可控的原则参与全球价值链,我国的企业需要面对全球价值链上的核心技术、关键技术,如高级芯片、汽车发动机等进行科技攻关,产生具有自主知识产权的核心技术和关键技术,实现对全球价值链中高端环节的替代。

三是建立以我为主的全球价值链。面对近年来盛行的贸易保护主义,更需要推动拥有自主知识产权的核心技术的优势产业价值链走出去。具体地说,我国已经具有竞争优势并掌握自主知识产权的核心技术、关键技术的高铁、装备制造业、电子信息产业等,也包括服装、家电等传统产业,采取全球价值链的方式在全球布局。以我为主的全球价值链参与国际竞争,能够获取更大的全球化利益,可以在一定程度上避开相关国家的保护主义,开发全球生产要素和市场的潜在价值,极大地释放全球生产力。

产业攀升全球价值链中高端,牵动开放战略调整,即由比较优势转向竞争优势。过去我们的开放突出自身的比较优势,即廉价的劳动力和廉价的自然资源(土地和环境),以此来换取发达国家具有比较优势的资本和技术。这种依据比较优势的开放战略虽然能够得到开放效益,但不能改变自身对发达国家的经济技术和市场的依附地位,不能缩小与发达国家的经济技术差距。在我国经济发展进入新时代后不能满足于比较优势,而需要以自身的竞争优势增强国际竞争力。在对外开放中谋求竞争优势就是把科技进步和创新列为重点,培育以技术、品牌、质量、服务为核心竞争力的新优势。尤其是突出产业竞争优势,就如波特所说的:“一国产业是否拥有可与世界级竞争对手较劲的竞争优势。”谋求竞争优势意味着对外开放不只是利用国际市场,更要利用国际资源,尤其是谋求竞争优势的创新型经济,需要利用开放来支撑。其必要性和可能性在于,当今的国际经济是以要素流动为主导的经济,尤其是创新要素,不可能都从国内取得,需要通过对外开放从国外获得。由于历史和发展水平的原因,先进的创新资源主要集聚在发达国家。过去的发展重点是增长,基本上由资本推动,其他如技术和管理等发展要素基本上是跟着资本走的。相应的开放型经济,基本上是通过引进外资来利用其他国家的资源(国外先进的技术和管理)。现在发展的重点转向创新驱动,各种创新要素是跟着人才走的。相应地,发展创新型经济需要通过引进高端创新人才来利用其他国家的创新要素。

思考题

1. 经济发展进入新时代有哪些重要标志?
2. 高质量发展有哪些要求?
3. 转向高质量发展需要培育哪些新动能?

第三章　新时代的社会主要矛盾

中国特色社会主义进入了新时代的一个突出标志就是我国社会主要矛盾已经转化为人民日益增长的美好生活需要和不平衡不充分的发展之间的矛盾。这是我们党对我国社会主要矛盾的新判断,它关系到经济社会发展全局的重大历史性变化。认识新时代,适应新时代,引领新时代,就需要首先科学认识新时代我国社会主要矛盾转化的原因、变动规律和科学内涵。只有这样,才能清醒地认识和把握我国经济社会发展的全局,准确理解我国进入新时代的阶段性特征和要求,进一步明确我国经济社会发展的基本方向、关键任务和工作重点,为做好新时代全局工作奠定坚实的理论基础和政策指引,确保实现我国从“富起来”到“强起来”的伟大飞跃。

第一节　认识社会主要矛盾的重要性

经济社会发展是在不断解决矛盾中前进的,而主要矛盾对经济社会发展具有决定性的作用。社会主要矛盾发生了变化,就意味着原有的社会主要矛盾解决了,针对解决原有主要矛盾提出的一系列路线方针政策就需要与时俱进,随之发生改变。

一、关于社会主要矛盾和矛盾的主要方面

何谓主要矛盾？可以用毛泽东同志的《矛盾论》来说明:在复杂的事物的发展过程中,有许多的矛盾存在,不能把过程中所有的矛盾平均看待,必须把它们区别为主要的和次要的两类,着重于抓住主要的矛盾,主

要的矛盾是主要的,起着领导的、决定的作用。由于它的存在和发展规定或影响着其他矛盾的存在和发展的过程。其他则处于次要和服从的地位。

就社会主要矛盾来说,毛泽东同志举例:在资本主义社会中,无产阶级和资产阶级这两个矛盾着的力量之间的矛盾是主要的矛盾;其他的矛盾力量,例如,残存的封建阶级和资产阶级的矛盾,农民小资产者和资产阶级的矛盾,无产阶级和农民小资产者的矛盾,自由资产阶级和垄断资产阶级的矛盾,资产阶级的民主主义和资产阶级的法西斯主义的矛盾,资本主义国家相互之间的矛盾,帝国主义和殖民地的矛盾,以及其他矛盾,都为这个主要的矛盾力量所规定、所影响。当着帝国主义向这种国家举行侵略战争的时候,这种国家的内部各阶级,除开一些叛国分子以外,能够暂时地团结起来举行民族战争去反对帝国主义。这时,帝国主义和这种国家之间的矛盾成为主要的矛盾,而这种国家内部各阶级的一切矛盾(包括封建制度和人民大众之间这个主要矛盾在内),便都暂时地降到次要和服从的地位。

在毛泽东同志的《矛盾论》中还有一个重要范畴,即矛盾的主要方面:在各种矛盾之中,不论是主要的或次要的,矛盾着的两个方面,又是否可以平均看待呢?也是不可以的。无论什么矛盾,矛盾的诸方面,其发展是不平衡的。有时候似乎势均力敌,然而这只是暂时的和相对的情形,基本的形态则是不平衡。矛盾着的两方面中,必有一方面是主要的,其他方面是次要的。其主要的方面,即所谓矛盾起主导作用的方面。事物的性质,主要是由取得支配地位的矛盾的主要方面所规定的。取得支配地位的矛盾的主要方面起了变化,事物的性质也就随着起了变化。

根据矛盾主要方面原理分析资本主义社会的矛盾,面对产生经济危机的直接原因,即生产的无限扩张和有支付能力的需求相对狭小的矛盾,矛盾的主要方面是有支付能力的需求不足。马克思的理论是,要解决人民群众有支付能力的需求这个矛盾的主要方面,只能靠无产阶级革命。而凯恩斯理论同样认为矛盾的主要方面是有效需求不足,解决的途径是政府干预,采取赤字财政等方式扩大需求。我国进入社会主义初级阶段后,最初的主要矛盾是人民日益增长的物质文化需要同落后的社会生产之间的矛盾,矛盾的主要方面是落后的社会生产,与此相对应,解决这个矛盾的途径就是发展生产力,改变生产的落后面貌。

二、抓主要矛盾是革命建设取得成功的基本经验

抓主要矛盾,这是我们党在长期革命和建设中积累形成的基本经验。毛泽东同志指出,“研究任何过程,如果是存在着两个以上矛盾的复杂过程的话,就要用全力找出它的主要矛盾。捉住了这个主要矛盾,一切问题就迎刃而解了。这是马克思研究资本主义社会告诉我们的方法”①。在革命战争时期,毛泽东同志紧紧抓住帝国主义和中华民族这一主要矛盾,制定了依靠谁、团结谁、打击谁的革命战略和策略,取得了中国人民站起来的伟大胜利。在社会主义制度确立以后,党的八大就明确指出,我国的社会主要矛盾已经是人民对于经济文化迅速发展的需要同当前经济文化不能满足人民需要的状况之间的矛盾,把大力发展社会生产力作为全党的工作重心,初步奠定了我国经济社会发展所必要的工业基础。但是,后来我国对主要矛盾的认识发生了误判,工作重心偏离经济建设,使我国经济社会发展遭遇挫折。

党的十一届三中全会把工作重心重新转移到经济建设上来以后,党的十一届六中全会就重新确认我国社会的主要矛盾是人民日益增长的物质文化需要同落后的社会生产之间的矛盾。依据这一主要矛盾,逐步形成了发展是硬道理、以经济建设为中心、坚持四项基本原则、坚持改革开放等基本路线、方针和政策,引领我国实现了 40 年年均近 10%的高速增长,到 2010 年,GDP 总量超过日本,成为世界第二大经济体。2014 年,GDP 总量进入 10 万亿美元俱乐部,是日本的 2 倍,中国 GDP 占世界 GDP 的比重提高到 13. 5%,2015 年进一步提高到 15. 5%,人均 GDP 达到 8000 美元,进入上中等收入国家,完成了我国从“站起来”到“富起来”的伟大飞跃。在世界经济发展史上,没有一个国家能够做到在如此短的时间内

① 《毛泽东选集》第一卷,人民出版社 1991 年版,第 322 页。

达到如此快的发展速度，也没有一个国家能够做到在如此短的时间内让几亿人口迅速脱贫，从而创造了世界经济发展史上的“中国奇迹”。

我国革命、建设、改革和发展的历史经验和教训已经充分证明，只有对社会主要矛盾作出及时、准确和科学的判断，才能明确经济社会发展的基本方向，制定出适应生产力发展的基本路线、方针、政策，引领我国革命、建设、改革和发展不断取得新成就。

党的十九大报告依据中国特色社会主义发展的新变化新特点新要求，遵循生产力发展的基本演进规律，适应人民对美好生活的热切期待，提出的我国社会主要矛盾已经转化的新认识、新判断，必然为开启全面建设社会主义现代化国家新征程指明方向，明确目标和任务，从而引领我国在全面建成小康社会的基础上，分两步走在 21 世纪中叶把我国建设成为富强民主文明和谐美丽的社会主义现代化强国，实现中华民族的伟大复兴。

第二节　社会主要矛盾转化的基本规律

科学认识我国社会主要矛盾的转化，需要说清楚两个基本理论问题：一是我国进入新时代，社会主要矛盾发生转化的理论依据是什么？如何揭示社会主要矛盾转化的基本规律？二是新时代社会主要矛盾发生了转化，但为什么没有改变我国仍处于并将长期处于社会主义初级阶段的基本国情？说明社会主要矛盾的转化是社会主义初级阶段这一历史过程中两个不同发展阶段的主要矛盾转化。

一、生产力和生产关系的矛盾运动

马克思运用辩证唯物主义和历史唯物主义的科学方法，揭示出了社会经济形态的发展是一个自然历史过程，社会主义同样也是一个从产生、发展到成熟的历史发展过程。在社会主义发展的整个历史长河中，社会主义会因为生产力和生产关系的发展状况不同而必然经历不同的发展阶段，正如资本主义经历了自由资本主义、垄断资本主义和帝国主义等不同发展阶段一样。我们党根据我国社会主义经济制度建立后生产力发展的基本状况，提出了我国仍处于社会主义初级阶段的基本判断，这就意味着社会主义可能要经历初级阶段、中级阶段和高级阶段或成熟阶段的发展进程。这几个不同发展阶段的区别，既有生产力发展状况的不同，也有由生产力决定的生产关系的差异。例如，社会主义初级阶段的基本经济制度是以公有制经济为主体、多种所有制经济共同发展，社会主义初级阶段的基本分配制度是以按劳分配为主、多种分配方式并存。显然，这与马克思设想的成熟阶段的社会主义基本经济制度和分配制度存在根本的差别。所以，判断社会主义究竟处于初级阶段还是成熟阶段，不仅要看生产力的发展水平，而且还要看与生产力相适应的生产关系的状况。

从生产力的发展水平来看，我国虽然已经稳居世界第二大经济体，但我国的生产力发展水平仍然处在社会主义的初级阶段。这突出表现在：一是按照世界银行的划分标准，2017 年我国人均 GDP 虽然达到了 8000 多美元，但距离进入高收入国家 12000 多美元的门槛仍有相当大的差距；在世界上近 200 个国家和经济体中，我国人均 GDP 仅排在 70 多位，低于墨西哥、马来西亚、巴西等许多发展中国家；如果与发达国家相比，我国人均 GDP 只有美国人均 GDP 5.9 万美元的 13%多，日本 3.8 万美元的 21%。二是按照建设现代化经济体系的要求，我国经济发展的质量还不够高，如我国的关键设备、核心部件对外依存度依然很高，依然受制于美国等发达国家，据工业和信息化部就 130 多种“关键基础材料”调查显示，计算机和服务器通用处理器的高端专用芯片 95%依靠进口，运载火箭、大飞机甚至汽车在内的多个领域的关键件精加工生产线，95%的制造及检测设备依赖外国供应商。[①] 我国科技进步对经济增长的贡献率大约为 60%左右，主要发达国家均超过 70%，美国达到了 80%。三是按照我国规划的发展目标，我国作为发展中国家的国际地位还将具有长期性。根据保持中高速增长的趋势推算，我国最快在 2030 年左右才能进入高收入国家行列，但依据最乐观的估计，人均 GDP 到 2035 年大约仅相当于美国的 40%左右，到 2050 年大约相当于美国的 70%左右，要超越美国还有

① 《中国制造业尖端设备仍依赖进口》，《参考消息》2018 年 7 月 20 日。

相当长的路要走。即使从 GDP 总量来看,我国经济保持中高速增长,大约到 2030 年左右才能超越美国成为世界第一,但这并不意味着我国已经成为世界强国,因为当年美国 GDP 总量超越英国后,又经过 50 年左右的努力才取代英国成为世界第一经济强国。所以,社会主义战胜资本主义所需要的强大的物质生产力还没有最终建立起来,社会主义制度相对于资本主义所具有的优越性还没有最终发挥出来。

从生产关系适应生产力发展的水平来看,由于生产力是最活跃的因素,而生产关系则是相对稳定的,生产关系并不随着生产力的每一变化而变化,只有当生产力的发展受到旧的生产关系的严重阻碍和束缚时,新的生产关系才会产生。中国特色社会主义进入新时代,生产力的发展水平虽然达到了前所未有的高度,但还远没有达到需要改变社会主义初级阶段生产关系的水平,换句话说,社会主义初级阶段的生产关系还能够大力发展生产力、解放生产力和保护生产力。这突出表现在:一是在我国实现 40 年的高速增长之后,特别是在 2008 年世界金融危机的巨大冲击下,仍然保持了经济的中高速增长,2013—2016 年平均增速达 7. 2%,创造了在同一时期世界各主要经济体年均增速最快,高于同期世界 2. 5%和发展中经济体 4%的平均增长水平;第一次破解了世界经济发展史上“高速增长后必然进入中低速增长”的“魔咒”,改写了世界经济发展的历史。这是因为,日本、韩国等经济体虽然也实现了一定时期的高速增长,但高速增长结束后都毫无例外地进入了中低速增长的轨道,如韩国 1992—2007 年平均增速 5. 68%,2008—2015 年为 3. 11%,而日本 1974—1991 年平均增速 4. 09%,1992—2015 年仅为 0. 8%。二是通过进一步完善社会主义初级阶段的生产关系,仍然能够释放出解放和发展生产力的巨大制度红利。

改革开放是发展的强大动力,是决定当代中国命运的关键一招,也是决定实现“两个一百年”奋斗目标、实现中华民族伟大复兴的关键一招。例如,随着我国商事制度改革的不断深化,新增市场主体实现较快增长,2017 年我国日均新登记企业从 2013 年的 6900 家提高到 1. 66 万家,我国每千人企业户数也从 10 家增长到 21 家。

依据以上我国生产力和生产关系两方面的基本状况，党的十九大报告明确作出判断，“我国仍处于并将长期处于社会主义初级阶段的基本国情没有变，我国是世界最大发展中国家的国际地位没有变”。要求“全党要牢牢把握社会主义初级阶段这个基本国情，牢牢立足社会主义初级阶段这个最大实际”，坚持以经济建设为中心，坚持四项基本原则，坚持改革开放。

在社会主义初级阶段的长期发展过程中，虽然生产关系是相对稳定的，但生产力却会不断地发展和提高，从而使社会主义初级阶段会因为生产力的发展变化形成不同的发展阶段。对此，马克思在《资本论》第1卷中明确讲道，“各种经济时代的区别，不在于生产什么，而在于怎样生产，用什么劳动资料生产”①。劳动资料的状况是社会生产力发展水平和生产力性质的最主要标志，也是划分经济发展时期的主要标志。这里明确讲的是经济时代的划分，而不是社会制度的划分，也就是在生产关系基本性质不变的情况下，由生产力的发展水平决定的发展阶段的变化。所以，马克思在《资本论》中依据生产力的发展水平把自由资本主义划分为协作、工场手工业和机器大工业三个不同发展阶段。虽然马克思认为，只有机器大工业才是资本主义生产关系的生产力基础，而工场手工业的生产力水平是与封建主义生产关系相联系的，但是资本主义生产关系是在封建社会生产力基础上孕育出来的，因而只有当资本主义生产关系促使生产力从工场手工业发展到机器大工业的时候，资本主义才最终战胜封建主义，资本主义生产关系才证明自己比封建主义生产关系具有更大的优越性。这也是马克思在《共产党宣言》中要求无产阶级，在取得政权后，首要任务就是迅速扩大生产力的总量，目的就是要为社会主义生产关系奠定坚实的生产力基础，证明社会主义经济制度的优越性。这表明，任何一个新的社会经济制度产生后，都会经历生产力发展的不同阶段，从而形成不同的经济时代。

---

① 《马克思恩克斯选集》第2卷，人民出版社2012年版，第172页。

二、供给侧和需求侧的矛盾运动

提出社会主要矛盾的转化,是供给侧和需求侧矛盾的转化。[①] 也就是说,社会主要矛盾也可以从供给侧和需求侧的矛盾来说明。

就拿资本主义社会矛盾来说,资本主义必然被社会主义所代替,马克思是以社会化大生产与生产资料的私人占有这个基本矛盾来说明的。而资本主义社会一次次爆发经济危机的直接原因则是其供给侧和需求侧的矛盾,就如马克思所说,在资本主义经济中,生产只受社会生产力的限制,市场实现则受社会生产比例和社会消费力的限制。由此引出社会生产力与社会消费力之间的矛盾。“生产力越发展,它就越和消费关系的狭隘基础发生冲突。”[②]

进入社会主义社会,人民群众的消费需要没有制度限制,只是受生产力发展水平的限制。在社会主义初级阶段,社会主要矛盾的需求侧是“日益增长的物质文化需要”;供给侧是“落后的社会生产”。“落后的社会生产”,是直接对应“人民日益增长的物质文化需要”的。解决矛盾的战略方针就是大力发展生产力,发展商品经济,消除落后与贫困,走向共同富裕。

新中国成立后,我们党领导人民经过近七十年的经济建设,特别是改革开放以来实现了举世瞩目的高速增长,我国生产力发展水平,以及由此决定的人民生活水平和国家综合实力完成了从“站起来”到“富起来”的伟大飞跃,迎来了从“富起来”到“强起来”的新发展阶段。在“富起来”和“强起来”这两个不同的发展阶段,由于人民的需要无论在广度上还是深度上都会有所不同,社会生产的发展状况也会有所不同,人民需要与社会生产之间的矛盾就会表现出不同的形式和内容,这就决定了社会主要矛盾必然会随着生产力发展水平决定的发展阶段的转变而发生新的转化,从而形成了生产力的不同发展水平决定进入不同的经济时代,而不同

---

① 卫兴华:《辨析我国当前社会主要矛盾转化问题解读的理论是非》,《人文杂志》2018年第4期。

② 《马克思恩格斯选集》第2卷,人民出版社2012年版,第507页。

的经济时代必然带来社会主要矛盾发生转化的一般规律。

所以,党的十九大报告明确指出,“中国特色社会主义进入新时代,我国社会主要矛盾已经转化为人民日益增长的美好生活需要和不平衡不充分的发展之间的矛盾”。显然这里是指我国社会主要矛盾之所以发生转化,是因为中国特色社会主义进入新时代。在新时代,社会生产力的发展水平表现出了新的变化和特征,即“我国社会生产力水平总体上显著提高,社会生产能力在很多方面进入世界前列,更加突出的问题是发展不平衡不充分,这已经成为满足人民日益增长的美好生活需要的主要制约因素”。这包含着以下几层涵义:一是新时代社会主要矛盾发生转变,是因为在新时代生产力的发展水平发生了根本性的变化,也就是说,由于我国已经完成了从“站起来”到“富起来”的伟大飞跃,因而社会生产已不再表现为落后的社会生产,以往人民日益增长的物质文化需要同落后的社会生产之间的矛盾就必然要发生转变。二是在新时代社会主要矛盾的两个方面,社会生产力发展的不平衡不充分,是满足人民日益增长的美好生活需要的主要制约因素,因而社会生产力的发展仍然是主要矛盾的主要方面。三是由于新时代的生产关系没有发生根本性的转变,因而就需要认识到,“我国社会主要矛盾的变化,没有改变我们对我国社会主义所处历史阶段的判断”。这意味着,即使社会主要矛盾发生了变化,我国仍然处于社会主义初级阶段的基本国情没有变。

既然我国社会主要矛盾随着我国进入新时代发生转化,是社会主义初级阶段生产力发展变化的必然规律,那么我国就必须遵循这一客观规律,按照这一规律的要求确定未来经济改革发展的新理念、新目标、新动力和新的基本政策框架。

第三节 新时代的社会主要矛盾

准确理解和把握新时代我国社会主要矛盾的科学内涵及其要求,是正确认识新时代社会主要矛盾的关键,更是谋划和做好新时代我国经济社会发展全局工作的前提和基础。

一、新时代社会主要矛盾的科学内涵

从新时代社会主要矛盾的两个方面来看，其内涵与以往相比都发生了根本性的变化，表现出了新的基本特征。

1. 人民日益增长的美好生活需要

第一，人民对物质文化生活提出了更高的要求。经过六十多年的建设，特别是改革开放以来40年的高速增长，我国居民收入快速增长，人民生活水平发生了翻天覆地的变化。2012年城镇居民人均可支配收入比1978年增长了71倍，农村居民人均纯收入增长了58倍。2012年城乡居民人民币储蓄存款余额39.86万亿元，比1978年年末增长了1896倍，年均增长24.9%。我国已稳定解决了十几亿人的温饱问题，总体上实现小康，2020年将打赢脱贫攻坚战，全面建成小康社会。惠及近十四亿人民的全面小康社会的实现，标志着人民对美好生活的需要已经从追求温饱阶段转向追求生活品质的新阶段。这主要体现在：

首先，从恩格尔系数来看，2017年我国居民恩格尔系数为29.3%，达到了联合国划分的20%至30%的富足标准。在这种情况下，人们的食品消费开始更多地从吃饱转向吃好，要求食品营养、健康、安全，要求追求生活品质。据尼尔森2016年11月发布的消费者报告显示：东部地区有50%的消费者选择提高生活品质，如外出就餐等。

其次，从国际发展经验来看，人均GDP达到8000美元以后，消费者对衣、食、用等基本生活必需品的消费开始转向追求品种、品质、品牌等。麦肯锡2016年3月报告显示，中国50%的消费者表明自己追求优质产品，从而认为中国消费者正在从大众产品向中高端产品升级。为了适应居民消费升级的需要，2016年5月30日，国务院发布了《关于开展消费品工业"三品"专项行动营造良好市场环境的若干意见》，要求开展"三品"专项行动，到2020年，品种丰富度、品质满意度、品牌认可度明显提升。

最后，从居民消费升级的演进规律来看，我国居民消费将更多地从生存型向发展型和享乐型升级，也就是从低端消费向中高端消费升级。调查显示,我国居民吃、穿、用等物质消费占比未来将会降低,文化娱乐等消费将快速增长。[①] 如 2013—2016 年,居民用于文化娱乐的人均消费年均增长 11.5%;人均医疗保健支出 2012—2016 年年均增长 12.6%;国内、出境旅游人次 2012—2016 年年均增长分别为 10.7%和 10.1%。

第二,人民在民主、法治、公平、正义、安全、环境等方面的要求日益增长。这表明在已经"富起来"的基础上,人民对美好生活的期待越来越广泛,越来越具有多样化、多元化的特征。突出表现在:

首先,从人民需求的发展规律来看,人民的需求必然会随着收入的增长而表现出消费结构的不断升级。按照马斯洛的需求层次理论,人类需求像阶梯一样从低到高分为生理需求、安全需求、社交需求、尊重需求和自我实现需求五个层次。随着我国小康社会的基本建成,人民对更高层次的需求日益增长。例如,在 2013—2017 年期间,人民网都会对"两会"前"民众期待什么?"进行调查,5 年来的调查数据显示,人民对民主、法治、公平、正义、安全、环境等方面的要求越来越强烈,2013 年列出的网民关注的十大问题分别是:社会保障、反腐倡廉、收入分配、住房保障、医疗改革、稳定物价、食品药品安全、法治中国、行政体制改革、国防建设;2014 年食品药品安全上升到第三位;2015 年收入分配排到第一位;2017 年反腐倡廉排在第一位,然后分别是社会保障、医疗改革、就业和收入、教育公平、住房、环境保护、公共安全、依法治国、脱贫攻坚。五年来,民主、法治、公平、正义、安全、环境等方面的问题都位列其中。

其次,从人民的切身利益来看,民主、法治、公平、正义、安全、环境等都关系到人民的切身利益,理应得到充分的尊重和切实的解决,因为我们党的初心就是为人民谋福利。比如,人民对收入分配公平正义的需求,就是新时代必须满足的重大需求。当处在从"站起来"到"富起来"的发展阶段时,针对传统计划经济的平均主义分配弊端,允许适当拉开收入差距,有助于促进生产效率的大幅提高。但是,随着我国进入从"富起来"到"强起来"的新时代,针对目前收入分配差距较大带来的社会不公平,

① 林丽鹂:《体验式消费越来越火了(消费连线)》,《人民日报》2018 年 3 月 30 日。

以及由此带来的对生产效率的损失，就需要逐步缩小居民收入分配差距，通过公平分配促进生产效率的提高。从世界经济发展的经验来看，顺利跨越“中等收入陷阱”的经济体都把基尼系数控制在 0.4 甚至 0.3 以下，而陷入“中等收入陷阱”经济体的基尼系数基本都高达 0.5 左右。

最后，从人民对未来的期盼来看，民主、法治、公平、正义、安全、环境等都关系到人的自由而全面发展，理应纳入新时代的强国发展目标。比如，人民对生态环境的需求，就需要建设美丽中国。我国粗放式发展所带来的空气污染、水污染和土壤污染，对我国居民的健康造成严重影响，世界卫生组织 2016 年 9 月 27 日报告显示：中国是室外空气污染致死水平最高的国家，人数超过 100 万人，印度至少 60 万人，俄罗斯超过 14 万人，全球为 300 万人。[①] 清新的空气、干净的水和安全的食品成为人民进入强国时代的基本诉求。党的十九大明确提出，到 2035 年基本实现美丽中国；到 2050 年将我国建设成为“富强民主文明和谐美丽”的社会主义现代化强国，这个发展目标与以往提法最大的差别就是加上了“美丽”两个字，这就决定了我国的现代化经济必须是绿色经济，从而需要牢固树立和践行绿水青山就是金山银山的理念，把保护生态看作是保护生产力，把改善生态看作是发展生产力。

2. 相对于人民日益增长的美好生活需要，发展不平衡不充分

我国居民的消费结构已经转型升级，进入追求品质、品牌、安全、健康的发展期，但社会生产的供给结构优化却相对滞后了。这导致一方面由于供给结构与需求结构严重错位出现了严重的供求不平衡，表现为结构性矛盾；另一方面已经升级的消费由于相应的产品和服务供给不充分而得不到有效满足，表现为总量性矛盾。在结构性矛盾和总量性矛盾两方面之间，结构性矛盾更为突出和关键，因为总量性矛盾是由结构性矛盾产生的。供给结构实现了优化升级，升级了的居民消费得到了满足，总量性矛盾也就随之解决了。但供给结构优化相对滞后，主要表现在：

① 《世卫组织报告称全球九成人口呼吸污染空气》，《参考消息》2016 年 9 月 28 日。

第一,产业结构的转型升级相对滞后。产业结构的状况从根本上决定着供给结构的状况,决定着社会生产相对于人民日益增长的美好生活需要和发展不平衡不充分的程度。产业结构优化升级的相对滞后主要表现在:

首先,从三次产业的比例来看,虽然近几年我国服务业快速发展,增加值占 GDP 的比重在 2017 年达到了 51.6%,但仍远远低于发达国家的水平,也低于同等发展中国家大约 10 个百分点,特别是战略性新兴服务业、生产性服务业、科技服务业发展空间巨大,2017 年营业收入同比分别增长 18.0%、15.0%和 15.1%。

其次,从第二产业的内部结构来看,虽然我国已成为世界第一制造大国,220 多种产品产量高居世界第一,但我国还远没有成为世界制造强国,突出表现在传统制造业占制造业的比重高达 80%。这导致一方面低端产能和产品出现全面的严重过剩,因而去产能、去库存、去杠杆成为当前我国经济工作的重要任务;另一方面关键设备、核心部件又过度依赖进口,受制于人。习近平总书记指出,核心技术是国之重器,是实现跨越式发展的支柱,也是国家经济安全、国防安全的底线。真正的大国重器,一定要掌握在自己手里。核心技术、关键技术,化缘是化不来的,要靠自己拼搏。①

最后,从农业来看,我国农业发展进入新阶段,主要矛盾已经由总量不足转变为结构性矛盾。一方面,我国农产品出现了严重的产能过剩,按照联合国粮农组织的标准,粮食当年库存达到次年消费量的 17%—18%,就可以实现粮食安全,但我国目前三大主粮的库存消费比达到了 50%左右;另一方面,消费者对安全、健康、营养的高品质农产品和食品的需求又需要大量从海外进口。

第二,产品结构的转型升级相对滞后。产品结构的状况直接决定着供给结构的状况,决定着供给结构与需求结构的适应程度。产品结构优化升级的相对滞后主要表现在:

① 新华时评:《大国重器一定要掌握在自己手里》,新华网 2018 年 4 月 27 日。

首先,从物质产品与精神产品的供给结构来看,物质产品的供给占比较高。据调查,2017 年,我国居民吃、穿、用等物质消费占比为 43.3%,仍处于较高水平。[①] 例如,2012—2016 年,全国文化及相关产业增加值年均名义增长 13.7%,远远高于同期 GDP 和服务业的整体增长速度。

其次,从产品的品种供给结构来看,产品品种还不够丰富。随着居民收入水平的提高,居民消费的差异化、个性化趋势日趋明显,这就需要为消费者提供满足个人喜好的差异化、个性化、多样化产品和服务,增强消费者的选择性,但目前我国消费品工业提供的品种丰富度还不能满足消费者的需要。

最后,从产品的质量品牌来看,高质量的品牌产品所占比重还不够高。这突出表现在居民升级型消费得不到满足,导致消费能力大量外流,联合国世界旅游组织数据显示:中国已经占到全球出境游消费的 1/5 以上,是消费大国美国的两倍。同时,我国的跨境电商交易额出现年均 30%以上的快速增长,据埃森哲与阿里研究院的预测,到 2020 年,我国通过跨境电商进口的消费品规模预计达到 2450 亿美元,是全球最大的消费市场。麦肯锡 2017 年 11 月报告显示,通过对 44 个城市 10000 名消费者的调查数据分析后发现,在 17 个消费品类中,中国消费者明显青睐的国产品牌只有 9 个,表明国产品牌还需要进一步提升竞争力。

第三,产品供给的区域结构优化升级相对滞后。产品供给的区域结构决定着供给结构与不同区域消费群体需求结构的适应程度。产品供给的区域结构优化升级的相对滞后主要表现在:

一是从城乡结构来看,由于我国城乡发展存在着严重的二元结构,城乡居民人均可支配收入差距较大,二者的倍差 2016 年为 2.72,导致农村居民的消费结构与城镇居民的消费结构存在明显差异,这就需要针对城乡居民不同的消费能力、消费偏好和消费习惯提供不同的产品和服务。显然,目前我国的产品供给存在着重城市轻农村的现象,2017 年,农村人口占我国人口总数的 42.65%,但农村消费品零售总额仅占我国消费品零

① 林丽鹂:《体验式消费越来越火了(消费连线)》,《人民日报》2018 年 3 月 30 日。

售总额的 14.2%。

二是从区域结构来看，由于我国不同区域之间发展存在较大差距，不同区域消费者的消费能力、消费偏好和消费习惯存在较大差异，尼尔森 2016 年 11 月发布的消费者报告显示：东部经济发达地区的消费者的消费已进入提升品质阶段，而西部地区的消费者的消费仍处在满足基本生活阶段。显然，我国目前针对不同区域消费者的消费差异提供差异化的产品和服务还有待提高。

二、新时代社会主要矛盾转化提出的新要求

认识了社会主要矛盾，需要进一步明确矛盾的主要方面，从而明确在存在这种社会主要矛盾阶段的主要任务。就像我国前一阶段的主要矛盾是人民日益增长的物质文化需要同落后的社会生产之间的矛盾，其矛盾的主要方面是落后的社会生产。与此相应需要致力于发展生产力，改变生产的落后状态。现在社会的主要矛盾已转化为人民日益增长的美好生活需要和不平衡不充分的发展之间的矛盾，矛盾的主要方面是发展的不平衡不充分。与此相应需要致力于改变发展不平衡不充分的状况，以满足人民美好生活需要。解决发展的不充分问题，最为突出的是解决由创新能力不足产生的核心技术供给不充分，由供给体系质量不高产生的有效供给不足等问题。解决发展的不平衡问题，主要是补齐短板，补齐农业现代化的短板、地区发展不平衡的短板、生态环境的短板。这就是社会主要矛盾转化提出的新要求。

我国新时代社会主要矛盾的转化，使人民日益增长的美好生活需要从以往追求“有没有”转变为现在追求“好不好”，从以往追求数量“多不多”转变为质量“高不高”。这就要求社会生产从高速发展转向高质量发展，建设现代化经济体系，实现经济转型升级，以适应居民消费结构升级的需要，完成商品和服务的“惊险跳跃”。

第一，坚持发展是第一要务。新时代社会主要矛盾的主要方面决定了我国经济改革发展的根本任务还是解放和发展生产力，这就需要始终坚持发展是执政党的第一要务。但是，随着我国由高速发展阶段转向高

质量发展阶段,我们所追求的发展就是在新发展理念指引下的高质量发展,跨越转变发展方式、优化经济结构、转换增长动力三大关口。在跨越关口的关键期,推进发展的基本原则是稳中求进。稳就是要为经济转型和体制转型赢得时间和创造相对宽松的社会经济条件。经济结构的优化升级,特别是战略性新兴产业的培育和成长需要一个发展期、培育期,如“十二五”期间,我国战略性新兴产业占 GDP 的比重从 3%提高到 8%,对经济增长的贡献达到 1.4 个百分点。按照“十三五”规划,战略性新兴产业占 GDP 的比重将从 8%进一步提高到 15%,对经济增长的贡献就可以达到 3 个百分点左右,加上服务业保持 8%左右的增长,我国经济就可以进入持续稳定健康发展的轨道,顺利实现新旧动能的转换;同样,全面深化经济体制改革进入攻坚期,制度红利的释放也要有一个过程,而且改革还需要有一个稳定的宏观经济和社会环境,这都有利于为稳增长提供保障。当然,在稳的前提下,一些关键领域还要有所进取,在把握好度的前提下奋发有为,通过“进”,实现更加稳定持续的“稳”。

第二,坚持以人民为中心的发展思想。习近平总书记明确指出,人民群众对美好生活的向往就是我们党始终奋斗的目标,这就需要牢牢把握人民群众对美好生活的向往。一是以问题为导向,倾听人民的呼声,了解人民对更好的教育、更稳定的工作、更满意的收入、更可靠的社会保障、更高水平的医疗卫生服务、更舒适的居住条件、更优美的生态环境、更丰富的精神文化生活的新期盼。二是以解决问题为目的,从人民的利益诉求出发制定和出台经济社会改革发展的政策措施,用钉钉子的精神,扎实工作,切实解决人民群众关心的重大的普遍性问题。三是以人民生活是否得到改善、人民满意不满意和人民喜欢不喜欢作为衡量评价工作得失成败的根本标准,并以此为标准变革领导思维、转换领导方式、改革考核指标。

第三,加快建设现代化经济体系。这是根本解决我国社会主要矛盾的迫切要求。建设现代化经济体系之所以成为新时代的最强音,是因为国家强,经济体系必须强。从中国近代发展史来看,我国 1820 年 GDP 总量绝对值占世界第一,但到 1840 年却陷入百年屈辱,原因就是没有推进农业向工业化的产业升级。从第二次世界大战以来跨越和陷入“中等收入陷阱”的经济体的经验教训来看,凡是跨越“中等收入陷阱”的经济体都通过经济转型构建了现代化的经济体系,而陷入“中等收入陷阱”的经济体无一例外都没有建立现代化的经济体系。因此,加快建设现代化经济体系,是历史的告诫,更是我国加速从经济大国向经济强国飞跃刻不容缓的必然选择。

第四,以供给侧结构性改革为主线。这是推动经济发展质量变革、效率变革、动力变革,提高全要素生产率,以新动能解决社会主要矛盾的根本要求。加快供给侧结构性改革,核心就是推进经济结构的优化升级。一是实施创新驱动战略,推进产业结构优化升级,促进我国产业迈向全球价值链中高端;二是实施科教兴国战略和人才强国战略,推进技术结构优化升级,促进技术创新从跟随发达国家向并肩和领跑转变;三是实施乡村振兴战略,推进城乡结构一体化,促进农业现代化、农村城镇化和农民市民化;四是实施区域协调发展战略,推进区域结构一体化,促进形成若干世界级产业群和城市群;五是实施可持续发展战略,推进人与自然结构的和谐,形成绿色生产方式和生活方式;六是实施军民融合发展战略,推进军民经济一体化,促进军民经济的互动发展。

第五,加快建设实体经济、科技创新、现代金融、人力资源协同发展的产业体系。解决社会生产发展的不平衡不充分,必须把社会生产发展的着力点放在实体经济上。世界经济发展的经验表明:拉美和东南亚国家制造业不发展不强大,是陷入“中等收入陷阱”的重要原因之一;美国经济脱实向虚,是引爆 2008 年世界金融危机的重要原因,而德国、韩国等国强大的制造业是抵御世界金融危机冲击的重要力量。这就要求我国必须加快建设制造强国,加快发展先进制造业,支持传统产业优化升级,形成强大的实体经济。加快建设实体经济,就需要,一是借助科技创新,为实体经济提供强大的技术基础。按照规划,我国到 2020 年,核心基础零部件和关键基础材料自主保障率达到 40%,到 2025 年提高为 70%,这将大大提高我国装备制造业的国际竞争力。二是通过金融体制改革,确保现代金融为实体经济服务;运用现代金融手段,为实体经济发展提供源源不断的血液。三是建设实体经济，推进科技创新和发展现代金融，都需要强大的人才支撑。当然，实体经济的发展，又会促进科技创新、现代金融发展和人才培养，实现实体经济、科技创新、现代金融、人力资源的互动和协同发展，形成更高层次、更有效率、更高质量的产业体系。

第六，构建市场机制有效、微观主体有活力、宏观调控有度的经济体制。解决社会生产发展的不平衡不充分，必须依靠不断深化经济体制改革，释放制度红利，解放和发展生产力。这就要求继续坚持社会主义市场经济的改革方向，在社会主义基本经济制度与市场经济的结合上下功夫，形成系统完备、科学规范、运行有效的制度体系。一是深化国有企业改革，发展混合所有制经济，形成各种所有制经济相互补充、相互促进、相互融合的共生共荣发展新格局；二是深化价格体制改革，特别是生产要素价格、垄断行业、公用事业价格改革，完善市场机制和市场秩序，发挥市场对资源优化配置的决定性作用；三是深化政府的放管服改革，转变政府职能，明晰政府职能边界，更好地发挥政府作用；四是构建更高层次的开放型经济，通过实施“一带一路”倡议，推进我国的对外开放从沿海扩展到沿边沿江；从主要对发达国家开放扩展到对发展中国家开放；从主要是“引进来”扩展到“走出去”；从参与国际治理提升到主导国际治理。

思考题

1. 说明新时代社会主要矛盾发生转化的原因。

2. 为什么说社会主要矛盾的转化没有改变对我国社会主义所处历史阶段的判断？

3. 说明新时代社会主要矛盾的科学内涵。

第四章　经济发展的新理念

理念决定方向和道路，因而决定成败。经济的高质量发展取决于发展的理念是否正确。进入新时代，习近平总书记提出了创新、协调、绿色、开放、共享的发展理念。新发展理念凝结了我们党对经济社会发展规律的深刻认识，指明了我国未来发展的方向和路径，标志着我们党对经济社会发展规律的认识达到了新的高度。从实践意义看，新发展理念是指引中国走向富强之魂，是我国经济社会发展必须长期坚持的重要遵循。从理论意义看，新发展理念创造性地回答了新时代发展的一系列重大问题，是发展当代中国马克思主义政治经济学的重要成果，开辟了新时代中国特色社会主义思想的新境界。

第一节　新发展理念的时代背景

习近平总书记指出："我们党领导的革命、建设、改革伟大实践，是一个接续奋斗的历史过程，是一项救国、兴国、强国，进而实现中华民族伟大复兴的完整事业。"①在我国实现接近 40 年持续快速增长，成为世界第二大经济体从而完成执政兴国历史任务的新起点上，我们党根据我国经济发展面临的新形势新特征新任务，及时作出了经济发展进入新常态的重大战略判断，标志着我国开始了实现强国的新征程，在此背景下形成新发展理念。

---

① 《习近平在纪念毛泽东同志诞辰 120 周年座谈会上的讲话》，《人民日报》2013 年 12 月 26 日。

一、新时代重大发展问题

中国特色社会主义进入新时代,面临着新的社会主要矛盾,新的发展问题。解答好这些问题,需要不断创新中国特色社会主义经济发展理论,进而丰富和发展新时代马克思主义政治经济学。坚持问题导向是马克思主义的鲜明特点。所谓问题导向,最根本的是聆听时代的声音,回应时代的呼唤,认真研究解决重大而紧迫的问题,从而找到发展规律,推动理论创新。

我国长期处于社会主义初级阶段。社会主义初级阶段本身也是分阶段的。中国特色社会主义所处的社会主义初级阶段,在我国先后经过了“站起来”时代和“富起来”时代,现在正在进入“强起来”的时代。新时代坚持和发展中国特色社会主义的总任务是实现社会主义现代化和中华民族伟大复兴。新时代中国特色社会主义政治经济学,必须从理论上系统回答坚持和发展什么样的中国特色社会主义、怎样坚持和发展中国特色社会主义,包括新时代坚持和发展中国特色社会主义的总目标、总任务、总体布局、战略布局和发展方向、发展方式、发展动力、战略步骤等基本经济问题。

告别低收入发展阶段、进入中等收入发展阶段,是我国进入新时代的一个重要特征。在这个阶段,面临着一系列与低收入发展阶段不同的新的重大发展问题,概括起来主要有:

一是传统发展动力衰减。经过持续 40 年的高速增长,传统经济要素的推动力出现衰减是不可避免的。习近平总书记指出:“对我国这么大体量的经济体来讲,如果动力问题解决不好,要实现经济持续健康发展和‘两个翻番’是难以做到的。”①

二是资源环境承载能力已经达到或接近极限,生态环境不堪重负。长期以来,依赖化石能源的传统工业化造成严重的生态环境破坏。为了

① 中共中央文献研究室编:《习近平关于社会主义经济建设论述摘编》,中央文献出版社 2017 年版,第 33 页。

应对严峻的生态环境挑战，实现人与自然和谐发展、经济社会永续发展，生态文明建设事关中华民族永续发展和“两个一百年”奋斗目标的实现。

三是世界上一些国家在进入中等收入发展阶段后，没有及时转变经济发展方式，出现了收入差距过大、生态环境破坏严重等问题，发展陷入停滞。我们面临着避免重蹈他人覆辙、跨越“中等收入陷阱”的严峻挑战。

面对上述经济发展新常态，习近平总书记指出：“我国发展仍处于重要战略机遇期，我们要增强信心，从当前我国经济发展的阶段性特征出发，适应新常态，保持战略上的平常心态。”[①]从战略机遇期视角观察新常态，意味着不能只把新常态理解为经济增速放缓，还必须掌握其科学内涵和精神实质，抓住和用好发展的新机遇。应当认识到，经济增长从高速转向中高速的变化过程伴随着经济发展方式从规模速度型转向质量效率型，也就是党的十九大报告指出的，我国经济已由高速增长阶段转向高质量发展阶段，高质量发展不是自然而然形成的，需要跨越三个关口，即转变发展方式、优化经济结构和转换增长动力。

经济发展理论的重要功能是寻求发展的动力。改革开放以来，我国积极推进市场化改革，市场需求成为经济增长的基本动力，消费、投资和出口成为需求侧拉动经济增长的三驾马车。进入新的经济发展阶段，供给结构不适应需求变化的问题突出出来，成为矛盾的主要方面。影响经济增长的要素除了物质资源和劳动力，还包括技术、结构、效率等。在现阶段，虽然物质资源和低成本劳动力等供给侧的推动力在减弱，但技术、结构、效率等方面的动力还没有充分激发出来，科技创新、结构调整、效率提高等都还有巨大潜力，而且是更可持续的经济增长动力。其中，最重要的动力是创新的驱动力。供给侧的其他动力如结构调整、提高全要素生产率等，也需要依靠创新才能充分激发出来。

除了创新，开放也是发展的动力。正如习近平总书记所说，过去40年中国经济发展是在开放条件下取得的，未来中国经济实现高质量发展也必须在更加开放的条件下进行。转向高质量发展就是要求发展更高层

① 《习近平关于全面建成小康社会论述摘编》，中央文献出版社2016年版，第22页。

次的开放型经济,推动开放朝着优化结构、拓展深度、提高效益方向转变。

中国经济进入新时代面临的重大发展问题,同时凸显了新阶段发展的难题:传统的依靠资源投入的发展动力衰减的难题;资源环境供给达到极限的难题;收入差距严重扩大的难题;经济结构严重失衡的难题;处于全球价值链低端的开放质量不高的难题;人民对经济发展的获得感不足的难题。破解这些难题需要发展理念的创新。习近平总书记提出的创新、协调、绿色、开放、共享五大发展理念,是对新时代重大发展问题的积极回应。创新和开放着重解决发展动力问题,回应上述经济中高速增长的可持续问题;协调着重解决发展不平衡问题,回应上述国民经济的平衡性问题;绿色着重解决人与自然和谐问题,回应上述资源和环境供给不足问题;共享着重解决社会公平正义问题,回应上述经济发展目标和跨越"中等收入陷阱"问题。显然,新发展理念是中国特色社会主义经济发展理论的重大创新。新发展理念贯彻到新阶段经济发展理论的构建中,必然推动一系列的理论创新。

新时代中国经济发展实践呼唤构建立足中国实际、解决中国问题、促进中国发展的中国特色社会主义政治经济学。新发展理念的提出,使中国特色社会主义政治经济学站上了历史新起点。中国特色社会主义政治经济学必须顺应发展阶段的新变化新特点新要求继续推进理论创新,破解发展中国家在强国阶段的技术进步和重大结构优化等难题,为跨越"中等收入陷阱"、建成社会主义现代化国家提供系统理论指导和有效解决方案,把中国特色社会主义推向更高的发展阶段。

二、以人民为中心破解社会主要矛盾

为谁发展,是经济发展理论和实践要解决的基本问题。我们的国家是人民当家作主的国家,党和国家一切工作的出发点和落脚点是实现好、维护好、发展好最广大人民根本利益。习近平总书记提出的以人民为中心的发展思想,强调发展生产力、增进人民福祉,不断促进人的全面发展、全体人民共同富裕。

社会主要矛盾的判断直接影响社会经济发展的方向和重点。中国特色社会主义进入新时代的主要标志是，社会主要矛盾转化为人民日益增长的美好生活需要和不平衡不充分的发展之间的矛盾。就是说，一方面，我国告别了低收入阶段进入了中等收入国家行列，人民生活水平显著改善，人民群众的需要已经不只是“日益增长的物质文化需要”，而是在民主、法治、公平、正义、安全、环境等方面产生日益增长的美好生活需要。另一方面，我国发展的不平衡不充分导致人民的美好生活需要不能得到满足。这意味着新时代发展的重点是解决发展的不平衡和不充分问题，以满足人民对美好生活需要，体现以人民为中心的发展观。

我国社会主要矛盾的变化是关系全局的历史性变化，以人民为中心的发展思想，就是要以人民需要为出发点和归宿，具体体现在发展理念上。创新的一个重要目的就是给人们提供更好的产品和服务；协调就是要解决不平衡问题，让处于不同地区的人们生活得更加公平；绿色强调人与自然和谐相处，目的是为人们提供更加舒适的生存发展环境；开放强调人类命运共同体，目的是让人们能够面向世界获得更大发展机会、享受更多发展成果；共享强调要让改革发展成果由全体人民共同享有，其在现实中的表现就是坚决打赢脱贫攻坚战，着力解决收入分配差距过大、公共服务供给不足、社会保障滞后等突出问题，让人民群众过上更加美好的生活。

新发展理念体现在现代化目标的设定上。一是增加人民福祉。人民生活水平在全面实现小康的基础上，在基本实现现代化阶段是人民生活更为宽裕，在全面实现现代化阶段是人民将享有更加幸福安康的生活。二是人的全面发展，即人的现代化。三是实现共同富裕。在基本实现现代化阶段，城乡区域发展差距和居民生活水平差距显著缩小，基本公共服务均等化基本实现。而到全面实现现代化阶段，全体人民共同富裕基本实现。四是人与自然和谐共生，人民享用清新的空气、干净的水、绿色的食物。这是人民能够切身感受到的现代化。

第二节　新发展理念的科学内涵

理念是理论的“纲”，决定理论的观念体系和结构框架。创新、协调、绿色、开放、共享的新发展理念是一个整体,是习近平新时代中国特色社会主义经济思想的重要组成部分。其深刻内涵为形成当代中国特色社会主义经济的新理论、新体系、新话语提供了指导思想,推动了政治经济学理论的一系列创新。

一、创新是引领发展的第一动力

虽然创新概念最早由美国经济学家熊彼特提出,但弗里曼(C. Freeman)在《新帕尔格雷夫经济学大辞典》中撰写的"创新"词条明确承认:"马克思(1848年)恐怕领先于其他任何一位经济学家把技术创新看作为经济发展与竞争的推动力。"①

1. 创新涉及多个领域

创新是一个民族进步的灵魂,是一个国家兴旺发达的不竭源泉,也是中华民族最鲜明的民族禀赋。创新,顾名思义,即走前人没有走过的路,创造新的,包括创造新思想、新理论、新技术、新制度、新文化等。从创新发展的理念来谈,创新发展理念超越了以往把创新主要理解为技术创新和制度创新的局限,提出理论创新、科技创新、制度创新和文化创新四大基本要素,形成"四位一体"的创新体系。

理论创新属"脑动力"创新,是社会发展和变革的先导,是各类创新活动的思想灵魂和方法来源。特别是中国特色社会主义政治经济学理论创新是建设中国特色社会主义经济的先导。

科技创新是核心,是创新驱动经济发展的原动力。不仅要求提高科技创新能力,还要求科学新发现迅速孵化为新技术、新产品,从而转化为现实生产力,并且能够源源不断地提供新技术、新产品,创新新产业。

制度创新属"原动力"创新,是持续创新的保障,能够激发各类创新主体活力,特别是基本经济制度的创新和社会主义市场经济体制的建立,是我国实现"两个一百年"奋斗目标的基础和保障。

① [英]约翰·伊特韦尔等编:《新帕尔格雷夫经济学大辞典》,经济科学出版社1996年版,第925页。

文化创新属"软实力"创新，是民族永葆生命力和凝聚力的基础。对创新来说，建立创新文化，能够为各类创新活动提供不竭的精神动力，推动创新在全社会蔚然成风。

这"四位一体"创新是一个创新体系，相互支撑。对科技创新来说，科技创新需要以重大理论创新为引领，通过制度创新破除一切阻碍科技创新的体制机制，形成有利于科技创新的舆论氛围和社会环境；制度创新是科技创新推动生产力发展的客观要求，是解放思想、实现理论创新的结果，是文化创新的一项重要内容；文化创新促进理论创新、科技创新和制度创新，后三者反过来又有力地促进前者，如互联网技术催生了网络文化的繁荣，理论创新丰富了文化创新，制度创新则形成我国独特的改革文化；科技创新、制度创新、文化创新的丰富实践和经验，为理论创新提供了肥沃的土壤和条件，理论创新成果需要在科技创新、制度创新、文化创新中接受检验和得到完善。

2. 创新发展的核心是科技创新

在经济发展的不同阶段，驱动力是不一样的。最初是要素驱动，主要依靠土地、资源、劳动力等生产要素的投入推动经济增长。接下来是投资驱动，依靠持续的高投资（以低消费为基础）推动经济增长，这种驱动力一般适用于低收入条件下推动经济起飞时。中国进入新时代的一个重要标志就是习近平总书记所讲的，从要素驱动、投资驱动转向创新驱动。一方面支持物质资源高投入的要素供给到了极限，要素驱动难以为继；另一方面居民不能继续忍受以低收入和低消费水平来支持高投资，投资驱动不可持续。在此背景下，创新成为发展的第一动力。

实施创新驱动发展战略，就是要推动以科技创新为核心的全面创新。科技创新的着力点是创新处于国际前沿的核心技术。针对"我国关键核心技术受制于人的局面尚未根本改变，创造新产业、引领未来发展的科技储备远远不够，产业还处于全球价值链中低端"的现状①，习近平总书记强调核心技术是国之重器，既需要基础研究，以研发核心高新技术为导

① 《习近平谈治国理政》第二卷，外文出版社 2017 年版，第 203 页。

向,也需要推动占领产业制高点的产业创新。将科技创新与产业创新融合,就是要打通从科技强到产业强、经济强、国家强的通道。

过去,我国的科技创新基本上停留在引进和模仿阶段,虽然能跟上世界科技进步的步伐,但不能进入世界科技的前沿。现在,我国的科技创新已从以跟踪为主转向跟踪和并跑、领跑并存的新阶段。谁牵住了科技创新这个牛鼻子,谁走好了科技创新这步先手棋,谁就能占领先机、赢得优势。

现在,世界上新一轮科技和产业革命蓄势待发,重大颠覆性技术不断涌现,最为突出的表现是:大数据:工业化时期数据量大约每十年翻一番,现在数据量每两年就翻一番;浩瀚的数据海洋就如同工业社会的石油资源,蕴含着巨大生产力和商机,谁掌握了大数据技术,谁就掌握了发展的资源和主动权。先进制造:绿色化、智能化、柔性化、网络化的先进制造业,不仅会从源头上有效缓解资源环境压力,而且会引发制造业及其相关产业链的重大变革。量子调控:科学家们开始调控量子世界,这将极大推动信息、能源、材料科学发展,带来新的产业革命;量子通信已经开始走向实用化,这将从根本上解决通信安全问题,同时将形成新兴通信产业。人造生命:2010 年第一个人造细菌细胞的诞生,打破了生命和非生命的界限,为在实验室研究生命起源开辟了新途径;未来五至十年人造生命将创造出新的生命繁衍方式;这些不仅对人类认识生命本质具有重要意义,而且在医药、能源、材料、农业、环境等方面展现出巨大潜力和应用前景。

在新科技革命的推动下,产业出现高端化趋势。表现为:移动互联网、智能终端、大数据、云计算、高端芯片等新一代信息技术发展将带动众多产业变革和创新。围绕新能源、气候变化、空间和海洋开发的技术创新更加密集。绿色经济、低碳技术等新兴产业蓬勃兴起。生命科学、生物技术带动形成庞大的健康、现代农业、生物能源、生物制造、环保等产业。德国继机械化、电气化和信息化之后,推出以智能制造为主导的工业 4.0 计划。所有这些世界科技和产业发展的新趋势提出了推进科技创新的紧迫性。谁在创新上先行一步,谁就能拥有发展的主动权。过去每一场新科技革命都是首先在西方发达国家产生,我国都是与之失之交臂。当今时代，经济全球化、信息化和网络化使新科技和产业革命的机会对各个国家都是均等的。这次新科技革命和产业革命的机会我们绝不能再错过。

马克思在《资本论》中指出，“智力劳动特别是自然科学的发展”是社会生产力发展的重要来源①。根据经济学家对创新的定义，所谓创新驱动就是利用知识、技术、企业组织制度和商业模式等创新要素对现有的资本、劳动力、物质资源等有形要素进行重新组合，以创新的知识和技术改造物质资本、提高劳动者素质和科学管理。各种物质要素经过新知识和新发明的介入和组合提高了创新能力，就形成内生性增长。

完善科技创新体系要求解决好从“科学”到“技术”转化，建立有利于创新成果产业化的机制和通道。过去常用的概念是技术创新，现在突出科技创新，这实际上反映了创新源头的改变。过去技术创新相当多的是源于生产中经验的积累、技术的改进、企业内的新技术研发。现在技术进步的源泉更多地来源于科学的发明。特别是在 20 世纪后期产生新经济以来，科学上的重大发现到生产上的使用，转化为现实生产力的时间越来越缩短，缩短到十几年、几年。现在一个科学发现到生产上应用（尤其是产业创新）几乎是同时进行的。这意味着，利用当代最新的科学发现的成果迅速转化为新技术可以实现大的技术跨越。例如，新材料的发现、信息技术和生物技术的突破都迅速转化为相应的新技术。这种建立在科技创新基础上以科学发现为源头的科技进步模式，体现知识创新和技术创新的密切衔接和融合。

二、协调是持续健康发展的内在要求

经济发展的整体性、协调性涉及国民经济各部门、各地区、社会再生产各环节之间以及各产业层次和技术水平的构成及其相互关系。马克思的社会再生产理论可以归结为协调发展理论。社会再生产理论揭示的两大部类平衡理论实际上指出了社会再生产中产业结构（生产资料生产部类和消费资料生产部类）的协调、投资和消费的协调。协调发展理念要

① 《马克思恩格斯选集》第 2 卷，人民出版社 1995 年版，第 411 页。

求产业结构、城乡结构、区域结构以及相应的发展战略趋向协调和均衡。

1. 协调既是发展手段又是发展目标

基于发展中国家发展要素缺乏的现实，发展中国家通常采取不平衡发展战略推动发展，如我国实施的允许一部分地区先富起来的政策。其初期发展效果很明显，但随之而来的不平衡不协调问题影响高质量发展。进入新时代后，习近平总书记指出："协调既是发展手段又是发展目标，同时还是评价发展的标准和尺度。再比如，协调是发展两点论和重点论的统一。"①

协调是发展的目标，意味着经济发展的目的并不是经济增长数量上的累积，而是追求经济、社会、人与自然等多个方面的平衡发展。协调是发展的手段，意味着发展离不开协调，协调能够促进国家实现更高层次的发展，提高发展的整体水平。同时，协调发展注重发展的平衡性、系统性与可持续性，这也是发展的内在要求。协调还是评价发展的标准和尺度，协调也就成为高质量发展的评价标准。

2. 协调发展理念体现发展的系统性和整体性

唯物辩证法认为，事物是普遍联系的，事物及事物各要素之间相互影响、相互制约，整个世界是相互联系的整体，也是相互作用的系统。经济发展是一个系统、一个整体，是由各个部分构成的，整体的变化会影响到部分的状态。同时，部分也制约着整体，关键部分甚至会对整体起决定性作用。需要系统中各个要素的协调联动。只有部分以合理优化结构组成整体，整体功能才能最大限度得以发挥发展。

协调发展是两点论和重点论的统一。任何事物都是一分为二的，在研究复杂事物矛盾发展过程中，既要研究主要矛盾，又要研究次要矛盾；既要研究矛盾的主要方面，又要研究矛盾的次要方面，二者不可偏废。同样，一个国家、一个地区乃至一个行业在其特定发展时期既有发展优势，也存在制约因素，在发展思路上既要着力破解难题、补齐短板，又要考虑巩固和厚植原有优势，两方面相辅相成、相得益彰，才能实现高水平发展。

协调发展是平衡和不平衡的统一。由平衡到不平衡再到新的平衡是

① 《习近平谈治国理政》第二卷，外文出版社 2017 年版，第 205—206 页。

事物发展的基本规律。平衡是相对的，不平衡是绝对的。平衡发展意味着国民经济的各个行业和部门协调增长，不平衡发展则强调经济发展过程的非均衡特征。因此平衡发展与不平衡发展是对立统一的。强调协调发展不是搞平均主义，而是更注重发展机会公平、更注重资源配置均衡。

协调发展涉及多方面要求：首先是可持续发展的要求，既涉及经济、社会、资源、环境系统的整体协调，又涉及代内、代际之间的协调。其次是需求侧拉动经济增长的消费、投资和出口的“三驾马车”作用的协调。再次是针对现实中存在的不协调问题，突出需要推进产业和区域两个方面的协调发展。最后是经济社会协调发展。

三、绿色是永续发展的必要条件和人民美好生活的需要

相对于工业文明，生态文明是人类文明发展的一个新的阶段，即工业文明之后的文明形态；生态文明是人类遵循人、自然、社会和谐发展这一客观规律而取得的物质与精神成果的总和，是以人与自然、人与人、人与社会和谐共生、良性循环、全面发展、持续繁荣为基本宗旨的社会形态。

1. 人与自然的和谐共生

人与自然的关系在一开始是人类屈服于自然，后来提出人类征服自然，利用工业化的文明成果对大自然加以索取和掠夺，产生一系列不顾资源和环境约束的掠夺与破坏自然的行为，造成了人口、资源、环境和经济增长系统的不可持续性。

马克思所处的时代正是西方推进工业文明的时代。工业文明时期，对自然资源的疯狂掠夺，高废液废物污染、高碳排放的黑色粗放型发展模式造成了空前巨大的生态灾难，环境的自净能力弱化甚至丧失，资源大规模短缺，全球气候变暖等矛盾凸显。当时马克思就发现，自然资源的“丰饶度往往随着社会条件所决定的生产率的提高而相应地减低……例如，我们只要想一想决定大部分原料产量的季节的影响，森林、煤矿、铁矿的枯竭等等，就明白了”①。针对当时的工业化造成自然界生态平衡的破坏

① 《马克思恩格斯文集》第7卷，人民出版社2009年版，第289页。

和人与自然关系的恶化状况，恩格斯深刻指出："我们不要过分陶醉于我们人类对自然界的胜利。对于每一次这样的胜利，自然界都对我们进行报复。"①如果人类不保持自身与自然的和谐统一，就会危及自身的生存发展。

在低收入阶段所推进的工业化、城市化、重工业化，不可避免地造成资源的耗竭及不可持续供给。依靠化石能源的工业文明给人类造成的生态破坏表现在：自然资源的迅速枯竭，造成生态体系的破坏、物种的灭绝、水质污染、大气污染、垃圾堆积。这种状况就是习近平总书记所指出的："人类社会在生产力落后、物质生活贫困的时期，由于对生态系统没有大的破坏，人类社会延续了几千年。而从工业文明开始到现在仅三百多年，人类社会巨大的生产力创造了少数发达国家的西方式现代化，但已威胁到人类的生存和地球生物的延续。"②

基于对工业文明造成的严重的资源和环境问题的反思，人们对人与自然关系的认识进入了新的阶段，这就是人与自然和谐相处的阶段。其内涵就是习近平总书记在党的十九大报告中指出的："人与自然是生命共同体，人类必须尊重自然、顺应自然、保护自然。人类只有遵循自然规律才能有效防止在开发利用自然上走弯路，人类对大自然的伤害最终会伤及人类自身，这是无法抗拒的规律。"

2. 生态财富观

财富观是指人们对财富价值的理解。传统的财富观是物质财富观，在经济发展的初期，人们对财富这一概念的理解局限在财富具有使用价值且依附于特定的实体物质的认识上。

马克思在《资本论》中特别引用了"劳动是财富之父、土地是财富之母"③的论断，指出了自然资源在财富创造中的作用。由工业文明转向生态文明的时代，绿色发展的理念包含财富观的创新。"绿水青山就是金山银山。"干净的水、清新的空气、多样性的生物、绿色的环境是宝贵的生

---

① 《马克思恩格斯全集》第26卷，人民出版社2014年版，第769页。

② 习近平：《之江新语》，浙江人民出版社2007年版，第118页。

③ 《马克思恩格斯选集》第2卷，人民出版社2012年版，第103页。

态财富。这种财富观体现人与自然和谐共生问题。经济发展不仅要谋求物质财富，还要谋求生态财富，不能为谋求物质财富而牺牲生态财富。基于生态财富观，习近平总书记明确提出“牢固树立保护生态环境就是保护生产力、改善生态环境就是发展生产力的理念”。[①] 新时代的绿色发展理念不仅仅是保护环境和生态问题，还要治理和改善过去的发展所遗留的生态环境问题，提供人民美好生活所需要的高质量的生态产品。

四、开放是国家繁荣发展的必由之路

改革开放以来，指导开放的经济理论突出利用国际国内两个市场、两种资源。即使在发达国家主导的经济全球化背景下，中国的开放仍然获得了全球化的红利。现在的开放型经济也进入了新时代，需要在更宽的领域、更深的层次、更高的质量下推进开放。

1. 构建人类命运共同体

当前的经济全球化进入了新的阶段，一方面全球化势不可挡，另一方面某些发达国家推行反全球化政策，进行贸易保护。作为世界第二大经济体的中国扛起了继续推动全球化的大旗。中国新时代的开放型经济就是要根据习近平总书记建立人类命运共同体的思想，建立高质量的开放型经济体系。

中国进入新时代的开放发展就是要包容性地参与全球经济治理，以建设人类命运共同体的思路，提升自身的开放型经济水平。所谓人类命运共同体，第一是构建发展共同体。在世界经济遭遇贸易保护主义“逆风”、经贸摩擦日益增多、贫富差距不断扩大的背景下，建立人类命运共同体有利于各国充分释放发展潜力，增强发展内生动力和抗风险能力，推动建设一个共同繁荣、持续发展的新世界。第二是构建安全共同体。当前，国际形势中的不稳定性、不确定性突出，地区热点问题频发，传统和非传统安全威胁相互交织，安全问题的内涵和外延都在进一步拓展，建立人类命运共同体有利于人们树立合作应对安全挑战的意识，推动建设一个

① 《习近平关于全面建成小康社会论述摘编》，中央文献出版社2016年版，第165页。

普遍安全、持久和平的新世界。第三是构建利益共同体。当今世界，利益交融、命运与共，任何一个国家都不能靠单打独斗解决自身所面临的各种困难。建立人类命运共同体可以在尊重彼此利益的同时不断谋求利益契合点和合作最大公约数，推动经济全球化朝着更加开放、包容、普惠、共赢的方向发展，建设一个和衷共济、合作共赢的新世界。第四是构建文明共同体。人类命运共同体提倡所有国家相互尊重、相互信任、完全平等，不同文明交流互鉴、取长补短、共同进步，有利于维护世界和平稳定，有利于推动建设一个开放包容、互学互鉴的新世界。第五是构建责任共同体。人类命运共同体倡导各国共同面对困难和挑战，共同承担责任和义务，共同分享治理权利和成果，破解当今世界面临的共同难题，推动建设一个民主协商、公平正义的新世界。

2. 发展更高层次开放型经济

在改革开放 40 年的基础上，发展更高层次的开放型经济，就是推动开放朝着优化结构、拓展深度、提高效益的方向转变，主要表现是：

与过去重在引进不同，开放战略坚持“引进来”和“走出去”并重，利用自由贸易区等开放载体，形成陆海内外联动、东西双向互济的开放格局。

服从于创新驱动发展战略，引进国外要素的着力点将转向创新要素，进行开放式创新。

与过去以资源禀赋的比较优势被嵌入全球化不同，参与全球化分工将以比较优势转向竞争优势，着力培育以技术、品牌、质量、服务为核心竞争力的新优势。

与过去以资源禀赋的比较优势被嵌入全球价值链不同，重视我国产业在全球价值链地位的提升，争取在价值链中的主导地位，并且依托核心技术建立以我为主的全球价值链，形成面向全球的贸易、投融资、生产、服务的价值链，培育国际经济合作和竞争新优势。

与过去偏重制造业对外开放不同，现在是各个产业全方位开放，尤其是服务业的对外开放，随着人民币国际化和汇率市场化的推进、亚投行等金融机构作用的增强，中国在世界经济中的地位就有了金融支撑。

与过去的开放限于沿海地区，面向海洋、面向发达国家不同，现在需要在提升向东开放的同时，推进与“一带一路”沿线国家合作，加快向西开放步伐，推动内陆沿边地区成为开放前沿。

五、共享是中国特色社会主义的本质要求

在马克思预见的未来的共产主义社会中，“生产将以所有人的富裕为目的”①，这是共同富裕的最早表述。共同富裕是社会主义的本质规定和奋斗目标。共同富裕是指在生产力不断发展的基础上，按照社会主义公平与正义的原则来共同分享发展的成果。这是自马克思主义诞生以来人们关于社会主义的共同理想。

1. 共享体现逐步实现共同富裕的要求

在社会主义初级阶段，如何实现共同富裕？针对这种状况，1978 年 9 月邓小平同志在天津考察时，第一次明确提出了“先让一部分人富裕起来”的重要思想。由此提出了实现共同富裕的路径，那就是：“一部分地区有条件先发展起来，一部分地区发展慢点，先发展起来的地区带动后发展的地区，最终达到共同富裕。”很显然，“共同富裕”不同于“同步富裕”或“同等富裕”。这意味着共同富裕不能急于求成，需要一步一个脚印地逐步实现。允许一部分人、一部分地区先富起来，是实现共同富裕的必由之路。允许一部分人先富起来的目的是充分动员各种发展生产力的要素，充分挖掘发展的潜力，充分调动各个方面发展提高效率的积极性。其发展效应非常显著。在邓小平理论框架中，允许先富是手段，共同富裕才是目的。他指出：“如果富的愈来愈富，穷的愈来愈穷，两极分化就会产生，而社会主义制度就应该而且能够避免两极分化。解决的办法之一，就是先富起来的地区多交点利税，支持贫困地区的发展。”②

共享发展理念的提出仍然是以社会主义本质特征作为出发点。这就是习近平总书记明确指出的：“消除贫困、改善民生、逐步实现共同富裕，

① 《马克思恩格斯全集》第 14 卷，人民出版社 2013 年版，第 29 页。

② 《邓小平文选》第三卷，人民出版社 1993 年版，第 374 页。

是社会主义的本质要求，是我们党的重要使命。”[①]习近平总书记提出的以人民为中心的发展思想坚持人民主体地位，顺应人民群众对美好生活的向往，不断实现好、维护好、发展好最广大人民根本利益，做到发展为了人民、发展依靠人民、发展成果由人民共享。

从实现共同富裕的社会主义本质规定，到允许一部分人、一部分地区先富起来的大政策，再到先富帮后富实现共同富裕的目标，直至共享发展理念的提出，形成了完整的社会主义条件下实现共同富裕的理论体系。

2. 共享发展理念的深刻内涵

习近平总书记指出：“落实共享发展理念，归结起来就是两个层面的事。一是充分调动人民群众的积极性、主动性、创造性，举全民之力推进中国特色社会主义事业，不断把‘蛋糕’做大。二是把不断做大的‘蛋糕’分好，让社会主义制度的优越性得到更充分体现，让人民群众有更多获得感。”[②]共享发展理念的核心内涵归结为以下相互贯通、有机统一的四个方面：

第一，全民共享是目标。实现全民共享，就要确保各地区、各民族、社会各个阶层的人都能享受到改革发展的成果，“一个民族也不能少”，“绝不让一个人掉队”。全民共享，一方面承认差别。处于并将长期处于社会主义初级阶段是我国的基本国情，还远远未达到共产主义理想社会中的“各尽所能、按需分配”。全民共享就是要做到人们的付出与回报成正比，根据其付出各得其所，允许存在一定的差别。另一方面全民共享要求人民享有的差距不能过大。若是人与人之间享有的成果差距悬殊，甚至出现两极分化，就与社会主义的原则背道而驰，影响社会的和谐稳定和共同富裕目标的实现。因此必须把收入分配的差距控制在一个合理的区间。

第二，全面共享是内容。全面共享意味着经济、政治、文化、社会、生态各个领域的建设成果都应该由全体人民共同享有，人民在各领域的合

① 《习近平谈治国理政》第二卷，外文出版社 2017 年版，第 83 页。

② 《习近平谈治国理政》第二卷，外文出版社 2017 年版，第 216 页。

法权益也要得到全面而有效的保障。社会的发展是全面的发展，决定了人民需要共享的成果具有多样性。全面共享要求积极解决诸如教育、住房、就业、养老、医疗卫生等人民群众最关心、最直接、最现实的问题，不断提高人民的获得感和幸福感。全面共享的核心在于发展权利、发展机会和发展成果的共享。发展权利共享是全面共享的逻辑起点和必要前提，发展机会共享是全面共享的主要内容和关键，发展成果共享是全面共享的基本标志和必然结果。

第三，共建共享是基础。共建是共享的基础，人人共享的前提是人人共建。首先，实现共建共享要调动人民共同建设的积极性、主动性和创造性。必须坚持人民主体地位，充分发扬民主，广泛汇聚民智、激发民力。其次，实现共建共享要充分尊重人民首创精神。既要尊重劳动、尊重知识、尊重人才、尊重创造，又要鼓励创新、鼓励探索，推动大众创业、万众创新，激发人民的创造潜能，让一切能够创造社会财富的源泉充分涌流。现实中产生的以“互联网+”所提供的分享经济是共享发展的组成部分。

第四，渐进共享是途径。共享发展不可能一蹴而就，共享发展有一个从低级到高级、从不均衡到均衡的过程，即使达到很高的水平也会有差别。目前我国所面临的发展不平衡、不协调、不可持续的问题还比较突出，这意味着不能急于求成，必须要立足国情、立足经济社会发展的实际来设计共享发展政策，循序渐进。协调推进经济社会发展和民生改善，既不能“裹足不前、铢施两较、该花的钱也不花”，错失发展良机，挫伤人民信心，也不能“好高骛远、寅吃卯粮、口惠而实不至”①，盲目追求一步到位，阻碍长期的发展。

第三节　新发展理念的科学价值和实践意义

新发展理念是习近平新时代中国特色社会主义经济思想的主要内容，也是新时代中国社会主义经济建设的科学指南。新发展理念不仅是

① 《习近平谈治国理政》第二卷，外文出版社2017年版，第216页。

指引中国走向富强的理论之魂,也是指导建构新时代中国特色社会主义政治经济学的理论之魂。

一、贯彻新发展理念需要制度创新

新发展理念的内涵表明,它不仅是新时代发展的理念,也是新时代改革的理念。改革是贯彻新发展理念的基本路径。

创新要成为发展的动力,需要改革。如果说创新是中国发展的新引擎,那么改革就是必不可少的点火器。要采取更加有效的措施把创新引擎全速发动起来,我们致力于发挥创新驱动的原动力作用,更多支持创新型企业,充满活力的中小企业,促进传统产业改造升级,尽快形成新增长点和驱动力。其体制安排包括健全要素市场,再强化竞争,使价格机制真正引导资源配置的同时保护知识产权,激励创新,增强微观主体内生动力。

协调发展要求由不平衡发展战略转向平衡发展战略。这个战略的转变,既需要市场作用,也需要政府作用。针对无效产能过剩和有效产能供给不足的结构性矛盾,需要市场在优胜劣汰方面充分发挥作用。针对地区发展的不平衡,就需要政府更好发挥作用。一般说来,不平衡发展战略是由市场自发推进和推动的。而平衡发展战略的实施则需要政府更好地发挥作用,就如扶贫攻坚需要政府的积极推动一样。

绿色发展涉及的体制问题是,市场对环境保护失灵,需要政府作用,但现实中的问题是政府同样失灵。其原因就在于政府官员的发展观和政绩观不顾环境,单一追求 GDP。政府推动绿色发展需要政府自身的改革,关键是改变发展质量和官员政绩的评价标准。

开放发展需要完善对外开放体制,推动企业主动参与经济全球化进程,发展更高层次的开放型经济。以建立人类命运共同体为引领的对外开放新体制,涉及鼓励进出口的贸易体制、要素自由流动、人民币国际化等方面的制度安排,尤其是面对某些国家的贸易保护需要政府相应的针对性的体制安排和政策。

共享发展需要完善基本分配制度,既要坚持按劳分配原则,又要完善按要素分配的体制机制，促进收入分配更合理、更有序。具体路径包括努力推动居民收入增长和经济增长同步、劳动报酬提高和劳动生产率提高同步，不断健全体制机制和具体政策，调整国民收入分配格局，持续增加城乡居民收入，完善以税收、社会保障、转移支付等为主要手段的收入再分配调节机制，维护社会公平正义，解决好收入差距问题，使改革发展成果更多更公平地惠及全体人民。

以上贯彻新发展理念所需要的体制安排，归结为供给侧结构性改革，改革方向是进一步完善社会主义市场经济体制，使市场在资源配置中起决定性作用，并且更好地发挥政府作用，并以此为导向完善社会主义基本经济制度、完善社会主义基本分配制度，形成系统完备、科学规范、运行有效的制度体系。

二、新发展理念推动中国特色社会主义政治经济学的基础性创新

新发展理念是对我国经济发展实践经验的科学总结，开辟了新时代中国特色社会主义政治经济学的新境界。其中每一个理念都包含丰富的政治经济学研究课题，在此基础上构成了中国特色社会主义政治经济学理论体系的总体框架。

创新发展研究，重点是研究决定发展速度、质量和效益的动力。研究如何充分发挥创新作为经济发展第一动力的作用，建设创新型国家，全面提升潜在经济增长率和全要素生产率，把经济发展新常态下的发展速度稳定在中高速，顺利实现“两个一百年”奋斗目标。研究以信息技术、人工智能技术为特征的新一轮技术革命，构建产业新体系、新模式、新业态，拓展发展新空间；研究“互联网+”战略，改造传统产业，提升发展质量和效益；研究如何通过发展绿色技术，破解资源环境瓶颈制约，实现经济增长与生态文明建设同向同行。

协调发展研究，应从当前我国发展中不平衡、不协调、不可持续的突出问题出发，研究如何促进新型工业化、信息化、城镇化、农业现代化同步发展，如何实现产业结构与居民需求结构、产品结构与居民消费结构相协

调。研究如何实现人口城镇化、产业城镇化和土地城镇化互动协调，推进城乡一体化，实现城乡结构和城镇结构优化升级。研究如何推动区域经济协调发展，深入实施西部大开发、东北振兴、中部崛起、东部率先的区域发展总体战略和京津冀协同发展、长江经济带、“一带一路”建设三大战略，推进区域经济一体化。还应研究如何推进经济建设和国防建设深度融合发展。

绿色发展研究，重点是研究坚持节约资源和保护环境的基本国策，坚定走生产发展、生活富裕、生态良好的文明发展道路。一是形成绿色生产方式，构建科技含量高、资源消耗低、环境污染少的新产业体系和循环经济体系，提高经济绿色化程度。二是形成绿色生活方式，树立绿色生活理念，养成绿色生活习惯，达到绿色生活自觉。三是形成绿色思维方式，坚持底线思维，划定不可逾越的生态红线；坚持永续发展思维，为子孙后代留下发展空间；坚持法治思维，建立最严格的生态监管制度体系。四是形成绿色领导方式，把绿色发展指标作为干部政绩考核评价体系的重要指标，甚至实行“一票否决”。

开放发展研究，重点是坚持对外开放基本国策，加快推进“一带一路”建设等，发展更高层次的全方位开放型经济。一是推进全方位对外开放，使我国对外开放从沿海扩展到沿边、沿江，从主要对发达国家开放扩展到对发达国家与发展中国家开放并重，从主要是“引进来”扩展到“引进来”和“走出去”并重。二是推进更高层次对外开放，使我国对外开放沿着从跟随到参与再到主导制定国际规则和技术标准的路径不断攀升，更深入地参与全球经济治理，获取与我国经济地位相称的话语权和主导权。三是构建跨国产业链，使我国对外开放从一般的“引进来”“走出去”扩展为加强国际产能合作、构建跨国产业链，实现对国际国内两个市场、两种资源的系统整合与利用。

共享发展研究，重点研究如何充分调动人民群众的积极性、主动性、创造性，举全民之力推进中国特色社会主义事业，不断把“蛋糕”做大。重点研究如何把不断做大的“蛋糕”分好，让社会主义制度的优越性得到更充分体现，让人民群众有更多获得感。扩大中等收入阶层，逐步形成橄榄型分配格局，特别要加大对困难群众的帮扶力度，实施精准扶贫战略，坚决打赢农村贫困人口脱贫攻坚战，让全体人民共享改革发展成果。

贯彻新发展理念的中国特色社会主义政治经济学体系，就经济制度层面分析来说，完善社会主义市场经济基本经济制度和基本分配制度需要体现新发展理念要求。经济运行层面分析，需要根据新发展理念要求，以提高经济运行效率和质量为引领，涉及市场、企业和宏观调控三大运行体制问题分析。就经济发展层面分析来说，需要根据新发展理念，以社会主义现代化为引领，研究经济发展方式、经济结构和经济增长的动力，尤其要关注现代化经济体系研究。由此形成以新发展理念为统领的中国特色社会主义政治经济学的理论体系。

三、构建新时代中国经济发展理论

现有的经济发展理论特别是作为西方经济学重要分支的发展经济学理论，面对中国经济发展的新阶段、新形势、新任务、新特点，表现出历史局限性和理论局限性，无法解释中国的发展问题，更不可能破解中国发展面临的重大理论和实践难题，这就需要按新发展理念构建经济发展新理论。

第一，现有的发展经济学基本上是针对处于低收入阶段的发展中国家提出经济发展理论的。我国在低收入阶段也自觉不自觉地应用了其部分理论，例如以投资拉动 GDP 增长、农业剩余劳动力转移、出口导向等等。中国进入中等收入阶段后，基于低收入阶段的发展经济学理论，就失去或部分失去了解释力和应用价值，这也是一些中等收入国家未能及时实现经济转型而陷入“中等收入陷阱”的理论原因之一。中国在进入中等收入阶段后面对的发展问题将转向满足人民美好生活需要，发展的动力相应地转向消费拉动，农业劳动力转移的“刘易斯拐点”也已经到来，城市化也需要转到城市要素向农村扩散。这就需要发展经济学理论的创新。

第二，就现代化理论来说，发展经济学根据发达国家的经验为发展中国家设计现代化道路，即传统工业化道路。虽然现代经济增长理论也强调技术进步、人力资本、全要素生产率等对推动增长的重要性，以及随着知识经济的发展而突出知识和信息技术对增长的重要价值,但它的缺陷是:一是它所推荐的现代化道路是处于工业化时代的现代化,现在中国推进的工业化已处于转向生态文明时代,不能走高消耗高排放的现代化道路。二是它主要关注的是发达国家的经济增长问题,忽略了知识经济在发展中国家面临的机遇和挑战。在传统农业与现代工业的二元经济结构问题尚未解决的情况下,知识经济扑面而来,使发展中国家面临农业经济、工业经济、知识经济三元经济结构下的发展问题。因此,发展中国家如何在推进工业化、城镇化、农业现代化过程中同时推进信息化和知识化,并运用现代信息技术改造传统工业和农业,就成为当代经济发展理论必须解决的新课题。新发展理念的提出,将为发展中国家解决二元经济结构问题提供方向和思路。一是协调工业化与信息化,走新型工业化道路;二是协调工业化、信息化与城镇化,走产业集聚、人口集聚和智慧城市建设协调互动的新型城镇化道路;三是协调工业化、信息化与农业现代化,走用工业化和信息化改造传统农业的新型农业现代化道路;四是协调工业化、城镇化、农业现代化与信息化,通过工业化、城镇化和农业现代化为信息技术的广泛应用提供巨大市场,为信息化快速发展开辟广阔道路。

第三,即使已有的发展经济学注重技术创新,但其重点是强调发展中国家利用后发优势,通过学习和引进消化吸收再创新推进技术创新。后发优势理论对处于低收入阶段的发展中国家推进技术创新是可行的、有效的。改革开放以来,我国按照这一路径,有效促进了技术进步,推动了经济快速增长。但当我国成为世界第二大经济体、一些领域的技术水平已经接近发达国家、需要在核心技术和关键技术上寻求突破的情况下,学习和引进技术对技术创新的贡献就越来越小,因为核心技术和关键技术是学不来、引不进的。同时,知识经济快速发展,技术进步速度加快,也使发挥后发优势的空间越来越小。这就意味着中国的科技进步不能停留在学习和引进的后发优势,需要创新,由跟随转向与发达国家并跑和领跑,在一些科技领域占领全球科技制高点,进入创新型国家行列或前列。这也是中国发展经济学的创新点。

第四,西方经济发展理论强调技术进步和全要素生产率对经济增长的重要贡献,探讨影响技术进步的因素和实现技术进步的途径,但其以研究发达国家经济增长为己任,忽略了发展中国家最核心的问题不是单纯的经济增长而是经济发展,更没有关注像我国这样的发展中国家从中等收入阶段向高收入阶段迈进过程中面临的技术进步和重大结构优化问题。西方发展经济学虽然探讨发展中国家的发展问题,也研究发展中国家的经济结构优化问题,但忽略了技术进步以及工业化、城镇化和农业现代化共同发展和互动发展的问题,而且将研究重点集中于低收入国家如何实现发展上,没有考虑进入中等收入阶段后的发展中国家如何完成重大经济结构转型及继续发展等问题,当然更不可能研究中国的经济体制转型和全面深化改革问题。

由低收入阶段进入中等收入阶段,开启了向高收入阶段的转型升级进程,基于低收入阶段的发展经济学难以提供相应的转型升级理论。需要基于新发展理念构建经济转型的新理论:一是从要素驱动转向创新驱动,引领经济保持中高速增长,产业迈向中高端水平;二是从不协调发展转向协调发展,促进经济结构优化;三是从不可持续发展转向可持续发展,突破资源环境的瓶颈制约;四是从注重"引进来"和"出口"的单向开放转向"引进来"和"走出去"并重,出口和进口并重的全方位开放,构建开放型经济新体制;五是从允许一部分人、一部分地区先富起来转向缩小差距坚持走共同富裕道路,把增进人民福祉作为发展的出发点和归宿。

以上对已有发展经济学局限性的分析,提出了打造经济发展理论新体系的必要性。也就是把既有的一些经济发展理论和观点系统化为理论学说,将经济发展的新理论新观点系统化为当代中国特色社会主义经济发展理论的新体系,从而形成具有中国特色、中国风格、中国气派的经济发展理论体系。

思考题

1. 如何认识新发展理念提出的时代背景?
2. 如何全面理解新发展理念的科学内涵?
3. 如何认识新发展理念的理论价值?

第 二 篇

经济制度

第五章　社会主义初级阶段基本经济制度

公有制为主体、多种所有制经济共同发展的基本经济制度，是中国特色社会主义制度的重要支柱，也是社会主义市场经济体制的根基。中国特色社会主义对基本经济制度的要求是：必须毫不动摇巩固和发展公有制经济，坚持公有制主体地位，发挥国有经济主导作用，不断增强国有经济活力、控制力、影响力。必须毫不动摇鼓励、支持、引导非公有制经济发展，激发非公有制经济活力和创造力。国有资本、集体资本、非公有资本等交叉持股、相互融合的混合所有制经济，是基本经济制度的重要实现形式。

第一节　基本经济制度的形成

把公有制为主体、多种所有制经济共同发展确立为我国社会主义初级阶段的基本经济制度，是我国改革开放和经济发展伟大实践的重要成果。基本经济制度源于改革开放实践，又推动改革开放实践，是我们党对建设社会主义长期实践经验的科学总结，适应了生产力发展的要求，揭示了社会主义初级阶段生产关系的本质特征，是对马克思主义所有制理论的创造性运用。

一、所有制结构与形式的变化

我国经济改革是以市场化为取向，以解放和发展生产力为目标，发展多种所有制经济就成为必然选择。随着改革开放的深入，所有制结构与形式出现了相应的变化。

1. 农村土地制度和实现形式变革

中国的改革是从农村打开突破口的。1978年,党的十一届三中全会拉开了中国改革开放的序幕,从农村基本经营制度入手,废除人民公社体制,实行政社分开,实行家庭联产承包责任制,发展乡镇企业,初步形成和基本确立了家庭承包经营制度,农村改革取得突破性进展。1982年1月1日,中央下发了关于农村改革的第一个一号文件,文件不但肯定了家庭联产承包责任制,而且从理论上说明它是社会主义农业经济的组成部分。从1983年开始在全国广大农村全面推行,到1983年年底,98%左右的农户都实行了包产到户,家庭承包经营的土地面积占耕地总面积的97%左右,实现了土地所有权与使用权的分离。土地改革和农业合作化是以生产力发展要求为客观依据的生产关系的变革。家庭联产承包责任制的建立极大地推动了农村生产力的发展,归根结底就是因为这种生产关系既适应了我国农村生产力比较落后的一面,又有利于发挥已经形成的社会化生产手段的应用。在改革的过程中始终坚持:(1)发展以公有制为主体的多种所有制经济,探索和完善农村公有制的有效实现形式,使生产关系适应生产力发展要求;(2)承认并充分保障农民的自主权,把调动广大农民积极性作为制定农村政策的出发点;(3)坚持以市场为取向的改革,为农村注入新的活力。

2. 个体私营经济从无到有的发展

改革开放之初,中国的私营企业已经彻底消亡,全国只剩下15万个城镇个体劳动者。1978年以后,家庭联产承包责任制的改革,率先为集体所有制的改革打破了缺口,紧接着城市发展个体私营经济。应该说,中国发展多种非公有制经济的初始阶段特征是在国家提供宽松的政策环境的条件下,未被计划经济动用的资源(在当时数量是相当大的)被自发地用于发展多种所有制经济。因此,在相当长的时期中,非公有制经济的发展是无阻碍的,发展的速度相当迅速。到1997年年底,全国私营企业总数已达96万户,比1989年增长了近10倍,截至2007年年底,私营企业总数已经超过了550万户,又比1997年增长了5.5倍多。[①] 目前,私营企

---

① 刘迎秋:《中国非国有经济发展道路》,经济管理出版社2013年版,第4页。

业进入了一个提升发展的新阶段，不仅私营企业的户数、注册资金以及从业人员等稳步增加，而且私营企业在国民经济中的地位日益增强。私营经济部门已经成为非国有经济的最大部分。私营经济在稳定发展的同时，其产业结构也更加合理，表现出健康发展的态势。

3. 乡镇企业的民营化发展

农村改革不仅产生了家庭承包制，还催生出乡镇企业。有的地区的乡镇企业一开始就是以家庭为单位的私人企业（如温州），也有最初以集体经济为主建立的企业（如苏南）。随着改革的深入和市场经济的发展，几乎所有乡镇企业都通过改制实现了民营化。在农村经营组织逐步放松管制的情况下，乡镇企业像雨后春笋般涌现出来，并且快速地成长壮大，成为促使中国农村经济增长的主体和中国改革开放后经济保持高速增长的重要支撑力量。1984 年中央一号文件和四号文件，明确将农民户办、联户办的企业与原有社队集体企业统称为乡镇企业，把他们放到了同一个起跑线上，明确提出鼓励户办、联户办企业与乡村所属集体企业共同发展，并要求各级政府对乡镇企业与国营企业同等对待，一视同仁，给予必要的扶持，因而形成同心协力推动乡镇企业发展的高潮。据统计，1984 年乡镇企业的个数从上一年的 134. 64 万户，猛增到 606. 52 万户。从改革开放以来的经济发展轨迹看，乡镇企业已经成为突破原有二元经济结构、促使中国经济快速发展的重要转化因素和动力源泉，它们的发展变化在中国经济的未来走势中处于举足轻重的地位。

4. 外资和港澳台资本的进入及其发展

境外资本和企业进入中国大陆经历了 20 世纪 80 年代初探、90 年代快速发展以及进入 21 世纪后战略调整的过程，外资来源结构呈现多元化的趋势。中国利用外资的结构逐渐优化，利用外资的方式不断创新，在投资的产业领域由主要投资于工业逐步向服务业和农业领域扩大。跨国公司直接投资促进了其对中国的技术扩散，提高了相关行业整体的技术水平，推动了中国国内企业加快自主创新的步伐。同时，外资的进入推动了中国出口结构的改善，带动了国内关键领域和配套产业生产能力的形成。

5. 国有经济的战略性调整和产权制度改革

多种所有制经济的蓬勃发展必然推动国有经济的战略性调整。其方向是根据国民经济的重要性程度和国有企业的规模抓大放小,推动国有资本向国民经济命脉领域重要行业集中和流动,按照国有经济的主导作用来实现要素资源优化配置。对国有经济进行战略性调整的过程是同国有企业的产权制度改革结合进行的。一方面,国有经济从国民经济非命脉领域各行业退出,相应地,就有一大批国有企业改制为民营企业。另一方面,国有经济控制的国民经济命脉领域允许非国有资本进入,除极少数行业实行国有独资经营以外,大多数行业由国有经济控股,其他非国有资本可以参股。特别是在明确股份制可以成为公有制实现形式后,大批国有企业改制为包含私人资本(外资)的股份制企业,其中一部分国有企业上市成为国有控股的上市公司。

随着改革的深入,多种所有制经济发展所产生的积极效应彰显,公有制为主体的含义也不断地深化。公有制经济不再只是指公有制企业,而是指公有资本,包括国有资本和集体资本。相应地,公有制为主体,也不再是指公有制企业在数量上为主体,而是指公有资本在社会总资本中占优势,国有经济控制国民经济命脉。按此科学规定,现在虽然公有制经济占总产值比例不断下降,非公有制经济的比例快速增长,非公有制企业在数量上占有优势,但公有资本仍然保持着主体地位,国有经济仍然控制着国民经济命脉。

二、基本经济制度理论的历史演进

我国基本经济制度的建立经历了相当漫长而艰辛的过程,反映了对社会主义基本经济制度的不懈探索。新中国成立后,我国成功地进行了生产资料的社会主义改造,建立了社会主义制度,不过,由于对社会主义建设经验不足,急于求成,盲目求纯,以为社会主义所有制形式越大越好,超越了生产力水平,片面发展单一公有制经济。结果欲速则不达!1978年党的十一届三中全会后,党的工作重点转移到以经济建设为中心的轨道上来,提出了改革“同生产力迅速发展不相适应的生产关系和上层建筑”的任务，开始进入对基本经济制度的重新审视与探索的阶段。实际上，基本经济制度形成的过程就是对公有制经济与非公有制经济二者关系的认识不断深化的过程。可以将基本经济制度理论认识演进归纳为不断递进的“三个深化”。

1. 非公有制经济由“恢复和发展”到“有益补充”的深化

1979年，国家工商行政管理局召开全国工商行政管理局长会议，提出“恢复和发展”个体经济。国务院批转《关于全国工商行政管理局长会议的报告》是党中央、国务院批准的第一个有关发展个体经济的报告。1981年，党的十一届六中全会通过了《关于建国以来党的若干历史问题的决议》，提出，社会主义生产关系的发展并不存在一套固定的模式，我们的任务是要根据我国生产力发展的要求，在每一个阶段上创造出与之相适应和便于继续前进的生产关系的具体形式[①]，国营经济和集体经济是我国基本的经济形式，一定范围的劳动者个体经济是公有制的必要补充。[②] 1982年，党的十二大提出，“由于我国生产力发展水平总的说来还比较低，又很不平衡，在很长时期内还需要多种经济形式同时并存”[③]。1984年，党的十二届三中全会通过的《中共中央关于经济体制改革的决定》强调我国现在的个体经济是和社会主义公有制相联系的、不同于和资本主义私有制相联系的个体经济，是社会主义经济必要的有益的补充，是从属于社会主义经济的。1987年，中共中央出台的《关于把农村改革引向深入的决定》指出，对私营企业采取允许存在，加强管理，兴利抑弊，逐步引导[④]的方针，第一次明确提出允许私营经济存在发展。1987年，党的十三大报告指出，全民所有制以外的其他经济成分不是发展得太多了而是还很不够。对于城乡合作经济、集体经济和私营经济都要继续鼓励它们发展。私营经济、中外合资合作企业和外商独资企业等非公有制经济，是公有制必要的和有益的补充。由个体经济作为必要的补充发展到

---

① 《改革开放三十年重要文献选编》(上)，人民出版社2008年版，第213页。

② 《改革开放三十年重要文献选编》(上)，人民出版社2008年版，第270页。

③ 《改革开放三十年重要文献选编》(上)，人民出版社2008年版，第357页。

④ 《改革开放三十年重要文献选编》(上)，人民出版社2008年版，第450页。

私营经济、“三资”企业等非公有制经济,都是公有制经济必要的和有益的补充。

2. 非公有制经济由“必要和有益补充”到非公有制经济和公有制经济“共同发展”,再到“基本经济制度”提出的深化

1992年,党的十四大指出,“在所有制结构上,以公有制包括全民所有制和集体所有制为主体,个体经济、私营经济、外资经济为补充,多种经济成分长期共同发展,不同经济成分还可以自愿实行多种形式的联合经营”。1993年,党的十四届三中全会通过的《中共中央关于建立社会主义市场经济体制若干问题的决定》明确指出:“建立社会主义市场经济体制,就是要使市场在国家宏观调控下对资源配置起基础性作用。为实现这个目标,必须坚持以公有制为主体,多种经济成分共同发展的方针。”

1997年9月,党的十五大明确了个体、私营等非公有制经济是社会主义市场经济的重要组成部分;并提出,公有制经济不仅包括国有经济和集体经济,还包括混合所有制经济中的国有成分和集体成分。公有资产占优势要有量的优势,更要注重质的提高,公有制经济的主导作用主要表现在控制力上。由此,党的十五大首次提出“基本经济制度”概念,第一次把公有制为主体、多种所有制经济共同发展确立为我国社会主义初级阶段的基本经济制度。1999年3月,第九届全国人大二次会议修改了宪法,《中华人民共和国宪法》第六条明确提出:“国家在社会主义初级阶段,坚持公有制为主体、多种所有制经济共同发展的基本经济制度”,同时在第十一条中明确提出了“在法律规定范围内的个体经济、私营经济等非公有制经济,是社会主义市场经济的重要组成部分”。这是《宪法》第一次肯定非公有制经济作为社会主义市场经济重要组成部分的地位。

3. 在新时期由非公有制经济和公有制经济“两个毫不动摇”到非公有制经济和公有制经济“两个都是”的深化

2002年,党的十六大首次提出“两个毫不动摇”的概念,明确提出了要“坚持和完善基本经济制度”,“必须毫不动摇地巩固和发展公有制经济”,“毫不动摇地鼓励、支持和引导非公有制经济发展”,同时要将“坚持公有制为主体,促进非公有制经济发展,统一于社会主义现代化建设的进程中，不能把这两者对立起来”。在此基础上，2007 年党的十七大报告在重申“两个毫不动摇”的基础上，还提出，“坚持平等保护物权，形成各种所有制经济平等竞争、相互促进新格局”，坚持法律上的“平等”保护和经济上的“平等”竞争，这“两个平等”是党的十七大在所有制理论上的亮点。2012 年，党的十八大进一步强调，要毫不动摇巩固和发展公有制经济，推行公有制多种实现形式，推动国有资本更多投向关系国家安全和国民经济命脉的重要行业和关键领域，不断增强国有经济活力、控制力、影响力。毫不动摇鼓励、支持、引导非公有制经济发展，保证各种所有制经济依法平等使用生产要素、公平参与市场竞争、同等受到法律保护。实际上，党的十八大首次提出了“三个平等”。

党的十八届三中全会又有新突破，把非公有制经济的地位和作用提到了一个新的高度，首次提出“两个都是”，即公有制经济和非公有制经济都是社会主义市场经济的重要组成部分，公有制经济和非公有制经济都是我国经济社会发展的基础。同时还丰富发展了“两个毫不动摇”理论，明确提出，增强国有经济活力、控制力、影响力；激发非公有制经济活力和创造力。党的十八届四中全会提出要“健全以公平为核心原则的产权保护制度，加强对各种所有制经济组织和自然人财产权的保护，清理有违公平的法律法规条款”。党的十八届五中全会强调要“鼓励民营企业依法进入更多领域，引入非国有资本参与国有企业改革，更好激发非公有制经济活力和创造力”。党的十九大报告指出，必须坚持和完善我国社会主义基本经济制度，重申并强调“两个毫不动摇”。

从本质上说，改革开放的历程就是不断地探索公有制为主体、多种所有制经济共同发展的基本经济制度的历程，也是社会主义市场经济体制不断深化的历程。基本经济制度的形成，极大地解放了社会生产力，成为中国特色社会主义制度的重要支柱和社会主义市场经济的根基以及推动我国经济社会持续发展的重要动力源。

三、基本经济制度是社会主义市场经济体制的根基

建设中国特色社会主义经济，必须坚持和完善公有制为主体、多种所

有制经济共同发展的基本经济制度。我国《宪法》第六条规定，国家在社会主义初级阶段，坚持公有制为主体、多种所有制经济共同发展的基本经济制度。公有制为主体、多种所有制经济共同发展的基本经济制度，是中国特色社会主义制度的重要支柱，也是社会主义市场经济体制的根基。公有制经济和非公有制经济都是社会主义市场经济的重要组成部分，都是我国经济社会发展的重要基础。必须毫不动摇巩固和发展公有制经济，坚持公有制主体地位，发挥国有经济主导作用，不断增强国有经济活力、控制力、影响力。必须毫不动摇鼓励、支持、引导非公有制经济发展，激发非公有制经济活力和创造力。

坚持公有制为主体、多种所有制经济共同发展，不仅是改革完善所有制、建设和发展中国特色社会主义的一项成功实践，也是马克思主义所有制理论中国化的一项重大成果。马克思主义政治经济学认为，生产关系一定要适应生产力发展，有什么样的生产力，就应该有什么样的生产关系与之相适应。具体的生产力发展水平是由一定的社会发展阶段的历史条件决定的。马克思说，"社会生产关系，是随着物质生产资料、生产力的变化和发展而变化和改变的"①。这是人类社会发展共同的经济规律。根据我国国情，既要坚持公有制经济的主体地位，又要坚持多种所有制经济共同发展。

坚持基本经济制度是由我国基本国情决定的。具体地说，第一，公有制是社会主义经济制度的基础。我国是社会主义国家，社会主义建设的目的是实现全体人民的共同富裕，因此公有制经济的比重比一般市场经济国家高一些是理所当然的。公有制经济是国家引导、推动经济和社会发展的基本力量，是实现最广大人民根本利益和共同富裕的重要保证。发展壮大国有经济，国有经济控制国民经济命脉，在经济发展中起主导作用。第二，我国处在社会主义初级阶段，需要在公有制为主体的条件下大力发展多种所有制经济。个体、私营等各种形式的非公有制经济是社会主义市场经济的重要组成部分，对增强国民经济活力，充分调动人民群众

① 《马克思恩格斯选集》第1卷，人民出版社2012年版，第340页。

和社会各方面的积极性、创造性，加快生产力发展和扩大就业具有重要作用。第三，坚持公有制为主体，促进非公有制经济发展，统一于社会主义现代化建设的进程中，不能把这两者对立起来。改革开放以来许多地方的实践充分证明，各种所有制经济完全可以在市场竞争中发挥各自优势，相互促进，共同发展，这是对基本经济制度认识的重大发展。在社会主义市场经济中，公有制经济和非公有制经济，国有经济和非国有经济，都有自己大显身手之地。

我国是中国共产党领导的社会主义国家，公有制经济是长期以来在国家发展历程中形成的，为国家建设、国防安全、人民生活改善作出了突出贡献，是全体人民的宝贵财富，当然要让它发展好，继续为改革开放和现代化建设作出贡献。我们强调把公有制经济巩固好、发展好，同鼓励、支持、引导非公有制经济发展不是对立的，而是有机统一的。我们国家这么大、人口这么多，又处于并将长期处于社会主义初级阶段，要把经济社会发展搞上去，就要各方面齐心协力来干，众人拾柴火焰高。公有制经济、非公有制经济应该相辅相成、相得益彰，而不是相互排斥、相互抵消。公有制经济也好，非公有制经济也好，在发展过程中都有一些矛盾和问题，也面临着一些困难和挑战，需要我们一起想办法解决。但是，不能一叶障目、不见泰山，攻其一点、不及其余。任何想把公有制经济否定掉或者想把非公有制经济否定掉的观点，都是不符合最广大人民根本利益的，都是不符合我国改革发展要求的，因此也都是错误的。

发展社会主义市场经济，在客观上要求实行公有制为主体、多种所有制经济共同发展的基本经济制度。这是因为：第一，多种所有制经济共同发展有利于增强竞争和发挥市场机制的功能。市场经济是建立在众多主体参与竞争的基础之上的，单一的公有制结构往往会导致垄断，使经济失去活力。发展非公有制经济，形成多样性的所有制结构，才能开展和形成市场竞争，进而发挥市场机制的功能。第二，多种所有制经济共同发展有利于各类市场主体取长补短、互相促进。公有制企业特别是国有企业具有自觉承担社会责任等优点，非公有制企业具有对市场反应灵敏、经营灵活、自我调适快等长处。在市场竞争中，各类企业在组织结构、经营方式的革新中互相借鉴、取长补短,有利于企业体制不断完善。第三,多种所有制经济共同发展有利于资源优化配置。我国在探索国有制实现形式中,通过发展股权多元化的国有经济,寻找到一种由多种所有制成分组成的混合所有制形式,这使不同性质的经济主体在企业内部紧密结合和互补互促。可以根据产业性质和企业特点,或实行国家控股、参股,或允许社会资本控股,因而股份多元化的企业组织形式拓宽了不同性质经济成分的发展空间,既可以充分发挥非公有资本的潜力,又能促进国有经济战略性调整,增强其控制力和影响力。

第二节　坚持公有制主体地位

坚持公有制主体地位和国有经济的主导作用,对中国特色社会主义经济建设具有决定意义。国有经济的主导作用是由公有制的主体地位赋予的,体现了社会主义经济制度的根本性质。这不仅是现阶段中国的国情,也是生产关系一定要适应生产力性质规律的客观要求,是马克思主义所有制理论中国化的实践结论。

一、公有制主体地位体现了社会主义基本经济制度的根本性质

坚持公有制主体地位,是社会主义的本质特征之一。如何正确看待和坚持公有制为主体,关系深化经济体制改革的顺利推进,关系我国经济社会的持续健康发展,是坚持和发展中国特色社会主义需要解决的重大理论和现实问题。

公有制主体地位是由社会主义本质所规定并由宪法载明的法律原则,不能动摇也不会动摇。马克思主义政治经济学认为,生产资料所有制性质决定社会性质。公有制作为一种生产资料所有制、作为一种经济制度,决定着社会主义社会的性质。公有制经济、国有经济、国有企业既相联系,又有区别。国有企业是国有经济的重要组成部分,国有经济是公有制经济的重要组成部分。我国国有企业是公有制经济,但不是公有制经

济的全部;国有企业数量和资产份额的变化可能会使社会主义市场经济的结构发生一些变化,但不会影响公有制的主体地位。

习近平总书记指出,公有制主体地位不能动摇,国有经济主导作用不能动摇,这是保证我国各族人民共享发展成果的制度性保证,也是巩固党的执政地位、坚持我国社会主义制度的重要保证。这“两个毫不动摇”,深刻阐明了我国必须坚持公有制主体地位和国有经济主导作用。

公有制主体地位主要体现在公有资产在社会总资产中占优势地位,国有经济控制国民经济命脉并对经济发展起主导作用。公有制的主体地位主要体现在:公有资产在社会总资产中占优势;国有经济控制国民经济命脉,对经济发展起主导作用。这是就全国而言,有的地方、有的产业可以有所差别。公有资产占优势,要有量的优势,更要注重质的提高。国有经济起主导作用,主要体现在控制力上,要从战略上调整国有经济布局。对关系国民经济命脉的重要行业和关键领域,国有经济必须占支配地位。在其他领域,可以通过资产重组和结构调整,以加强重点,提高国有资产的整体质量。只要坚持公有制为主体,国家控制国民经济命脉,国有经济的控制力和竞争力得到增强,在这个前提下,国有经济比重减少一些,不会影响我国的社会主义性质。

在社会主义市场经济中,国有经济的主导作用不是一个简单的比重问题。据相关统计表明,目前我国国有企业职工总数不足中国就业人口的五分之一,所有国有企业的营业收入占全国营业收入的比重为百分之三十多一些,不过,它们的纳税总额则占全国税收总额的一半以上。无论从税负的角度,还是从总量的角度来看,中国国有企业都承担了远多于其他类型企业的社会责任与义务。这是中国经济领域最重要的基本事实之一。可见,衡量国有企业发展的指标应该是综合指标。公有制的主体地位和国有经济的主导作用,主要体现在国家所有和国家控股、参股企业的资产在总资产中占有优势,体现在国有经济控制国家经济命脉的重要行业和关键领域,体现在国有经济对整个国民经济发展起主导作用。当然,国有经济应该依靠自己的竞争力来保持必要的比重。因此,不能离开国有经济的主导作用抽象地谈公有制经济的比重问题。改革开放以来,尽管非公有制经济发展很快，国有经济的比重不断下降，但是，国有经济在国家总资产中仍占有优势，国有经济仍然保持对整个国民经济的控制力和影响力。

国有经济作为一种制度安排，是世界各国普遍存在的经济现象。西方国家也有国有经济和国有企业。但是，社会主义社会与资本主义社会的不同性质，决定了社会主义条件下的国有经济与资本主义条件下的国有经济具有完全不同的性质。中国是社会主义国家，又是发展中的大国，其国家性质和国情实际决定了我国的国有经济，既要有经济效益，又要有社会效益。国有经济必须控制涉及国家安全和国民经济命脉的重要行业和关键领域。国有经济是维护国家利益和民族利益，保证国家政治安全、经济安全和国防安全的主体。中国发展社会主义国有经济，不只是为了“弥补市场失灵”，也不是简单地为了解决“外部性问题”，而是建立和发展社会主义制度，发展社会主义社会生产力和社会全面进步的客观需要，是中国社会主义制度的生产关系基础和最重要的物质技术基础。

在中国社会主义市场经济中，国有企业是公有制经济的重要组成部分和实现形式，是国有经济发挥主导作用的主要载体，是加强国有经济对国家重要行业和关键领域的控制力、发挥国有经济的主导作用的手段，也是推进国家现代化、保障人民根本利益的重要力量。正确认识国有企业对发挥国有经济主导作用的重要意义，不能割裂我国社会主义建设的历史实践和当前实际。

国有经济的社会主义性质不仅决定了其基本功能，而且会影响和主导其他所有制经济的发展方向。不只是补充私人企业和市场机制的不足，更重要的是对国民经济发展的正确导向以及对经济运行整体态势的控制和影响，决定了我国多种所有制经济结构组成的基本经济制度的社会主义性质，而且通过它的主导作用引领整个国民经济发展并最大限度地满足全体人民的需要。保持国有经济主导作用不仅能够有效地调控宏观经济、推动生产力发展、实现国民经济的长期的动态的平衡，而且能够促进区域经济协调发展、实现共同富裕，构建社会主义和谐社会的经济基础，进而巩固和完善社会主义基本制度。正是国有经济的主导地位和作用,决定了我国的其他非国有经济的经济成分成为社会主义市场经济的重要力量。

二、在战略性重组中增强国有经济的活力、控制力和影响力

正确认识国有企业对发挥国有经济主导作用的重要意义,不能割裂我国社会主义建设的历史实践和当前实际。社会主义制度建立后,出于迅速工业化的需要,我国在 20 世纪 50 年代后期生产资料社会主义改造完成后,国有企业占据了国民经济的绝大部分领域,分布十分广泛,通过国有企业,国家控制了国民经济的主要命脉。1978 年改革开放后,拉开了国有企业市场化改革的序幕,并且程度不断加深。虽然国有企业数量也随之不断减少,但国有企业仍分布在国民经济的很多领域,在国民经济中仍处于主导地位。

实际上,国有经济全面改革的深化过程,也是对其功能认识逐步回归其本性的过程。我国国有经济存在突出的两对矛盾:一方面,那些并不能起主导作用又不能自我生存和发展、长期亏损的国有企业占用了大量国有资本;另一方面,那些急需政府投入和发展的重点部门,特别是科技、能源等部门投入不足。一方面,国有经济的摊子过大,战线过长,超出了国家的财政能力;另一方面,国有经济基本职能又得不到充分发挥。国有经济布点过广、过散,导致有限的国有资本支撑不住庞大的国有经济盘子,就像人的十个指头按着几百个跳蚤,力所不及。这种现象的后果,必然是有限的国有资本在产业、行业及企业之间的分布状况与市场经济条件下国有经济的应有功能的严重错位,其结果是拖累整个国有经济的效益。

推动国有经济战略性重组的目的,是为了适应社会主义市场经济发展的需要,满足我国经济从高速增长转向高质量发展的需要,使国有企业在市场经济中发展壮大,发挥国有经济的控制力、影响力。国有经济战略调整的方向是在保持对整个国民经济控制力的前提下,国有资本向关键领域和重要行业集中,加快国有经济布局优化、结构调整和战略性重组。围绕服务国家战略,推动国有经济向关系国家安全、国民经济的命脉和国

计民生的重要行业和关键领域、重点基础设施集中，优化国有经济布局，有效发挥国有经济整体功能作用。推动国有资本形态转换和结构调整，支持创新发展前瞻性战略产业，加快处置低效无效资产，淘汰落后产能，剥离办社会职能，解决历史遗留问题，提高国有资本配置效率。推动国有企业战略性重组，聚焦发展实体经济，突出主业、做强主业，加快推进横向联合、纵向整合和专业化重组，提高国有企业核心竞争力，增强国有经济活力、控制力、影响力、国际竞争力、抗风险能力。

国有经济的战略性重组，也就是推动国有资本更多地投向国民经济的命脉部门和关键领域。国有经济保持绝对控制力的，是关系国家安全和国民经济命脉的重要行业和关键领域，包括军工、电网电力、石油石化、电信、煤炭、民航、航运七大行业。同时，国有经济保持较强的控制力，是基础性和支柱产业领域的重要骨干企业，包括装备制造、汽车、电子信息、建筑、钢铁、有色金属、化工、勘察设计、科技等行业。可见，中国国有企业的存在范围是以发挥国有经济主导作用的需要而分布的，不是以垄断性为依据分布的。

国有经济的战略性重组包括对国有企业的分类改革。国有企业数量众多，承担的责任也较多，深化国有企业改革需要准确界定不同国有企业的功能定位。要立足国有资本的战略定位和发展目标，结合不同国有企业在经济社会发展中的作用、现状和发展需要，根据主营业务和核心业务范围，将国有企业界定为商业类和公益类。商业类领域即竞争性领域的国有企业，同其他所有制性质的资本一样，追求价值增值。公益类领域的国有企业要保证公共利益，要实现控制。分类推进国有企业改革思想的提出和实施，有利于解决多年来国有资本功能不清、定位不准、目标多元问题，有利于解决国有资产监督管理针对性不强、考核评价不科学问题，有利于解决部分国有企业盲目决策、粗放扩张问题，从而有利于国有经济的战略性重组。

国有经济的战略性重组不像有人所说的国有经济私有化，而是继续发挥国有经济的主导作用。国有经济的主导作用是在多种所有制经济共同发展的格局中形成的。经过 40 年的改革与发展，虽然国有经济在整个国民经济中的比重大幅下降,但国有经济仍然占据主导地位。正是由于国有经济的主导作用,才使我们面临2008年世界金融危机时从容不迫,有条件实施社会结构调整和大范围的社会保障,自觉引导、推动、调控经济和社会发展;使我们保持了在资源、能源、交通、通信、新技术、金融等关键行业和领域的控制力,支撑国民经济的运行;使我们不断增强国家的经济实力、国防实力、民族凝聚力以及应付各种突发事件和重大风险的能力,保障国家的安全;也使我们能够建立和谐的劳动关系,保障社会的公平正义。国有经济的全局控制力和主导作用,在经济稳定、技术创新、维护安全等方面为非公有制经济发展创造了有利的宏观环境。离开了国有经济的这种主导作用而单纯依靠非国有经济自身的努力,中国经济不可能迅速发展,非公有制经济的发展也会受到严重制约。

第三节　鼓励、支持非公有制经济健康发展

非公有制经济是社会主义初级阶段促进生产力发展的重要构成力量。我国非公有制经济从小到大、由弱变强,是在我们党和国家方针政策指引下实现的。非公有制经济是稳定经济的重要基础,是国家税收的重要来源,是技术创新的重要主体,是金融发展的重要依托,是经济持续健康发展的重要力量。

一、非公有制经济是社会主义初级阶段经济重要组成部分

我国《宪法》明确规定,“在法律规定范围内的个体经济、私营经济等非公有制经济,是社会主义市场经济的重要组成部分”。“国家保护个体经济、私营经济等非公有制经济的合法的权利和利益。国家鼓励、支持和引导非公有制经济的发展,并对非公有制经济依法实行监督和管理。”我国非公有制经济,是改革开放以来在中国共产党的方针政策指引下发展起来的。我们党对公有制经济与非公有制经济关系的认识一直在不断深化。党的十五大把“公有制为主体、多种所有制经济共同发展”确立为我

国的基本经济制度，明确提出“非公有制经济是我国社会主义市场经济的重要组成部分”。党的十六大提出“毫不动摇地巩固和发展公有制经济”，“毫不动摇地鼓励、支持和引导非公有制经济发展”。党的十八大进一步提出“毫不动摇鼓励、支持、引导非公有制经济发展，保证各种所有制经济依法平等使用生产要素、公平参与市场竞争、同等受到法律保护”。

党的十八届三中全会提出，公有制经济和非公有制经济都是社会主义市场经济的重要组成部分，都是我国经济社会发展的重要基础；公有制经济财产权不可侵犯，非公有制经济财产权同样不可侵犯；国家保护各种所有制经济产权和合法利益，坚持权利平等、机会平等、规则平等，废除对非公有制经济各种形式的不合理规定，消除各种隐性壁垒，激发非公有制经济活力和创造力。党的十八届四中全会提出要“健全以公平为核心原则的产权保护制度，加强对各种所有制经济组织和自然人财产权的保护，清理有违公平的法律法规条款”。党的十八届五中全会强调要“鼓励民营企业依法进入更多领域，引入非国有资本参与国有企业改革，更好激发非公有制经济活力和创造力”。党的十九大指出，“要支持民营企业发展，激发各类市场主体活力，要努力实现更高质量、更有效率、更加公平、更可持续的发展”。上述认识的深化，既表明我们党对民营企业认识的逐步深化，又是对民营企业为改革开放和经济社会建设作出的贡献给予的充分肯定。

随着对外开放的扩大和社会主义市场经济体制的不断完善，非公有制经济的地位将更加重要，将是社会主义市场经济中与公有制经济平等竞争、相互融合的成分，并将在以后相当长时期内发挥一些特殊作用。非公有制经济将是国民经济发展强劲稳定的动力。改革开放以来，非公有制经济的平均增长率远远超过国有经济和集体经济的增长率，对40年来的经济增长起到了很大的作用。尤其是在亚洲金融危机后我国经济相对困难的几年里，非公有制经济对国民经济发展的推动作用是明显的。由于国有经济布局的调整将会持续相当长一段时期，非公有制经济将会成为国民经济强劲稳定的发展动力。40年的改革发展证明，大力发展非公有制经济具有不可替代的积极作用:有利于充分发掘和动员我国庞大的民间生产资源,包括人力、财力、物力、土地、技术、知识等,用于发展生产、促进经济增长;有利于拓宽就业门路,吸纳大量劳动力就业;有利于增加劳动者的收入和国家财政收入;有利于满足人民群众多样化的物质文化需求,方便人民生活;有利于高新技术产业和文化产业发展,更有效地推动知识创新;有利于调动人民群众创业的积极性,使广大人民群众的聪明才智得到充分发挥。改革开放以来,非公有制经济在增强就业、促进竞争、搞活市场等方面起到了十分重要的作用。就全国来看,2016 年 185. 5 万个非公有制企业已建立党组织,占非公有制企业总数的 67. 9%。总体上说,非公有制经济作为社会主义市场经济的重要组成部分得到快速发展,为促进经济增长、优化经济结构、增加财政收入、扩大就业、繁荣城乡经济作出了突出贡献。因此,必须始终坚持“两个毫不动摇”原则,为建设社会主义和谐社会奠定扎实的经济基础。

二、非公有制经济在平等竞争的市场上释放活力

尽管非公有制经济在促进经济发展、增加居民收入、安置就业等诸多方面功不可没,但是,个体私营经济发展仍然面临着许多问题。第一,整体竞争力不强。表现在:一是非公有制经济主要是以中小企业为主,企业规模不大;二是非公有制经济主要以家族企业为主,转型升级受限制;三是非公有制经济发展方式比较粗放,产品附加值低。第二,面临几大突出困难。表现在:一是融资困难,资金不足;二是“明税”有降,“暗费”难减,隐性负担较重;三是经营成本上升,利润下降;四是产业调整滞后,部分行业产能严重过剩;五是人才匮乏与创新不足,自身经营管理机制不完善。这些问题严重制约了非公有制经济的进一步发展,必须在推进非公有制经济进一步发展中加以解决。

党的十八届三中全会《中共中央关于全面深化改革若干重大问题的决定》(以下简称《决定》)提出,要激发非公有制经济活力和创造力。习近平总书记强调,非公有制经济在我国经济社会发展中的地位和作用没有变,我们毫不动摇鼓励、支持、引导非公有制经济发展的方针政策没有

变，我们致力于为非公有制经济发展营造良好环境和提供更多机会的方针政策没有变。这些表明了我们党和政府支持非公有制经济发展的坚定决心，明确了支持非公有制经济发展的方向和重点。非公有制经济发展面临巨大的机遇。

必须降低市场的准入门槛，扩大市场准入的空间，为非公有制经济的发展营造一个相对公平和稳定的社会环境。党的十八大强调权利公平、机会公平、规则公平，体现了对各种市场主体的一视同仁，同等对待。权利、机会、规则公平是社会主义市场经济健康运行的三个关键，也是促进非公有制经济健康发展的重要条件。《决定》还提出，“消除各种隐性壁垒”，实行统一的市场准入制度。在制定负面清单基础上，各类市场主体可依法平等进入清单之外的领域，实施“非禁即入”“法无禁止皆可为”，消除非公有制经济发展的制度障碍，并且落实到实际操作层面，打破“玻璃门”“弹簧门”“旋转门”现象。根据“打破垄断、促进竞争、重塑监管”的垄断行业改革原则，鼓励民营资本进入垄断行业。鼓励国有企业和民营企业之间，根据产业和资本的关联性进行股权置换和交叉持股。拓展非公有制经济发展的空间，增强非公有制经济的生机与活力。

必须构筑非公有制经济发展的财产权制度基础。党的十八届三中全会《决定》强调“两个不可侵犯”，即公有制经济财产权不可侵犯、非公有制经济财产权同样不可侵犯。财产权是所有制的核心，是个体、私营企业等非公有制经济发展的物质基础，只有完善财产权保护制度，才能促使非公有制经济真正走上持续发展之路。过去我们对非公有制经济的地位和产权没有给予足够的认识，这次第一次从产权保护的角度写入中央决定，从政策和法律角度清晰界定了非公有制经济对于财产所有权给予合理的保护和承认，具有重大意义，有利于改善非公有制企业发展制度环境，增强非公有制企业创新创业的动力。长期以来，非公有制企业家对自己的财产安全总有担忧之心，出现“大富不安”和大规模投资移民的现象，在相当程度上是缘于经常发生的非公有制经济合法财产受侵犯的现象。“两个不可侵犯”可以说给企业家吃了“定心丸”。

必须增强非公有制经济的科技创新能力，增强产业调整力度，推动民营经济转型升级。党的十八届三中全会《决定》提出，健全技术创新市场导向机制，激发中小企业创新活力。以中小企业为主体的民营企业，要用好用足经济发展新常态下政府对企业技改方面的支持性政策，努力加大研发投入，提高企业产品的技术含量，培育自身的核心竞争力。在兼顾企业现有产品市场份额的同时，必须从企业发展战略的高度重新调整企业在整个价值链中的定位，通过自主研发、资本运作、战略联盟等方式努力向价值链的高端即研发和营销延伸，为企业争取更大的利润空间。要不断发挥市场的调节作用，持续推进企业的节能降耗工程的建设，依据循环经济和低碳经济的内在要求，切实达到集约化生产、销售的目标。要密切关注国家和地区产业发展导向，加快技术改造，优先发展生态绿色产业，从传统产业中有序退出，推动民营企业由传统的“投资驱动型”向“创新—创意驱动型”转型，力争在国家所确定的战略性新兴行业中抢占制高点，为未来的竞争提早储备技术和人才。

必须建立新型政商关系。概括起来，新型政商关系的核心就是“亲”“清”两个字，推动政商关系在界限分明、关系清白、公开透明、依法依规的轨道上密切互动、良性互动。对待民营企业，要基于对国家发展和人民福祉的责任感同企业家真诚交往、清白交往，真正帮助企业解决实际困难，支持民营经济发展，努力营造有利于非公有制经济发展的政策环境、法治环境、市场环境、社会环境。许多民营企业家是成功人士、社会公众人物，自身的修养、思想建设要不断加强、不断提高，这是社会各界的共同愿望和要求，也与中国传统文化要求相一致。民营企业家在经营上要守法廉洁，靠勤劳努力、聪明才智致富，更好地在社会上起到公众人物的表率和模范作用。同时，在个人生活中要俭朴，和普通群众要有更多的共同语言、更多的联系和接触，让老百姓感到企业家生活方式非常健康，符合社会主义核心价值观的要求。

广大非公有制经济人士要准确把握我国经济发展大势，提振发展信心，提升自身综合素质，完善企业经营管理制度，激发企业家精神，发挥企业家才能，增强企业内在活力和创造力，推动企业不断取得更新更好发展。

第四节　混合所有制经济是基本经济制度的实现形式

混合所有制经济是基本经济制度的实现形式。发展混合所有制经济,就是要强调公有制经济、非公有制经济“两条腿”走路,才能行稳致远。深化国有企业改革,做强做优做大国有企业和国有资本,发展混合所有制经济,培育具有全球竞争力的世界一流企业。

一、社会主义市场经济条件下混合所有制发展

改革开放的实践表明,只有把公有产权制度的实现形式在理论和实践两个层面加以解决,才能真正推动中国特色社会主义经济的发展。混合所有制是社会主义初级阶段基本经济制度的有效实现形式。

混合所有制最早是由西方国家提出的,主要是指企业股权的混合状态,即各种所有制经济融为一体,形成以股份制为主要形式的混合所有制形式。美国著名经济学家加尔布雷斯早就预言过,我们将迎来一个混合经济时代。混合所有制是现代市场经济发展的必然要求,同时又反过来推动市场经济更大的发展。混合所有制已成为市场经济国家企业非常重要的组织形式。

党的十八届三中全会通过的《决定》再次提出发展混合所有制经济,强调国有资本、集体资本、非公有资本等交叉持股、相互融合的混合所有制经济,是基本经济制度的重要实现形式。并且提出“三个允许”,即允许更多国有经济和其他所有制经济发展成为混合所有制经济;允许非国有资本参股国有资本投资项目;允许混合所有制经济实行企业员工持股,形成资本所有者和劳动者利益共同体。这对于新时期进一步巩固和完善社会主义基本经济制度,对于保证市场在资源配置中发挥决定性作用,对于充分激发一切积极因素推动社会财富创造,对于进一步调整理顺社会利益关系,都有着非常重要的指导意义。

经过 40 年的改革开放,从“公有制为主体、多种所有制共同发展”到

"混合所有制作为基本经济制度的重要实现形式",是社会主义初级阶段基本经济制度不断发展和完善的体现。混合所有制经济突破单个所有制企业的范围实现了资源的优化配置。混合所有制经济不仅通过多元化投资、规模经营、高效的资本运作等提高了企业的经济效益和竞争能力,推动企业完善现代企业制度。

混合所有制把公有制和非公有制结合起来,既包含了公有制经济,也包含了非公有制经济。发展混合所有制经济,能够找到适应生产力发展的要求、符合客观社会经济现实的基本经济制度的实现形式。发展混合所有制经济,能够解决公有产权制度的运行机制问题,实现资源配置的新的制度安排,提高资源配置效率,激发经济运行的活力,实现经济增长的速度与效益结合。发展混合所有制经济,能够借助新的产权配置结构和企业运作形式,利用市场机制发展社会生产力,在社会主义混合所有制条件下取得经济发展的巨大成就,实现国民经济的快速发展。发展混合所有制经济,有利于形成规范的现代企业制度,实现企业运营的高效益。

混合所有制形成了一种更能适应和推动现代市场经济发展的新型生产力功能。一是进一步提高效率。国资民资混合,将民营企业机制引入到国有企业机制中,二者合作,互相学习,互相激励,产生"杂交优势",有利于效率和社会福利水平的提高。二是有利于体现公平正义。鼓励非公有制企业参与国有企业改革,鼓励发展非公有资本控股的混合所有制企业,在投资核准、融资服务、财税政策、土地使用、对外贸易和经济技术合作等方面,一视同仁,实行同等待遇,既解决了民营资本的出路问题,又解决了国有资本和民营资本的公平待遇问题。三是推动产权明晰。国有企业和民营企业组成混合所有制,通过股权的形式,明晰财产权利,实践中可以灵活兼并、出卖、破产,明确利益关系,有利于搞活国有资本,提高国有企业的控制能力。四是优化资源配置。能够有效实现资本的社会化,国有企业通过混合所有制的企业形式,不仅有效地利用了自有资源,而且通过参股、控股、兼并、重组等方式,放大了国有资本的效应,在更大范围内实现了资源的有效配置。

尽管在混合所有制经济中各种所有制成分之间在功能上具有互补

性,但是,由于它们各自都有所有制性质上的归属,所以相互之间无法完全替代。尽管世界各国都要发展混合所有制经济,但是中国的混合所有制经济绝不是一般意义的混合所有制经济,而是以公有制为主体的混合所有制经济。这正是我国混合所有制经济发展与西方发达国家混合所有制经济在本质上的差别。

二、发展混合所有制经济做强做优做大国有企业

作为基本经济制度的重要实现形式,混合所有制经济的发展,要把"两个毫不动摇"统一于中国社会主义现代化建设过程中。必须坚持以社会主义公有制为基础、公有制为主体。在关系国家安全和国民经济命脉的重要行业和领域采取国有独资和绝对控股,在其他重要行业和关键领域,国有资本要控制引导,做强做优做大国有经济;促进国有经济和私营经济在更大范围和领域的"我中有你,你中有我"的新局面,在二者的相互融合中实现优势互补、相互促进、共同发展,而不是彼此对立,充分发挥基本经济制度优势。

国有企业的混合所有制改革本质上就是股份制改革,混合所有制的目的不是为了混合而混合,是为了让国有企业在改革中能够增加竞争力和活力,推动国有资本做强做优做大。混合的目的是为企业打造一个符合现代企业治理的有竞争、能够培养竞争力和创新力的治理体系。加快推进国有企业特别是母公司层面的公司制股份制改革,进一步优化国有企业的股权结构,主要采取以下四种形式:第一,涉及国家安全的少数国有企业和国有资本投资公司、国有资本运营公司,可以采用国有独资的形式。第二,涉及国民经济命脉的重要行业和关键领域的国有企业,可以保持国有绝对控股。第三,涉及支柱产业、高新技术产业等行业的重要国有企业,可以保持国有相对控股。第四,国有资本不需要控制、可以由社会资本控股的国有企业,可以采取国有参股的形式,或者是可以全部退出。

发展混合所有制经济,要有利于放大国有资本功能、有利于国有资本保值增值、有利于提高国有经济竞争力。这"三个有利于"价值判断标准,为国有企业的混合所有制改革制定了参照系、划定了红线、指明了方

向、确定了标准。

放大国有资本功能，就是要充分发挥国有资本的杠杆作用，扩大国有资本的控制力、支配力和影响力。一方面，在国有企业中引入非国有资本，促进国有企业的治理完善、转型升级、战略重组、结构优化，自主创新的良性发展；为非公有制经济提供符合产业政策要求、有利于转型升级的项目和机会。另一方面，发挥国有资本投资运营平台作用，鼓励国有资本进入到潜力大、成长性强，以及涉及公共服务、高科技、生态环保等重点产业领域的非国有企业，在自主创新和产业结构升级方面，发挥国有资本的引领作用。

国有资本保值增值是发展混合所有制经济、防止国有资产流失、完善管理资本为主的国有资产管理体制的客观要求。要放活国有资本，要改革国有资本授权经营体制，科学地界定国有资本所有权和经营权的边界，调整国资监管机构的权责事项，真正落实企业的法人财产权和经营自主权。要创新监管方式和手段，改变行政化的管理方式，改进考核体系和办法，促进国有资本的保值增值。同时也要牢牢守住防止国有资产流失这条红线，坚决防止国有资产流失。这意味着国有资产管理职能从过去注重企业日常经营，向注重资本安全性、功能性、流动性、赢利性和持续增值性方向的转变。要提高国有资本运营效率，做好增量，盘活存量，优化国有资本布局，坚持有进有退，有所为有所不为，按照国家战略的要求，推动国有资本更多地向关系国家安全、国民经济命脉，以及国计民生的重要行业和关键领域集中，向战略性、前瞻性产业集中，向优势企业集中。不仅要做强做优做大国有企业，也要做强做优做大国有资本。

提高国有经济竞争力，就是要进一步优化国有资本布局结构，向重要行业、关键领域、前瞻性战略行业集中；以供给侧结构性改革、“一带一路”倡议为契机，化解过剩产能，淘汰落后产能，加速转型升级，占领高端市场；在更多重点领域掌握关键核心技术，迈向全球价值链的中高端，培育具有全球竞争力的世界一流企业；扩大国有企业对稳定和发展国民经济的贡献；加强党的领导。

发展混合所有制经济，要有利于各种所有制资本取长补短、相互促进、共同发展。这个标准是通过混合所有制经济,实现国有企业和私有企业的资源整合,放大国有资本效应,发挥和释放基本经济制度优势,把混合所有制经济变成国家竞争力优势。要充分利用国有企业和私有企业在发展定位、功能、资本属性上的差异,通过发展混合所有制经济,将国有企业的资本等优势和私有企业的机制灵活优势有机结合,形成在治理机制、资产效益、产业创新等方面协同互补的新的竞争力。具体包括:以发展混合所有制经济,完善国有企业和私有企业的现代企业制度和治理结构,构建和谐劳动关系,建立社会主义新型政商关系,促进非公有制经济及企业家的健康成长,更好地体现基本经济制度的要求。推动资源整合,放大国有资本效应,释放产业创新的互补优势。国有企业主要在关系国家安全、国民经济命脉的重要行业和关键领域、基础性和前瞻性、战略性产业领域具有竞争和创新优势。私有企业主要在一般竞争性领域,在满足市场多样化需求方面更具竞争和创新优势。发展混合所有制经济能更好地整合两种优势。

以发展混合所有制经济提高我国国家竞争力。在跨国公司主导全球价值链的国际竞争体系下,要贯彻实施"走出去""一带一路"发展战略,必须发挥混合所有制经济的国家竞争力优势,国有企业和私有企业联合出海,形成一批在国际资源配置中占据主导地位、在全球行业发展中起到引领作用、在全球产业发展中有话语权和影响力的中国企业。

发展混合所有制经济是涉及产权层面的深层次改革,是一场直接关系多方面经济利益的深刻革命,是经济利益格局的重新大调整,所以是一项复杂的系统工程。发展混合所有制企业不能刮一股风,不能搞急于求成地通过"时间表""指标任务书"等方式推进,更不应该"处处点火""时时冒烟",将改革变成一场运动。要防止"穿新鞋走老路"和"正经歪着念"。因此,必须根据轻重缓急、先易后难的原则,有计划、分步骤地稳步推进。看得清楚、有把握的就早一点进行,看不清楚、有争议的可以先探讨或进行试点。只有这样才能有效避免国有资产流失造成的损失;而且要摒弃"国进民退"或"国退民进"的争论,实现国有企业与民营企业的携手共进、深度合作,通过混合所有制改革达到"国民共进"。

思考题

1. 我国社会主义初级阶段基本经济制度理论是如何演进的?

2. 在我国为什么要坚持公有制的主体地位和国有经济的主导作用?

3. “两个毫不动摇”的基本内容是什么?为什么要坚持“两个毫不动摇”?

4. 为什么说非公有制经济是社会主义市场经济的重要组成部分?怎样鼓励、支持非公有制经济健康发展?

5. 发展混合所有制经济的基本标准是什么?为什么要坚持这样的标准?

第六章　社会主义市场经济体制

研究我国改革开放的轨迹可以发现，每一次重大改革都是市场经济理论取得重大突破以后产生的，而且每一次重大突破的改革取向都是调整和优化政府和市场的关系。1979 年，邓小平同志指出："说市场经济只存在于资本主义社会，只有资本主义的市场经济，这肯定是不正确的。社会主义为什么不可以搞市场经济，这个不能说是资本主义。我们是计划经济为主，也结合市场经济，但这是社会主义的市场经济。"①1992 年年初，邓小平同志在南方谈话时进一步指出："计划多一点还是市场多一点，不是社会主义与资本主义的本质区别。计划经济不等于社会主义，资本主义也有计划；市场经济不等于资本主义，社会主义也有市场。计划和市场都是经济手段。"②这一精辟论述，为形成社会主义市场经济理论奠定了坚实基础。进入新时代后，我国进入了加快完善社会主义市场经济阶段。

第一节　社会主义基本经济制度和市场经济的结合

市场经济作为一种资源配置方式，总是在某个国度内与一定的社会基本经济制度结合起来，形成具体的、现实的市场经济体制。社会主义市场经济体制是我国社会主义基本经济制度同市场经济相结合的产物。而

① 《邓小平文选》第二卷，人民出版社 1994 年版，第 236 页。

② 《邓小平文选》第三卷，人民出版社 1993 年版，第 373 页。

如何将我国社会主义基本经济制度与市场经济有机结合起来，是我国多年来一直在理论和实践上积极探索的一个带有全局性、方向性的重大问题。

一、市场经济是商品经济发展到一定阶段的经济形态

所谓市场经济，就是由市场来决定整个社会的资源配置、生产经营活动的一种经济形式，是由市场来调节整个社会的生产、交换、分配、消费的全部经济活动。对于市场经济，可以从两个不同的视角来理解。

1. 作为资源配置方式的市场经济

市场经济是以商品经济为基础的。没有商品经济，也就没有市场经济；没有商品经济的充分发展，也就没有市场经济的充分发展。可以说，市场经济是商品经济发展到一定阶段的产物。

市场经济是商品经济发展的高级阶段，关于商品经济的基本规定适用于市场经济，但市场经济是商品经济的一种高度发展了的形态。生产资料和劳动力等生产要素能够在全社会范围内自由流动，市场机制不是在局部范围，而是在全社会对资源配置起决定性调节作用。

市场经济虽然是在商品经济发展到资本主义社会时才产生的，但它不是资本主义制度所特有的。在社会主义社会，只要整个社会的生产和交换仍然具有商品经济的属性，市场经济就仍然可以成为资源配置的方式。

资源配置要解决的是，人们如何有效地把资源配置到各个部门，解决生产什么、生产多少、怎样生产和为谁生产等基本经济问题。在当今世界上，资源配置主要有两种方式。

一种是计划经济方式，计划经济是指由政府通过计划渠道配置资源的方式。其机制是：由政府通过计划来安排企业生产什么、生产多少、怎样生产和为谁生产。过去，我们试图用无所不包的计划来安排全社会的生产，并且以指令性计划的形式下达到各个企业，其结果是牺牲了资源配置的效率，也没有真正实现国民经济的有计划发展。

一种是市场经济方式，市场经济是指市场机制调节资源配置。在这

里,生产什么、生产多少、怎样生产和为谁生产由企业自主决策,但企业决策面对的市场有相互联系的三个方面:一是消费者主权;二是充分竞争;三是市场价格起着供求晴雨表的作用。这样,企业的自主决策只受市场调节。

市场经济配置资源的效率,主要体现在市场能够比较有效地解决资源配置的基本问题,也即能解决如下三个问题:第一,生产什么和生产多少取决于消费者的货币选票。只有在这种消费者是上帝的场合,生产者才能真正提供社会所需要的产品。第二,怎样生产取决于不同生产者之间的竞争,竞争会使劳动生产率最高的生产方法和技术得到使用。第三,为谁生产即生产成果在各类生产要素所有者之间的分配,取决于市场上由各类要素的供求关系调节的要素价格。只要在市场上形成的工资率、利息、利润、地租准确地反映各种生产要素的稀缺性,并能调节要素的供求,各类要素便能得到有效的配置。

市场调节资源配置的必要性主要在于三个方面:一是动力系统在生产者有自身利益的条件下,只有坚持等价交换的市场机制才是商品生产者能够接受的资源配置方式。而且,市场经济的竞争压力,可以转化为市场参与者提高效率的内在动力。二是决策系统,面对千变万化的市场供求,经济决策权分散于直接从事生产经营和消费活动的经济主体手中,更为灵活和有效。三是信息系统,市场经济是通过价格信号在经济主体间横向传递经济信息的,横向传导市场信息能迅速得到市场反馈,企业能迅速对市场供求变化作出反应。

2. 作为经济体制的市场经济

市场机制对资源配置起决定性调节作用,是由相应的经济体制来保证的,这种经济体制就是市场经济体制。

当今世界上市场经济体制的模式有很多,各个模式又有所差别。根据市场经济国家对经济的干预手段的不同、干预方式的选择、干预范围的大小等,可以将市场经济体制分为:美国的垄断企业为主导的市场经济体制、法国的指导性计划市场经济体制、日本的政府导向型市场经济体制、德国的社会市场经济体制、中国的社会主义市场经济体制等。各国市场经济体制的不同模式与各自的社会生产力发展水平、社会历史文化传统，特别是社会经济制度的不同性质相关，同时也反映市场经济本身的成熟程度。但是，不论市场经济体制的差别有多大，都存在市场经济体制的共性或一般性，否则，它们就不能称为市场经济体制。

根据马克思关于市场的论述及市场经济体制的现实运行，对市场经济体制的基本要素可作如下规定：

第一，自由交换基础上的契约经济。所谓契约是指平等的市场主体之间签订的合约。所谓自由是指商品的交换只取决于买者和卖者自己的自由意志。打破了各种商品交换和要素流动的体制障碍，可以自由流动。市场参与者自主决策、自由选择。“他们是作为自由的、在法律上平等的人缔结契约的。契约是他们的意志借以得到共同的法律表现的最后结果。”[①]显然，市场经济是建立在自由交换基础上的契约经济。

第二，等价交换基础上的平等。所谓平等，是指买卖双方彼此只是作为商品所有者发生关系，用等价物交换等价物。在市场经济条件下，各个经济主体是平等的利益主体，不存在任何人身依附关系，只有等价交换才是各个利益主体所能接受的。市场上竞争是公平的，只承认竞争的权威，不承认任何别的权威。

第三，所有权的保护和实现。所谓所有权，是指每个市场参与者都只能支配自己的东西。在商品交换中，“他们必须彼此承认对方是私有者。这种具有契约形式的（不管这种契约是不是用法律固定下来的）法的关系，是一种反映着经济关系的意志关系”[②]。在市场经济中最为重要的制度安排是明晰产权关系，并要求通过契约关系保证所有权。

第四，“看不见的手”的作用。市场经济中进入市场的参与者具有利己心，每人都追求自己的利益。市场这只“看不见的手”的作用是调节每个参与者，“大家都是在事物的前定和谐下，或者说，在全能的神的保佑下，完成着互惠互利、共同有益、全体有利的事业”[③]。市场经济在发展中

① 《马克思恩格斯选集》第2卷，人民出版社2012年版，第168页。

② 《马克思恩格斯选集》第2卷，人民出版社2012年版，第128页。

③ 《马克思恩格斯选集》第2卷，人民出版社2012年版，第168页。

建立起了各种规范，包括竞争规范和定价规范，各类投机性市场更有行为规范进行约束，这些制度安排保证了市场机制的有序运行。

市场经济作为资源配置的方式，是全社会资源配置的决定性调节机制。这种资源配置的方式是由市场经济体制来保证的。社会主义市场经济既要让市场在资源配置中起决定性作用，又要建立一种让市场配置资源决定性作用能够发挥出来的市场经济体制。

二、在改革中实现社会主义基本经济制度与市场经济的结合

社会主义同市场经济能否结合一直是有争议的世界性问题。西方经济理论认为，市场经济的基础是私有制经济，只有私有制经济才能与市场经济相结合，公有制经济是不可能同市场经济相结合。然而，我国改革开放以来的实践已经证明，社会主义与市场经济之间不是对立的，经过市场化改革，社会主义基本经济制度同市场经济是可以结合的。

1. 社会主义基本经济制度与市场经济有机结合的必然性

社会主义初级阶段的基本经济制度明确公有制为主体、多种所有制经济共同发展，表明各种非公有制经济之间、非公有制经济与公有制经济之间存在不同所有者之间的市场关系。

改革开放后，不断发展起来的多种非公有制经济，其本身就是市场经济。2015 年 5 月，习近平总书记指出："社会主义基本制度和市场经济有机结合、公有制经济和非公有制经济共同发展，是我们党推动解放和发展社会生产力的伟大创举。目前，非公有制经济组织数量已经占到市场主体的百分之九十左右，创造的国内生产总值超过百分之六十。"①非公有制经济的充分发展，培育出了越来越多的市场主体，从而为市场经济的建立和市场配置资源决定性作用的发挥厚植了坚实的基础。另一方面，非公有制经济与公有制经济并存并相互之间发生交换关系，使得公有制企业也成为了市场主体。这样的结果便是，包含公有资本的混合所有制企

① 《十八大以来重要文献选编》(中)，中央文献出版社 2016 年版，第 559 页。

业同市场经济结合就具备了完全的条件。

即使在全民所有制内部，由于劳动还未成为直接的社会劳动，使得不同企业之间、不同劳动者之间具有经济利益的独立性和经济利益的差别，从而决定了全民所有制企业之间及其内部都要采取市场经济形式，要通过价值、货币、商品关系来实现经济利益，从而决定了市场经济的必然存在。

市场经济这种资源配置方式是既承认个人利益，又承认社会利益。市场经济承认市场主体的独立利益，并利用市场主体对自身经济利益的追求来引导资源的流动，实现资源的优化配置。市场经济承认社会的整体利益，这种整体利益表现为社会资源的优化配置，而社会资源的优化配置是通过市场主体追逐自身收益最大化来实现的。可见，市场经济能在经济运行层次上实现私人利益和社会利益的统一。

社会主义基本经济制度和市场经济的结合有着广泛的现实必然性。一方面，我国的社会主义基本经济制度不论是在生产资料所有制还是在分配方式上都尚不完善，都需要通过更好地发展市场经济、发展生产力来逐步完善。从现实实践来看，市场经济有利于做强做优做大公有制经济。市场经济的基本机制是市场机制，有着有效分配和利用资源的功能，公有制经济可以充分利用市场机制配置资源的功能，通过市场的方式来实现优化、持续发展。另一方面，市场经济要求公有制企业成为独立经营、自负盈亏、自我积累和自我发展的独立商品生产者和经营者，成为有生机、有活力、有竞争力的真正市场主体。只有将作为我国经济主体的国有企业激活变强，我国经济的竞争能力才会真正得到提高。当国有企业成为真正市场主体后，作为企业具体承担者的劳动者，就成了有责、有权并享有相应利益的经济主体，从而能够充分发挥劳动者的积极性和创造性，推动我国经济的高效益发展。实践已经证明，国有企业可以按照现代公司制度将其改造成为真正的市场主体，参与市场竞争，不断改进效益。

社会主义的根本目的就是要解放生产力、发展生产力。只有发展生产力，才能创造出高于资本主义社会的生产力，为社会主义基本经济制度的巩固奠定物质基础;只有发展生产力,才能满足人们不断增长的物质文化需要,消灭贫穷,实现共同富裕;只有发展生产力,才能为最终过渡到共产主义创造条件。而市场经济这架极为灵巧的机器,通过众多市场主体按照一定规则进行的交易活动,能解决社会化大生产信息广泛发生和集中处理的矛盾、社会需求灵活多变和集中生产的矛盾、社会需求欲望过大和资源约束的矛盾,实现资源的优化配置,促进社会生产力的迅速发展。市场经济是社会化大生产条件下发展生产力的重要手段。发展生产力是社会主义基本经济制度和市场经济共同的内在要求。

2. 社会主义公有制在改革中实现与市场经济结合

社会主义基本经济制度与市场经济的有机结合,是在我国改革开放以后持续进行的探索—总结—再探索—再总结的实践中逐渐实现的。实践证明,与市场经济不能结合的是计划经济体制下公有制原有的实现形式,而市场经济下改革了的、发展了的公有制及其实现形式是可以实现与市场经济有机结合的。

1992 年,党的十四大明确提出了我国经济体制改革的总目标是建立社会主义市场经济体制,强调并明确提出了"社会主义市场经济体制是同社会主义基本制度结合在一起的"。1993 年,党的十四届三中全会通过的《中共中央关于建立社会主义市场经济体制若干问题的决定》,进一步描绘了市场经济体制的总体框架,强调市场经济是与社会主义基本经济制度结合在一起的,明确提出"公有制的主体地位主要体现在国家和集体所有的资产在社会总资产中占优势,国有经济控制国民经济命脉及其经济发展的主导作用等方面"。1997 年,党的十五大明确提出公有制经济不仅包括国有经济和集体经济,还包括混合所有制经济中的国有成分和集体成分;把公有制实现形式与公有制本身区别开来,提出公有制实现形式可以而且应当多样化,股份制是现代企业的一种资本组织形式,资本主义可以使用,社会主义也可以使用。2017 年,党的十九大提出"加快完善社会主义市场经济体制",进一步指出:"经济体制改革必须以完善产权制度和要素市场化配置为重点,实现产权有效激励、要素自由流动、价格反应灵活、竞争公平有序、企业优胜劣汰。”①

基于上述对社会主义公有制与市场经济相结合的认识以及相应的改革，我国的公有制企业与市场经济结合的制度性障碍已经消除，实现了同市场经济的有机结合。主要表现在以下两个方面：

第一，坚持公有制及其主体地位，而不是一成不变地固守某种具体的公有制实现形式。传统的国有制和集体所有制是公有制两种具体的组织形式与实现形式，如果把公有制和实现形式等同起来，那么，囿于已有的公有制实现形式，就会堵塞公有制经济发展的道路，不仅会制约甚至窒息公有制的优越性，而且也无法实现同市场经济的结合。在社会主义市场经济条件下，不同所有制经济成分将在绝大多数行业和绝大多数企业同时并存，财产混合所有的经济单位将成为普遍现象，单一所有制的企业将相对减少。例如，伴随着公有制经济及其实现形式的不断改革实践，股份制、股份合作制企业在我国就得到了普遍发展。

第二，政企关系改革使公有制经济越来越成为真正的市场主体。在政企关系改革中，首先要将公有制经济（尤其是国有企业）的政府职能和企业职能分开，逐渐将国有企业改造成为市场主体；其次还要进一步推进政资分开改革，也就是将行政管理同国有资产管理分开，从体制上解决国有企业作为市场主体进入市场的问题。改革开放以来，经过多年的改革调整，国有企业的市场主体地位逐渐得到确立，但要做强做优做大国有企业，还必须继续推动国有企业深化改革、提高经营管理水平。习近平总书记指出：“经过多年改革，国有企业总体上已经同市场经济相融合。同时，国有企业也积累了一些问题、存在一些弊端，需要进一步推进改革……包括国有资本加大对公益性企业的投入；国有资本继续控股经营的自然垄断行业，实行以政企分开、政资分开、特许经营、政府监管为主要内容的改革，根据不同行业特点实行网运分开、放开竞争性业务；健全协调运转、有效制衡的公司法人治理结构；建立职业经理人制度，更好发挥

① 习近平：《决胜全面建成小康社会　夺取新时代中国特色社会主义伟大胜利——在中国共产党第十九次全国代表大会上的报告》，人民出版社 2017 年版，第 33 页。

企业家作用；建立长效激励约束机制，强化国有企业经营投资责任追究；探索推进国有企业财务预算等重大信息公开；国有企业要合理增加市场化选聘比例，合理确定并严格规范国有企业管理人员薪酬水平、职务待遇、职务消费、业务消费。这些举措将推动国有企业完善现代企业制度、提高经营效率、合理承担社会责任、更好发挥作用。”①

第二节　社会主义市场经济体制的基本特征

社会主义市场经济体制是社会主义基本经济制度与市场经济有机结合的经济体制，是充分发挥两者优势的新型经济体制。把发展市场经济与坚持社会主义基本制度有机结合起来，既可以充分发挥社会主义制度的优越性，又可以充分发挥市场经济在有效配置资源方面的重要作用。

一、市场对资源配置起决定性作用

我国从 1992 年党的十四大提出使市场在国家宏观调控下对资源配置起基础性作用的突破性理论，经过党的十五大、十六大、十七大直到 2013 年党的十八大，一直是我国经济体制市场化改革的指导思想。党的十八届三中全会作出《中共中央关于全面深化改革若干重大问题的决定》明确提出，经济体制改革的核心问题是处理好政府和市场的关系，并且明确提出市场对资源配置起决定性作用。这表明我国的社会主义市场经济理论又取得了突破性进展。对市场作用的新定位将成为在经济体制中处理政府作用和市场作用的新指南，使市场在资源配置中起决定性作用和更好发挥政府作用。这是社会主义市场经济理论的重大突破，预示着我国的经济体制将迎来重大的改革。这里的关键是明确“基础性”作用和“决定性”作用的内涵区别。

第一，在原来的市场的“基础性作用”定义中，实际上存在两个层次的调节，即国家调节市场、市场调节资源配置。市场在这里起基础性调节

① 《习近平谈治国理政》第一卷，外文出版社 2018 年版，第 79 页。

作用。而现在提的市场的“决定性作用”，意味着不再存在两个层次的调节，市场不再是在政府调节下发挥调节作用，而是自主地起决定性作用。

第二，原来的市场起基础性作用的初衷，是通过国家调控市场来实现宏观和政府目标，在这里市场实际上起不到决定性作用。而在市场起决定性作用时，政府所调控的不再是对资源配置起决定性作用的市场机制，而是调控影响宏观经济稳定的价格总水平、就业总水平和利率总水平。在这里，政府是在没有干预市场调节资源配置的前提下，对其产生的宏观结果进行调控。

第三，在原来的市场起基础性作用定义中，政府需要预先调控市场，并时时调控市场，而在市场起决定性作用时，宏观调控是在反映宏观经济的失业率和通货膨胀率超过上限或下限时才进行，当然不排斥必要的微调。这就给市场作用在宏观经济领域留下了很大的空间。国家宏观调控市场的本意，主要有两个方面：一是要求市场调节资源配置能够贯彻社会主义的公平目标；二是贯彻宏观经济总量平衡的目标。而实际效果呢？一方面市场难以贯彻公平目标，另一方面宏观经济依然屡屡失控。再加上国家调控市场所带有明显的主观性和有限理性缺陷，反而使市场调节资源配置受到各种干扰而达不到效率目标。面对这种政府失灵，与其达不到宏观调控市场的目标，不如放开市场作用。

经济发展就是要提高资源尤其是稀缺资源的配置效率，以尽可能少的资源投入生产出尽可能多的产品，取得尽可能大的效益。理论和实践都证明，市场配置资源是最有效率的形式。市场决定资源配置是市场经济的一般规律，市场经济本质上就是市场决定资源配置的经济。明确市场对资源配置的决定性作用，实际上是回归到了市场经济的本义。经济学不仅研究效率目标，更为重要的是研究实现效率目标的机制。无论是马克思主义政治经济学还是西方经济学，共同的结论是，在市场经济条件下，只有市场机制才能实现资源的有效配置，马克思对此的说明是：社会劳动时间在各个部门的有效分配的标准是每个部门耗费的劳动时间总量是社会必要劳动。其实现依赖于价值规律的充分作用，市场机制是价值规律的作用机制。“竞争，同供求比例的变动相适应的市场价格的波动，总是力图把耗费在每一种商品上的劳动的总量归结到这个标准上来。"①西方经济学对此的说明是福利经济学的定律，即：每一个竞争性经济都具有帕累托效率，每一种具有帕累托效率的资源配置都可以通过市场机制实现。市场按效率原则竞争性地配置资源，能促使资源流向效率高的地区、部门和企业。我国经济已经过了依靠资源投入的阶段，资源和环境供给不可持续问题已经非常突出，确确实实到了向效率要资源的阶段，因此，将资源配置的重任交给市场就显得更为迫切。

市场决定资源配置指的是以市场价格、市场竞争和市场规则决定资源配置。市场决定资源配置有两大功能：一是优胜劣汰的选择机制；二是奖惩分明的激励机制。市场配置资源的基本含义是依据市场规则、市场价格、市场竞争配置资源，实现效益最大化和效率最优化。其现实表现是市场决定生产什么、怎样生产、为谁生产。前提是消费者主权、机会均等、自由竞争、自由企业经营、资源自由流动。显然，转向市场决定资源配置的体制和机制会牵动一系列的改革。

市场决定资源配置突出的是市场的自主性。这种自主性不仅表现为市场自主地决定资源配置的方向，同时也表现为市场调节信号即市场价格也是自主地在市场上形成，不受政府的不当干预。马克思主义政治经济学明确规定：价格只有在竞争性的市场上形成，才能形成准确反映市场供求的价格体系，才能反映价值规律的要求。当年马克思就指出，市场上"不承认任何别的权威，只承认竞争的权威"②。因此，政府就没有必要再直接定价。改革以来，竞争性领域价格基本上已经放开，由市场定价。现在需要进一步推进水、石油、天然气、电力、交通、电信等垄断性领域的价格改革。经济学的一般理论都指出，垄断严重削弱市场的活力，从而降低资源配置的效率。垄断价格、垄断收入以及垄断部门的服务质量问题，本质上都是体制问题。根据政府规制理论，自然垄断部门不是所有环节都需要政府规制，其中作为网络型自然垄断环节的前向和后向环节都可以

---

① 《马克思恩格斯选集》第 2 卷，人民出版社 2012 年版，第 491 页。

② 《马克思恩格斯文集》第 5 卷，人民出版社 2009 年版，第 412 页。

作为竞争性环节，其价格应该放开，在市场上形成。政府定价范围就主要限定在重要公用事业、公益性服务、网络型自然垄断环节。凡是能由市场形成价格的都交给市场，政府不进行不当干预。这样，市场价格信号就更为准确，市场调节范围就更为广泛，而且市场价格形成不只是指商品价格，还涉及各种生产要素的价格体系。按照上述市场要求，作为市场调节信号的价格、利率和汇率都应该在市场上形成，反映市场对各种要素的供求关系。

二、更好发挥政府作用

在社会主义市场经济体制中，市场决定资源配置和更好发挥政府作用是个整体，二者是有机统一的，不是相互否定的，不能把二者割裂开来、对立起来，既不能用市场在资源配置中起决定性作用取代甚至否定政府作用，也不能用更好发挥政府作用取代甚至否定市场在资源配置中起决定性作用，而是要把市场和政府两方面的优势都发挥好，既要“有效的市场”，也要“有为的政府”，实现两者的最优结合。对社会主义市场经济中市场与政府的关系，习近平总书记指出：“在市场作用和政府作用的问题上，要讲辩证法、两点论，‘看不见的手’和‘看得见的手’都要用好，努力形成市场作用和政府作用有机统一、相互补充、相互协调、相互促进的格局，推动经济社会持续健康发展。”①

1. 分清政府和市场作用的边界

市场在资源配置中起决定性作用而不是起全部作用。在资本主义社会里，由于资产阶级政府奉行自由放任的经济政策，市场在资源配置方面实际上发挥着全部作用，以致资本主义社会总是不可避免地出现周期性的经济危机，造成社会资源的极大浪费。“我国实行的是社会主义市场经济体制，我们仍然要坚持发挥我国社会主义制度的优越性、发挥党和政府的积极作用。市场在资源配置中起决定性作用，并不是起全部作

① 《习近平谈治国理政》第一卷，外文出版社 2018 年版，第 116 页。

用。"[①]确定市场在资源配置中起决定作用后，更好发挥政府作用，就是，一方面政府要保证市场机制对市场资源配置的决定作用，另一方面还要保证由其配置的公共资源得到合理配置。政府要为实现这两个作用服务。政府在市场上的定位，"实质上要解决的是政府应该做什么、不应该做什么，重点是政府、市场、社会的关系，即哪些事应该由市场、社会、政府各自分担，哪些事应该由三者共同承担"[②]。市场确实是要在资源配置中起决定性作用，但并不是起全部作用，政府必须在市场不起决定性作用的领域有所为，例如提供公共品是任何政府都应当承担的责任。在市场化改革中，一些地方市场化过度，卖学校、卖医院，把本该由政府承担的责任都交给了市场，造成广大居民需要的基本公共服务得不到满足。这表明，私人企业进入教育、医疗等领域提供市场化服务只能是补充，绝不能代替政府提供基本公共服务和公共资源的配置。

要实现市场和政府的最优结合，就要弄清楚政府和市场的边界在哪里。一般来说，市场可以有效率运行的领域，政府就不该涉足；凡是市场机制能有效调节的经济活动，应该一律交由市场调节。但是，当市场失灵的时候，政府也该大胆介入，纠正、弥补市场的缺陷，保证经济社会平稳运行。正如西方经济学也承认存在市场失灵领域，如：收入两极分化、破坏环境的外部性、公共品、垄断之类的市场秩序等方面必须由政府介入。

一般而言，如果要从技术上确定某一领域是否需要政府的干预，则需要完成以下四个证明：证明市场在该领域无效或有缺陷；证明靠民间的自主协调无法克服这一缺陷；证明政府在该领域干预的社会成本小于社会收益的增加；证明政府干预带来的损失比市场自发解决造成的损失要小，或者政府干预的净收益多于市场自发解决的净收益。

证明市场在某一领域某一情况下的无效，是政府干预经济的第一必要条件，但不是充分条件。因为还存在着只需要政府充当协调者角色的

① 《习近平谈治国理政》第一卷，外文出版社2018年版，第77页。

② 《习近平关于全面深化改革论述摘编》，中央文献出版社2014年版，第52页。

情况，此时政府只要扮演提供信息或者提供市场主体之间交流的平台的角色，就可以用很低的成本实现市场的正常有效运转。如果这个条件也不具备，那么就要考虑政府的直接干预了。但这并不意味着就一定需要政府的干预，因为政府的干预本身未必就是经济的，也存在着政府失灵的可能，只有政府的行为是经济的，也即政府行为的收益大于成本，政府干预才是可行的，这是政府干预经济的另一个必要条件。最后，因为存在着政府干预比不干预带来了更多扭曲的情况，所以只有证明政府干预比市场机制的净收益更多，才能够确定需要政府干预。正如斯蒂格利茨所言，“市场不能达成高效率结果的事实，并不自动地意味着政府的介入就可以使事情变好”[①]。只有能够同时完成上述四个证明的政府干预才是合理的，这就是限定政府职能范围的依据。

哪些领域需要政府发挥作用，哪些领域不需要政府介入，这个范围必须事先有明确的界定。在中国改革开放的实践中，没有清晰明确的政府职能范围，没有透明的官员权力，这是政府过度干预、市场分割、投资冲动等经济问题屡禁不止的一个非常重要的原因。一方面，没有清晰界定的权力范围，给政府及其中的官员以随意干预市场的可能；另一方面，模糊的权力边界，会加大监督的困难程度。只有完成上述四个证明，明晰政府中每个单位、每个职位的权责，厘清并供给出负面清单、权力清单和责任清单，把权力关进制度的笼子里，才能够建立一个尊重市场规律的政府。

在市场机制对资源配置起决定性作用的背景下，政府的作用有进也有退。凡是能由市场形成价格的都交给市场，政府不进行不当干预。这就明确了，市场资源的配置由价格机制实现，政府不再涉及这部分资源的配置问题。政府的定价范围主要限定在重要公用事业、公益性服务、网络型自然垄断环节，即使是以前由政府管制的水、石油、天然气、电力、交通、电信等产品的价格，也要放开其中竞争性环节的价格，提高透明度，接受

① ［美］约瑟夫·斯蒂格利茨：《国家作用的重新定义》，载于［日］青木昌彦等编著：《市场的作用，国家的作用》，林家彬等译，中国发展出版社 2002 年版，第 28 页。

社会监督。再比如,政府需要减少干预行为,杜绝对微观经济主体的自由自主经济决策的干涉,还市场主体以自由。因而,要进一步简政放权,深化行政审批制度改革,最大限度地减少中央政府对微观事务的管理,市场机制能有效调节的经济活动,一律取消审批。

针对市场缺陷,需要政府有所为。即使是在市场经济经历了两三百年发展的西方资本主义国家,市场的不完全和信息的不完善也是常态,市场机制未必总能够有效运转,约束条件下的帕累托效率也是难以达到的。① 这就需要政府发挥作用,弥补缺陷,保证市场的有效运转。对我国而言,情况则又有特别之处,尤为严重的是,市场的发育并不完全。现实的市场竞争不完全、市场体系不完全、信息不完全,这种不完全的市场配置资源难以达到效率。市场秩序不是自发形成的,需要自觉建立起竞争秩序,从而形成有秩序的竞争,这就需要政府着力建设和完善市场,这就是"无形的手"要在有形的秩序中指挥。比如,面对我国社会主义市场经济体制存在的市场秩序不规范、要素市场发展滞后、市场规则不统一、竞争不充分等问题,都需要充分发挥政府的作用,加强市场的秩序建设和规则制定,保证充分的市场竞争。

所以,要让市场在资源配置中起决定性作用和更好地发挥政府作用,就要求政府既要积极主动放掉该放的权,又要认真负责管好该管的事,从"越位点"退出,把"缺位点"补上。让市场在资源配置中起决定性作用,就是要不断健全社会主义市场经济体制,着力解决市场体系不完善、政府干预过多和监管不到位问题。

2. 政府行为规则

在市场对资源配置起决定性作用后,关于政府作用,正如习近平总书记所概括的:"更好发挥政府作用,就要切实转变政府职能,深化行政体制改革,创新行政管理方式,健全宏观调控体系,加强市场活动监管,加强和优化公共服务,促进社会公平正义和社会稳定,促进共同富裕。"②

---

① [美]约瑟夫·斯蒂格利茨:《政府为什么干预经济:政府在市场经济中的角色》,郑秉文译,中国物资出版社 1998 年版,第 70 页。

② 《习近平谈治国理政》第一卷,外文出版社 2018 年版,第 118 页。

更好发挥政府作用的一个重要标志是政府行为本身也要遵守市场秩序。政府职能的错位、政府权力的滥用都会引起市场秩序的混乱。政府超越应该拥有的权限,直接介入企业的微观经营活动,就可能造成企业行为机制的扭曲。而且政府也会失灵,官僚主义、寻租、行政垄断可以说是对政府失灵的主要说明。除此以外,“由于政策制定者个人主观认知的困难也会造成政府的失灵”①。针对这些问题,政府更好发挥作用的基本路径是政府作用机制要同市场机制相衔接,政府配置公共资源同市场配置市场资源应该结合进行。

第一,在推动发展方面,政府作用不能孤立进行,需要同市场机制结合作用。现阶段的经济发展突出在两个方面:一是结构调整,二是创新驱动。经济结构尤其是产业结构调整主要依靠市场来调节。我国产业结构的突出问题是产能过剩越来越严重。市场有效配置资源的一个重要机制是优胜劣汰。只要打破地方保护,利用市场机制调节产业结构才能有效淘汰落后的和过剩的产能。但是对我们这样的发展中大国来说,经济结构的调整不能只是靠市场,产业结构的转型升级需要国家的产业政策来引导,尤其是前瞻性培育战略性新兴产业仍需要政府的引导性投资。再就创新驱动来说,市场竞争能够提供创新的压力,技术创新也需要市场导向。但市场配置的是已有资源,而创新驱动需要驱动非物质资源的创新要素,需要创造新的要素,仅仅靠市场是不能完全解决创新驱动问题的。需要国家推动创新驱动:一是国家实施重大科学创新计划;二是国家要对技术创新与知识创新两大创新系统进行集成;三是国家要对孵化新技术提供引导性投资;四是国家要建立激励创新的体制和机制。

第二,在克服市场失灵方面,政府作用要尊重市场决定的方向。市场决定资源配置必然是资源流向高效率的地区、高效率的部门和高效率的企业。坚持公平竞争的市场规则运行能够保证结果的效率,但不能保证

---

① 哈米德·豪斯赛尼:《不确定性与认证欠缺导致欠发达国家的政府失灵》,《经济社会体制比较》2004 年第 2 期。

结果的公平,由此产生的贫富分化实际上就是市场失灵的反映。[①] 社会主义市场经济的运行既有效率目标又有公平目标,政府有责任促进社会公平正义,克服这种市场失灵,以体现社会主义的要求。为了保证市场配置资源的效率,政府贯彻公平目标的作用不是同市场进入同一个层面,即不进入市场决定的资源配置领域,而是进入收入分配领域,依法规范企业初次分配行为,更多地通过再分配和主导社会保障解决公平问题。即使要协调区域发展,政府也是在不改变资源在市场决定下的流向的前提下利用自己掌握的财政资源和公共资源按公平原则进行转移支付,或者进行重大基础设施建设为吸引发达地区企业进入不发达地区创造外部条件。

第三,在提供公共服务方面,政府作用要尊重市场规律,利用市场机制。必须由政府提供的公共服务,并非都要由政府部门生产和运作,有许多方面由私人部门生产和营运更有效率。政府通过向私人部门购买服务的方式可能使公共服务更为有效、更有质量。例如,推进城乡发展一体化的重要方面是推进基本公共服务的城乡均等化,在广大的农村城镇所要提供的基本公共服务不可能都由政府包揽,也可采取购买服务等方式。筹集公共资源也是这样。城市建设的资金可以由政府为主导建立透明规范的城市建设投融资机制,其中包括地方政府通过发债等多种方式拓宽城市建设融资渠道,允许社会资本通过特许经营等方式参与城市基础设施投资和运营。再如,保护环境的政府干预行为也可利用排污收费和排污权交易之类的市场方式。

第四,在维持市场秩序方面,政府要加强社会信用体系建设。建立市场秩序必须高度重视道德规范建设,解决好市场秩序的道德基础即诚信问题。只有当交易者建立在诚信基础上,各种市场规范才能起作用。社会信用体系建设涉及两个方面:一方面是制度性信用,即通过各种法定的

---

① 斯蒂格利茨在其论著中指出:“已为共知的市场经济最黑暗的一面就是大量的并且日益加剧的不平等,它使得美国的社会结构和经济的可持续受到了挑战:富人变得愈富,而其他人却面临着与美国梦不相称的困苦。”参见[美]约瑟夫·斯蒂格利茨:《不平等的代价》,张子源译,机械工业出版社 2013 年版,第 3 页。

和非法定的方式建立健全征信体系，通过法律手段严厉打击欺诈等失信行为；另一方面是道德性信用，即褒扬诚信，鞭挞失信，形成全社会共同遵守道德观和价值观的氛围。这两方面相辅相成，克服机会主义行为，使诚信成为自觉的行为，也就是自觉地遵从市场秩序。

第三节　完善社会主义市场经济体制

我国社会主义市场经济体制已经建立起来，但市场经济还在发育成长过程中，社会主义市场经济体制需要在改革和发展中不断完善。正如习近平总书记所指出的："我国社会主义市场经济体制已经初步建立，但仍存在不少问题，主要是市场秩序不规范，以不正当手段谋取经济利益的现象广泛存在；生产要素市场发展滞后，要素闲置和大量有效需求得不到满足并存；市场规则不统一，部门保护主义和地方保护主义大量存在；市场竞争不充分，阻碍优胜劣汰和结构调整，等等。这些问题不解决好，完善的社会主义市场经济体制是难以形成的。"①

一、市场决定资源配置的基本条件

让市场在资源配置中起决定性作用，就是要让市场自主地发挥作用。这不仅表现为市场自主地决定资源配置的方向，同时也表现为市场调节信号即市场价格也是自主地在市场上形成，不受政府的干预。价格只有在竞争性的市场上形成，才能形成准确反映市场供求的价格体系，才能反映价值规律的要求。市场决定资源配置，就是推动资源配置依据市场规则、市场价格、市场竞争实现效益最大化和效率最优化，让企业和个人有更多活力和更大空间去发展经济、创造财富。

党的十九大报告就加快社会主义市场经济体制建设提出了经济体制改革的两大重点：一是完善产权制度；二是完善要素市场化配置的机制。具体涉及以下几方面：

① 《习近平谈治国理政》第一卷，外文出版社 2018 年版，第 76 页。

第一,有效的产权制度成为市场决定资源配置的基础性条件。它是市场秩序的基础,是保障市场主体活力的基础,也是保障市场预期的基础。有恒产者有恒心。只要产权得到有效保护,无论是公有的还是私有的,就会有良好的预期,也会有长期的市场行为。具体地说,首先,产权是市场交易的前提。根据马克思的分析,市场交易就是所有权的交易。任何商品(包括资产)只有在产权界定清楚的情况下才能进行交易,市场价格机制也才能发挥作用,资源也可能得到有效配置。其次,产权被用来界定人们在经济活动中如何受益、如何受损,以及他们之间如何进行补偿的规则。市场配置资源不只是指资源流到哪里去,还涉及资本、劳动、技术、管理、土地等要素的组合。市场调节中决定为谁生产就是指各种要素的所有者在社会总产品中凭借所有权获取的收益。各种要素的收益取决于在各自市场上的供求状况,并决定各种要素投入的组合。由此实现市场所配置的资源最有效率的组合和配置。再次,产权决定经济行为者的责任。为什么市场主体能够服从市场调节,其根本原因在于自身的产权利益与其市场行为相关。就像马克思所说,W—G 是惊险的跳跃,这个跳跃不成功,摔坏的不是商品,一定是商品所有者。现实中经济行为收益同风险相匹配,最致命的风险是产权丧失,最重要的收益是财产增值。这意味着有效的产权制度要求明晰企业资产权的归属、控制、产权收益和风险。

第二,企业成为市场的主体。市场经济的发展是建立在社会化大生产基础上的。在社会化大生产的条件下,生产不是单个人的生产,而是建立在分工协作基础上、由许多人共同进行的联合生产,这种联合生产的组织形式就是企业。在市场经济中,企业成为市场主体,即商品生产和商品交换的主体。商品经济关系的实质是不同企业之间的等价交换关系。作为市场交换主体的企业必须是自主经营、自负盈亏的独立商品生产者,生产什么、生产多少、怎样生产和为谁生产是由企业自主决定的。在社会主义社会中,与资本主义市场经济相比,在市场主体上呈现出很大的不同。资本主义市场经济主体都是私有制企业,而我国社会主义市场经济主体则因多种所有制的存在而呈现出多元化特征,既有公有制企业也有非公有制企业，它们在市场上平等竞争、共同发展。社会主义市场经济多元化市场主体的存在及其竞争，有利于形成各种所有制之间独立自主的市场竞争关系，发挥市场机制的决定性调节作用，保证市场经济的活力和效率。

第三，法制和信用成为交换关系的基础。商品交换的基本要求是交换者的权利平等。在商品交换中，"一方只有符合另一方的意志，就是说每一方只有通过双方共同一致的意志行为，才能让渡自己的商品，占有别人的商品。可见，他们必须彼此承认对方是私有者。这种具有契约形式的（不管这种契约是不是用法律固定下来的）法的关系，是一种反映着经济关系的意志关系"①。在简单商品经济中，商品交换的规模、范围和密度是有限的，因此，商品交换的秩序除了受国家法律调节外，还受到传统、习俗和道德的强烈影响。而在市场经济中，商品关系普遍化了，市场竞争无处不在，市场不仅成为资源配置的基础，而且成为支配整个社会生活的基本因素。在这种条件下，完备的法律体系和严格执法，是保障商品关系正常发展、规范市场秩序的重要基础。同时，信用的作用也不可忽视，信用可以弥补法律的不足，并为法律的有效运行提供条件。法制和信用保障了市场经济运行的有效、有序。

第四，经济的开放性。开放性是市场经济发展的必然要求。社会化大生产把各个地区和各个国家日益紧密地联系起来，使市场经济的发展不仅冲破了一国内部地区之间的界线，形成国内统一市场、统一货币、统一分工体系和统一市场秩序，而且也把各个国家、各个民族紧密地联系在一起，形成了世界性市场、世界性货币、世界性分工体系和世界性市场秩序。分工的国际化、生产的国际化、市场流通的国际化以及生产要素流动的国际化，都是现代市场经济的必然产物和基本特征。

二、统一开放的市场体系

要让市场对资源配置起决定性作用，必须要有一个完善的市场体系。

① 《马克思恩格斯选集》第 2 卷，人民出版社 2012 年版，第 128 页。

一方面，完善的市场体系是供求、竞争和价格等市场机制发挥调节作用的前提；另一方面，市场体系的发育程度是市场经济形成和发展的基础之一，它决定着市场经济的成熟程度。比较当今世界各国的市场经济不难发现，在成熟发达的市场经济中，市场体系比较完整、竞争比较充分、价格比较灵敏、统一的市场代替区域分割。而在市场经济不发达和非市场经济国家中，市场体系不全、竞争不充分、价格扭曲、市场分割，以致市场机制的作用受到很大的限制而不能很好地发挥作用。因此，建立完善的市场体系是市场经济发展的一个重要前提。

社会主义市场经济所要建立的市场体系是统一开放、竞争有序的市场体系。所谓市场体系，是指相互联系、相互补充的各级各类市场的总和。市场充分配置资源的前提，是各类生产要素和产品都进入市场，形成比较完备的市场体系。市场体系所包含的范围很广，从不同角度进行划分可以有多种分类。主要有：按交易的对象划分，市场体系包括商品市场和生产要素市场两大类；在生产要素市场中，根据生产要素的种类划分，又可分为金融市场、劳动力市场、土地市场、技术市场和信息市场等；按市场交易的具体方式划分，市场体系包括现货交易市场、远期交易市场和期货交易市场。在现实生活中，各种市场分类实际上是相互交叉的，现实中的某个市场，可能既是物质产品市场，又是批发市场，还是电子商务市场。

生产要素市场提供各类生产要素的交易。在市场经济的发展过程中，生产要素市场具有十分重要的地位。没有发达的生产要素市场，市场机制在资源配置中的决定性作用就不可能实现。这是因为，社会再生产过程实际上就是生产要素的配置过程，如果生产要素市场发育不健全，生产要素的配置就有可能被扭曲。同时，在市场经济中，企业要受生产要素市场发育的制约。只有形成完善的生产要素市场，使企业的产出面向市场，接受市场的检验和选择；而且，使其投入也面向市场，所需要的各种生产要素都从市场上获取、受市场价格与竞争机制的调节，这样，企业的经济行为才能真正受市场支配，市场机制的优胜劣汰功能才能充分发挥出来。

三、公平竞争的市场秩序和规范

市场秩序是指市场运行中必须遵循的各种行为准则和行为规范的总称，具体包括市场规则和市场管理两个方面。市场秩序是保证市场在资源配置中起决定性作用和市场有序运行的根本条件。

维护市场秩序，必须要有完善健全的市场规则。市场规则是指国家为了保证市场有序运行所制定的各种规章制度，包括法律、法规、契约和公约等。市场规则包括市场进出规则、市场竞争规则、市场交易规则和市场仲裁规则四个方面。

市场进出规则是市场主体和市场客体（即商品）进入或退出市场的行为准则与规范。具体包括：一是市场主体进入市场的资格规范。即依据规定，审查市场主体的资格与条件，允许合法的主体进入市场，拒绝不合法的主体进入市场。二是市场主体的性质规范。主要包括明确市场主体的企业性质、注册资金、经营项目及经营范围等。三是市场主体退出市场的规范。市场主体退出市场要遵守一定的程序，履行必要的手续。四是市场客体进出市场的规范。进入市场交易的商品，不仅必须是合法的商品，而且在质量、计量及包装等方面必须符合有关规定。

市场竞争规则是市场主体在市场竞争中所必须遵守的行为准则与规范。它是市场主体之间地位平等、机会均等竞争关系的制度体现，主要由三个部分组成：一是禁止不正当竞争行为。即禁止经营者采用欺骗、胁迫、利诱、诋毁以及其他违背正当竞争准则的手段，从事市场交易，损害竞争对手利益。二是禁止不公平竞争行为。即禁止经营者滥用其拥有的市场优势地位和市场权力，或两个以上经营者通过协议等方式就交易价格、销售、交易条件等方面协调一致，妨碍公平竞争，损害竞争对手利益，如强迫性交易行为、超经济强制行为等。三是禁止垄断行为。即禁止经营者通过独占、兼并、独家交易等形式来全面、长久地排斥竞争对手，独占、控制和支配市场。

市场交易规则是市场主体进行市场交易活动所必须遵守的行为准则与规范。主要内容包括：一是市场交易方式的规范，如在公开的场所进行交易,明码标价、公开竞争、以货币为媒介,禁止黑市交易和地下经济。二是市场交易行为的规范,如禁止强买强卖、缺斤少两、掺杂使假、囤积居奇、哄抬物价、牟取暴利等不法行为。

市场仲裁规则是市场仲裁机构在对市场主体之间的经济纠纷进行仲裁时必须遵守的行为准则和规范。目的是为了公平、公开、公正地解决市场主体之间的经济纠纷。仲裁规则最重要的是遵循公平原则,对发生纠纷的双方必须一视同仁,而不偏袒任何一方。

为保证市场有秩序、按规则运行,除了要建立并完善各种市场规则之外,还需要对市场进行规范化管理。市场管理包括市场管理的组织机构和市场监管体系两大部分。

市场管理的组织机构主要有三类:第一类是国家设置的专门从事市场管理的机构,其中包括政府的有关职能部门、政法系统的有关机构,如财政、税收、工商、统计、审计、银行、物价等机构。第二类是有关的技术管理机构,如计量标准、测试、质量鉴定等机构。第三类是社会性及群众性管理机构,如消费者协会、质量监督协会等民间组织机构。

市场监管体系是指对市场主体、市场客体以及市场运行进行多渠道、多手段监督管理方式的综合体,包括行政执法、行业自律、舆论监督、群众参与等多种形式。具体而言,主要有:一是法律手段,如价格法、食品法、商标法等;二是经济手段,如财政税收政策、金融政策、产业政策等;三是行政手段,是指政府职能部门对市场进行行政管理,如国家市场监督管理局对市场的监督管理、银监保监会对金融市场的监督管理等。

总的来说,要素的市场化配置要达到整体的效率目标,关键在于市场整体有效。市场有效的关键在于市场秩序和规范。我国的市场经济由计划经济转型而来,市场发育程度低,市场体系和市场秩序的混乱现象更为严重,难以实现市场配置资源的有效性。因此需要推进以市场整体有效为目标的市场秩序和规范建设。其中包括:建立法治化的营商环境,降低市场交易成本;基于信息不完全,建立克服机会主义行为的体制机制;建立统一开放竞争有序的市场等。所有这些都是当前加快完善社会主义市场经济体制的内容。

思考题

1. 什么是市场经济？市场经济有哪些要求？

2. 什么是社会主义市场经济？为什么说市场决定资源配置和更好发挥政府作用是个整体？

3. 市场有效配置资源需要哪些条件？完善社会主义市场经济体制需要在哪些方面改革？

第七章　社会主义初级阶段基本分配制度

收入分配制度是经济社会发展中的一项基础性制度安排，是社会主义市场经济的重要组成部分。社会主义初级阶段的基本经济制度是公有制为主体、多种所有制共同发展，与此相应，就有多种分配方式，但只要是公有制为主体，按劳分配就必须为主体，这是社会主义以公有制为主体在分配上的体现。本章从社会主义初级阶段基本分配制度的形成和发展出发，探讨了按劳分配的实质和实现形式；从完善按生产要素分配的体制机制出发，探讨按生产要素贡献参与分配的制度及如何建立效率与公平相统一的分配制度；从按劳分配和按要素分配的关系入手，分析如何在新时代更好地坚持按劳分配为主体。

第一节　社会主义初级阶段基本分配制度的形成

收入分配是一个社会基本经济制度的表现形式，收入分配制度和分配结构直接决定一个社会的基本利益关系及社会成员之间的利益关系。我国社会主义初级阶段实行的是以按劳分配为主体、多种分配方式并存的收入分配制度，其内涵是按劳分配和按生产要素贡献分配结合，其价值取向是实现公平和效率的统一。这一分配制度是同我国公有制为主体、多种所有制并存的所有制结构相适应的，体现了社会主义初级阶段生产关系的特征和要求，也体现了发展社会主义市场经济的客观要求。深化收入分配制度改革，对于完善社会主义基本经济制度和社会主义市场经济体制，促进我国社会经济长期稳定增长和社会利益结构的均衡，实现效率与公平的统一，有着重大的意义。

一、马克思关于收入分配理论

分配关系本质上和生产关系是同一的，是生产关系的另一面。马克思认为，“分配的结构完全决定于生产的结构，分配本身是生产的产物，不仅就对象说是如此，而且就形式说也是如此。就对象说，能分配的只是生产的成果；就形式说，参与生产的一定方式决定分配的特殊形式，决定参与分配的形式”[①]。生产形式和结构的核心是所有制形式和结构。一个社会实行什么样的分配制度，与该社会的基本经济制度相一致。

1. 按劳分配理论

马克思在《哥达纲领批判》中对未来社会的分配制度做了完整的阐述。在未来社会的第一阶段即社会主义社会，由于它是刚刚从资本主义社会中产生的，在经济、道德和精神方面都还带着它脱胎出来的那个社会的痕迹，所以，必须实行按劳分配原则。只有到了共产主义社会的高级阶段，在迫使人们奴隶般地服从分工的情形已经消失，从而脑力劳动和体力劳动的对立也随之消失后；在劳动已经不仅仅是个人谋生的手段，而且本身成了生活的第一需要之后；在随着个人的全面发展生产力也增长起来，而集体财富的一切源泉都充分涌流之后——只有这个时候，才能完全超出资产阶级法权的狭隘眼界，社会才能在自己的旗帜上写上：各尽所能、按需分配。

所谓按劳分配就是马克思在《资本论》中所说的，“劳动时间又是计量生产者在共同劳动中个人所占份额的尺度，因而也是计量生产者在共同产品的个人可消费部分所占份额的尺度”[②]。后来发表的《哥达纲领批判》又进一步指出：“每一个生产者，在作了各项扣除以后，从社会领回的，正好是他给予社会的。他给予社会的，就是他个人的劳动量。”[③]

① 《马克思恩格斯选集》第2卷，人民出版社2012年版，第695页。
② 《马克思恩格斯选集》第2卷，人民出版社2012年版，第127页。
③ 《马克思恩格斯选集》第3卷，人民出版社2012年版，第363页。

2. 要素分配理论

马克思在提出社会主义社会按劳分配原则时，也分析了各种生产要素参与收入分配的原理。根据马克思的分析，工资、利息、地租等作为社会生产过程的各种特殊因素所分得的收入的不同形式，源泉仍然是劳动创造的价值。明确生产要素参与收入分配绝不是承认非劳动的生产要素成为价值创造的要素。

劳动是创造价值的唯一源泉，但不是创造财富的唯一源泉。各种生产要素参与收入分配与其参与财富创造相关。马克思在《哥达纲领批判》中针对“劳动是财富的唯一源泉”的错误观点有一段精辟的论述，其基本内容是：“劳动不是一切财富的源泉。自然界同劳动一样也是使用价值（而物质财富就是由使用价值构成的！）的源泉。”①财富创造的要素包括是劳动、资本、土地、技术、管理等。这样，非劳动的生产要素尽管不创造价值，但参与了社会财富的创造，都对财富的增进作出了贡献。既然各种生产要素对财富创造分别作出了贡献，各种生产要素就要参与财富的分配。当然在马克思的分配理论中，参与财富创造的各个要素所分配的不是全部财富的分配，而是新创造价值的分配。他把资本家的收入、土地使用者的收入都归于剩余价值的分割，把技术在很多场合作为复杂劳动而归于劳动报酬。这样就把生产要素参与财富创造同其参与分配劳动创造的价值一致起来了。这说明生产要素参与收入分配在马克思那里同劳动价值论是相容的。

马克思认为，生产要素参与收入分配是由其要素所有权决定的。所谓要素参与分配，实际上是要素所有权在经济上的实现，也就是新生产的价值在不同要素所有者之间的分配。马克思在说明资本主义条件下的分配时就指出了在各个要素所有者之间的分配关系。这就是他说的：新创造价值，“这个价值的一部分属于或归于劳动力的所有者，另一部分属于或归于资本的所有者，第三部分属于或归于地产的所有者。因此，这就是分配的关系或形式，因为它们表示出新生产的总价值在不同生产要素的

---

① 《马克思恩格斯选集》第3卷，人民出版社2012年版，第357页。

所有者中间进行分配的关系”。[①] 显然，工资、利息、地租分别是劳动力、资本和土地所有权在经济上的实现。在马克思当时的设想中，未来社会的生产资料公有，只有劳动力是劳动者所有的，其他要素如资本、技术、管理等都是公有的。相应地就只存在按劳分配，不可能存在按其他要素分配问题。而在社会主义初级阶段，不仅劳动力属于私人所有，而且资本、技术、管理等要素都属于不同的所有者（包括私人）所有。收入分配就是各种要素的所有权的实现。为了足够地动员各种要素投入经济发展过程并迸发出创造财富的活力，就要在收入分配体制上承认要素报酬，建立生产要素参与收入分配的制度。

二、按劳分配为主体、多种分配方式并存的收入分配制度的形成

新中国成立后，我国的经济制度经历了深刻的历史变革。伴随着社会经济制度的变革，我国的收入分配制度也经历了深刻的演变和发展。

1956 年，我国社会主义改造的完成意味着基本上消灭了生产资料所有制，实行全面的生产资料公有制。与此相应，在收入分配上实行单一的按劳分配，典型形式是城市中的“八级工资制”和农村中的“工分制”。“文化大革命”中对收入分配制度的恶劣影响就是按劳分配被“四人帮”践踏，产生平均主义分配，干多干少一个样，干好干坏一个样，压抑和束缚了群众建设社会主义的积极性，造成了整个经济活动的低效率和人民群众的长期贫困。

粉碎“四人帮”后，我国思想理论界的四次关于按劳分配理论讨论会是当时重要的思想解放运动。1978 年 12 月召开党的十一届三中全会充分肯定了按劳分配理论讨论会的成果，对按劳分配理论进行了正本清源。邓小平同志在会上指出：不讲多劳多得，不重视物质利益，对少数先进分子可以，对广大群众不行，一段时间可以，长期不行。革命精神是非常宝贵的，没有革命精神就没有革命行动。但是，革命是在物质利益的基础上产生

① 《马克思恩格斯选集》第 2 卷，人民出版社 2012 年版，第 647 页。

的,如果只讲牺牲精神,不讲物质利益,那就是唯心论。① 党的十一届三中全会对按劳分配的正本清源,虽然只是在当时的公有制和计划经济框架内的突破,但它直面了体制上的低效率问题,承认物质利益和物质鼓励,反对平均主义,承认收入差别,这就为进一步推进分配体制改革打开了缺口。

社会主义初级阶段以按劳分配为主体、多种分配方式并存的收入分配制度,是伴随体制改革进入到中国特色社会主义市场经济体制确立、建设、发展过程中逐渐形成的。

我国多种收入分配方式形成的进程与多种所有制经济的发展进程是一致的。1987 年,党的十三大确认社会主义初级阶段。与此相适应,首次确认多种分配方式:社会主义初级阶段的分配方式不可能是单一的。我们必须坚持的原则是,以按劳分配为主体,其他分配方式为补充。当时所明确的多种分配方式,除了按劳分配这种主要方式和个体劳动所得,主要是指:企业发行债券筹集资金,就会出现凭债权取得利息;随着股份经济的产生,就会出现股份分红;企业经营者的收入中,包含部分风险补偿;私营企业雇佣一定数量劳动力,会给企业主带来部分非劳动收入。1992 年年初,邓小平同志肯定了市场经济。当年召开的党的十四大在确认社会主义市场经济的同时明确在分配制度上,以按劳分配为主体,其他分配方式为补充,允许属于个人的资本等生产要素参与收入分配;1997 年召开的党的十五大第一次提出允许和鼓励资本、技术等生产要素参与收入分配,并明确提出完善分配结构和分配方式。坚持按劳分配为主体、多种分配方式并存的制度。把按劳分配和按生产要素分配结合起来,这个表述与党的十四大表述的不同在于:第一,“其他分配方式为补充”改为“多种分配方式并存”。第二,对多种分配方式的内容明确为:资本、技术等生产要素参与收益分配。党的十六大报告进一步提出确立劳动、资本、技术和管理等生产要素按贡献参与分配的原则,完善按劳分配为主体、多种分配方式并存的分配制度。这一表述与过去的不同在于:第一,参与分配的生产要素更为全面,包括了劳动、资本、技术和管理等。第二,生产要素

① 《邓小平文选》第二卷,人民出版社 1994 年版,第 146 页。

参与收益分配的原则是“按贡献”。党的十七大进一步提出要坚持和完善按劳分配为主体、多种分配方式并存的分配制度，健全劳动、资本、技术、管理等生产要素按贡献参与分配的制度。

进入新时代后，我国的收入分配制度改革出现了明显的新突破。党的十八大提出完善劳动、资本、技术、管理等要素按贡献参与分配的初次分配机制，2013年11月党的十八届三中《中共中央关于全面深化改革若干重大问题的决定》根据市场对资源配置起决定性作用的新规定进一步指出，健全资本、知识、技术、管理等由要素市场决定的报酬机制，这里突出了相应的制度建设问题。这样就形成了我国社会主义初级阶段的基本分配制度。

改革开放以来，我国收入分配制度改革逐步推进，破除了传统计划经济体制下平均主义的分配方式，在坚持按劳分配为主体的基础上，允许和鼓励资本、技术、管理等要素按贡献参与分配，不断加大收入分配调节力度。经过40年的探索与实践，按劳分配为主体、多种分配方式并存的分配制度基本确立，以税收、社会保障、转移支付为主要手段的再分配调节框架初步形成，有力地推动了社会主义市场经济体制的建立。同时，收入分配领域仍存在一些亟待解决的突出问题，主要是城乡区域发展差距和居民收入分配差距依然较大，收入分配秩序不规范，隐性收入、非法收入问题比较突出，部分群众生活比较困难，宏观收入分配格局有待优化。《发展改革委、财政部、人力资源社会保障部关于深化收入分配制度改革的若干意见》指出，“深化收入分配制度改革，优化收入分配结构，构建扩大消费需求的长效机制，是加快转变经济发展方式的迫切需要；深化收入分配制度改革，切实解决一些领域分配不公问题，防止收入分配差距过大，规范收入分配秩序，是维护社会公平正义与和谐稳定的根本举措；深化收入分配制度改革，处理好劳动与资本、城市与农村、政府与市场等重大关系，推动相关领域改革向纵深发展，是完善社会主义市场经济体制的重要内容；深化收入分配制度改革，使发展成果更多更公平惠及全体人民，为逐步实现共同富裕奠定物质基础和制度基础，是体现社会主义本质的必然要求。”①

① 《十八大以来重要文献选编》上，中央文献出版社2014年版，第143页。

新时代深化收入分配制度改革，其深刻内涵表现在：一是，将完善收入分配制度的根本目标具体化为“实现发展成果由人民共享”；二是，实现该目标“必须深化收入分配制度改革”，具体来说要做到“两个同步、两个提高”，即“努力实现居民收入增长和经济发展同步、劳动报酬增长和劳动生产率提高同步，提高居民收入在国民收入分配中的比重，提高劳动报酬在初次分配中的比重”；三是，“初次分配和再分配都要兼顾效率和公平，再分配更加注重公平”，表明国家在对待效率与公平的关系上更加侧重公平；四是，首次明确“完善劳动、资本、技术、管理等要素按贡献参与分配的初次分配机制，加快健全以税收、社会保障、转移支付为主要手段的再分配调节机制”；五是，进一步鼓励居民收入多样化，强调要“拓宽居民劳动收入和财产性收入渠道”①。

第二节　坚持按劳分配为主体

分配与占有关系是社会生产关系和分配制度研究的重点。中国现行的分配制度是以按劳分配为主体、多种分配方式并存的分配制度。党的十九大报告指出，坚持按劳分配原则，完善按要素分配的体制机制，促进收入分配更合理、更有序。社会主义经济中的产品的分配方式是以按劳分配为基础的，按劳分配是社会主义公有制中个人消费品分配的基本原则，它集中体现了社会主义经济制度的本质。

一、按劳分配的实质

按劳分配是指凡是有劳动能力的人都应尽自己的能力为社会劳动，社会以劳动作为分配个人消费品的尺度，按照劳动者提供的劳动数量和质量分配个人消费品，等量劳动获取等量报酬，多劳多得，少劳少得，不劳动者不得食。在个人消费品分配领域实行按劳分配原则，是由社会主义社会的客观经济条件、我国的分配制度决定的。

① 《十八大以来重要文献选编》（上），中央文献出版社 2014 年版，第 28 页。

在社会主义初级阶段,由于公有制在所有制结构中居主体地位,在国民经济中占绝对优势,因此,与这种主体所有制相适应的分配方式,即按劳分配,也就必然成为我国现阶段分配方式的主体。另外,由于存在社会分工,劳动还是一种谋生手段,不同劳动者之间还存在体力、脑力、简单、复杂等差别,劳动者所创造的产品在做了各项社会扣除后,还必须以各自付出的劳动量为基础分配个人消费品,按劳分配所体现的经济关系对于社会主义制度具有重要意义。①

按劳分配是社会主义公有制经济中以劳动为尺度分配个人消费品(在商品经济中表现为货币收入)的分配方式。它的主要内容包括:(1)个人消费品的分配只能以劳动为尺度,而不能以生产资料的占有状况和其他条件为尺度;(2)每个劳动者应分配的收入的多少,取决于他为社会提供的劳动进行必要的扣除之后的部分,多劳多得,少劳少得;(3)随着劳动生产率的提高和生产的发展,劳动者能够分到的消费品也将增加。按劳分配执行的是一种等量劳动相交换的原则。工资是按劳分配的核心指标。从表 7-1 城镇工资数据年增加额分析,2006—2016 年,中国无论是非私营单位还是私营单位,平均工资增加额并不是一以贯之地呈逐年扩大趋势,而是呈波浪式上升,在个别年份有起伏。这说明,以工资为主要收入来源的城镇工薪阶层,其按劳分配的主体地位总体是稳固的,但增速的不确定性说明按劳分配的具体形式和结果还有改进的空间。

表 7-1 2006—2016 年城镇工资数据表

年份 \ 工资	城镇非私营单位就业人员平均工资			城镇私营单位就业人员平均工资			城镇非私营与私营单位平均工资差值(元)
	平均工资(元)	增加金额(元)	增长率(%)	平均工资(元)	增加金额(元)	增长率(%)	
2006	20856	2656	14.6	—	—	—	—
2007	24721	3865	18.5	—	—	—	—

① 杨瑞龙、陈秀山、张宇:《社会主义经济理论》,中国人民大学出版社 1999 年版,第 164 页。

续表

年份＼工资	城镇非私营单位就业人员平均工资			城镇私营单位就业人员平均工资			城镇非私营与私营单位平均工资差值(元)
	平均工资(元)	增加金额(元)	增长率(%)	平均工资(元)	增加金额(元)	增长率(%)	
2008	28898	4177	16.9	17072	—	—	11826
2009	32244	3346	11.6	18199	1277	7.0	14045
2010	36539	4295	13.3	20759	2560	14.1	15780
2011	41799	5260	14.4	24556	3797	18.3	17243
2012	46769	4970	11.9	28752	4196	17.1	18017
2013	51483	4714	10.1	32706	3954	13.8	18777
2014	56360	4877	9.5	36390	3684	11.3	19970
2015	62029	5699	10.1	39589	3199	8.8	22440
2016	67569	5540	8.9	42833	3244	8.2	24736

数据来源:http://finance.sina.com.cn/china/dfjj/2017-06-14/doc-ifyhfhrt4190591.shtml。

按劳分配作为社会主义初级阶段的基本分配原则,是由社会主义初级阶段的生产力和生产关系共同决定的。按劳分配条件下,每个人都享有按等量劳动获取等量产品的平等权利,这种权利是历史发展迄今为止最能体现广大劳动者主体地位的分配原则,按劳分配是社会主义公有制的产物,又是社会主义公有制的实现,是对剥削制度的根本否定,是历史的一大进步。这个原则对于调动劳动者的社会主义积极性、建设社会主义,有重大作用。当然由于劳动能力不同、家庭人口不同,劳动者的收入水平和生活水平实际上是不平等的,这在社会主义阶段是不可避免的。这就是列宁说的,在社会主义社会"最初只能消灭私人占有生产资料这一'不公平'现象,却不能立即消灭另一不公平现象:'按劳动'(而不是按需要)分配消费品"①。

实行按劳分配对于完善社会主义初级阶段的经济社会制度具有重要意义。一方面,按劳分配用劳动主权替代了资本主权,使劳动成为占有、分配社会产品的唯一原则,体现了公有制条件下人们占有生产资料方面

① 《列宁选集》第3卷,人民出版社2012年版,第195页。

的平等关系，从而为消灭剥削、实现共同富裕奠定了基础；另一方面，按劳分配也承认个人劳动能力的差别和分配结果的差异，承认参与分配的个人或企业之间有明确的产权、利益边界①，这就为社会主义初级阶段经济社会制度的高效运行提供了合理的激励和约束机制。

二、社会主义初级阶段按劳分配的实现形式

马克思当年设想的未来社会中，劳动者所获得的按劳分配份额是以所提供的劳动时间来计量的。为什么直接以劳动时间来计量？原因是马克思设想在未来社会中，每个人提供的劳动直接就是社会劳动。"人们同他们的劳动和劳动产品的社会关系，无论在生产上还是在分配上，都是简单明了的。"②而在现实的社会主义初级阶段，按劳分配的环境和现实方式与马克思设想有一定的距离，最为突出的是每个人提供给社会的劳动是不可能直接计算出来的，直接以"劳动时间"来计量并不符合实际。

第一，在现实的社会主义阶段，社会劳动时间还不能直接计算出来，个别劳动还不是直接的社会劳动。由于各个劳动者是在企业中提供劳动的，劳动者的劳动是企业总劳动的一个组成部分，在社会主义市场经济条件下，个别劳动要转化为社会劳动，首先要求企业的总劳动在市场上实现。在市场上通过价值规律的作用，对企业总体劳动成果进行市场评价。只有被市场承认的劳动才是社会劳动，也只有被市场承认的社会劳动才能成为按劳分配的依据。企业依据其市场收入、再依据每个职工的实际劳动贡献进行分配，形成劳动者个人的劳动报酬。由此不可避免的是，同等劳动者提供同等劳动，在不同行业、不同企业得不到同等报酬。

第二，马克思设想的未来社会消灭了商品货币，因此按劳分配的工具是劳动券。而在市场经济中，按劳分配要采取货币工资形式，劳动者用货币工资购买消费品。劳动的实际报酬水平不仅同货币工资的数量有关，而且与市场商品供求关系及价格状况有关。这样按劳分配所采取的货币

① 卫兴华、张宇：《社会主义经济理论》（第三版），高等教育出版社 2013 年版，第 133 页。

② 《马克思恩格斯选集》第 2 卷，人民出版社 2012 年版，第 127 页。

工资就有名义工资和实际工资之分。货币价值变化会导致名义工资和实际工资的偏离。

第三,按劳分配在全社会范围内并没有统一的标准。由于存在多种所有制形式,个人消费品的分配既不可能都采取按劳分配的形式,也不可能采取统一标准实现按劳分配,在不同的所有制形式下,实现不同的分配原则,在不同的公有制企业内,按劳分配也无法按统一的标准实现。

在社会主义不同发展阶段,按劳分配有不同的实现程度。在我国现阶段,按劳分配不可避免地打上社会主义初级阶段的烙印。按劳分配不可能是完全的,表现在以下三个方面:

第一,按劳分配不能完全解决同工同酬问题。在市场经济条件下,由于市场上价值规律的作用,个人提供的劳动并不一定都被市场接受或者说被社会承认,由此产生在不同行业、不同企业提供等量劳动得不到等量报酬、同工不同酬的状况。现实中存在的市场秩序的混乱还可能进一步扩大这种差距。

第二,按劳分配不能完全解决劳动效率问题。按劳分配的"劳"有多重形态,如流动形态、凝固形态和潜在形态。按劳动的流动形态即劳动时间分配,不能避免有人在劳动时间内偷懒和"搭便车",出工不出力;按劳动的凝固形态即劳动成果进行分配,虽能弥补上述缺陷,但在现实的社会化生产中不是所有劳动都可以计件的;按劳动的潜在形态即劳动能力进行分配,复杂劳动的价值可以得到正确评价,但在现实中无法克服拿高收入者与其劳动贡献不相称的状况。这说明,以任何一种劳动标准衡量劳动往往是不完全的。

第三,在集体劳动的场合不可能完全做到"各尽所能"。在社会化生产、集体劳动的条件下难以准确衡量每个劳动者的劳动贡献,也无法克服集体劳动中的偷懒现象,一个人偷懒,其他人也会跟着偷懒,导致集体劳动的低效率。上述按劳分配的不完全,表明按劳分配作为分配制度需要完善和改革。

尽管按劳分配在实现中存在不完善、不成熟的缺陷,但在社会主义社会还是要坚持这种分配方式,并在实践中不断完善。完善的路径突出的有两个方面:一是不简单地按单一标准,二是综合评价劳动者的劳动及其贡献。而是建立集体劳动单位的经济责任制,如班组责任制、车间责任制、企业承包制等。

第三节　完善按要素分配的体制机制

所谓生产要素按贡献参与分配,就是按照它们在创造产品过程中的地位、作用的大小进行分配。我国生产资料所有制形式的多样性,决定了分配形式的多样性。因此,生产要素按贡献参与分配,体现了生产和分配的有机统一,是社会主义初级阶段基本经济制度的内在要求。

一、生产要素参与收入分配的原理

生产过程是多种要素结合的过程,包括劳动、资本、土地、技术、企业家才能(管理)等要素。根据马克思的分析,生产要素参与收入分配的必要性在于以下两个方面。

第一,要素所有权在经济上的实现。如果劳动、资本、土地、技术、管理等要素还是归不同所有者所有,那么工资、地租、利息、技术和管理的报酬均是相应的要素所有权的实现。现代政治经济学中,对剩余价值(m)的分配,被视为各要素分享剩余的内容,因此,要素股权化,往往可以被视为实现生产要素参与分配的实现形式之一,其中,按股分红,是资本报酬、技术和知识产权以及企业家股权都会产生相应的收入。

第二,生产要素对财富增长的贡献。财富的创造不同于价值的创造,它需要包括劳动和各种非劳动生产要素的共同作用。就资本要素来说,包括劳动力和土地等在内的各种生产要素是被资本并入生产过程的:"资本一旦合并了形成财富的两个原始要素——劳动力和土地,它便获得了一种扩张的能力。"①再如技术要素,"劳动生产力是随着科学和技术

① 《马克思恩格斯文集》第5卷,人民出版社2009年版,第697页。

的不断进步而不断发展的"[①]。尤其是在创新驱动经济中,技术进步的作用更大。再如管理要素,"一切规模较大的直接社会劳动或共同劳动,都或多或少地需要指挥,以协调个人的活动,并执行生产总体的运动"[②]。显然,在社会主义初级阶段的收入分配体制中,充分肯定并正确估价非劳动要素的贡献,并且在具体分配形式中得到体现,本身是社会主义初级阶段的基本任务和基本经济制度的要求。

二、社会主义市场经济中生产要素参与收入分配

凡是生产,都需要劳动者与各种生产要素(包括资本、土地、管理等)结合。马克思的劳动价值论认为,劳动是创造价值的唯一源泉,但劳动并不是它所生产的使用价值即物质财富的唯一源泉,正如威廉·配第所说,劳动是财富之父,土地是财富之母。参与生产的各种要素参与生产成果的分配的必要性是由要素的所有权决定的。所谓要素参与分配,实际上是要素所有权在经济上的实现,也就是新创造的价值在不同要素所有者之间的分配。在这里承认要素参与分配合理性,也就是承认价值创造与收入分配的不是同一个过程。非劳动要素参与分配,不在于他们参与了价值的创造,而在于参与了财富的创造,因而其要素所有权需要在经济上得到实现。

1. 激励各种生产要素参与财富创造

在马克思的设想中,未来社会的生产资料公有,只有劳动力是劳动者所有的,其他要素如资金、技术、管理等都是公有的。相应的个人收入分配就只是按劳分配。在社会主义初级阶段基本经济制度中,不仅是劳动力,其他要素都属于不同的所有者。尽管其中的国有企业是公有制企业,但它相对于并存的其他国有企业,其所有的要素也有所有权的要求。因此在社会主义初级阶段,资本、技术、管理等要素都属于不同的所有者(包括私人)所有。与此相应,所要建立的收入分配制度,不仅要刺激劳

① 马克思:《资本论》第1卷,人民出版社2004年版,第698页。

② 《马克思恩格斯选集》第2卷,人民出版社2012年版,第208页。

动效率，还要刺激资本、技术、管理等要素所有者的各种要素的投入，特别是要让一切劳动、知识、技术、管理、资本的活力竞相迸发，让一切创造社会财富的源泉充分涌流。这就要在收入分配体制上承认要素所有权及其报酬，现实中根据资本、劳动、资源、技术和企业家等要素在生产过程中的投入和贡献取得相应的报酬。

在社会主义初级阶段，发展生产力的主要约束因素是资本、技术、企业家要素供给不足。单靠按劳分配不可能起到动员劳动力以外的要素的作用。生产要素参与分配实际上是激励要素投入的机制。

一是激励资本投入。在现阶段，发展经济需要足够的资本投入，有投入就要有收益。在多元投资主体组成的公司中，就有所有者权益的要求。投入资本的主体不仅有国家，还有企业和私人。就激励私人资本的投入来说，不仅已经明确有没有个人财产、有多少财产不能成为政治上先进落后的评价标准，而且要创造条件让居民得到更多的财产性收入。私人资本投入有两种类型：一类是私人直接办企业，雇佣劳动，作为私营企业主获得资本收入；另一类是居民用一部分不用于消费的收入，购买股票取得股息、购买债券取得债息，也可通过持有企业（包括私人企业）股权的途径获取资本收益。承认所有这些不同途径的资本所有权收入，并且提供不同风险和收益程度的私人投资渠道，也就提供了足够的激励私人资本投入的机制。

二是激励技术投入。技术投入不仅包括技术人员直接的研发活动，其本身属于创造价值的劳动，也包括其物化的或者信息化的知识产权及产业化的成果。因此，激励技术投入涉及两个方面：一方面技术人员直接的研发属于复杂劳动，理应得到较简单劳动更高的价值；另一方面科技人员投入的专利等创新成果的价值应该得到科学的评价。现实中科技成果的价值往往被低估，就如马克思所说的，“对脑力劳动的产物——科学的估价，总是比它的价值低得多，因为再生产科学所必要的劳动时间，同最初生产科学所需要的劳动时间是无法相比的。例如学生在一小时内就能学会的二项式定理”①。要解决这个问题，关键是建立严格的知识产权保

① 《马克思恩格斯全集》第26卷第1册，人民出版社1972年版，第377页。

护制度，保证知识产权的收入得到体现，从而在要素报酬上使技术投入和成果的产权在分配上得到体现，技术开发所付出的成本得到补偿并得到相应的收益。

三是激励经营者成为企业家。企业经营能否成功的关键取决于经营者是否成为企业家。企业家体现了管理的能力和素养。管理是一种生产要素。在马克思的劳动价值论中，管理具有两重性，除了其作为资本的管理职能外，还是参与创造价值的劳动。“一切规模较大的直接社会劳动或共同劳动，都或多或少地需要指挥，以协调个人的活动，并执行生产总体的运动……所产生的各种一般职能……这种管理、监督和调节的职能就成为资本的职能。”[①]管理所投入的不仅是直接投入的管理劳动，更重要的是管理的能力，也就是企业家的精神和能力。企业家与创新相联系，只有不断地进行产品创新、技术创新、市场创新和组织制度创新的经营者才能成为企业家。经营者要能成为企业家，除了要有充分的经营自主权外，关键是要在分配机制上承担创新的风险和收益，也就是独立的报酬。既能获得创新成功的收益，也要承担创新失败的风险。与此相关的激励机制包括经营者通过股权、年薪、期权等分配形式参与利润分享，体现经营者的管理才能及其投入，是企业家要素所有权的实现。在收入分配上鼓励管理创新，可以促进更多的经营者成为企业家。

在市场经济和多种所有制成分并存的条件下，由于各种生产要素分别属于不同的利益主体，因此要实现生产的正常运转，就必须刺激这些要素的所有者能积极、自愿地将其所拥有的生产要素投入到生产过程中去。而这就需要承认他们的所有权，并给予他们相应的收益回报；否则，是没有人会自觉自愿地无偿提供自己所拥有的生产要素的，那么生产活动也就无法正常、高效地运转。长期以来，我国经济发展的一个主要约束因素就是资金、技术、企业家要素供给不足。从某种程度上说，不是因为我们没有，而是因为过去那种单一的按劳分配方式起不到积极的动员、刺激作用，导致了本就有限的人才、技术大量外流，从而在更大程度上加剧了这

---

① 《马克思恩格斯选集》第2卷，人民出版社2012年版，第208页。

种要素的不足。因此，只有承认这些生产要素的所有权，并根据它们的贡献给予其所有者相应的、在某些情况下甚至是可以适当偏高的报酬，才能提高他们的投资积极性。这不仅能使自身大量闲置的要素得到充分、有效的利用，防止稀缺要素的流失，还能在一定程度上吸引国外一些甚至更多先进生产要素的进入，从而促进生产力的加速发展。

2. 要素市场上的供求决定要素报酬

在各种生产要素按贡献参与收入分配基础上，党的十八届三中全会又进一步指出，健全资本、知识、技术、管理等由要素市场决定的报酬机制。总结已有的表述，完整的要素报酬机制取决于三个要素：一是要素的投入；二是要素的贡献；三是要素的供求。现实的收入分配是这三个要素的综合。很显然，对要素报酬的这些规定也是从要素效率的角度提出的。

实行市场经济，就是要以市场为基础，通过竞争性的价格机制，实现对资源的优化配置。对社会生产所需的生产要素而言，就是要求它们必须进入市场，成为商品，从而通过它们的价格波动来实现自身的有效配置。当某地某种生产要素供不应求时，该要素的价格就会上涨，其所有者获得的报酬就高。只有在这种不断流动的过程中，生产要素才能按照市场要求实现有效配置。由于要素价格就是给予其所有者的报酬，因此要素价格的实现过程也就是生产要素分配的过程。一切进入市场的生产要素都有价格。这就意味着，对于它们的使用不能再像以前那样是“公有公用”、无偿使用，而是有偿的。这就在无形中促使了生产经营者在对这些生产要素进行使用时，精打细算，节约使用；同时努力提高它们的使用效率，寻求它们的最佳组合，以求以最低的生产成本实现最大的利润。这不仅大大提高了企业的生产经营效率，也有效地避免了过去那种不受约束，随意浪费资源、不合理使用资源（尤其是稀缺资源）的现象，有利于我们实现经济增长方式由粗放型向集约型的转变，有利于实现整个经济的可持续发展。同时，生产要素的有偿性使用，特别是越稀缺的生产要素，其有偿性（报酬）越高。这也促使着生产要素的所有者努力提高其要素的质量，并随时根据市场的需求将其投入到最有效的地方，以求最大限度地实现他的报酬。这就更加促使了资源的优化配置，促进了生产力的发展。

3. 要素所有者收入的形成

在马克思的分配理论中，收入分配过程涉及两个方面：一是新创造价值（$v+m$）在劳动报酬（v）和剩余价值（m）之间的分配；二是剩余价值（m）的分割，也就是劳动以外的生产要素参与m的分配。马克思在分析m的分割时不仅指出了资本和土地所有者参与分配所形成的利润和地租，还加上了利润在企业主收入和利息之间的分割。企业主收入作为执行资本职能的收入最终成为管理的收入。这样，在马克思那里就有除了劳动力以外的资本、土地、管理等要素参与收入分配的路径。马克思的这种分析方法对我们研究现阶段生产要素按贡献取得报酬有重要的指导价值。但要注意，马克思在这里用的抽象法：假定劳动者只劳动，一无所有；资产者不劳动。人们一般认为，所谓生产要素参与收入分配，指的是劳动者得到劳动报酬（v），其他要素所有者则是分享剩余价值（m）。其前提是劳动者不持有资产，其他要素所有者不是劳动者。这与社会主义初级阶段的现实是不相符的。现阶段劳动者可能有资产，包括资本和知识产权；资产者也可能通过管理参加劳动。这样，生产要素参与分配是参与整个新创造价值（$v+m$）的分配。

第一是按劳分配所取得的劳动报酬（v）。根据马克思的"总体工人"的概念，参与按劳分配的劳动投入不仅涉及直接生产过程中的劳动者的劳动，也包括不在生产现场但对生产过程起作用的技术人员、管理人员的劳动，也包括企业经营者的劳动。这样，技术和管理都可能与劳动报酬一样参与收入分配。由于技术人员和管理人员提供的是复杂劳动，因此可能有更高的报酬。

第二是分享剩余价值（m）。通常，m是资本的收入，企业的股权结构就是投入企业的资本结构。现实中，企业是各种要素的集合。m的增加，不仅有物质资本要素的作用，还有技术、管理等要素的作用。其中包括技术要素中的知识产权、管理要素中的企业家人力资本价值。技术和管理一般都有分享剩余价值的要求。路径是技术和管理要素同资本要素一起股权化，从而在股权结构上体现要素所有权，按股权结构分享剩余价值就体现要素所有权在分配上的实现。在企业股权结构以资本为单位的情况下，技术、管理分别按贡献折合为资本份额，因此形成企业股权结构中除物质资本股权外，技术股权和企业家股权，或者确定一定的比例让技术人员和管理人员出资购买股权。相应的报酬就是资本收入、技术人员收入和企业家收入。

在员工持股的背景下，需要进一步研究劳动者参与 m 的分配问题。劳动者除了通过投入劳动取得相应的报酬(v)外，还可以通过企业员工持股的方式，参与 m 的分配，从而真正形成劳动者对企业的所有者利益的激励。这就是党的十八届三中全会提出的：允许混合所有制经济实行企业员工持股，形成资本所有者和劳动者利益共同体。

4. 由市场决定要素报酬的机制及功能

在市场配置资源的条件下，各种要素的贡献还需要市场评价。所谓市场决定资源配置，不只是指市场决定资源流向哪里，还决定各种要素(资源)流向的最为有效的组合。在这里起作用的是各个要素市场上供求决定的价格，在广义的价格理论中，人们把利息率、工资和地租分别看作是使用资本、劳动力、土地等生产要素的价格，要素价格就是要素报酬。党的十八届三中全会所指出的，健全资本、知识、技术、管理等由要素市场决定的报酬机制，就是这种机制。

由市场决定的要素报酬机制主要有以下功能：

第一，要素价格分别在各自的要素市场上形成，对有效地配置和使用各种生产要素起调节作用。在市场上形成各种要素的价格，反映各种要素的市场供求关系。准确地反映各种生产要素的稀缺性，并体现在要素的报酬比例上。企业依据由市场决定的生产要素价格对投入要素进行成本和收益的比较，以最低的成本使用生产要素，要素供给者则依据要素市场价格来调整自己的供给。其效果是最稀缺的资源得到最节约的使用并且能增加有效供给，最丰裕的资源得到最充分的使用。

第二，各种要素市场对要素的评价成为要素报酬的依据。在这里起作用的是某种要素的稀缺性和优质优价，尤其是技术要素和管理要素，既可作为投入劳动给予报酬，也可能分享剩余价值。现实中，技术要素和管理要素都不是均值的,各个企业对这些要素的需求也是有差别的,相应地就会有不同的报酬。客观的评价标准只能由竞争性的要素市场提供。对技术要素,最为可靠的是技术市场对知识资本和知识产权价值的评价。对管理要素,最为可靠的是企业家市场对职业经理人所拥有的人力资本存量的评价。这些评价就会成为企业对技术和管理人员提供劳动报酬或分割剩余的市场标准。市场决定的要素报酬,不仅要依据各种要素的供求关系,还要依据各种要素贡献的质的评价,这涉及各种要素在经济增长中的权重,相应地影响收入分配的权重。在一般情况下,尤其是在资本推动型增长阶段,各种要素是被资本推动并集合进生产过程的,资本(物质资本)对经济增长起支配作用,因此分配向资本所有者倾斜。而在现代经济中,知识资本和人力资本的作用越来越大,相应地在收入分配中所占份额也会增大。在创新驱动型经济中,知识资本和人力资本比物质资本的增殖能力更强。资本增殖与其说是资本的增殖,不如说是知识资本和人力资本作用的结果。这个结论将直接影响分配的方式,收入分配明显向知识和技术要素倾斜,这种状况在科技创新和创业中更为明显。

第四节　按劳分配为主体与多种分配方式的关系

在社会主义初级阶段,由社会主义制度特征所决定,即使是多种生产要素参与收入分配,也要坚持按劳分配为主体。即使是参与收入分配的各种非劳动要素对财富创造的贡献在增大,也要保障处于生产一线的劳动者收入的增长。这是社会主义经济制度的现实体现。

一、按劳分配为主体的体现

要素参与分配,从总体上说是符合发展社会生产力这个社会主义本质要求的。由于多种要素充分发挥作用而增加了社会财富,劳动者绝对收入也较前明显增加,这也是符合劳动者利益的。

资本、劳动、技术、管理等各个要素按贡献取得参与分配,相对于单一的按劳动贡献来分配,劳动报酬的份额下降是无疑的。而且,生产要素的报酬分别在各自的生产要素市场上决定，各种要素的市场供求关系，客观地体现在要素价格比例上。在发展中国家，非劳动生产要素总是比劳动要素更为稀缺。包括劳动在内的各种生产要素按贡献和供求来进行分配，不可避免地存在储蓄能力强、技术水平高、经营能力强的劳动者，其致富能力也强。再加上这些要素的叠加，非劳动要素收入和劳动报酬的差距明显扩大。因此，提出的理论和实践问题是，如何在这种分配结构中体现按劳分配为主体。

第一，需要指出的是按劳分配的范围。按照已有的理论规定，按劳分配指的是社会主义的分配方式，就是说，只是在公有制企业中实行按劳分配。而在现有的非公有制企业中的分配关系体现的是劳资关系，劳动者收入不属于按劳分配收入，只是劳动报酬，按马克思的说法，是劳动力价值的转化形式。但是在社会主义初级阶段，即使是私营企业，也要服从于社会主义国家的制度要求，劳动者所获得的劳动报酬也应该坚持并采取按劳分配的方式。这就从按劳分配方式扩大到非公有制企业意义上说，按劳分配的范围扩大了。这是按劳分配的第一个表现。

第二，科学判断按劳分配收入的内涵和外延。在参与收入分配的要素中的劳动收入，不只是指生产一线的劳动者的收入，即直接劳动收入，参与收入分配的要素中技术和管理要素实际上也是劳动收入。根据马克思对生产劳动的定义："为了从事生产劳动，现在不一定要亲自动手；只要成为总体工人的一个器官，完成他所属的某一种职能就够了。"①马克思还把经理的薪水作为管理和监督劳动的报酬从利润中分离出来。按此定义，技术人员和管理人员的劳动都是生产劳动，属于总体的生产劳动，他们得到的收入也是劳动报酬。在生产要素参与收入分配的结构中，技术要素、管理要素的报酬是复杂劳动的报酬。如果这部分劳动报酬得到承认，就应计入劳动报酬总量。基于这种认识，按劳分配为主体就不能只是指直接劳动的收入，还应该包括技术和管理的收入。

第三，加大劳动者的人力资本投资。各尽所能不只是一般所认为的

---

① 《马克思恩格斯选集》第2卷，人民出版社2012年版，第236页。

劳动中不偷懒的问题，更是在提高劳动能力的基础上，充分发挥才智获取更高的报酬。就是说，劳动者充分发挥才智，不仅在直接劳动中各尽所能，而且充分发挥其技术、管理的专长，在财富创造中作出更大贡献，本身就是坚持按劳分配为主体。由此提出劳动者的公平性发展问题。

世界银行《2006年世界发展报告：公平与发展》提出了公平性发展的理念。其内容是：公平和追求长期富足是相辅相成的，促进公平竞争环境的制度和政策有益于促进可持续增长和发展。增加公平，在两方面有助于减少贫困：对总体的长期发展发挥潜在的有利作用，以及为任何社会的较贫困群体提供更多的机会。

现实中，劳动者的不公平发展导致的收入下降问题应该引起高度重视。马克思当时指出，按劳分配这种公平的原则对不同的个人仍然存在不公平的问题。不同的劳动者的体力和能力有差别，不同劳动者赡养的人口有差别。“因此，在提供的劳动相同，从而由社会消费基金中分得的份额相同的条件下，某一个人事实上所得到的比另一个人多些，也就比另一个人富些。”①现实中存在的不公平发展突出在两个方面：一是财产占有的不公平。二是人力资本占有的不公平。劳动者在这两个方面占有的缺失就成为收入下降的根源。解决这两方面问题就是现阶段劳动者公平性发展的实际内容。

人力资本，即马克思所定义的经过教育和培训所形成的复杂劳动。知识、技术和管理等要素都可归结为人力资本，其投入的复杂劳动就有较高的报酬。在知识、管理和技术成为参与收入分配的要素，而且在收入分配中具有较高权重的情况下，需要为居民提供平等的积累知识资本和人力资本的机会。基本途径是推进教育公平尤其是高等教育的大众化，增加对低收入人群的人力资本投资。其意义就在于克服由起点不公平造成的结果不公平。由于各个分配主体所拥有的要素差异的缩小，以及机会的公平，分配结果的差距也可能缩小。按劳分配的主体地位就进一步得到体现。

① 《马克思恩格斯选集》第3卷，人民出版社2012年版，第364页。

二、提高劳动报酬在收入分配中的比重

各种生产要素参与收入分配的体制安排,使劳动、资本、技术、管理等创造财富的活力充分迸发。但是,即便是各种非劳动生产要素对收入增加作出了较大贡献,也不能因此而降低劳动报酬在收入分配中应占的比重。这里关注的是处于生产一线的直接劳动者的报酬。

国民收入的分配包括初次分配和再次分配两大环节。初次分配是在企业中进行的,形成劳动者报酬、企业收入和国家税收三大收入。长期以来,分配理论中的一个误区是把公平和效率的实现路径相割裂,认为初次分配讲效率,再次分配讲公平;相应的分配机制是初次分配靠市场调节,再次分配靠政府调节。这样一来,在初次分配领域就没有公平可言了。在初次分配中,相对于资本所有者、企业经营者,劳动者往往处于弱势,谈判能力弱,党的十八大报告明确提出:“初次分配和再分配都要兼顾效率和公平,再分配更加注重公平。”由于生产要素参与收入分配基本上都是在初次分配领域进行的,按劳分配为主体的要求在初次分配领域就要得到体现。劳动报酬偏低的问题不能等到再分配阶段再去解决,而需要在初次分配领域建立提高劳动报酬比重的机制。

第一,要明确劳动报酬增长与劳动生产率提高同步。从表面上看,劳动报酬比重呈明显的下降趋势,同非劳动生产要素对收入增长的贡献相关,但在本质上不能忽视生产一线劳动在企业效率提高中的贡献。根据劳动价值论,“不论生产的社会的形式如何,劳动者和生产资料始终是生产的因素”①。由于技术和管理要素的作用,生产率的提高、经济结构的变革都可归结为劳动过程的组织和技术的巨大成就,最终还是要落实到劳动效率的提高。更何况企业因技术和组织的原因提高效率的同时,劳动者人数也相应减少了,因此劳动者也应公平合理地分享增长的成果,其具体表现是劳动报酬增长与劳动生产率提高同步。马克思当年揭示的资本主义对抗性分配关系的特征就在于压低劳动报酬来增加剩余价值,其

① 《马克思恩格斯选集》第2卷,人民出版社2012年版,第309页。

中包括提高的劳动生产率表现为资本的生产力而被资本家所占有。社会主义国家必须保障劳动者的权益,保护劳动所得,尤其是保护因效率提高而获取的劳动所得,从而达到党的十九大报告要求的,“坚持在经济增长的同时实现居民收入同步增长、在劳动生产率提高的同时实现劳动报酬同步提高”。因此劳动报酬占比的提高需要有法律和制度的保障,其中包括维护劳动权益的法律规范、企业内工资集体协商机制、工资正常增长机制、最低工资和工资支付保障制度等。

第二,准确评价劳动者的必要劳动范围。马克思在规定社会主义社会按劳分配的原则时有一个明确的表述,即在这个阶段,劳动还是谋生的手段。[①] 作为谋生手段,劳动报酬的增长不只是限于劳动者的劳动贡献,还应该包含体现谋生要求的内容。谋生的范围就是必要劳动的范围。正如马克思所指出的,如果把工资和剩余价值的独特的资本主义性质去掉,那么剩下的必要劳动和剩余劳动就是一切社会生产方式所共有的基础,工资体现劳动者的必要劳动。[②] 从这一意义上说,按劳分配也有按必要劳动分配的含义。根据马克思在比较国民工资时所指出的,决定工资水平的必要劳动因素包括:“自然的和历史地发展起来的首要的生活必需品的价格和范围,工人的教育费用,妇女劳动和儿童劳动的作用,劳动生产率,劳动的外延量和内涵量。”[③]而且,马克思当时特别强调,为适应大工业的技术基础,适应现代分工和劳动者劳动变换和流动性,需要加强对劳动者及其子女的教育而成为“全面发展的个人”。[④] 很显然,随着社会的进步、文化的发展,劳动者的必要劳动范围也逐渐扩大,相应的劳动报酬有增长的趋势。

三、拓宽居民财产性收入渠道

财产性收入,一般是指家庭或个人拥有的动产(如银行存款、有价证

---

① 《马克思恩格斯文集》第 1 卷,人民出版社 2009 年版,第 542 页。

② 《马克思恩格斯文集》第 7 卷,人民出版社 2009 年版,第 992 页。

③ 《马克思恩格斯选集》第 2 卷,人民出版社 2012 年版,第 250 页。

④ 《马克思恩格斯文集》第 5 卷,人民出版社 2009 年版,第 561 页。

券）和不动产（如房屋、车辆、收藏品等）所获得的收入。从财产收益分类角度看，包括出让财产使用权所获得的利息、租金、专利收入；财产营运所获得的红利收入、财产增值收益等。私人所有的财产参与收入分配所产生的收入都可以归结为财产性收入。

根据马克思的积累理论，收入差距的扩大不至于会出现两极分化，只有在私人投资和积累的背景下才会产生两极的积累：一极是财富的积累；一极是贫困的积累。根据这个思路，克服两极分化的根本途径是使社会成员有财产占有的公平权利。

财产占有的差距以及由此产生的财产性收入的差距，又成为收入分配差距扩大的一个重要原因。解决财产占有上的公平权利，在社会主义初级阶段，不能走剥夺私人财产的老路，可行的是在体制上提供增加居民财产从而增加居民财产性收入的途径。其中包括：为居民提供更多的私人投资机会和渠道；鼓励私人创业；保护知识产权及其收入；完善企业股权结构，允许员工持股，鼓励企业家持股和科技入股；农民也可以通过宅基地和土地承包权流转获取土地收入。《中华人民共和国宪法》第十三条规定，公民的合法的私有财产不受侵犯。国家依照法律规定保护公民的私有财产权和继承权。国家为了公共利益的需要，可以依照法律规定对公民的私有财产实行征收或者征用并给予补偿。《中华人民共和国物权法》第六十五条规定，“私人合法的储蓄、投资及其收益受法律保护。”这就从法律上确认了居民财产性收入依法获得保护，明确了国家依法征收或征用补偿原则。此外，对居民拥有使用权的房屋、土地和资源的转让行为，也有相应法律予以规范和保障。这些法律为多渠道增加居民财产性收入提供了制度保障。今后要进一步健全保护公民财产权制度，为增加居民财产性收入营造公开公平公正的法制环境。尤其在拆迁、征地、征用公民财产的过程中，要依法确保公民财产权利和财富增值权利不受侵犯。多渠道增加居民财产性收入，还可以通过深化金融改革、国有企业改革以及农村土地制度改革等，以增加民众投资渠道，分享企业成长收益，增加农民财产收益等。

思考题

1. 如何理解社会主义初级阶段的基本分配制度？

2. 如何坚持按劳分配为主体的地位？

3. 如何理解按劳分配为主体与生产要素按贡献分配之间的关系？

第八章 社会主义共同富裕和共享发展

共同富裕是社会主义经济制度的重要特征。进入新时代,面对人民日益增长的美好生活需要和不平衡不充分的发展之间的矛盾,习近平新时代中国特色社会主义经济思想坚持以人民为中心,进一步明确“消除贫困、改善民生、逐步实现共同富裕,是社会主义的本质要求”①,并且提出共享发展的理念。

第一节 共同富裕是社会主义的本质特征

共同富裕是指发展成果由全体人民共同享有,它既是人们追求的梦想,也是实现后的一种状态。党的十八大以来,习近平总书记提出的发展为了人民,发展依靠人民,发展成果由人民共享,丰富了共同富裕的深刻内涵,成为新时代中国特色社会主义思想的重要内容。共同富裕是社会主义的本质要求和根本目标,社会主义制度为实现共同富裕提供了根本条件,生产力的发展是实现共同富裕的必要条件。

一、共同富裕思想的演进

共同富裕是指在生产力不断发展的基础上,全体社会成员按照社会主义公平与正义的原则共同分享经济社会发展成果。共同富裕是社会主义的本质要求、根本原则和最终目标。“共同富裕”不是传统意义上的“均富”“共富”思想,而是消除两极分化、真正实现人的全面发展的“共同

① 《习近平谈治国理政》第二卷,外文出版社 2017 年版,第 83 页。

富裕”。

马克思关于未来社会的思想中，共同富裕首先是作为“两极分化”的对立面而出现的。马克思提出，未来的社会主义社会必须通过消灭剥削赖以存在的私人财产占有制度，从根本上消除资本主义社会少数人占有多数人的劳动成果这一历史现象。在《1857—1858年经济学手稿》中，马克思就富有远见地提出，在新的社会制度中，“社会生产力的发展将如此迅速……生产将以所有的人富裕为目的”[①]。列宁指出：“只有社会主义才可能广泛推行和真正支配根据科学原则进行的产品的社会生产和分配，以便使所有劳动者过最美好的、最幸福的生活。只有社会主义才能实现这一点。”[②]

新中国成立之初，以毛泽东为核心的党中央领导集体进行艰辛的社会主义建设探索。在分配领域，通过实行生产资料社会主义公有制，采取均等的按劳分配方式尝试共享和共同富裕。中国共产党以“实现共产主义”作为党的最高纲领，以“全心全意为人民服务”作为党的根本宗旨。1953年12月16日，中共中央通过了《关于发展农业生产合作社的决议》，指出“为着进一步提高农业生产力……并使农民能够逐步完全摆脱贫困的状况而取得共同富裕和普遍繁荣的生活”。

我国改革开放的“总设计师”邓小平同志认为，共同富裕“是体现社会主义本质的一个东西”；“社会主义的本质是，解放生产力，发展生产力，消灭剥削，消除两极分化，最终达到共同富裕”；“社会主义的特点不是穷，而是富，但这种富是人民共同富裕”；“一个公有制占主体，一个共同富裕，这是我们所必须坚持的社会主义的根本原则”。邓小平同志指出，“社会主义原则，第一是发展生产，第二是共同致富”，实现共同富裕的物质基础是大力发展生产力，即“整个社会主义历史阶段的中心任务是发展生产力”[③]。在共同富裕的实现路径上，邓小平同志反复强调：“我们允许一些地区、一些人先富起来，是为了最终达到共同富裕，所以要防

① 《马克思恩格斯选集》第2卷，人民出版社2012年版，第786—787页。

② 《列宁选集》第3卷，人民出版社2012年版，第546页。

③ 《邓小平文选》第三卷，人民出版社1993年版，第172页。

止两极分化"①。邓小平同志还指出:"一部分地区、一部分人可以先富起来,带动和帮助其他地区、其他的人,逐步达到共同富裕。"②

党的十八大根据全面建成小康社会总目标,明确坚持走共同富裕道路,"要坚持社会主义基本经济制度和分配制度,调整国民收入分配格局,使发展成果更多更公平惠及全体人民,朝着共同富裕方向稳步前进",提出"促进人的全面发展、逐步实现全体人民共同富裕"是中国特色社会主义的目标。以习近平同志为核心的党中央站在全面建成小康社会、实现中华民族伟大复兴中国梦的历史高度,坚定"人人参与、人人尽力、人人享有"的共享发展理念,不断深化收入分配制度改革,着力构建"发展成果由人民共享"的长效机制。

党的十九大立足于中国特色社会主义进入新时代的历史定位,习近平总书记提出,经过长期努力,中国特色社会主义进入了新时代。这个新时代的鲜明特征之一就是全国各族人民团结奋斗、不断创造美好生活、逐步实现全体人民共同富裕。具体说来,就是要到 2035 年基本实现社会主义现代化时,全体人民共同富裕迈出坚实步伐,到 21 世纪中叶把我国建成富强民主文明和谐美丽的社会主义现代化强国,使全体人民共同富裕基本实现。

从党的十七大提出"逐步提高居民收入在国民收入分配中的比重,提高劳动报酬在初次分配中的比重",到党的十八大再次肯定"再分配更加注重公平"的提法,表明了党和政府在对两次收入分配领域中出现收入分配差距拉大的重视和着力缩小收入差距的决心;从党的十七大提出"发展成果由人民共享",到党的十八届五中全会提出"共享发展的理念",标志着我们在共同富裕和共享发展理论与实践上由"先富论"向"共富论"再到"共享论"的转变。这一转变是中国特色社会主义经济改革与发展实践经验的历史总结,也是在此基础上中国特色社会主义收入分配理论创新的重大成果。

---

① 《邓小平文选》第三卷,人民出版社 1993 年版,第 195 页。

② 《邓小平文选》第三卷,人民出版社 1993 年版,第 149 页。

二、共同富裕和共享发展

1. 共同富裕的内涵

从一般意义上讲,共同富裕是共同和富裕两个方面的有机统一。共同用以说明富裕实现的范围,它是相对于私有制所导致的两极分化现象而言的;富裕则是用来表现生活丰裕的程度,它是相对于贫穷而言的。共同富裕就是消除“两极分化”和贫穷基础之上的普遍富裕。

共同富裕是在生产力发展和社会主义公有制基础上实现的一种社会状态,它包含以下几层含义。

第一,共同富裕是社会主义在个人收入分配方面最终要实现的社会理想目标。马克思的收入分配理论中包含公平正义价值观。马克思指出,只有在个人全面自由发展的共产主义社会,彻底废除生产资料私有制并全面实现公有制才是最终解决公平分配问题的根本性措施,只有使每个社会成员都得到全面自由发展的共产主义社会才能从根本上保证公平原则的实现和公平问题的解决。在生产力还不是十分发达、财富还没有充分涌流的共产主义第一阶段,个人消费品实行按劳分配原则;而当生产力高度发达、财富充分涌流、劳动成为人们自我发展的第一需要以后,个人消费品的分配将在全社会公有制基础上实行公平的按需分配方式。因此,共产主义所要实现的公平正义是共同富裕的最高境界,是最终要实现的社会理想目标。

第二,共同富裕本身是一个由低层次到高层次的动态发展过程。共同富裕作为一个相对概念,是社会主义和共产主义由低到高不断推进的过程。从人民群众生活水平和物质文化需要的满足看,从低层次到高层次一般要经历温饱—小康—宽裕—幸福这样几个阶段。全面建设小康社会阶段是为实现共同富裕打下坚实基础;到 2035 年,我国基本实现社会主义现代化,全体人民共同富裕迈出坚实步伐;到 21 世纪中叶,建成社会主义现代化强国,全体人民共同富裕基本实现。这三个阶段的推进,体现了中国特色社会主义经济社会发展的历史过程是一个随着生产力发展和财富增加而不断提高的过程,也是人的全面发展的过程。

第三，共同富裕是社会全体成员在全面发展基础上高质量的生活满足状态，是社会主义生产目的的实现。所谓富裕，是指财富充足、生活优越；共同富裕则是指社会所有劳动者或每个社会成员的财富丰富、生活安乐。这里既包括物质财富的丰足而且还包括精神财富和精神生活的富有和充实。资本主义生产的目的是最大限度地追求剩余价值。在这一目的的支配下生产力获得了巨大发展，有力地促进了经济的增长和社会的发展，从而为提高人的生活水平创造了物质文化条件；但是，由剩余价值占有规律决定的资本与劳动的对立，贫富差距和两极分化、经济危机等深刻弊端，为资本追求和实现剩余价值设置了界限。随着生产资料公有制的建立，社会主义生产的目的不再是少数人的财富积累，而是满足人民群众日益增长的物质文化需要、实现人的全面发展和社会成员共同富裕、满足物质和文化需要，以及享受休闲、教育、保健、国家安全、社会保障等。因此，共同富裕的经济、社会、制度环境是经济发展、政治民主、文化繁荣、社会和谐、环境优美、生活殷实、人民安居乐业和综合国力的强盛。

第四，共同富裕是生产力高度发展、社会财富充分增长基础上建立的公平、正义、和谐的人际关系，是人类文明社会发展的高级状态。共同富裕与和谐社会是联系在一起的。马克思认为，未来理想社会是社会生产力高度发达和人的精神生活高度发展的社会，是每个人自由而全面发展的社会，是人与人和谐相处、人与自然和谐共生的社会，只有在这样的社会状况中，才能最终实现共同富裕。建成社会主义和谐社会适应了中国改革发展进入关键时期的客观要求，体现了广大人民群众的根本利益和共同愿望，民主法治、公平正义、充满活力、诚信友爱、安定有序、人与自然和谐相处是社会主义和谐社会的六个特征。从共同富裕的要义看，民主法治、公平正义是缩小差距、解决不平等问题的制度保证；充满活力、诚信友爱是人民共享发展成果、激发生产生活活力的表现；安定有序、人与自然和谐相处是实现共同富裕的社会与自然环境。在这样条件下的共同富裕，其内涵特征表明人类文明社会发展达到了高级状态。

由于共同富裕内涵的层次性、综合性，共同富裕的标准应该是定量与定性目标的结合；无论是定量还是定性，按照共同富裕的内涵，都应反映两个方面即社会成员(居民和家庭)的平均生活水平和分配的平均程度。按照国际通用标准,通常用人均GDP、人均可支配收入等来反映平均生活水平;用居民收入的基尼系数来反映收入分配的平均程度;用社会成员高端1%或10%的人群占有的财产份额占社会财产总量的比重来反映财产分布的平均程度。

2012年,党的十八大站在新的历史起点上明确指出,我国进入全面建成小康社会的决定性阶段,进一步丰富了小康社会的内涵,形成了经济建设、政治建设、文化建设、社会建设、生态文明建设"五位一体"的全面建成小康社会总布局。全面建成小康社会的标准较之过往的小康标准,一是水平更高,要从一个国际上中等偏下收入的国家向中等偏上收入的国家迈进;二是范围更全,包括经济、政治、文化、社会、生态五个方面。因此,这一阶段的共同富裕标准应与其内涵的扩大、丰富相适应且更加具有综合性。

2. 共富与共享的关系

共同富裕是指发展成果由全体人民共同享有,它既是人们追求的梦想,也是实现后的一种状态。因此,共同富裕的内涵中必然包含着共同享有,是共同富裕的应有之义。

共享在经济学意义上是共享经济。共享经济表达了这样一种状态,即人们在开展经济活动的思想认知上具有共识性,在经济活动的过程中具有共同管理的原则,而在经济活动的成果占有上具有共享性的处置方法。因此,共享经济涉及主体、组织、机制、过程、结果等方面的共享特征,我们党提出的共享发展理念所包含的全民共享、全面共享、共建共享、渐进共享正是对共享理念深刻内涵的科学概括。

从共享和共富的相互关系看,在推进社会主义共同富裕的过程中,共享是共富的基础,为共富提供动力,共享的目标是共富;共富在发展阶段上包含着先富以及先富带后富、实现共同富裕。

从共享自身的内涵看,共享的主体是全体人民而不是一部分人或少数人,不管是个人还是群体,都有平等的资格和机会参与经济社会活动。共享不等于共有或均享,不能无偿占有他人劳动和损害他人的正当权益。

共享发展是建立在社会公平正义、共建基础上的共享，即建设越多、贡献越大，享受发展成果的能力和机会也越大。共享经济发展成果是最重要、最基础的共享，但不是共享的唯一内容；践行共享发展理念不是只解决社会民生问题，还包括满足人民的精神层面需求，包括清新的空气、丰富的闲暇休息和文化生活等等，即包括经济、政治、文化、社会、生态等在内的全面共享。在社会主义初级阶段生产力发展不充分、不平衡的条件下，不能实现全方位、全领域的共享，而是"渐进共享"和"有条件的共享"，并需要通过法律法规形式，建立秩序和规则，为共享发展提供稳定的社会预期和长期的制度保障。从这几个方面讲，共享与共富有着相同的含义，因此，共同富裕必然包含共享共富。

三、共同富裕的实现条件

1. 社会主义制度为实现共同富裕提供了根本条件

共同富裕的基本属性规定了只能在社会主义公有制条件下才具有充分的实现条件。马克思、恩格斯曾提出"真正的共同体"概念，他们用这一概念特指一种由人民群众共同参与治理公共事务的生存和生活状态，认为只有在共同体中，个人才能获得全面发展其才能的手段，"代替那存在着阶级和阶级对立的资产阶级旧社会的，将是这样一个联合体，在那里，每个人的自由发展是一切人的自由发展的条件"①。但是，马克思也讲到，这只有在存在着资产阶级和无产阶级的阶级对立的私有制社会被一个新的"联合体"代替后，即一个新的社会制度产生后才能实现，这就界定了共同富裕的制度前提。

生产资料占有不公和由此导致的分配不平等是资本主义社会的顽疾，只有消除生产资料私人占有的资本主义制度，才能消灭剥削和不平等，实现共同富裕。在资本主义经济制度的前提下，无论采取什么样的社会财富和收入再分配的办法，都无法消除内生于资本主义生产方式的不平等和两极分化现象。建立在公有制基础上的社会共同占有和管理社会

① 《马克思恩格斯选集》第4卷，人民出版社2012年版，第647页。

共同财产的社会主义制度是确立共同富裕、共享发展目标的根基，体现了社会主义制度的价值追求，也为实现共同富裕提供了制度条件。

寻求不同发展阶段上“共同富裕”有效的实现机制是中国特色社会主义建设中的一个重大理论与实践问题。“共同富裕”内含着打破平均主义，激励人们依靠诚实经营、劳动致富的精神动力，这是对我国经济活动中曾出现的平均主义、“大锅饭”现象下无视人们对物质利益正当追求的彻底否定。另外，对个人物质利益的追求也不能脱离了“共同富裕”这一理想信念，否则，会造成在实际工作中急功近利、重先富轻后富的现象，以至于忽视全体人民共享改革发展的成果，酿成贫富悬殊、两极分化，偏离社会主义的本质。

当代资本主义国家一直在用国家干预和社会福利政策来调节贫富差距，减少社会矛盾。但是要看到，资本主义市场经济内在的贫富分化和社会利益结构失衡是由它的基础生产关系决定的，资本主义私有制限制了对财产和收入分配结构调节的力度及范围。当代资本主义国家为经济增长已付出了巨大的代价（不平等和社会分裂），我国在发展社会主义市场经济和竭力推进实现共同富裕的过程中，要避免资本主义制度最有害的和破坏性的特征出现。

2. 生产力的发展是实现共同富裕的必要条件

马克思深刻地揭示并突出地强调了人类物质生产力及其发展对人类社会和人的发展所具有的重要性。历史唯物主义把人类的生产活动理解为人类最基本的也是最重要的实践活动，而人类生产活动的主要内容就是不断发展社会的物质生产力，人类从事物质生产活动以及其他一切社会活动的主要目的和动机，就是为了获得一定的物质利益，即追求物质福利和富裕水平的提高。马克思说过，人们奋斗所争取的一切，都同他们的利益有关。不仅如此，历史唯物主义还进一步揭示了人类追求物质利益和物质福利的历史性和阶级性。恩格斯指出：“在人类发展的以前一切阶段上，生产还很不发达，以致历史的发展只能在这种对立形式中进行，历史的进步整个说来只是成了极少数特权者的事，广大群众则注定要终生从事劳动，为自己生产微薄的必要生活资料，同时还要为特权者生产日益丰富的生活资料。”[1]马克思、恩格斯认为，在未来社会生产力充分发展和物质财富极大丰富的基础上，建立了生产资料公有制，个人被动地、强迫性地服从旧的社会分工，脑力劳动和体力劳动的对立现象才能消失；在这个基础上，劳动不仅仅是谋生的手段成为生活的第一需要，而且为人的全面发展提供条件；在这个基础上，被市场等价交换原则和资产阶级权力所束缚的个体才能得到解放，多样性、平等性、自由性的个体特征才能出现，才能真正实现个人的“自由和全面”发展，从而实现全社会的共享发展和共同富裕。

第二节　社会主义的公平正义原则

公平正义是马克思按劳分配的价值取向和基本原则，但马克思认为，公平分配原则和方式是客观的，与一定历史阶段由生产力水平决定的生产方式及生产关系相适应。在经济学上可以从起点公平、过程公平和结果公平三个角度理解公平的内涵。公平正义是社会主义的重大原则。新中国成立 69 年以来，党中央领导集体，坚持把马克思主义基本原理同中国具体实际相结合，对社会主义的公平正义问题进行了艰苦的探索，形成了独特的中国经验和丰富的思想成果。在中国特色社会主义和全面建成小康社会的新时代，我们需要更好地将按劳分配同按生产要素贡献分配结合起来，更好地兼顾公平与效率，以此建设“以人民为中心”的和谐社会，更好地让全民共享发展。

一、公平与效率的含义及关系

分配公平与否取决于它是否与一定历史阶段由生产力水平决定的生产方式及生产关系相适应。马克思认为，公平正义虽然代表了一种价值判断，但它是现实经济关系的反映；不同的历史时期和不同的社会利益代表者对公平正义范畴给予了不同的内涵，因此，公平正义范畴本身是“历

① 《马克思恩格斯选集》第 3 卷，人民出版社 2012 年版，第 724 页。

史的”,与一定历史阶段由生产力水平决定的生产方式及生产关系相适应。

1. 公平和效率的含义

公平最初是一个伦理学的概念,但对公平的研究广泛地见诸于伦理学、经济学、哲学、政治学、法学和社会学等多个学科。对公平的理解包含有公正、平等、合理、正义等含义。在现代经济学中,公平通常被理解为公正、平等,是经济活动的主体对经济事物、经济过程和经济活动结果的一种价值判断。

在经济学上可以从三个角度理解公平的内涵。其一,起点公平是指参与经济活动的当事人之间所拥有的资源和生产要素是均等的,当事人之间拥有相等或相当的劳动能力、资本、土地以及其他资源、生产要素和条件。其二,过程公平(或者叫规则公平、机会公平)是指经济活动过程中的游戏规则、程序是公平、公正的,这意味着当事人参与经济活动的权利和机会是均等的,即机会公平或机会均等。其三,结果公平是指经济活动的当事人按权利与利益相对应的原则获得了均等的收入分配结果;这种均等可以理解为当事人之间的收入分配结果完全均等,不存在收入差距,也可以理解为收入分配的结果比较均等。当前国际上主要用基尼系数来表示各个国家收入分配的均等程度。

在现代经济学中,效率是指社会利用现有资源进行生产所提供的效用满足程度,它不是生产多少产品的简单的物量概念,而是一个社会效用或社会福利概念。如果利用现有资源进行生产所提供的效用满足程度越高,效率也就越高。收入分配中的效率,是指通过个人收入分配关系的处理,一方面调动劳动者的积极性,提高其劳动效率;另一方面调动各生产要素所有者的积极性,增加其要素的投入并提高使用效率。在市场经济中,决定要素配置和使用的是要素的价格,即要素所有者的报酬,如初次分配领域劳动者的工资和资本所有者的利润,这又是由分配关系决定的,因此,分配影响效率。在经济学中,效率通常包含着技术效率(又被称为生产效率)、资源配置效率和制度效率这三种含义。

2. 公平与效率的关系

公平与效率是一个矛盾统一体。在社会经济活动和公共事务的目标决策中，人们通常会面临这样的两难选择：是以效率为主要目标，还是以公平为主要目标，抑或两者并重？是牺牲公平换取效率，还是牺牲效率换取公平？面对这样的两难选择，经济学家们的观点大致可以归纳为三种：即效率优先、公平优先、公平与效率兼顾。实际上，公平与效率之间既非相互替代也非互不相关，而是相辅相成、相互促进的关系。一方面公平与否以及公平程度的高低对于效率的高低有着重要的甚至是决定性的影响，另一方面效率的高低同样也影响着分配公平。

公平与效率是人类实践活动中最基本的内容，集中表征了人类实践活动的一切价值取向，社会主义要求效率与公平实现动态平衡。同时，公平与效率是社会主义收入分配所追求的两个目标，既要实现公平，又要实现效率，公平与效率兼顾不是等量齐观，在收入分配政策上必须有重点。改革开放以来，在探索中国特色社会主义发展道路的实践过程中，我们逐渐形成了收入分配应坚持公平和效率并重的重要思想，公平和效率并重是缓解当前收入分配差距过大，完善社会主义市场经济体制和构建社会主义和谐社会的需要。但是，公平与效率并重并不否定相机选择的必要性和合理性。具体地说，在不同时期、收入分配的不同领域面临的主要问题可能不同，如果在初次分配领域不公平问题特别突出，那么初次分配强调公平就是必要和合理的；如果在初次分配领域平均主义特别突出，那么初次分配强调效率就是必要和合理的。

我国社会主义初级阶段实行的是以按劳分配为主、多种收入分配方式并存的收入分配制度，其内涵是按劳分配和按生产要素贡献分配结合，其价值取向是实现公平和效率的统一。这一分配制度是同我国公有制为主体、多种所有制并存的所有制结构相适应，体现了社会主义初级阶段生产关系的特征和要求，也体现了发展社会主义市场经济和构建社会主义和谐社会的客观要求。

在收入分配中处理好效率与公平的关系，是关系改革、发展和稳定的重大问题。初次分配和再分配都要兼顾效率和公平，再分配要更加注重公平。在初次分配环节,要完善劳动、资本、技术、管理等要素按贡献参与分配的初次分配机制,消除因体制机制带来的规则不公平和权利不公平,增进市场竞争中的机会公平。在再分配环节,要加快健全以税收、社会保障、转移支付为主要手段的再分配调节机制,强化政府对收入分配的调节职能,加大再分配调节力度,着力解决收入分配差距较大的问题,使发展成果更多更公平地惠及全体人民。

二、公平正义是社会主义的核心价值

1. 公平正义的价值观

马克思始终坚持正义的制度价值,并把正义看作是人类社会制度的崇高境界,他说:"正义本身,按照这个词的最合乎人性、最广泛的意义来说,无非是所谓否定的和过渡性的思想;它提出各种社会问题,但是并不去周密地考虑它们,而只是指出一条解放人的唯一可行的途径,就是通过自由和平等使社会人道化。"①"真正的自由和真正的平等只有在共产主义制度下才可能实现;而这样的制度是正义所要求的。"②马克思认为,正义是每一个人自由而全面发展的条件,未来社会的高级阶段即共产主义社会的分配正义原则即需要原则,其目的就是为了保障每一个人都能够平等地获得自我实现所需要的条件,每个人的自由和其他人的自由和谐共处、互为条件。

马克思既坚持正义的永恒性,又在这个基础上发现了正义的历史性与现实性。马克思认为所有正义原则和公平理念都是生产关系的真实反映,都受到生产力水平的制约,并且会反作用于生产力。公平正义能够反映现实中的经济关系,它是一种价值的判断。所有公平观念来源于人们的财产关系与经济关系,所以,社会的经济关系对公平标准起着决定性作用,要寻找公平答案必须要依靠社会经济关系。

公平正义是社会主义的首要目标和核心价值。之所以说公平正义是

① 《马克思恩格斯全集》第18卷,人民出版社1964年版,第508页。

② 《马克思恩格斯全集》第3卷,人民出版社2002年版,第482页。

社会主义的核心价值,是因为公平正义不仅是人类社会文明的普遍原则,是社会主义价值的本质体现,而且还因为社会主义制度较之其他社会制度能够更好地实现公平正义,坚持公平正义原则能够较好地解决个人与社会关系的难题。促进社会公平正义、增进人民福祉,这是中国特色社会主义的本质要求,就是要让人民群众从发展中受益,从改革中受益,使发展和改革的成果更多更公平地惠及全体人民。2015 年 12 月 21 日,习近平总书记在中央经济工作会议上提出:"要坚持中国特色社会主义政治经济学的重大原则",他强调要坚持以人民为中心的发展思想,坚持创新、协调、绿色、开放、共享的发展理念,坚持和完善社会主义基本经济制度,坚持和完善社会主义基本分配制度,坚持对外开放基本国策,坚持社会主义市场经济改革方向。对于社会主义社会的分配制度,马克思主义经典作家提出过两条基本原则:一是在社会主义制度下,"社会生产力的发展将如此迅速……生产将以所有的人富裕为目的"①;二是共产主义的高级阶段将实行按需分配原则。低级阶段则要对个人消费品实行按劳分配。中国特色社会主义的理论创新和实践探索分配从三个方面继承和发展了上述分配原则:一是坚持以按劳分配为主体、多种分配方式并存;二是劳动、资本、技术和管理等生产要素按贡献参与分配;三是坚持效率与公平的统一,在经济发展的基础上更加关注社会公平,实现社会的共同富裕。

公平正义作为中国特色社会主义的价值目标,包括社会主义社会公平、机会公平、规则公平和分配公平。社会公平首先意味着社会权利上的公平,它承认并保证社会主体具有平等的生存、发展权,也就是要求社会的制度安排和非制度安排给每个社会主体的生存、发展的机会是平等的,劳动的权利、受教育的机会、职业的选择等不能受家庭背景、种族、性别以及资本占有状况等因素的限制和影响;机会公平意味着社会主体参与社会活动的机会均等,这是实现权利公平的前提;规则公平意味着社会主体参与社会活动的规则必须是公平的,也就是说国家及政府制定的法律法

---

① 《马克思恩格斯选集》第 2 卷,人民出版社 2012 年版,第 786—787 页。

规不仅要保证对所有社会主体一律平等，还要保证社会主体享有平等的规则，同时还要保证在实施上的公正，防止正当的主体权力受到他人和公权的侵害；分配公平是社会公平的根本内涵和最高层次，它关系到在社会主义市场经济体制下“一次分配”领域按劳动分配与按要素贡献分配的实现，以及在“二次分配”领域政府的收入调节能有效地缩小收入差距。分配是否公平，不仅关系到效率的高低，对社会制度的变革和社会秩序的维护与稳定也起着决定性作用。

2. 分配领域的公平观

分配是人类享有社会发展成果的基本方式，而收入分配作为分配活动中最基本、最重要的组成部分，是人们通过参与社会经济活动获取经济收益的基本方式，它不仅直接关系着个人物质利益的实现，是个人进行现实生产生活的直接物质保障，同时也是社会实现公平正义和发展进步的鲜明表征。

改革开放 40 年来，共享发展一直是中国特色社会主义实践的主线，在追求共享发展和实现共同富裕的过程中，国家逐步富强，人民逐步富裕，人民群众从改革和发展中得到了实惠。1978 年，我国是世界上最贫穷的国家之一。按照世界银行的统计数据，当时我国人均国内生产总值（GDP）只有 156 美元，2017 年，我国人均 GDP 已达到 9480 美元，上升为中等偏上收入国家，与高收入国家人均 GDP 12700 美元的标准已相当接近；1978—2017 年，我国 GDP 以年均 9.5%的速度增长了 39 年，现有经济规模已经是 1978 年的 34 倍。① 改革开放以来，中国的贫困人口从 1978 年的 2.5 亿人下降到 2017 年的 3046 万人，贫困发生率从 30.7%下降到 3.1%；特别是党的十八大以来，我国创造了减贫史上最好的成绩，2012—2017 年累计减贫 6853 万人，消除绝对贫困人口三分之二以上。改革开放初期的 1978 年，我国 9.6 亿人口中有 7.9 亿农民，占 82%，2017 年，我国城镇化率已达到 57%以上，城镇失业率控制在了 5%左右。改革开放

① 统计资料来自林毅夫：《改革开放创 40 年经济增长奇迹》，《中国中小企业》2018 年第 6 期。

40 年来,人民健康和医疗卫生水平大幅度提高,人均预期寿命从 1981 年的 67.8 岁增加到 2016 年的 76.5 岁。40 年来,人民消费水平和质量不断提高,20 世纪 80 年代满足了温饱,90 年代电视、冰箱、洗衣机、空调等家用电器开始普及,21 世纪第一个 10 年,住房、汽车开始作为家庭消费品进入千家万户;2010 年以来,旅游、休闲、异地养老等新兴消费爆发式增长。①

改革开放前,我国收入分配领域平均主义分配严重,社会经济活动缺乏有效激励。改革开放后,在建设中国特色社会主义、实现共同富裕过程中,通过深化收入分配制度改革,实行按劳分配和按要素贡献分配相结合的多种分配方式,建立起与社会主义市场经济相适应的激励机制,极大地解放和发展了生产力,激活了各类经济主体的活力,但同时也出现了社会成员间收入差距扩大的问题。

现阶段我国收入分配领域的突出矛盾和问题主要表现在:(1)居民收入差距基尼系数超过国际警戒线。我国 1980 年的基尼系数为 0.34,表明当时我国个人之间收入差距较小,此后 30 年的发展,这一数值不断攀升。据国家统计局公布,2003—2008 年全国居民收入基尼系数呈现波动上升走势,由 2003 年的 0.479 上升至 0.491,而后逐年回落,降低至 2015 年的 0.462,2016 年为 0.465,虽然我国居民收入差距整体出现下降趋势,但是仍远高于国际公认的警戒线,收入差距较大。(2)财产占有在社会成员间的分布失衡。根据北京大学中国社会科学调查中心《2014 中国民生发展报告》,1995 年我国财产的基尼系数为 0.45,2002 年为 0.55,2012 年我国家庭净财产的基尼系数达到 0.73,顶端 1%的家庭占有全国三分之一以上的财产,底端 25%的家庭拥有的净财产总量仅在 1%左右。② 财产权分布和财产权收入的多少与个人及家庭收入差距是密切相关的。

---

① 《四十位代表委员热议改革开放 40 年·民生篇》,《光明日报》2018 年 3 月 3 日。

② 根据皮凯蒂针对中国的研究,2015 年中国的财产分配情况是:最富 10%的人群占全部财产的比重为 67%,其人均财产为 190 万元。最富 1%的人群占全部财产的比重为 30%,其人均财产为 835 万元。参见 Piketty, T., Yang, L. and Zucman, G., *Capital Accumulation, Private Property and Rising Inequality in China, 1978-2015*, NBER Working Paper, 2017。

(3)初次分配领域资本与劳动的分配关系失衡。资本强权和劳资利益关系失衡是我国转型期初次分配领域的主要矛盾。据《社会蓝皮书:2013年中国社会形势分析与预测》显示,我国劳动者报酬占GDP比重从1990年的53.4%下降到2011年的44.9%。[①] 初次分配领域资本与劳动的分配关系失衡主要表现为:第一,国民收入分配中劳动收入比重下降;第二,经济增长中劳动报酬增长缓慢。

导致当前居民收入差距扩大的原因,主要有居民个人收入来源的差异、区域经济发展不平衡、市场体系及市场制度不完善,以及居民个人禀赋差异等。从体制性因素看,收入分配过分向资本要素倾斜,弱势群体获得收入和财产的能力较低,一部分人非正当性途径获得财产权利和财产性收入等,是导致我国转型期收入分配和财产权利在社会成员间分布失衡的重要原因。所有这些都需要根据公平分配的要求来克服。

第三节 实现共同富裕和共享发展的路径

习近平总书记指出,"要坚持以人民为中心的发展思想,这是马克思主义政治经济学的根本立场"。以人民为中心的发展,其关键是实现共享发展,体现逐步实现共同富裕的要求。在新时代,中国特色社会主义实现共同富裕和共享发展的路径是:以公平正义为核心价值构建实现共同富裕的体制机制,坚持以人民为中心和人的全面发展的理念,以共享发展来解决收入分配领域中的矛盾。

一、以公平正义为核心价值构建实现共同富裕的体制机制

进入21世纪,我国发展战略推进到全面建成小康社会的决定性阶段,社会经济领域面临着全面深化改革、完善社会主义市场经济体制、转

① 《社会蓝皮书:2013年中国社会形势分析与预测》,社会科学文献出版社2012年版。

变经济发展方式等一系列战略性任务。在收入分配领域,我们推出了一系列深化改革的措施,规范收入分配秩序,加大政府调节力度,以切实解决分配不公和收入分配差距过大的问题。

中国特色社会主义是一个不断追求公平正义、实现共同富裕的过程,在实践中需要与之相适应的体制机制。按照马克思历史唯物主义观点,人类社会不存在普遍的正义,正义是历史的产物。一个公平正义的制度,其作用是要形成一个让社会绝大多数成员都感到满意,从而能激励他们的创造性劳动的制度环境,最终促进经济效率的提高。任何一个制度作为生产关系的法定表现是由生产力决定的,在收入分配和财产权构建上,我们要选择的是这种制度与现阶段生产力发展、增进经济效率的内洽性。在社会主义市场经济条件下,公平正义原则首先应体现为法律承认和保护财产获得的正当性和正当财产权利的排他性,即产权保护原则。

与社会主义市场经济相适应的产权制度承认和保护包括劳动在内的各种要素主体对经济的贡献以及获得收入和财产,这是一种贡献与收益相对应的公平原则,在它是社会财富的第一次分配的意义上,又被称为"原始公正"。就不区分市场主体的个性特征而具有普遍适用性来说,这种公平原则体现了一种形式理性和机会平等的公平,它却不能体现社会成员之间无个体差别的共享与占有。问题在于,在物质财富还没有极大丰富,劳动还是个人谋生手段的社会主义市场经济中,不同的市场主体在个人禀赋、经营条件、机遇等方面的千差万别,注定了各市场主体之间发生实际经营结果上的差别(在分配上体现为个人财产和收入的差别),如果我们的产权制度不保护这种结果而强调全体成员共同占有和平等分享,事实上会造成一部分人占有他人劳动成果的情况,这又违背了产权正义的原则,同时还会损失效率。

二、坚持以人民为中心的发展思想、实现人的全面发展的理念

马克思、恩格斯从人和社会的关系出发,从历史演变的角度揭示了三大社会形态中人的发展状态,指出人的全面发展的历程和人类社会历史

发展一样是一个自然历史过程。在《1857—1858年经济学手稿》中，马克思按照人的个体发展的程度把人类社会分为依次递进的三种社会形态。其中最初的社会形态是指人的依赖关系，“在这种形势下，人的生产能力只是在狭小的范围内和孤立的地点上发展着”[①]。这种形态相当于资本主义社会以前的诸社会形态，生产力不发达，盛行人身依附。以物的依赖性为基础的人的独立性，是第二种社会形态。在这种社会形态下，才形成普遍的社会物质变换、全面的关系，多方面的需求以及全面的能力体系。这种社会形态打破了等级制度和人身依附，是货币面前人人平等，人们有了更广阔的实现自我价值的选择空间和多方面的选择自由，较之第一种社会形态是一个伟大的历史进步，相当于马克思所讲的资本主义社会或通常意义上的市场经济。“建立在个人全面发展和他们共同的、社会的生产能力成为从属于他们的社会财富这一基础上的自由个性，是第三阶段”[②]，在这个阶段，人的个体得到了全面的、充分的发展，它相当于马克思所讲的社会主义和共产主义社会。马克思强调，“第二个阶段为第三个阶段准备条件”。马克思所讲的条件既包括物质条件，又包括精神条件。物质条件包括资本主义市场经济造就的强大的生产力，即经济本身的发展和物质的丰富。在马克思的经济发展理论里，生产力的发展只是手段，人的全面、自由发展才是目的。

从历史唯物主义出发，马克思认为财产权和所有制不仅是一种与物质生产力发展有关的生产关系，它本质上包含着人的发展的基础条件，即能否突破旧的社会分工和机器大工业对人的束缚，消灭并剥夺任何人利用财产的占有权力去奴役他人劳动的权力，重建“劳动者个人所有制”和自由人联合体，最终实现每个人的自由而全面发展。马克思追求的是人的全面发展，物质资料的生产和发展只不过是人的全面发展的基础。

经济生活中的发展如果背离了发展是为了人的发展观，发展将是不可持续的。先期发展的国家存在着这种现象。美国学者加尔布雷思曾经

① 《马克思恩格斯全集》第30卷，人民出版社1995年版，第107页。

② 《马克思恩格斯文集》第8卷，人民出版社2009年版，第52页。

批评资本主义国家把经济增长作为主要目标，对物的关注胜过对人的关注，认为应当改变这种现象，应当对人本身给予充分关注，确立和追求公共利益或最大限度地满足公众需求的公共目标。1998 年诺贝尔经济学奖得主阿马蒂亚·森在其颇具影响的《以自由看待发展》一书中，同样批评了将发展等同于国民生产总值的增长，或个人收入的提高，或工业化与技术进步，或社会现代化等的观点，认为这些都是狭隘的发展观，最多属于工具性范畴，是为人的发展服务的。进入 2000 年，世界各国领导人在联合国千年首脑会议上商定了一套时限为 15 年的目标和价值指标，强调自由、平等、共济、宽容、尊重大自然和共同承担责任，最终是为了人的发展。①

中国立足于改革开放以后的经济增长与发展实践，在丰富的实践经验基础上，形成了以人民为中心的发展思想。习近平总书记指出，“要坚持以人民为中心的发展思想，这是马克思主义政治经济学的根本立场。要坚持把增进人民福祉、促进人的全面发展、朝着共同富裕方向稳步前进作为经济发展的出发点和落脚点，部署经济工作、制定经济政策、推动经济发展都要牢牢坚持这个根本立场。”②以人民为中心的发展，其关键是实现共享发展，体现逐步实现共同富裕的要求。

三、以共享发展来解决分配领域中的矛盾

经济发展理论认为，一国人均收入的高低取决于该国的长期经济增长。长期经济增长的关键是实现经济的转型，即实现向现代持续经济增长的转变。长期经济增长的进程必然经历经济成果的分配过程，该过程是收入分配理论研究的主要内容。不同的收入分配必然造成收入的不同分布，并进而影响一国的经济福利。根据各个发展中国家的经验，经济转型和实现长期经济增长并非能自行解决收入的不平等问题。另外，社会

① 李义平：《马克思的经济发展理论：一个分析现实经济问题的理论框架》，《中国工业经济》2016 年第 11 期。

② 习近平：《立足于我国国情和我国发展实践　发展当代中国马克思主义政治经济学》，《人民日报》2015 年 11 月 25 日。

制度结构也会影响一国的经济增长,如果经济增长的成果不能为全体社会成员共享而是被少数人或社会利益集团独占,经济增长将失去普遍的激励价值。

1. 包容性增长

经济增长的成果如何让人民共享,特别是让穷人受益,20 世纪以来发展经济学根据一些发展中国家的增长经验概括出“包容性增长”和“益贫式增长”的模式。“包容性增长”这一概念最早由亚洲开发银行在 2007 年首次提出。它的原始意义在于“有效的包容性增长战略需集中于能创造出生产性就业岗位的高增长、能确保机遇平等的社会包容性以及能减少风险,并能给最弱势群体带来缓冲的社会安全网”。包容性增长最基本的含义是公平合理地分享经济增长,其中最重要的表现就是缩小收入分配差距,它涉及平等与公平的问题,最终目的是把经济发展成果最大限度地让普通民众来受益。与此相关的是“益贫式增长”,它关注经济增长、不平等和贫困三者之间的关系。

发展中国家的增长实践表明,单纯的经济增长并不能自动惠及穷人,穷人的生活水平有可能随着经济增长而下降,因此“涓滴效应”并没有出现。在这个背景下,人们重新审视经济增长、贫困和不平等之间的关系并达成共识:高速的经济增长和对穷人有利的收入分配相结合能够导致绝对贫困下降的最大化,达到所谓的“益贫式增长”。为实现“益贫式增长”模式,一国必须努力实现较高且可持续的经济增长率、增加贫困人口参与经济增长过程的机会、提高贫困人口参与经济增长的能力、使其成为经济增长的推动者,而非单纯依赖社会保障和救济的受助者。

共享发展作为中国道路实践经验的概括和总结,它包含着“包容性增长”和“益贫式增长”的意义,同时彰显了中国增长和发展道路的鲜明特色。实践证明,中国现代化必然要走、也正在走一条有自己特色的独特道路,在这条道路的特殊性内涵中,共享发展无疑是其中的核心价值之一。

2. 贫困人口脱贫致富

贫困人口脱贫致富是全面建成小康社会、实现共同富裕的一个标志性指标。关于贫困的定义，世界银行在其年度报告《1981 年世界发展报告》中指出："当某些人、某些家庭或某些群体没有足够的资源去获取他们那个社会公认的，一般都能享受到的饮食、生活条件、舒适和参加某些活动的机会，就是处于贫困状态。"此后，在以贫困问题为主题的《1990 年世界发展报告》中，世界银行给贫困所下的定义是："缺少达到最低生活水准的能力"。该报告同时指出，衡量生活水准不仅要考虑家庭的收入和人均支出，还要考虑那些属于社会福利的内容，比如医疗卫生、预期寿命、识字能力以及公共货物或共同财产资源的获得情况。它用营养、预期寿命、5 岁以下儿童死亡率、入学率等指标，作为以消费为基础对贫困进行衡量的补充。贫困人口的比例是衡量社会成员生活富足富裕均衡程度的指标。①

贫困不只是一种物质和精神生活能力低于基本生活水准，更在于是一种人的机会的丧失，体现为社会的不公正不道义。当今世界各国都把贫困作为最大的难题。改革开放以来，中国在全面推进现代化国家进程中取得巨大成果的同时，扶贫开发事业也取得了举世瞩目的伟大成就。中国在 40 年的扶贫过程中形成了自己的扶贫经验和有中国特色的脱贫道路，受到国际社会的高度关注和赞誉。② 作为一个"二元结构"特征显著、城乡和区域发展差距较大的发展中国家，快速推进工业化、城镇化阶段的人口大国，如何平衡公平和效率的关系、提高发展的包容性，特别是如何帮助农村贫困人口走出贫困陷阱，是我们在新时代面临的重大课题。

习近平总书记多次强调："我国大部分群众生活水平有了很大提高，出现了中等收入群体，也出现了高收入群体，但还存在大量低收入群众。

① 2016 年，世界银行调整了最新国际贫困线标准即每天 1.90 美元，新贫困线保留了世界最贫困国家的老贫困线(即根据 2005 年不变价每天 1.25 美元)的真实购买力。根据这一新贫困线标准，世界银行预测 2015 年全球贫困人口将从 2012 年的 9.02 亿人减少到 7.02 亿人，占全球人口的比例从 12.8%下降到 9.6%。

② 联合国《2015 年千年发展目标报告》显示，中国极端贫困人口比例从 1990 年的 61%下降到 2002 年的 30%以下，率先实现比例减半，2014 年又下降到 4.2%，中国对全球减贫的贡献率超过 70%。根据国家统计局发布的数据，截至 2017 年年末，全国农村贫困人口从 2012 年年末的 9899 万人减少至 3046 万人，累计减少 6853 万人；贫困发生率从 2012 年年末的 10.2%下降至 3.1%，累计下降 7.1 个百分点。

真正要帮助的，还是低收入群众。”①扶贫减贫是共享发展和实现共同富裕要守住的民生底线。改革创新扶贫开发体制机制，进一步丰富和完善扶贫的经验和模式，构建起政府、市场、社会协同推进的大扶贫格局。在政府层面，要发挥社会主义制度可以集中力量办大事的政治优势，建立起国家战略及保障实施的机制；②在市场层面，要充分发挥市场机制的作用，使扶贫工作从“输血式扶贫”走向“造血式扶贫”，提升扶贫受益人的市场能力，切断贫困的代际传递；在社会层面，要动员和凝聚全社会力量广泛参与扶贫，重点是民营企业、社会组织和公民个人的力量以多种形式参与扶贫开发。

3. 建立资本与劳动的协调、共赢机制

建立资本与劳动的协调、共赢机制是社会主义市场经济中解决初次分配劳资矛盾的根本途径，这一机制的基础是社会主义初级阶段的生产关系。在市场经济条件下，初次分配关系是通过市场机制形成的，资本和劳动价格的高低决定了资本所有者和劳动力及其他要素所有者的收入水平，并同时调节资源的配置过程，政府对市场机制的调节不做过多的干预。我国在构建社会主义市场经济体制的基本框架时，为保证体制的效率也提出了在初次分配领域效率优先、兼顾公平的原则。实践证明，初次分配完全由市场决定既不能实现市场经济的高效率也难以实现公平。初次分配的基本格局是由资本与劳动的利益关系即生产关系决定。

生产决定分配，不同的所有制关系决定不同的分配制度，这是马克思主义政治经济学的一个基本原理。资本主义市场经济中生产资料的私人占有是收入分配的两极分化和贫富差距的根本原因，据此，马克思提出了生产资料由全社会成员共同占有的设想，并把生产资料的公有制作为促进社会生产力发展、实现社会成员共同富裕的基本条件。因此，协调资本与劳动的合理关系必须坚持社会主义初级阶段基本经济制度，充分发挥公有制的作用。

---

① 习近平：《做焦裕禄式的县委书记》，中央文献出版社2015年版，第15页。

② “十三五”规划特别提出“精准扶贫，精准脱贫”的战略，并推出“产业扶贫、生态保护脱贫、易地搬迁扶贫、教育脱贫、低保政策兜底”的“五位一体”式综合扶贫机制安排。

在社会主义市场经济中，公有制经济在关系国家及民生的重要经济部门充分发挥主体和主导作用，是国民财富增长和财产利益在社会成员间合理分配、平等受益的重要保证。同样是财产权主体的多元化和收入分配方式形式的多样性，其合理结构与协调关系的所有制基础是否以公有制为主体，这是社会主义市场经济条件下解决初次分配领域各利益主体收入分配矛盾（最主要的矛盾是资本与劳动）与资本主义市场经济的根本区别。

4. 有效调节收入分配

实践证明，只是通过社会再分配政策来缩小收入差距，如税收、转移支付、提供公共产品等，并不能有效克服收入差距，需要在初次分配和再分配领域构建起一整套财产分布稳定机制和行之有效的财产再分配的经济调节机制，以之抑制和扭转整个社会财富的过度集中和财产分布过度不均等的趋势。①

（1）健全工资决定和正常增长机制，完善最低工资和工资支付保障制度。构建动态的最低工资增长机制，在确定最低工资标准时，要与职工平均工资保持合理比例关系，并根据不同地区的物价上涨情况和经济社会的发展水平作适时调整；通过立法的方式强制企业以国民收入增长率和企业利润增长率为基数确定工资增长率，使企业工资性收入总额的增长不低于企业利润总额的增长。

（2）完善税收调节机制，健全有利于调节财产与收入差距的税制结构。把税制设计的核心目标放在调节收入分配公平上，着眼于整个税制体系的建设，充分发挥不同税种之间协调配合的调节功能。通过财产税制对财产保有和转移环节的课税，从源头上缩小财产的差距。通过差额累进个人所得税制调控居民的收入，从源头上减少收入对财富积累能力

① 根据世界银行经济学家米兰诺维奇的研究，OECD 国家初次分配收入（市场决定收入）的基尼系数为 0.468，但是经过政府的收入再分配政策后，可支配收入的基尼系数大幅降低为 0.318。在再分配政策中，79%是由政府对居民的转移性支出政策贡献的，另外 21%是由个人所得税贡献的（李实、岳希明：《〈21 世纪资本论〉到底发现了什么》，中国财政经济出版社 2015 年版）。

的影响。开征具有直接税性质的新税种，扩大直接税征税范围，健全直接税体系，增强直接税制的调控功能；同时要降低间接税特别是增值税税率，减轻增值税的负担。

（3）完善社会救助体系。社会救助是国家和社会对无劳动能力和生活来源的社会成员以及因自然灾害或其他经济社会原因导致生活困难者，给予临时或长期的救助和帮扶的一种社会保障制度，主要内容包括救济、救灾和救贫，是为了满足人民群众最基本的生活需求、保障其最低生活水平的最后一道防线。我国目前以政府为主导的社会救助制度还存在社会救助工作机制不健全、救助渠道不规范、救助制度碎片化、救助效率效益不高、救助对象和救助标准不合理等问题，需要进一步完善，措施主要包括：完善社会救助内容体系；完善社会救助法律体系；大力发展第三方社会救助组织。

思考题

1. 共同富裕和共享发展的内涵是什么？

2. 为什么说共同富裕是社会主义的本质特征？

3. 公平与效率的关系是什么？在中国特色社会主义收入分配领域如何处理好公平与效率的关系？

4. 如何理解习近平总书记提出的“以人民为中心”的发展思想？

第 三 篇

经济运行

第九章　经济运行的效率和质量

中国特色社会主义政治经济学研究现实的社会主义经济，不仅需要研究什么是社会主义，还要研究如何建设社会主义。经济效率和效益不仅取决于生产关系层面的经济制度，还取决于经济运行层面的资源配置机制以及政府、企业和市场作用的安排。这就提出了研究社会主义经济运行及其机制的任务。对现实的社会主义经济运行分析的任务是根据经济规律的作用方式和机制，服从于资源最优配置的目标，对生产关系及其经济体制的具体形式进行组织和协调。经济运行涉及以企业和政府为主体的经济运行和宏观经济运行两个层次。企业经济运行的目标是效率。涉及生产、交换、分配和消费的社会再生产过程，企业资本的运行，资源在各个部门的配置。宏观经济运行既是企业总体的运行，也是以政府为主体的宏观调控。宏观经济运行的质量体现在两个方面：一是社会生产各个部门之间的平衡和协调；二是总量的供给与需求的平衡，避免经济大起大落的波动。

第一节　资源配置的效率

资源配置是经济运行的主要内容。从社会再生产过程分析，任何生产都需要配置资源，包括生产资料、劳动力、技术等。社会总资源在任何社会都是有限的，而各个方面的需要是无限的，这就提出资源配置效率的问题。各个部门、各个企业能够得到多少资源？在市场经济条件下，是由市场决定的。市场只能按照效率目标在各个部门、各个企业之间配置必要的资源。

一、社会必要劳动时间与资源配置效率

资源存在稀缺性,无论资源如何丰富,相对于人类无限的欲望而言,资源总是稀缺的。资源的稀缺性是一切经济问题产生的根源,稀缺的资源和人们的欲望之间的矛盾要求人们在生产、交换、消费和分配过程中合理安排经济活动,以最节约资源的方式来提供产品和服务,从而满足人们最迫切的欲望。

1. 资源配置效率的评价标准

西方经济学中评价资源配置效率的标准使用的是帕累托最优的概念。帕累托最优是这样一种状态,资源配置的任何改变都不可能使一个人的境况变得更好而又不使其他人的境况变坏。如果资源配置达到了帕累托最优状态,就说明在现有的技术、偏好、收入分配等条件下,资源配置的效率达到了最高的水平,此时的社会经济福利是最优的。反之,如果资源配置的状态还存在能使至少一个人的境况变得更好而不使其他人的境况变坏的帕累托改进,那么只要按相应的方向去调整目前的资源配置,就能够提高资源配置的效率,从而提高社会经济福利。具体而言,帕累托最优包括消费领域的帕累托最优、生产领域的帕累托最优和消费与生产之间的帕累托最优,当这三个领域都达到了帕累托最优,就意味着资源配置的效率达到了最高。

马克思在《资本论》中对资源配置的分析相当充分系统。和西方经济学的区别在于,马克思进一步将资源抽象为社会劳动。在马克思那里,资源配置被归结为社会总劳动时间按照必要的比例在各个部门之间分配。马克思说:"要想得到与各种不同的需要量相适应的产品量,就要付出各种不同的和一定量的社会总劳动量。这种按一定比例分配社会劳动的必要性,决不可能被社会生产的一定形式所取消,而可能改变的只是它的表现方式,这是不言而喻的。"①这一规律要求社会总劳动时间应按社会必要劳动时间分配社会劳动(资源)。

① 《马克思恩格斯选集》第4卷,人民出版社2012年版,第473页。

在不同的社会经济条件下，按比例分配社会劳动规律有不同的表现形式。在未来社会中没有商品货币关系，按比例分配社会劳动规律直接表现为时间节约规律。而在市场经济中，按比例分配社会劳动规律则表现为价值规律。社会总劳动在各个生产者之间分配，从而资源配置是由价值规律调节的，由此实现效益目标。这就是马克思说的："商品的价值规律决定社会在它所支配的全部劳动时间中能够用多少时间去生产每一种特殊商品。"①这正是经济调节，其作用是"在私人劳动产品的偶然的不断变动的交换比例中，生产这些产品的社会必要劳动时间作为起调节作用的自然规律强制地为自己开辟道路，就像房屋倒在人的头上时重力定律强制地为自己开辟道路一样。"②

面对市场经济的运行，马克思主义政治经济学对社会必要劳动时间的分析包含了对资源配置效率的评价。商品的价值量不是由各个生产者的个别劳动时间决定的，而是由生产它的社会必要劳动时间决定的。社会必要劳动时间是指在现有的正常的生产条件下，在社会平均的劳动熟练程度和劳动强度下制造某种使用价值所需要的劳动时间。按社会必要劳动时间在各个部门（包括企业）分配劳动实际上就是资源的有效配置。"在商品生产者及其生产资料在社会不同劳动部门中的分配上，偶然性和任意性发挥着自己的杂乱无章的作用。"③价值规律调节的不同部门保持比例关系平衡的趋势，只是对这种平衡遭到破坏的反作用。

2. 市场机制调节社会必要劳动时间的形成

对于同种产品的不同生产者而言，如果生产者生产某种商品耗费的个别劳动时间少于生产该商品的社会必要劳动时间，那么他就能够获得额外收入；而如果生产者耗费的个别劳动时间多于社会必要劳动时间，那么他也只能按照社会必要劳动时间决定的价值量售出，额外花费的个别劳动时间没有得到社会承认。在社会必要劳动时间的调节下，生产者会尽可能地提高自己的劳动生产率，降低单位商品的物化劳动和活劳动的

---

① 《马克思恩格斯文集》第5卷，人民出版社2009年版，第412页。
② 《马克思恩格斯选集》第2卷，人民出版社2012年版，第126页。
③ 《马克思恩格斯文集》第5卷，人民出版社2009年版，第412页。

耗费以减少自己的个别劳动时间，从而提高自己在市场竞争中的实力。

对于不同产品的生产者而言，社会必要劳动时间反映了社会总劳动时间在不同商品上的分配，它衡量了社会对不同商品的使用价值量的接受程度。某一商品的供求状况会对生产它的社会必要劳动时间产生影响，如果该商品的供给远超过了社会对它的需求，那么其耗费的一部分劳动时间就不是社会必要的，不被社会承认。这样，价值规律不仅要求同种商品按社会必要的劳动消耗进行生产，还要求各个部门按照社会必要劳动时间提供满足社会需要的商品和服务。

价值规律作用机制就是市场机制，也就是市场决定资源配置的机制。市场机制是竞争与供求关系相互作用的机制。这就是马克思说的，"说到供给和需求，那么供给等于某种商品的卖者或生产者的总和，需求等于这同一种商品的买者或消费者（包括个人消费和生产消费）的总和。而且，这两个总和是作为两个统一体，两个集合力量来互相发生作用的。个人在这里不过是作为社会力量的一部分，作为总体的一个原子来发生作用，并且也就是在这个形式上，竞争显示出生产和消费的社会性质。"①资源配置效率取决于充分竞争的市场机制。如果把社会必要劳动时间作为资源配置效率的标准，马克思说："竞争，同供求比例的变动相适应的市场价格的波动，总是力图把耗费在每一种商品上的劳动的总量归结到这个标准上。"②

二、要素生产率和全要素生产率

习近平总书记在党的十九大报告中提出：必须坚持质量第一、效益优先，以供给侧结构性改革为主线，推动经济发展质量变革、效率变革、动力变革，提高全要素生产率。

1. 全要素生产率

经济增长理论的主要任务是分析各个经济增长的要素在经济增长中

---

① 《马克思恩格斯文集》第7卷，人民出版社2009年版，第215页。

② 《马克思恩格斯选集》第2卷，人民出版社2012年版，第491页。

的作用。最早的经济增长模型基本上是生产函数模型，表述为：

$$Y = f(K, L, R) \tag{9-1}$$

公式(9-1)中，Y为产出增量，K为资本增量，L为劳动增量，R为可耕地和自然资源增量。

经济增长模型说明，经济增长率取决于资本、劳动和自然资源的投入。在该模型中，各种要素都是作为独立的变量起作用的。现实中，任何一种要素都不是均质的。不同的物质资本有不同的技术含量和效率；不同的劳动力含有不同的人力资本存量；自然资源也是异质的：土地肥力有优劣之分，矿产有不同的品位。显然，不同质量的要素投入对经济增长的作用也是不等量的。因此考察各种要素对经济增长的作用，不仅要关注其投入量，还要关注其投入要素的质量。由此就产生各种要素的生产率，如资本生产率、劳动生产率、土地生产率等。

经济增长不仅取决于各个要素的投入量，还取决于生产率不同的要素组合在一起所产生的全要素生产率(Total Factor Productivity，又译为综合要素生产率)。

以诺贝尔经济学奖得主索罗为代表的经济学家指出了除资本要素以外的其他要素对经济增长的作用。他们所运用的生产函数包含了更多的生产要素，特别是突出了投入要素效率的提高对经济增长所作出的贡献。索罗等人还将生产函数转换为能够测度每种投入对经济增长贡献的形式。根据他们对增长的原因测度的结果，投入要素的效率提高在增长率中所起作用的份额越来越大。这意味着经济学家所关注的经济增长的核心要素开始转向各种投入要素的质量和技术进步，由此提出全要素生产率的概念。各种要素集合所产生的生产率之和大于各单个要素投入的生产率之和，其中的差额就要由全要素生产率来说明。在可应用的计量模型上，全要素生产率的变动是通过总产出增长扣除了投入变动以后的剩余来反映，这个剩余一般被理解为广义的技术进步。

索罗对经济增长的原因做了更精细的分析，影响全要素生产率的因素包括：规模效益的影响、教育和培训的影响，以及公司的组织结构。索罗提出全要素生产率分析方法，并根据此方法进行验证，结果发现：促进人均收入增长的主要因素是资本投资和技术进步。在这两者之间技术进步的影响更为显著。根据他的统计分析,美国经济增长大约有 80%源于技术创新,仅 20%源于资本积累。这意味着带来更多产出的原因是"技术的进步以及工人技能的提高"。

丹尼森把对经济增长起作用的因素归结为五类:(1)劳动投入在数量上的增加和质量上的提高;(2)资本和土地投入在数量上的增加和质量上的提高;(3)资源配置的改善;(4)规模的经济;(5)知识进展和它在生产上的应有。在他看来,资本、劳动和土地等投入要素质量的提高,及(3)、(4)、(5)类因素属于全要素生产率的范畴。在相同的生产要素投入中获得更多的收入,就要用这种全要素生产率的增长来说明。这种全要素生产率指标可以说是评价增长方式的重要评价指标,全要素生产率的增长便成为集约型增长方式的基本内涵。概括起来,影响全要素生产率的因素是多方面的,其中最突出的因素是:要素组织和要素配置的改善;规模经济;知识和技术的发展及其在生产上的应用。

2. 影响全要素生产率的因素

如果用全要素生产率来衡量经济增长方式,则全要素生产率在经济增长率中所占比重较低的经济增长属粗放型增长,反之则是集约型经济增长。上述由全要素生产率说明的集约型增长方式对实现可持续发展有十分重要的意义。改善资源配置的效率、提高资源的质量以及技术进步都可能起到节省资源、寻求替代资源的作用。

一个社会要取得最大产出量,不仅取决于投入生产的物质要素量的多寡,更决定于这些要素资源是否有效配置,同时也决定于社会的技术发展状况。换句话说,社会、文化、制度等方面的环境因素是影响经济增长的重要决定性因素。无疑地,这种环境因素是无法度量的,但用于实证性的理论分析却是不可忽视的。综合考虑到影响产出水平的全要素生产率因素,上述经济增长模型可以改进为:

$$Y=f(K,N,L,S,E) \tag{9-2}$$

公式(9-2)中,Y 仍然代表产出增量,K 代表社会总资本,N 代表自然资源利用率,L 则表示劳动者的使用状况。由于要素生产率有赖于技术的创新和劳动者熟练程度的提高，因此在生产函数中有必要引进技术进步因素 S，表示知识进展和技术发展水平。同样地，社会、文化、制度创新方面的变化会对整个社会的要素生产率产生重大影响，在生产函数中也包括了反映经济运行的社会、文化、体制特征的环境因素，用 E 表示。这一函数把国民财富在某一时期的产出水平与各种投入要素的数量以及影响这些要素生产率的条件和因素结合了起来。

技术进步因素 S 从量上来说，相当于社会应用科学、技术和组织知识的总量。如同物质投入要素一样，技术进步也是一个多维向量，用于生产过程中的技术、组织或科学技艺水平的每一个参数则是这一多维向量的组成部分。把技术进步引入生产函数中，便可分析资金、自然资源以及劳动力由于技术进步的原因而引起的要素生产率的变化。通过这些变量，我们可以考虑到，生产技术的变化，劳动者熟练程度的提高以及健康水平的增进，对经济增长所起到的作用。

环境和制度变量 E，是社会、文化、体制等方面因素的复杂综合体。从经济学意义上讲，环境因素可以是一种经济秩序中的竞争规则，也可以是一种制度创新，也可以间接地用来表示企业家精神。合理的、正常的经济秩序促成了要素资源的有效配置；良好的市场和法律环境则有利于企业家的成长和壮大，其结果都将导致产出量的增加。环境因素的任何改变，即使物质要素投入总量和技术进步不变，也会独自对产出发生作用。

综上可见，一个国家国民财富的增长，不仅是资金、自然资源和劳动力等物质要素投入量的函数，而且是体现在生产过程中的技术进步因素和经济赖以运行的环境因素的函数。而所有这些变量都是时间的函数。提高全要素生产率也有成本，包括研究费用、发展费用、教育训练费用、技术革新和推广的费用等，但其投入的产出效益更高。

三、提高全要素生产率的途径

1. 兼顾公平与效率的经济运行

公平和效率是任何一个国家经济运行都要面临的重大问题。社会主义市场经济的运行需要兼顾公平与效率。

在经济学中,效率有两重含义:一是指资源配置效率,因此就有市场决定资源配置、实现资源配置效率的要求。二是指资源投入和产出效率,如劳动效率、资本效率、土地效率等。通常说的最小的投入产生最大的产出效率指的就是这种效率。全要素生产率就是这两个方面效率之和。上述两重意义的效率有不同的实现机制。资源配置效率的提高主要靠市场竞争。资源投入和产出的效率就同收入分配体制相关。因此,效率不仅源于资源配置方式,还源于收入分配的激励。各个经济主体所有的各种生产要素投入的效率是靠有效的收入分配机制激励的。这就提出了改革收入分配体制的要求。从我国的实践看,经济效率的提高、经济发展速度的加快,很大程度上是由收入分配体制的改革推动的。

公平也就是平等、公正,尤其是社会主义条件下更应强调公平正义。需要指出的是,公平和效率并不总是相对立的,在许多场合是一致的。先看市场决定资源配置的场合。在这里坚持公平竞争、机会均等、等价交换。这种公平恰恰能保障效率的实现,公平原则的任何破坏都会降低效率。再看收入分配中的公平原则,如按劳分配,以提供的劳动为标准,多劳多得,少劳少得,不劳动者不得食。按劳分配之所以能促进效率提高,就在于它的公平。“平等就在于以同一尺度——劳动——来计量。”多劳多得,少劳少得。“通行的是调节商品交换(就它是等价的交换而言)的同一原则。”[①]这种公平权利就能促进效率的提高。生产要素按贡献取得报酬也是公平原则,也能促进各种投入要素的效率。因此,在经济运行中只要坚持公平权利就能促进效率提高。

坚持公平权利虽然能促进效率,但可能隐含着结果的不平等。就像马克思在肯定这种公平权利时又指出:“这种平等的权利,对不同等的劳动来说是不平等的权利。”[②]原因是以同一尺度去计量不同的个人,就会产生不同的结果。不同的劳动者的体力和能力有差别,不同劳动者赡养的人口有差别。“因此,在提供的劳动相同,从而由社会消费基金中分得

① 《马克思恩格斯选集》第3卷,人民出版社2012年版,第363页。
② 《马克思恩格斯选集》第3卷,人民出版社2012年版,第364页。

的份额相同的条件下，某一个人事实上所得到的比另一个人多些，也就比另一个人富些。”①马克思对按劳分配这种形式上的公平实际上的不公平，虽然称为“资产阶级权利”，但他仍然归结为符合社会主义公平原则的分配方式。根据此分析方法，在现阶段所进行的除按劳分配以外的按要素贡献取得报酬的分配原则也有类似的公平权利和结果的不公平。要素报酬以投入要素的贡献为报酬的标准，是公平权利，但对不同天赋不同机会的个人是照顾不到的。市场决定资源配置中坚持公平权利和原则也会产生结果的不公平，公平的市场选择必然产生优胜劣汰。

马克思指出：“权利决不能超出社会的经济结构以及由经济结构制约的社会的文化发展。”②在社会主义市场经济中为了提高效率需要坚持公平竞争。在社会主义社会，尤其是在社会主义初级阶段还不具备共产主义社会那种按需分配的物质基础的条件下，劳动还是谋生的手段，因此在分配中仍然需要坚持与效率目标一致的公平权利。

但是社会主义的公平正义原则和共同富裕的要求还是需要得到贯彻，即使是在社会主义初级阶段也是如此。社会主义的公平正义不仅要体现在分配的公平权利上，还要体现在分配结果上，防止贫富两极分化。虽然平均主义会影响效率，但结果不公平程度严重，也会影响效率。就如诺贝尔经济学奖得主斯蒂格利茨在《社会主义向何处去》中所说，分配与效率问题不可分割。“在一些不公平程度很高的情况下，它降低了经济效率……然而在其他情况下，不公平却可以加强经济效率。”③收入差距过大发展会受到低收入群体的抵制。尤其是在生产要素按贡献取得报酬的条件下，多种要素报酬可能叠加在同一个人，收入分配结果不公平会更为显著。因此，分配结果的不公平程度要处于合理区间，合理区间之内，分配会促进效率；超出合理区间，分配会影响效率。

世界银行在 2006 年以公平性发展为题的报告中指出：公平和追求长

---

① 《马克思恩格斯选集》第 3 卷，人民出版社 2012 年版，第 364 页。

② 《马克思恩格斯选集》第 3 卷，人民出版社 2012 年版，第 364 页。

③ ［美］约瑟夫·E.斯蒂格利茨：《社会主义向何处去——经济体制转型的理论与证据》，周立群译，吉林人民出版社 2011 年版。

期富足是相辅相成的。促进公平竞争环境的制度和政策(公平竞争环境是指在成为社会上活跃、政治上有影响力和经济上有生产力的角色方面,社会所有成员都享有类似的机会)有益于促进可持续增长和发展。增加公平,在两方面有助于减少贫困:对总体的长期发展发挥潜在的有利作用,以及为任何社会的较贫困群体提供更多的机会。①

因此,效率与公平的关系不是简单的谁为优先的问题,而是要从两个层次处理。首先是促进效率的公平。如坚持社会主义市场经济,坚持按劳分配和按要素取得报酬。其次是解决结果的公平问题。这个层面上的矛盾,与其说是效率与公平的矛盾,不如说是促进效率的公平与分配结果不公平的矛盾。克服结果的不公平更多地需要政府行为,如政府调节收入分配、基本公共服务均等化、规范竞争秩序、克服权利的不公平、扶贫等。

2. 质量、效率和动力三大变革

根据党的十九大精神,进入新时代提高全要素生产率突出需要推进三大变革,即质量变革、效率变革和动力变革。这三个方面称为变革是因为提高质量、效率转换动力既需要改革,也需要转变发展方式。

质量既涉及投入要素质量,也涉及产出质量。这里着重研究投入要素质量。我国目前要素的质量太低,突出表现是:劳动力素质太低、机器设备落后、矿产资源品位太低、土地贫瘠等。这种低素质的要素投入增长过程,对经济增长的贡献作用太小。因此从集约型增长考虑,提高要素投入对经济增长的贡献率,关键是提高投入要素的质量。具体地说,要重视人力资本投资,提高劳动者素质;要重视技术创新和技术开发的投资,重视在生产中采用新技术的投资;重视提高土地肥力和各种自然资源品位的投资。

生产力发展到现在这个阶段,对经济增长起作用的劳动力已不是简单劳动,而是掌握一定知识和技术的劳动。劳动要素投入对经济增长的贡献,主要是投入的劳动力的质量,而不是劳动力的数量。显然,进行人

① 《2006年世界发展报告:公平与发展》,清华大学出版社2006年版。

力资本投资，提高劳动者的素质，本身就是集约型经济增长的重要方面。

就土地及其他自然资源来说，发展中国家的需求很大，但对自然资源的投资也严重不足。一般说来，发达国家当年推动经济增长时自然资源不像今天这样紧缺，现在它们可以依赖其充裕的资本和发达的技术克服大自然资源的稀缺，发现新的资源，改变现有资源的性能，提高其生产率。对这些国家来说，自然资源相对不甚重要。而发展中国家自然资源稀缺性的缓解受资金和技术的限制，自然资源供给状况便相当重要，土地资源、矿产资源和环境资源的严重稀缺给经济增长设置的自然界限非常严格。因此，发展中国家推动经济发展一开始就要注重要素投入的效率，需要依据各种要素对经济增长的贡献（产出弹性），寻求各要素生产率的最佳组合，尤其要重视对自然资源的投资，以及依靠技术进步寻求对日益枯竭的不可再生资源的替代，提高自然资源的效能。

提高效率和降成本是一个问题的两个方面。提高全要素生产率从一定意义上说是节省要素投入，实际上就是“降成本”。提高全要素生产率所要降的成本不只是指生产过程中要降的成本，因为这方面的降成本在各类企业中都已经得到重视，而是特别要降低以下两种资源错配的成本：(1)低效的要素配置结构所产生的要素配置成本。这就是为什么把提高全要素生产率作为供给侧结构性改革的重要原因。(2)过高的制度成本。这是没有真正转到市场决定资源配置所造成的过高的资源配置成本。现阶段所要“去”的过剩产能、落后产能和污染产能，其形成原因除了发展方式问题外，就是体制上难以遏制重复建设、重复投资、行政垄断，以及地方保护问题。因此，改革的方向，是通过严格的标准（包括技术标准、环境标准和质量标准）和有效的政府改革去消除低端和无效产能；打破垄断和地方保护，强化市场优胜劣汰机制。

经济发展的动力有供给推动和需求拉动两种动力。动力变革涉及两个方面：

一是在需求侧培育和提高消费力。培育消费力先要解决居民有钱可花问题。个人消费力是由其收入水平决定的。全面提高城乡居民收入可以全面提高消费力。因此要求在国民收入分配中提高居民收入比重。提高消费力要特别注意消费弹性最大的中低收入者群体。特别是对提高低收入者的收入来说,意义不仅仅在于扶贫,更重要的是在增加经济增长的拉动力上。

培育消费力还需要解决居民有钱敢花的问题。这涉及居民的消费预期。有了良好的消费预期,增加的收入才能成为现实的消费力,从而产生即时消费。其基本的制度安排是解决居民消费的后顾之忧。在这方面政府的公共性和民生性支出起导向作用。首先是完善社会保障制度。建立和完善社会保障制度能解除居民的后顾之忧,增加的收入就能即时地进入市场消费。现阶段消费弹性最高的低收入群体尤其是农民,其社会保障最不完善,因此这部分居民就成为扩大社会保障制度覆盖面的重点。其次是完善基本公共服务体系。政府公平地为居民提供义务教育、基本医疗和公共交通等公共服务,也就可以普遍地提高居民的消费力,并且给居民提供良好的消费预期。完善基本公共服务的首要问题是,将市场化了的基本公共服务还给政府,由国有的公共部门(企业或事业单位)来提供这些服务,私人进入这些领域只能起补充公共服务供给不足的作用。政府要加大教育、医疗等公共部门的投入,以增加优质教育、医疗等公共资源的供给,减轻此类事业单位以收抵支的压力。其目标是保证中低收入者有获取公共服务的支付能力。在此基础上产生良好的消费预期,扩大对商业性产品和服务的消费。

创新是不竭的动力,也有丰富的源泉,如文化创新、制度创新、管理创新、市场创新、技术创新、科技创新等等。这些创新在创新发展中都是必不可少的。创新能否成为引领发展的第一动力,关键在于科技创新。当然,在企业运行中只是科技创新是不够的,还需要商业模式的创新。

第二节　以企业为主体的经济运行

企业为主体的经济运行可以从两个方面考察。一是从社会再生产过程的考察,涉及生产、交换、分配和消费等环节之间的不间断运动。二是从企业资本运动的考察,涉及以价值增值为目标的资本循环和周转。经济运行的效率就寓于这两个方面的运行中。

一、社会再生产过程中的经济运行

社会生产是连续不断的运动,故称为再生产。经济运行的重要方面是要使生产连续不断。规模不变的再生产为简单再生产,规模扩大的再生产是扩大再生产。企业运行都是要追求扩大再生产。

生产、交换、分配、消费构成社会再生产的总过程。物质资料的生产活动是人类最基本的生产活动。在存在社会分工的条件下,人们不可能生产自己所需要的一切产品,因此必须用自己所生产的产品和他人交换,这就在人们之间发生了交换关系;产品的生产需要投入资本、劳动力、土地等生产要素,相应地产生生产成果的分配,这就形成人们之间的分配关系;产品最后进入消费过程,就进入一个生产过程的终点,同时进入下一个生产过程的起点。

从社会再生产过程来说,生产和消费既是起点又是终点。人们一天也不能停止生产,一天也不能停止消费。一方面,生产是生产资料和劳动力的消费。生产资料和劳动者智力和体力的消费属于生产过程,包括在生产过程内,这种消费是生产消费。马克思说:“生产行为本身就它的一切要素来说也是消费行为。”①另一方面,消费品的消费又是再生产劳动力的生产。劳动者用产品来满足自己生活需要的消费,使消耗的体力和智力得以恢复,使他们的劳动力再生产出来。这种消费又直接是生产,不过它不是生产物质资料意义上的生产。从生产要消耗生产资料和劳动力的角度说,生产与消费是同一的;从产品的消费或再生产劳动力的角度讲,消费与生产也是同一的。

生产和消费具有相互决定的关系。(1)生产决定消费。生产决定着消费的对象,如吃穿住用等消费品。同时,生产也决定着消费的方式。随着生产的发展,人们的消费对象不断拓宽、丰富,消费的方式也在不断地

① 《马克思恩格斯选集》第2卷,人民出版社2012年版,第690页。

变化。所以,马克思说:生产"生产出消费的对象,消费的方式,消费的动力"①。(2)消费也决定着生产。一方面,只有通过消费,才能使产品成为现实的产品。与一般自然对象不同的是,一般自然界的存在物,人们不去消费它,它仍然存在,而人们生产的产品只有经过消费,才能证实它是现实的产品。就如一件衣服,有人穿它才是现实的衣服。另一方面,消费是生产的目的和动力,消费又创造出现实的生产。例如人们在使用黑白电视机以后自然会提出使用彩色电视机的要求,由此给生产提出新的目标。消费所形成的新的需要会对生产的调整和升级起导向作用。尤其是现在讲的消费对经济增长的拉动作用,就是消费对生产的决定作用。

交换即流通过程,包括 W—G 和 G—W 两个过程,即市场交换过程。W—G 即商品的出售。马克思认为这是惊险的跳跃,跳跃不成功,摔坏的不是商品,而是商品生产者。G—W 在生产进行之前进行生产资料、劳动力等生产要素的交换,否则,生产是无法进行的。在这里,交换决定着生产。现在所讲的市场调节就反映交换对生产的决定作用。当然,生产对交换也有决定作用:生产的性质决定交换的性质。生产发展的程度决定交换的发展程度。

分配处于生产与消费之间,但分配也并不独立于生产之外。有两种分配:一种是产品的分配;一种是生产资料和社会成员在生产过程中的分配,后者实际上是资源的分配,在资源配置中进行考察。这里只分析产品分配。所谓分配指的是为谁生产问题,涉及生产成果在提供生产要素所有者之间的分配。生产决定分配指的是:分配的对象是生产的产品,没有产品也就不可能有分配。由生产方式决定分配的方式。人们在生产过程中的地位决定了其在分配过程中的地位。以什么样的方式参加生产,也就以什么样的方式参加分配。就像生产上的多种所有制,决定多种分配方式。分配对生产也有决定作用。尤其是分配对生产效率具有激励作用。收入分配的方式不仅会直接影响劳动的效率,也会直接影响生产要素配置的效率。就像现阶段的多种分配方式,不仅可激励各种要素的投

① 《马克思恩格斯选集》第 2 卷,人民出版社 2012 年版,第 692 页。

入，还能激励各种要素的投入产出效率。

以上指出的是生产分别与交换、分配、消费的相互作用。现实中，这四个环节之间也存在相互作用。例如交换和分配，要素报酬由要素市场的供求关系决定，就指的是交换对分配的决定作用。再如分配和消费，分配形成的收入水平决定消费水平。恩格尔系数就反映消费与分配水平的相关性。

上述社会再生产过程中生产、交换、分配和消费相互作用的分析表明，经济运行实际上是这四个环节的对立统一。企业在经济运行中必须把握好这四个环节的相关性，才能提高经济运行的效率和效益。

二、企业资本的运行

无论是国有企业的资本还是民营企业的资本，有一个共同的目标都是追求价值增值，而且其运动都不能停止，必须不断地处于运动中。资本不能增值，资本运动停止就不能称其为资本。长期以来，国有企业之所以低效益，就是国有资本不称为资本，没有明确的增值目标。

企业的资本是在周而复始的循环运动中增值的。产业资本在循环过程中经历购买生产要素、生产和销售三个阶段，采取货币资本、生产资本和商品资本三种形态。资本循环的正常进行要求产业资本的三种职能形式在空间上同时并存，并且它们的循环在时间上相互继起。同一时刻，社会中的产业资本必须按合理比例作为货币资本、生产资本、商品资本形式而存在，资本才能够顺利流动，而不至于发生停顿；三种形式的资本还必须各自相继转换为其他职能形式并回到原出发点，各自的转换过程在时间上必须紧密衔接、相互交替，否则就会导致转换过程的停滞。企业资本在其各个阶段运行中不间断，是企业资本运行效率的一个要求。资本作为自行增值的价值，必须理解为运动。“价值经过不同的形式，不同的运动，在其中它保存自己，同时使自己增值，增大。”①

资本连续不断、周而复始的循环被称为资本周转。资本周转效率关

① 《马克思恩格斯选集》第2卷，人民出版社2012年版，第322页。

键在于周转的速度,资本周转的速度越快,一定时期内资本周转获得的利润总量就越多。加快资本周转对企业有非常重要的意义,它能够提高企业的经营能力和偿债能力,提高企业的竞争力,更快的资本周转速度提高了资本使用的效率,较快的资本回收期节约了企业预付资本的投入量,增加了单位时间内经营的效益,此外,节省的资本还能用于扩大再生产或开拓新项目。

资本周转速度与资本周转时间成反比。资本周转时间包括生产时间与流通时间,生产时间包括劳动时间、劳动过程中正常的中断时间和生产要素储备时间,主要受到生产技术和效率等影响,流通时间包括货币资本转换为生产资本的购买时间和商品资本转换为货币资本的销售时间,主要受要素或商品的供求和竞争状况的影响。企业在运行中设法缩短生产时间和流通时间,就能加快资本周转的速度,从而使一定量资本在同一时间内产生更大的效益。

资本集中是做强做优做大单个资本的途径。资本集中虽不能直接增大社会总资本,但可以改变资本的结构和质量。

在竞争背景下,企业资本的运行必然会产生资本的集中。资本集中是指把若干个已有的、规模相对较小的资本合并重组为规模较大的资本。在马克思看来,资本集中有强制的道路和平滑的方式两种。强制的道路即吞并。“某些资本成为对其他资本的占压倒优势的引力中心,打破其他资本的个体内聚力,然后把各个零散的碎片吸引到自己方面来。”平滑的方式,即“通过建立股份公司这一比较平滑的办法把许多已经形成或正在形成的资本融合起来”①。

现实中,资本集中的主要途径有:一是并购(包括兼并、收购),即在竞争中居优势地位的资本并购居劣势地位的资本,包括部分并购或整体并购;二是联合,即原有的分散的单个资本联合成新的更大的资本;三是通过向社会发行股票等方式,把社会闲散资金集中起来使之转化为资本。竞争和信用是集中的两个最强有力的杠杆。马克思阐明了资本吸引资本

① 《马克思恩格斯选集》第2卷,人民出版社2012年版,第282页。

的竞争规律。一般来说，总是“较大的资本战胜较小的资本”。在正常条件下经营某种行业都有个最低限量资本规模的问题，达不到最低限量的小资本就会被挤到大工业不完全占领的生产领域中去。“竞争的激烈程度同互相竞争的资本的多少成正比，同互相竞争的资本的大小成反比。竞争的结果总是许多较小的资本家垮台，他们的资本一部分转入胜利者手中，一部分归于消灭。”①显然，竞争对集中起着重要的杠杆作用。就信用对资本集中的杠杆作用来说，规模较大、效益较好的资本，可利用其较强的信誉和信用地位，获得用户信任和银行等金融机构的支持，进而能更有效地击败竞争对手，然后以很低的价格收购对手的资产，或通过清偿债务和自愿联合的方式将其吞并，促进资本集中。同时，信用关系的发展，又使企业有了更多的融资渠道，企业对这些融资渠道的利用，实际上也就是对社会各类闲散资金的集中。企业对社会各类闲散资金的集中，超出了对既有资本进行集中的局限，使单个资本的扩大有了更广阔的资金来源。

第三节　宏观经济运行的质量

宏观经济运行，一方面是指企业总体的运行，也就是社会总资本的运行，涉及结构的协调问题；另一方面是指全社会总量供给和需求的平衡关系，涉及总量平衡，即总供给和总需求的均衡。宏观经济运行的质量就体现在结构协调和总量均衡中。宏观经济运行离不开以政府为主体的宏观调控。宏观调控的质量直接影响宏观经济运行的质量。

一、社会总资本运行中的结构协调

根据新发展理念，协调是评价发展的标准和尺度，当然也是宏观经济运行的质量标准。协调发展的重要方面是国民经济各部门、各地区、各企业之间，社会再生产各环节之间以及各产业层次和技术水平的构成的平

① 《马克思恩格斯选集》第2卷，人民出版社2012年版，第281页。

衡和协调。

根据马克思的再生产理论。企业的个别资本的运动并不是彼此孤立的,而是相互有机联系着的。社会总资本就是以社会分工和市场交换为条件,相互联系、相互依存、相互制约的全社会各单个资本的总和。社会总资本的运动同单个资本一样,经过生产过程和流通过程,依次变换着社会总资本的职能形式,进行循环和周转,实现社会总资本的再生产。社会总资本再生产的核心问题是社会总产品的实现问题。

社会总产品有物质形态和价值形态。从物质形态上看,社会总产品是社会在一定时期内(通常为一年)所生产的全部物质资料和服务的总和,按最终用途可以被划分为用于生产消费的生产资料和用于生活消费的消费资料。相应地,社会生产也就被抽象地划分为两大部类:生产生产资料的部门构成的第一部类(Ⅰ)和生产消费资料的部门构成的第二部类(Ⅱ)。在现实中,生产部门划分为三次产业。第一产业主要包括农业、林业、畜牧业、渔业等以自然资源为劳动对象的行业,第二产业主要指工业,是对初级产品进行加工的部门,第三产业是除第一、二产业以外的非物质生产部门,即服务业。两大部类和三次产业两种分类方法存在着差异,前者更为抽象,以社会总产品的概念涵盖一切物质生产部门,而后者把非物质的服务的生产纳入国民经济中。尽管存在这样的差异,我们仍然可以用马克思主义政治经济学的方法建立两者的联系。

从价值形态上看,社会总产品又被称为社会总产值,可划分为包含在产品中的生产资料的转移价值(c),凝结在产品中的由工人必要劳动创造的价值(v),以及凝结在产品中的由工人在剩余劳动时间里创造的价值(m)。马克思对社会总资本再生产的研究是在对社会生产两大部类划分和社会总产品价值形态三个部分划分的基础上进行的。

社会总产出(包括社会总产品和服务)的实现包括它的价值补偿和物质替换,即社会再生产的过程中不仅耗费的资本必须能够得到价值上的补偿,而且实际生产耗费的生产资料和消费资料还必须得到实物的替换。社会资本的运动"不仅是价值补偿,而且是物质补偿,因而既要受社会产品的价值组成部分相互之间的比例的制约,又要受它们的使用价值,它们的物质形态的制约”①。一方面，社会总产出只有通过交换从商品形式转化为货币形式，实现价值补偿，社会资本才能周转回到原来的出发点，重新购买生产要素进行新一轮的再生产，否则，如果耗费的资本不能充分得到补偿，社会再生产就不能顺利进行；另一方面，社会资本获得的价值总量还要足以购买需要补偿和替换的生产要素，从而满足再生产继续进行的需要，如果生产的产品和服务在实物构成与生产所需要耗费和补偿不一致，那么社会再生产同样难以进行。

社会再生产的正常运行需要满足社会总产出的总量平衡与结构平衡的要求。

在剩余产品全用于消费而不是积累的简单再生产条件下，两大部类的基本平衡式为：

$$\mathrm{I}(v+m)=\mathrm{II}c \tag{9-3}$$

公式(9-3)中，$\mathrm{I}(v+m)$ 在价值上表示第Ⅰ部类所需的消费资料和生活服务，但在实物上作为第Ⅰ部类的产出是生产资料和生产性服务，$\mathrm{II}c$ 在价值上表示第Ⅱ部类所需的生产资料，但在实物上作为第Ⅱ部类的产出是消费资料和生活服务，它们的供求在价值和使用价值上不一致，无法通过部类内部的交换来实现，因此需要靠两大部类之间的交换来实现。两大部类的产品通过交换，价值得到报酬，物质得到替换，简单再生产得以继续进行。

在剩余产品积累的扩大再生产中，社会总产出除了补偿原来两大部类的耗费，还需要有剩余的产品和服务用于追加投入，从而使再生产在社会总资本的循环中不断扩大规模。因此社会总产出的总量平衡和结构平衡要求各部类的全部产出在总量和结构上都分别要满足两大部类对各类资料和服务的补偿需要和扩大再生产的追加需要。其必要条件如下公式：

$$\mathrm{I}(v+m)>\mathrm{II}c \tag{9-4}$$

社会扩大再生产实现的基本条件为：

---

① 《马克思恩格斯选集》第2卷，人民出版社2012年版，第388页。

$$\text{I}(v+\Delta v+m/x)=\text{II}(c+\Delta c) \tag{9-5}$$

在这个公式里，$\text{I}(v+\Delta v+m/x)$ 这部分在供给的实物形态上是生产资料，所需要的则是生活资料；而 $\text{II}(c+\Delta c)$ 的供给和需求恰好相反，它供给的是消费品，需求的是生产资料。因此，$\text{I}(v+\Delta v+m/x)$ 就需要和 $\text{II}(c+\Delta c)$ 进行交换，并且只有彼此的价值量相等，两大部类的产出才都能得到实现。

基于上述社会再生产平衡公式，马克思进一步阐释的几个重要原理对协调产业结构有着重要意义。

第一，扩大再生产的前提条件是两大部类的产出都要相比简单再生产的需要而产生剩余，尤其是固定资本的不同部分的寿命和更新周期有长有短，为此形成的折旧基金的报酬周期也不同。因此可能产生"产品过剩"。这种过剩，"在资本主义生产下，它却是祸害"[①]，可能产生危机。原因是"在资本主义社会内部，这种生产过剩却是无政府状态的一个要素"[②]。就如他在讲到第Ⅱ部类生产过剩时指出的："第Ⅱ部类的生产过剩了，而这只有通过一次大崩溃才能恢复平衡。"[③]而在再生产的资本主义形式废除后，仍然存在固定资本的实物补偿问题，仍然需要用不断的相对的生产过剩来补救。"这种生产过剩等于社会对它本身的再生产所必需的各种物质资料的控制。"[④]

第二，生产资料生产和消费资料生产这两大比例是国民经济各个部门之间比例关系中的核心比例。过去有人片面强调 $\text{I}(v+m)>\text{II}c$ 这个扩大再生产的前提条件，片面强调生产资料生产部门的优先增长。而在马克思那里还有涉及消费资料生产的 $\text{II}[c+(m-m/x)]>\text{I}(v+m/x)$ 这个扩大再生产的另一个前提条件，还有两大部类平衡的实现条件。正是在这一意义上，列宁指出："社会产品的第Ⅰ部类（生产资料的生产）能够而且应当比第Ⅱ部类（消费品的生产）发展得更快。但是

① 《马克思恩格斯选集》第2卷，人民出版社2012年版，第409页。
② 《马克思恩格斯选集》第2卷，人民出版社2012年版，第410页。
③ 《马克思恩格斯选集》第2卷，人民出版社2012年版，第435页。
④ 《马克思恩格斯选集》第2卷，人民出版社2012年版，第410页。

决不能由此得出结论说，生产资料的生产可以完全不依赖消费品的生产而发展，也不能说二者毫无联系。……生产消费（生产资料的消费）归根到底总是同个人消费联系着，总是以个人消费为转移的。”①

第三，即使是在共产主义社会，虽然已经不存在货币，但仍然有个社会生产比例问题。“如果生产是社会的，而不是资本主义的，那么很明显，为了进行再生产，第Ⅰ部类的这些产品同样会不断地再作为生产资料在这个部类的各个生产部门之间进行分配，一部分直接留在这些产品的生产部门，另一部分则转入其他生产场所。”②这就提出对部门之间比例的计划调节问题。

第四，不同部门的资本周转时间是不一样的。有的部门劳动期间长，会在相当长的时间中取走生产资料和生活资料，但不提供社会产品。考虑到总产品市场的平衡，马克思设想在未来社会中，“社会必须预先计算好，能把多少劳动、生产资料和生活资料用在这样一些产业部门而不致受任何损害，这些部门，如铁路建设，在一年或一年以上的较长时间内不提供任何生产资料和生活资料，不提供任何有用效果，但会从全年总生产中取走劳动、生产资料和生活资料。”③就是说，有些生产部门在较长时间内取走劳动力和生产资料，而在这个时间内不提供任何有效用的产品；而另一些生产部门不仅在一年间不断地或者多次地取走劳动力和生产资料，而且也提供生产资料和生活资料。“在社会的生产的基础上，必须确定前者按什么规模进行，才不致有损于后者。”④

马克思的社会再生产理论可以归结为协调发展理论，是马克思主义政治经济学的重要组成部分。社会再生产理论揭示社会化大生产条件下国民经济运行的基本规律。其中两大部类平衡理论实际上指出了社会再生产中产业结构（生产资料生产部类和消费资料生产部类）的协调、投资和消费的协调。在此基础上，实现国民经济按比例发展，并依据我国社会

① 《列宁全集》第4卷，人民出版社1984年版，第44页。
② 《马克思恩格斯选集》第2卷，人民出版社2012年版，第400页。
③ 《马克思恩格斯选集》第2卷，人民出版社2012年版，第379页。
④ 《马克思恩格斯选集》第2卷，人民出版社2012年版，第386页。

主义建设的实践产生了统筹兼顾、注意综合平衡,以农业为基础、工业为主导、农轻重协调发展的理论。这被习近平总书记肯定为我们党对马克思主义政治经济学的创造性发展成果。

进入新时代,协调成为新发展理念的重要方面。协调作为发展的手段,注重发展的平衡性、系统性与可持续性,这也是发展的内在要求。协调发展是平衡和不平衡的统一。由平衡到不平衡再到新的平衡是事物发展的基本规律。强调协调发展不是搞平均主义,而是更注重资源配置均衡、更加注重整体性和协调性,注重不同产业、不同区域、城乡之间的平衡发展。

二、宏观经济的合理区间

宏观经济运行的质量,除了要求上述结构协调外,还要求总量均衡。即总供给和总需求的均衡,既不会因经济过热而出现通货膨胀,也不会因经济过冷而出现通货紧缩。总量指标涉及价格总水平、利率总水平、就业总水平等。宏观经济运行的质量取决于以政府为主体的宏观调控机制的质量。

宏观经济具有周期性波动的特征。宏观经济的总量失衡主要表现在两个方面:一是总供给大于总需求,其直接影响是通货紧缩和就业不足。二是总供给小于总需求,其直接影响是通货膨胀。针对宏观总量的不均衡,在市场经济条件下,政府对总量进行调控的基本方式是通过紧缩性或扩张性财政和货币政策调控总需求。其功能有两个方面:一是调节总需求结构,尤其是对消费、投资和出口三驾马车的拉动力进行协调,使各自的作用达到最佳状态。二是调节总需求量。根据宏观总量失衡的严重程度,财政和货币政策有不同的搭配。例如积极的财政政策和稳定的货币政策的搭配,“双松”或“双紧”的财政和货币政策的搭配等。这些政策对宏观总需求方向进行逆调节,将总需求控制在合理区间,防止总需求的大起大落。

过去对社会主义市场经济的理解是市场在国家的宏观调控下对资源配置起基础性作用,实践证明,这种宏观调控的质量不高,市场的作用不能充分发挥。进入新时代后,明确了市场对资源配置起决定性作用,相应的创新和完善宏观调控的基本思路是让市场决定资源配置的同时更好发挥政府作用,在宏观调控机制方面的表现就是明确宏观经济的合理区间。

所谓宏观经济的合理区间,是指经济发展处于合理的上限、下限所形成的合理区间内。宏观经济的合理区间涉及经济增长率与通货膨胀率、新增就业、失业率、居民收入水平等指标之间的相关性。合理区间的上限主要是由通货膨胀的下限决定的。根据经验数据,我国经济过热时,通货膨胀率一般会达到5%左右,人民群众难以承受,这时就需要进行宏观调控,降低经济的热度。合理区间的下限即经济增长率的下限,则是由失业率的上限和居民收入增长的下限决定的。经济过冷,一方面会使失业率上升,人民群众难以承受;另一方面居民收入增长速度减慢。党的十八届五中全会确定,“十三五”期间,按照居民收入增长和经济增长、劳动报酬提高和劳动生产率提高“两个同步”的要求,经济增长率的底线是6.5%。界定宏观经济的合理区间对提高宏观调控的科学性与有效性具有重要意义。明确合理区间意味着宏观调控方式转向区间调控。实施区间调控,指的是在宏观经济处在合理区间时,不实施“强刺激”,特别是大幅调节需求的政策措施,其意义:一是避免宏观调控对经济过度干预体现宏观政策要稳;二是市场对资源配置起决定性作用的宏观机制保证。在合理区间内,政府不再时时调控市场,从而给市场自主地配置资源留出更多的空间。这就有效地保证了资源配置的效率。为提高经济增长质量和效益提供了可靠保证,更好地体现了经济增长主要由市场推动。

在实行宏观经济区间调控时,政府的宏观调控绝不是被动和消极的。有时为了应对突发事件、特殊变故和宏观调控的特定目标,以及宏观经济运行靠近合理区间的上限或下限时进行微调,基本方式是“定向调控”。精准发力,就是在调控上不搞“大水漫灌”、不采取短期强刺激措施,而是抓住重点领域和关键环节,有针对性地实施“喷灌”“滴灌”。既要防止经济过快增长超出“上限”、超过资源环境承载能力或带来通货膨胀,又要防止经济增长滑出“下限”、造成巨大的就业压力,也就是说必须保住经济增长的“底线”,实现国民经济稳定发展。因此,“区间调控”、“定向调控”和“相机调控”，集中反映了我国经济新常态下宏观经济调控方式的新探索和新实践。为促进我国经济行稳致远奠定了坚实的基础。从经济增长来说，就是要确保增长水平保持在“合理区间”，从而保证宏观经济的高质量运行。

思考题

1. 经济运行有哪几个层次？在各个层次的经济运行中如何提高效率和质量？

2. 资源配置的效率是如何提高的？如何处理好公平与效率的关系？

3. 如何认识全要素生产率？

4. 宏观经济运行的质量体现在哪里？

第十章　有序竞争的市场秩序

党的十九大报告提出：着力构建市场机制有效、微观主体有活力、宏观调控有度的经济体制。[①] 市场机制有效的前提是建设现代市场体系。它是现代化经济体系的重要组成部分。所谓建设现代市场体系指的是建设统一开放、竞争有序的市场体系，实现市场准入畅通、市场开放有序、市场竞争充分、市场秩序规范，加快形成企业自主经营公平竞争、消费者自由选择自主消费、商品和要素自由流动平等交换。

第一节　建设现代市场

市场经济从产生到现在已经经历了从古典到现代的发展。中国发展市场经济起步晚，但起点高。就是说，中国发展市场经济的过程不能等待市场经济的自然发展，发展市场经济同样有个发挥后发优势的问题。同社会主义结合的应该是现代市场经济。

一、现代市场的特征

何谓市场？顾名思义，就是商品交换的场所。市场经济发展到今天，市场形态变化很大，商品交换并非一定要特定的场所，一个传真、一个电子邮件就可以完成商品交换，特别是到了移动互联网时代，依靠移动终端，通过互联网平台，即时购买、即时消费、第三方支付。因此，人们把市

① 习近平：《决胜全面建成小康社会　夺取新时代中国特色社会主义伟大胜利——在中国共产党第十九次全国代表大会上的报告》，人民出版社 2017 年版，第 30 页。

场定义为商品交换的关系，就如马克思所说：流通过程是商品生产者关系的总和。

党的十九大报告对完善市场机制提出的要求是："要素自由流动、价格反应灵活、竞争公平有序、企业优胜劣汰"。这是以市场达到现代化水平为前提的。

诺贝尔经济学奖获得者希克斯曾在他的《经济学展望》一书的序言中指出了现代市场经济的特征①：(1)市场不再是"原子型市场"。由于生产的集中和资本的集中，垄断企业控制了市场，垄断企业内部的计划性会带动它所控制的市场的计划性。(2)没有组织的市场已经被有组织的市场代替。在希克斯的分析框架中，市场是否有组织，可以从价格体系上反映出来。现实中存在两种价格体系：一种是传统的"弹性价格"市场，在这种市场里，价格仍然决定于供给关系；另一种是"固定价格"市场，价格由生产者决定。由于垄断力量的强大，现代市场经济中"固定价格"市场所起的作用越来越大，市场的组织性也表现得越来越强。根据希克斯的分析，现代市场经济已不是人们所认为的无组织状态的经济，不是以分散的众多的个体经营者为主体的经济，而是有组织的经济，这种组织性主要体现在发展到相当规模的企业的组织性和在某个部门占主导地位的少数几个企业内部的计划性。在有组织的市场经济中，价格也不是随意波动的。

市场经济发展到现代阶段，已经具有了如下特征：(1)市场结构完备，生产要素和产品流动无障碍；(2)市场竞争充分并有规范；(3)市场调节信号完善并准确；(4)市场活动有较高的组织程度。我国目前的市场与现代市场的差距表明了创建现代市场的内容，主要表现在以下几个方面：

一是统一性。市场体系的统一性是指市场体系无论是从构成上还是空间上均是完整统一的。从构成上看，它不仅包括一般商品市场，而且包括生产要素市场；不仅包括现货市场，而且包括期货市场；不仅包括批发

① [英]约翰·希克斯：《经济学展望》，余皖奇译，商务印书馆2013年版，第5—8页。

市场,而且包括零售市场;不仅包括城市市场,还包括农村市场等。从空间上看,各种类型的市场在国内地域间是一个整体,不应存在行政分割与封闭状态。部门或地区对市场的分割,会缩小市场的规模,限制资源自由流动,从而大大降低市场的效率。

二是开放性。市场体系的开放性是指各类市场不仅要对国内开放,而且要对国外开放,把国内市场与国外市场联系起来,尽可能地参与国际分工和国际竞争,并按国际市场提供的价格信号来配置资源,决定资本流动的方向,以达到更合理地配置国内资源和利用国际资源的目的。反之,封闭的市场体系不仅会限制市场的发育,还会影响对外开放和对国际资源的利用。

三是竞争的公平性。市场体系竞争的公平性是指它鼓励和保护各种经济主体的平等竞争。公平竞争会创造一个良好的市场环境,以促进生产要素的合理流动和优化配置,提高经济效率。而一切行政封闭、行业垄断、不正当竞争都有损市场效率。

四是有序性。市场体系的有序性是指市场经济作为发达的商品经济,其市场必须形成健全的网络、合理的结构,各类市场都必须在国家法令和政策规范要求下有序、规范地运行。市场无序、规则紊乱是市场经济正常运行的严重障碍,它会损害整个社会经济运行的效率,容易导致社会经济发展的无政府状态。

我国在确定建立社会主义市场经济体制的改革目标后,推行了一系列以放开为内容的改革,其中包括产品、生产要素退出原有的计划分配或购销渠道。应该说,由计划经济体制转向市场经济体制,放开是必要的过程。但是,单是放开发展不出社会主义市场经济,必须要有相应的市场建设来替代原有的计划渠道。

第一,加强市场关系的建设。许多地区的市场建设进入一个误区,即把市场建设仅仅等同于建设市场所需的场所和设施。产生这种误区的理论原因是把市场只定义为交换的场所,因此一讲到市场建设,就是建市场场所。结果,按此定义建设起来的许多市场出现了有“场”无“市”的状况。因此走出这一市场建设误区的关键是加强市场联系和网络的建设。

其中包括进入市场的主体培养和引导、供产销联系网络的建设、市场信息手段的完善等。

第二,建设现代化水准的市场。目前许多地区的市场建设进入的另一个误区是建立低层次的集市贸易型市场、摆地摊式的市场和多环节转手倒卖型市场。这不仅形成了市场建设的过大费用,还使市场建设得不到预期效益。实践证明,低层次的原始型市场是替代不了这种计划渠道的。根据现代市场的标准,应注重建设具有现代化水平的各类批发市场、专业市场、超级市场及期货市场,尤其是建设“互联网+市场”。

第三,完善市场体系。市场不仅包括产品市场还包括生产要素市场。对于由计划经济转向市场经济来说,更具有特征性意义的是,生产要素进入市场并形成完善的要素市场体系,包括资本市场、劳动力市场、技术市场、信息市场等。市场经济的基本特征是市场调节各种生产要素的配置,只有在各种要素进入市场系统才可能有现实的市场经济。反过来说,如果各种要素没有进入市场系统,还在计划系统中,市场调节就是空的。

二、完备的市场体系

所谓市场体系是指包括各类市场在内的有机统一体,即以商品市场和生产要素市场组成的相互影响、相互作用的各类型市场的总和。市场体系是在社会化大生产充分发展的基础上,由各类市场组成的有机联系的整体。它包括各类商品市场和生产要素市场。它们相互联系、相互制约,推动整个社会经济的发展。培育和发展统一、开放、竞争、有序的市场体系,是建立社会主义市场经济体制的必要条件。

市场体系就是相互联系的各类市场的有机统一体。市场体系的结构可以从不同的角度来划分。从市场交换的对象来看,它主要包括商品市场和生产要素市场。商品市场主要包括消费品市场和生产资料市场。生产要素市场主要包括金融市场、劳动力市场、技术市场、信息市场、房地产市场。此外,还有一些按行业来区分的市场,如旅游市场、娱乐市场、文化市场、运输市场、教育市场等。在整个市场体系中,商品市场是决定和影响其他市场的主体和基础,其他市场都是在商品市场的基础上发展起来的,整个市场体系的运转是以商品市场为中心的。生产要素市场和其他市场对商品市场也有重要的反作用。随着市场经济的不断发展,各种要素市场和其他市场日益活跃,并形成独立的市场分支,对商品市场的发展起着越来越大的作用。

消费品市场是交换用于满足消费者的个人和生活消费需要以及社会消费需要的消费品的市场。如食品、服装、日用品等。消费品市场是社会再生产中最后的市场实现过程,它体现了社会最终供给与最终需求之间的对立统一关系。消费品市场具有以下特点:消费品市场涉及千家万户和社会的所有成员,全社会中的每一个人都是消费者;消费品市场因社会需求结构和形式的多样性、多变性而呈现出多样性和多变性的特点;市场交易量不一定很大,但交易次数可能很多。消费品市场与人们的日常生活息息相关,它体现了社会再生产过程最终的市场实现,反映了消费者最终需求的变化。作为最终产品市场,消费品市场与其他商品市场密切相关,集中反映着整个国民经济的发展状况等。

生产资料市场是交换人们在物质资料生产过程中所需要使用的劳动工具、劳动对象等商品的市场。例如生产所需的原材料、机械设备、仪表仪器等等,都是生产资料市场的客体。与消费品市场相比,生产资料市场的特点是:在生产资料市场上所交换的商品大部分是初级产品和中间产品,而不是最终产品。这些商品主要用于生产过程,交换主要是在生产企业之间进行。市场交易的参与者是单纯的生产部门,属生产性消费,购买数量大,交易方式多是大宗交易或订货交易,供销关系比较固定;生产资料市场需求属于派生性、引发性需求。由于生产资料不是最终产品,而只是为消费品生产提供条件,因此对生产资料需求的规模、种类和数量,取决于社会对消费品需求的状况。从生产资料市场的作用看,它集中反映了中间产品和初级产品的供求关系,为各企业生产过程提供物质条件,在社会再生产过程中起着中介作用。它的供求状况集中代表了社会物质资源配置的效率和比例情况。因此,生产资料市场运作得越是有效率,社会再生产的运行便越是通畅。它作为联结生产资料生产过程和生产资料消费过程的桥梁,其发展意味着社会再生产的扩大。生产资料市场并不都是现货市场,实践中发展起了期货市场。

完备的市场体系不仅包括现货市场,期货市场也是不可或缺的。期货市场是按照已达成的协议交易并按预定日期交割的交易场所或领域。与现货市场不同的是,期货市场的交割期放在预定的未来,而价格、交货及付款的数量、方式、地点和其他条件是在即期由买卖双方在合同中规定。这对买卖双方可以锁定风险,但不可避免的是从签订合约到商品交割期间,期货合约在期货交易所内流通。商品及证券均可在期货市场上交易,从而产生投机。

在现实中,期货市场是针对长期投资和未来实现供给的产品建设的。现实中有许多投资的生产周期较长,如钢铁,从投资到生产出钢铁有相当长的时间,未来的市场状况不确定就会带来风险。再如农业生产,农民从播种到收割也有半年多的时间,未来的市场也是不确定的。期货市场的基本功能是为此类长期投资者和生产者提供锁住风险和分散风险的机制,从而使生产周期或投资周期长的生产和投资得以进行。比如,农民播种时就出售来年才生产出来的粮食,钢铁厂出售若干年后才出炉的钢锭。来年的粮食价格走向和若干年后钢材价格走向在有众多投资者参与的市场上通过竞拍未来提货的粮食和钢锭的价格来进行评估,投资者之间相互购买期货的行为实际上就在转移风险。特别是,期货市场存在风险对冲的机制,对每个投资者来说都有规避和控制风险的内在动力。开放期货市场的条件,最为重要的是期货市场要有严格的规范和管理,特别是实行严格的会员制,进入市场者要有严格的资格审查等等。

三、完善的要素市场

发挥市场机制在资源配置中的决定性作用,必须培育和发展要素市场体系。要素的市场化配置是市场决定资源配置的前提和实现形式。如果要素没有市场化配置,市场决定资源配置就是空话。要素市场的发育程度,涉及资本、土地、劳动力、技术等要素的市场化程度。我国市场体系不完备的一个主要表现是要素市场的成长远远滞后于产品市场。市场化改革以来,生产资料、资本、劳动力、技术、房地产等要素先后不同程度地进入了市场，但是，各种要素进入市场的程度、各种要素市场放开的程度和完善程度存在着很大的差异。因此生产要素市场秩序建设的首要内容是健全生产要素市场，使各种生产要素同等地进入市场。

要素市场能够起到有效配置要素的作用。市场决定资源配置的前提条件是各类生产要素都进入市场系统。不仅如此，各个要素市场的调节及在市场调节下的要素流动必须是协同的，市场秩序的混乱常常表现为各个要素市场调节作用的不协同和要素流动方向的不协同。严格地说，上述生产资料市场也属于要素市场。这里根据要素市场化配置的要求，重点考察生产资料市场以外的几个重要的要素市场。

1. 各种要素都进入市场

要素的市场化配置，必须要解决的是各种要素都进入市场。在过去的计划经济中，各种要素都集中在政府手中。现在转向市场经济，各种要素正在从政府转向市场。政府对生产要素放得越彻底，要素的流动也就越自由。就目前来说，各种要素进入市场的程度是不平衡的。各种要素都顺利进入市场，需要打破体制性障碍。

各个要素市场充分开放，实际上要解决要素顺畅进入市场的通道。现在需要解决的突出问题有三个：

第一，劳动力市场开放。劳动力的合理配置主要是通过市场流动和交换实现的，市场供求关系调节着社会劳动力在各地区、各部门和各企业之间的流动；劳动报酬受劳动力市场供求和竞争的影响，劳动力在供求双方自愿的基础上实现就业。劳动力的就业和再就业机制就是劳动力市场机制。劳动力供需双方通过市场自由选择，能够促进劳动力的合理流动和布局，长期以来，受社会主义条件下劳动力不是商品的意识形态影响，劳动力市场久久不能开放。现在劳动力市场虽然已经开放，但城乡劳动力的自由流动仍然受阻。需要深化户籍制度改革，打破城乡地缘行业的分割和身份性别的歧视，实现劳动力在城乡之间自由流动，不仅是农村劳动力进入城市，以后还要解决城市劳动力进入农村。这个通道解决好了，城乡发展就深度融合了。

劳动力市场的主要价格信号是工资，它调节着劳动力市场的供求。

劳动力市场的载体包括人才招聘会、职业介绍所、专门网站等，公开招聘是劳动力市场的具体形式。我国劳动力资源丰富，就业压力大，因此要通过积极发展和完善劳动力市场来扩大劳动人口的就业和择业的范围，促进劳动力的合理流动。劳动力的市场配置行为，不可避免地会出现劳动者由于原有的劳动技能不能适应新的经济结构的变化而产生的结构性失业现象。建立劳动力市场是市场经济条件下实现人力资源优化配置的有效手段。劳动力市场的作用是调节劳动力的供求关系，使劳动力与生产资料的比例相适应，实现劳动力合理配置，使企业提高劳动生产率，提高经济效益，保证社会再生产的正常进行。

第二，大数据的市场分享。在信息社会，尤其是进入互联网时代后，大数据成为通常讲的除资本、计算、劳动力、管理、土地以外的新的发展要素，甚至比石油资源还重要。现在大型互联网企业、大型电商企业掌握足够多的大数据，依靠垄断大数据从而垄断市场。谁掌握大数据，谁就垄断市场。正因为大数据已经成为现代的经济资源，就需要解决怎么把大数据这个资源推动发展的作用进一步发挥出来，推动大数据市场的充分开放问题。习近平总书记 2017 年 12 月 8 日主持中央政治局学习，专门研究大数据问题，要求以数据集中和共享为途径，打通信息壁垒，形成覆盖全国、统筹利用、统一接入的数据共享大平台。

第三，资本进出的自由选择。这是要素自由流动的微观基础。要素怎么进入市场，怎么自由流动，是在资本的自由选择中实现的。资本自由选择有两个条件：一是需要营造宽松、便捷的市场准入环境，建立公平统一、开放透明的市场准入机制。政府审批和准入的制度安排就阻碍资本的自主选择和要素的自由流动。国家通过“负面清单”的准入制度安排就为资本的自由选择提供了制度性保证。二是需要有效的资本退出机制。这里有两个方面特别重要：一是强化优胜劣汰的退出机制，解决束缚在低效率企业中的各种要素退出后进入市场。如果没有退出，进入市场的要素一定是有限的。二是灵活的资本市场退出机制，这对支持创新创业的风险投资特别重要。风险投资在资本市场及时退出，可以使风险投资源源不断。

2. 建设完备的要素市场

要素的市场化配置首先要求存在完备的生产要素市场，从而使各种生产要素同等地进入市场。我国实行市场经济体制以来，虽然大部分要素市场已经形成并开放，但毕竟是从非市场的计划经济转化来的，实现要素市场化配置还存在以下三个短板，因而需要弥补市场建设的短板。

第一，建设多层次的资本市场。金融是现代经济的核心，是资本要素市场化配置的主渠道。银行和资本市场都具有融通资金配置资源的功能，在现代，包括银行和各个层次的资本市场的金融体系越发达，越有利于资本的自由流动。银行的主要作用在于增量融资，资本市场在存量资产的交易方面有优于银行的优势。现实的要素配置尽管需要银行进行要素的增量配置，但更为需要的是资本市场进行存量要素的再配置。推动结构调整和升级，提高企业效益需要完备而充分作用的资本市场。长期以来，我国的金融体制特征是重银行轻市场。由此产生的供给侧结构性问题是银行贷款的数量太大，企业杠杆率太高，利息负担太重。因此供给侧改革要"去杠杆"。但是"去杠杆"绝不意味着企业不要融通资金，而是由间接融资转向直接融资，鼓励股权融资，由此遇到资本市场供给不足的瓶颈。现阶段的资本市场主要是股票市场。股票市场的重要功能是能够对厂商创造的未来回报趋势的现值作出估计，从而引导投资决策。要使资本市场具有这种功能就需要有完备的市场体系，能够给投资者提供多元化的投资场所和多种投资工具，包括各种证券(债权、股票、基金、期权)等。资本市场借助这些投资场所和工具能够起到转移和分散风险的作用。资本市场融资可以通过其转移和分散风险的功能降低全社会的风险。当然，股市上的投机过度也可能提供错误信息，因此资本市场建设的重要方面就是规范资本市场秩序，保护投资者利益。

第二，规范土地市场。土地是重要的生产要素。在我国，其所有权，城市的归国家所有，农村的归集体所有，因此进入市场交易的是土地使用权。我国目前的土地市场是以国有土地使用权为核心的土地出让、转让、租赁为交易内容的市场。土地市场包括两级：土地一级市场是土地使用权转让市场，由政府通过批租和拍卖的方式转让国有土地的使用权。土地二级市场是土地流通市场，也就是从土地一级市场获得土地使用权后进入土地流通的市场。我国地少人多，必须十分珍惜和合理使用土地资源，加强土地管理，切实保护耕地，严格控制农业用地转为非农业用地。建设和完善土地市场的基本要求是提高其市场化程度。一方面规范政府管理和调控土地市场的行为；另一方面在土地一级市场上引入市场竞争机制，经营性土地一律采取招标拍卖形式供给土地；此外，还要严格规范和监管土地二级市场，防止过度投机。

与地产市场密切相关的是进行房屋的交易和转让的房产市场，现实中合称房地产市场。其特点：一是非流动性商品。二是具有垄断性。因为土地是有限的，优等地更有限，这就造成了土地使用权的垄断。三是房地产价格具有上浮性。随着经济的发展，建筑地段级差收入不断上涨，从而促使土地使用权价格上升，房屋价格也随之上升。本来房子只是用来住的，房地产价格即使缓缓上升也是可控的，根据马克思的分析，土地价格是"资本化的地租，也就是说，正是这个资本化的贡赋，表现为土地价格，因此土地也像任何其他交易品一样可以出售"①。凡是资本化的收入，就像股票价格一样，都可能提供投机的机会。土地资源具有稀缺性和不可再生性的特征，因此人们对土地价格的走向往往有过高的预期。土地的投机炒卖和土地价格的膨胀就在所难免。再加上学区房等因素的影响，房地产价格就不可控。因此不排除国家对房地产市场价格的调控。

第三，发展技术市场。我国正在实施的创新驱动发展战略，突出需要解决科技创新成果（新技术）迅速转化为现实的生产力。技术转移的重要路径是技术交易市场。技术市场所交换的商品是以知识形态出现的，它是一种特殊的商品，有多种表现形态：有软件形式（程序、工艺、配方、设计图等）；咨询、培训等服务形式；买方需要的某种战略思想、预测分析、规划意见、知识传授等都可构成技术商品。技术市场的特点是：技术

① 《马克思恩格斯选集》第2卷，人民出版社2012年版，第640页。

商品是知识商品，它以图纸、数据、技术资料、工艺流程、操作技巧、配方等形式出现；技术商品交易实质是使用权的转让；技术商品转让形式特殊，往往通过转让、咨询、交流、鉴定等形式。现实中，新技术供求信息不对称问题最为突出①，表现在两个方面：一方面是企业需要的技术不知从哪里取得；大学科研机构创新的技术不知用到哪里去；另一方面是新技术供给者为防止被仿冒而不愿公开新技术的完全信息，而新技术的需求者则因得不到新技术的完全信息而不愿购买和采用新技术。两者的脱节是技术要素的最大浪费。因此，新技术转移中两个信息的不对称问题迫切需要发展技术交易市场。一是技术市场本身的建设，尤其要充分利用互联网信息平台，克服新技术供求信息的不对称。二是活跃的科技中介成为技术市场重要的组成部分。三是强化技术市场上知识产权的保护和运作。技术市场既要严格保护知识产权，防止各种侵权行为的发生，又要推动知识产权的运作，在许可转让中实现知识产权价值最大化。

以上从建设要素市场的角度，提出完备的市场体系应当提供一整套不同的功能，以满足人们的交易需要。每个市场的功能都是不可或缺的。但是，"一条链子的结实程度取决于它最弱的那一环"。这意味着再完善的市场体系也有弱的部分，对要素市场的建设特别要关注最薄弱的那个环节。

第二节　完善市场机制

完善的市场功能，不仅需要完善的市场体系，更需要完备的市场机制。市场机制是市场、价格、竞争、供求等市场要素间相互制约的联系和运动。市场机制是价值规律发挥作用的具体表现形式。

---

① "知识市场是市场的一种极端情况，在这种市场中买卖双方具有不对称信息，而且这种市场的行为方式与具有对称信息的市场的行为方式在性质上是不同的。……买方在得到信息之前，并不知道卖方要出售什么，同时一旦买方获得了卖方的精确信息，那么他就不会再购买卖方的产品了。"[美]约瑟夫·E.斯蒂格利茨：《社会主义向何处去——经济体制转型的理论与证据》，周立群译，吉林人民出版社 1998 年版，第 172 页。

一、市场机制是价值规律的作用形式

价值规律是商品经济的基本规律。凡是有商品生产和商品交换的地方,价值规律就客观存在并发生作用。价值规律的基本内容与要求是:商品的价值由生产商品的社会必要劳动时间决定;商品交换按照由社会必要劳动时间决定的价值量进行。商品价格与价值偏离的现象,实质上是价值规律发生作用的结果,是价值规律作用的表现形式。这是因为:商品价格的涨落,总是围绕价值这个中心而进行;从商品交换的较长时期来看,同一种商品的价格,时而高于价值,时而低于价值,其涨落部分可以相互抵消,因而它的平均价格同价值还是一致的;从不同商品的不同价格的涨落来看,无论价格怎样涨落,总是以各自的价值为基础。价格背离价值,价格受供求关系的影响而自发地围绕着价值上下波动,并不是对价值规律的否定,正是价值规律发生作用的表现形式。

反映价值规律作用的市场调节资源配置的基本特征有:(1)调节对象是互不依赖的自主决策的商品生产者;(2)市场价格是调节信号;(3)竞争的权威性;(4)对商品生产者的作用是事后的。

市场机制是指市场内部的基本要素,如价格、供求、竞争、风险等相互作用的机理,其中价格机制是市场机制的核心,而供求机制、竞争机制、风险机制等是市场机制发挥作用的具体形式。微观经济主体通过市场机制,以自愿交换为原则,实现资源配置。具体地说,市场机制是通过市场价格的波动、市场主体对利益的追求、市场供求关系的变化,调节经济运行的机制,是市场经济机体内的供求、竞争、价格等要素之间的有机联系。

二、市场机制的构成

在现阶段的经济条件下,市场经济比计划经济更为有效,主要原因是市场通过五个机制配置资源。

一是价格机制。也就是等价交换的机制。等价交换以承认调节对象、交换双方的独立利益为前提。这种机制不仅为有独立利益追求的企业所接受,而且以社会必要劳动消耗为标准将资源配置到各个生产领域。

所谓价格机制，是指在竞争过程中，与供求相互联系、相互制约的市场价格的形成和运行机制。价格机制包括价格形成机制和价格调节机制。价格机制是在市场竞争过程中，价格变动与供求变动之间相互制约的联系和作用。价格机制是市场机制中最敏感、最有效的调节机制，价格的变动对整个社会经济活动有十分重要的影响。商品价格的变动，会引起商品供求关系变化；而供求关系的变化，又反过来引起价格的变动。价格机制不只是指商品价格，还包括各种要素的价格，如利息率、工资和地租等，由此形成的要素价格比例调节各种要素的配置。

二是供求机制。供求机制是调节市场供给与需求矛盾，使市场趋于均衡的机制，它通过商品的供求关系与价格、竞争等因素之间相互制约和联系而发挥作用。供求关系受价格和竞争等因素的影响，而供求关系的变动，又能引起价格的变动和竞争的开展。供求联结着生产、交换、分配、消费等环节，是生产者与消费者关系的反映与表现。供求运动是市场内部矛盾运动的核心，各种要素（如价格、竞争、货币流通等）的变化都围绕供求运动而展开。

三是竞争机制。市场经济只承认竞争的权威，而不承认其他权威。竞争包括买者和卖者双方之间的竞争，也包括买者之间和卖者之间的竞争。竞争的主要手段，在同一生产部门内主要是价格竞争，以较低廉的价格战胜对手。在部门之间，主要是资金的流入或流出，资金由利润率低的部门流向利润率高的部门。竞争机制充分发挥作用和展开的标志是优胜劣汰。这种机制给企业提供优胜劣汰的外部压力，按效率原则竞争性地配置资源，采用最为节约资源的生产方式，促使资源流向效率高的地区、部门和企业。

四是信息机制。配置资源的信号是通过信息的传递进行的。计划经济主要是依靠纵向的行政机制传递信息。这种信息机制的最大弊病是缺少横向的信息反馈，纵向传递的信息可能被层层行政机构扭曲。而在市场经济中，信息传递的主要特征是在市场上卖者和买者直接见面，存在横向信息反馈。其优点是信息传递迅速，减少行政性扭曲。

五是风险机制。任何经济活动都会遇到风险，竞争和风险相联系。竞争者承担风险，才可能有真正的竞争。利益和风险是对称的。市场经济中风险机制的基本特点是经济行为者对自己的行为承担风险。就是说经济行为者要对自己的行为负责,不仅要获得由自身行为产生的利益,还要承担由自己行为产生的风险。如投资者和经营者对自己的投资和经营行为承担风险、自负盈亏。风险机制也是市场运行的约束机制。它以竞争可能带来的亏损乃至破产的巨大压力,鞭策市场主体努力改善经营管理,增强市场竞争实力,提高自身对经营风险的调节能力和适应能力。

三、改革中完善市场机制

无论何时,每个市场中的供求关系总存在以下三种情形中的一种:(1)在现行价格下,需求量大于供给量,存在超额需求;(2)在现行价格下,供给量大于需求量,存在超额供给;(3)在现行价格下,供给量等于需求量,市场处于均衡状态。在完全竞争条件下,市场在处于超额供给或超额需求状态时,可以依靠价格适应供求关系的变动进行自动调节,结清超额的供给和超额的需求,实现市场均衡。市场供求均衡的机制是:当市场存在超额供给时,价格下降,受此影响,供给减少,需求增加,供求趋向均衡;当市场存在超额需求时,价格上升,受此影响,供给增加,需求减少,供求趋向均衡。显然,市场供求均衡是价格对供求富有弹性的条件下供求双方相互作用的结果。基于上述分析,市场机制有效的调节实现供求均衡的基本条件有三个:一是价格有弹性;二是供给和需求对价格变动有弹性;三是竞争充分。我国正在进行的完善市场经济体制的改革,需要针对现实中存在的阻碍市场达到均衡的体制因素进行市场化改革。

1. 完善价格形成机制

市场经济的有效运行,同价格的作用密切相关。在劳动价值论中,价格是价值的货币表现。价格在组织经济活动方面起三个作用:第一,价格传递反映供求状况的信息,或者说价格传递商品和要素稀缺性程度的信息。第二,价格提供一种刺激,价格作为重要的竞争手段,能够促使人们采用最节省成本的生产方法,把可得到的资源用于最有价值的目的。第三,价格执行分配职能,这里所说的价格的分配职能是就生产要素的价格来说的。生产要素的价格决定谁可以得到多少产品。总产品如何在人们之间分配，取决于他们在出售他们所拥有的生产要素时得到的报酬（工资、地租、利润）。要素提供者依据由市场决定的生产要素价格对投入要素进行成本和收益的比较，以最低的成本提供生产要素。

在现实的经济过程中，价格能否有效地发挥上述作用，关键是价格能否准确地反映市场供求关系，价格的形成是否具有竞争性。价格只有在竞争性的市场上形成，才能形成准确反映市场供求的价格体系。这里涉及产品的比价关系，也涉及各种生产要素的比价关系。在过去的体制中存在价格刚性，价格对供求的变动缺乏弹性，不能随供求变动而变动，导致价格不能结清市场。价格刚性的主要体制因素是国家定价机制。只要价格不是在市场上形成，而是由国家规定，价格刚性就不可避免。因此价格改革的基本途径是价格在市场上形成。价格在市场上形成，意味着价值规律对价格形成起调节作用。

现在，竞争性领域的价格已经基本放开，由市场定价。但是，涉及水、电、气、电信这样一些垄断性领域中的物质性的生产要素的价格还没有完全放开。对资源性产品和垄断行业，国家试图通过国家定价的办法来进行规制，目的是削除其垄断性超额利润，但政府规制的效果并不理想。现实中往往是政府限价的垄断企业，要么产品供不应求，要么服务质量低劣。针对政府规制和部门的垄断造成的低效率问题，20 世纪 80 年代，世界各地在自然垄断行业中掀起了“管制改革”的浪潮，在科技进步和企业组织创新成果的推动下，某些受规制产业不再具有自然垄断的性质。例如电报被传真代替，电话被移动通信所代替。这使对相关行业的规制手段失去了现实的必要性。专业化分工的发展也改变了自然垄断的范围。随着产业的发展和产业需求的扩大，企业内部的垂直一体化分工中有相当部分环节不具有自然垄断性质。就如电力，其中的发电环节、电力设备生产环节就具有明显的竞争性。针对某些产业环节适合于竞争而其他环节适合于垄断经营的混合产业结构，改革的措施是，将竞争性业务从垄断性业务中分离出来，例如电力行业规制改革，只是保留网络部分的垄断和国家定价，而把发电、电力设备生产、供电服务等环节作为竞争性环节交给市场定价。这样，政府定价范围就主要限定在重要公用事业、公益性服务、网络型自然垄断环节。同时赋予被规制企业以更多的确定商品价格或服务收费的自由度,使被规制企业更加趋于按商业原则经营。各种激励性规制方式使企业受到了利润刺激或竞争刺激,对于促进企业降低成本、提高生产效率以及资源配置效率具有积极意义。

2. 完善供求机制

马克思主义政治经济学用价值规律在本质上说明价格与供求之间的关系。价格是价值的货币表现,供过于求和供不应求都会从价格偏离价值的方面表现出来。从长期看,在竞争条件下,价格围绕价值上下波动,偏离价值的价格会逐渐与价值趋向一致。在价格与价值一致的场合,供给与需求也一致。在现实中,不同产品的供给和需求对价格的变化有不同的弹性(完全无弹性、有完全弹性、弹性等于1)。经济学中用弹性概念来反映这种差别,也就是用弹性来衡量供给和需求对价格变化的反应程度。供给弹性是指不同供给对价格变化的反应程度;需求弹性是指不同需求对价格变化的反应程度。需求和供给对价格反应的速度有明显的差别:需求几乎立即可以对价格的变化作出相应的反应,而供给的充分调整通常需要一段时间。

现实中由于体制的因素会造成供求缺乏弹性,也就是指供给或需求对价格缺乏弹性,价格变化时,供给和需求不会随之变动,价格的调节不能结清市场。比如,某种产品供不应求时,价格上升,供给和需求不会作出相应的反应,不能结清超额的需求;反之,某种产品供过于求时,价格下降,供给和需求不会作出相应的反应,不能结清超额的供给。供求弹性不足的体制原因,最典型的是软性预算约束。科尔内曾经用这种软性预算约束来说明计划经济国家的短缺现象。所谓预算约束,简单地讲是指预算收入约束支出。科尔内发现,社会主义国家中国家与企业存在着一种父子关系,企业的预算约束是软的。在这种软性预算约束下,企业的需求行为对市场价格的高低变化不会作出相应的反应。这也说明了社会主义国家经常出现短缺现象的原因。每当发生投入品价格提高等外部经济振荡时,企业都能借助一定的手段,如取得政府的补贴、优惠贷款、减免税收等途径增加总收入,扩大预算支出,形成无法满足的需求,吸纳市场上的商品，使投入品价格的提高无法结清超额的投入品需求。在软性预算约束下，企业贷款对利率缺乏弹性，企业不会因为利率提高而减少贷款。显然，中国转向市场经济需要解决市场供求对价格的弹性问题，改革的一个重要方面是硬化企业的预算约束，使企业真正由过去的依赖国家转向依赖市场，从而使市场对企业真正起调节作用。

3. 完善竞争机制

市场配置资源的高效率寓于市场上存在的竞争机制。只有在公平竞争的条件下，市场竞争才能产生效率。不公平竞争导致竞争不充分。在市场竞争不充分的条件下，生产者并不完全听从市场的调节。

竞争不公平主要起因于垄断和保护。在垄断条件下，处于垄断地位的企业可以规定垄断价格，可以控制市场而不受市场调节。保护主要指地方政府对本地处于劣势的企业进行保护，处于竞争劣势的企业和产品因保护而不能退出市场，造成了资源配置缺乏效率，不能实现资源最优配置。除此以外，在我国，不公平竞争还表现在政策机会不公平。国家对不同的所有制实行不一视同仁的政策，对部分地区、部分企业实行某种倾斜政策，这种政策的不公平造成竞争机会不公平，由此弱化市场机制的调节效应。针对竞争不充分的现状，强化竞争的主要途径既要打破市场垄断，又要从体制建设上调整政府行为：一方面打破地方政府的保护，另一方面是改变各种倾斜和歧视政策，使各个企业在国家的统一政策条件下唯一地依靠自己的竞争力争得市场收益。

第三节　克服市场缺陷的制度性安排

克服市场的制度性缺陷，关键是建立市场秩序。对建立什么样的市场秩序实际上有不同的范式。最初的市场秩序范式是竞争范式的市场秩序，即建立充分竞争的市场秩序。自从交易成本理论产生以后，人们更为关注制度范式的市场秩序，即建立有序竞争的市场秩序。其基本考虑是，现实中的市场不只是竞争不充分，也可能存在“血拼式”过度竞争。这种过高费用的竞争不是社会主义市场经济所要追求的。只有有秩序的竞争才能降低竞争费用，提高市场经济效率。

一、竞争不完全和有效竞争

完全竞争市场在现实中并不存在。就如萨缪尔森所说，“从来没有百分之百的纯粹自行调节的企业制度”。① 虽然维多利亚女王时代的英国接近于此。在今天，一切市场远不是都接近于完全竞争的市场。竞争的完全性是一个难以达到的极点。我们能够逐步接近于完全，但永远不能达到它。

最严重的对完全竞争的背离来源于垄断成分。垄断在许多方面是不可避免的。例如，企业的巨大规模可以形成垄断，而造成巨大规模的因素可能是大规模生产所固有的东西。商标、专利和广告经常是构成不完全竞争市场的其他原因。

在理论上可以假定，在完全竞争市场上厂商受市场这只“看不见的手”的支配。而在现实的不完全竞争市场上，所有成功的厂商具有一个共同的特点：他们运用市场支配力，在不损失对他们产品全部需求的条件下提高价格的能力。一个厂商为了运用控制其产品价格的能力，必须能限制竞争。在竞争受到限制、价格可能被少数厂商控制的市场上，市场调节实现有效配置资源的功能必然受到限制。

不完全竞争市场的理论和现实表明，竞争的完全性是一个难以达到的可望而不可即的极点。我们可以努力接近它，但永远不能达到它。就如萨缪尔森所说的，利用人为的法律来创造完全竞争是不可能的。问题的解决在于维持发生作用的“有效竞争”。在现代市场经济中，对实现有效配置资源的目标来说，有意义的不是完全竞争，而是创造和维持有效竞争的市场环境。有效竞争就是指使竞争达到能够有效配置资源的程度。

有效竞争需要必不可少的竞争，没有竞争就没有市场经济，特别是在由计划经济转向市场经济的过程中，创造充分竞争的环境是转向市场经济的必要条件。创造有效竞争的环境需要必要的制度安排，针对我国现

---

① ［美］萨缪尔森：《经济学》（第19版），萧琛主译，商务印书馆2008年版，第7页。

状主要涉及以下制度安排：

一是市场准入的制度安排，需要打破限制自由进入某一行业的障碍，由此可强化各个行业的竞争。就我国来说，主要是拆除市场准入的所有制障碍（涉及国家安全的行业除外）。

二是在某些没有必要垄断的行业，大厂商应被拆散为许多小单位。这主要是指对完全垄断行业的范围应该控制。一般说来，完全垄断的行业只能限于水、电、气等自然垄断的行业。对于可能形成竞争而比完全垄断产生更高效益的行业应该尽量退出完全垄断范围。

三是破除政府对竞争的行政性限制，地方政府和主管部门对本地区、本部门市场的保护和对落后企业的保护，政府只给某些地区、某些企业提供特殊的优惠政策等等是造成竞争不充分不公平的主要原因。只有破除这些竞争的行政性限制才能产生有效竞争的环境。

有效竞争不排斥一定程度的垄断。由分散的生产走向生产的大规模集中，甚至出现寡头垄断的市场，本身是市场经济发展的结果。现代经济学中讨论反垄断时，有一个策略选择的问题：是反垄断结构还是反垄断行为。就市场结构而言，有效竞争不反对垄断组织的形成。首先，社会化大生产的发展趋势使得生产集中走向垄断；其次，现代市场有组织性的基础是出现垄断组织；再次，垄断是降低竞争费用的合作方式。现实中可发现同一市场和行业中众多达不到规模经济的企业过度竞争，例如我国的汽车行业中有数百家企业竞争，相当部分的企业达不到规模经济。相互之间的过度竞争是对资源的严重浪费；最后，市场范围的扩大使得原本在某个地域的垄断，面临着更大范围的竞争。波音和麦道的合并，使得其在美国国内形成垄断，但在更大的世界市场中，他们又面临着空客的竞争。同样，我国南车和北车的合并，使得他们能够在更大的国际市场中更具竞争力。垄断没有消除竞争，而是形成更高层次、更大范围的竞争。

经济学家还从创新的角度指出了垄断形成所产生的福利效应。创新活动在垄断性企业中比在竞争性企业中更加广泛。其理由是，厂商之所以要进行研究开发是为了获得投资回报，然而要获得回报就必须存在不完全竞争，过多的竞争反而挫伤创新的积极性。现实中的专利权也可以为企业提供暂时的垄断权力。① 马克思在《资本论》中分析的首先采用新技术者获得超额剩余价值,实际上也是在技术垄断的条件下获得的。虽然竞争有利于推动技术创新,但对创新的技术拥有垄断收益权,能够解决技术创新的动力问题。因此,反垄断不能反发明专利这类的垄断权。新技术的推广只能通过购买发明专利之类的途径进行。现代经济中的技术创新往往需要企业之间的合作研发,这种合作研发与作为垄断的合谋有微妙的区别。就如斯蒂格利茨所区分的,"合谋就是牺牲本行业中其他厂商的利益而追求合谋各方的共同利益"②。而合作研究开发的成果不可能被发现者所独占,可以使本行业其他厂商共同受益。因此,如果将合作创新作为合谋来反,同样会阻碍技术进步。

有效竞争虽不一般地反对企业通过合并等途径形成垄断性组织,但反对其利用垄断地位所采取的垄断性行为。垄断企业会利用其垄断地位控制供给、操纵市场以谋取垄断利润,其行为包括:规定垄断高价、倾销、合谋、相互勾结、搭售等等。这些行为或者直接损害消费者利益,或者直接损害生产者的整体利益,直接影响市场调节的效果,因此各个国家的政府都会制定并严格执行反托拉斯法律,对这些垄断性行为毫不宽容。

二、克服交易成本的制度安排

市场调节作为一种制度安排,有没有运行成本?这是我们在转向市场经济体制时需要考虑的。传统的市场经济理论把人们在市场上的交易过程归结为单纯的市场机制的操作,市场的运行被假定为无成本的过程,收集市场信息和通过市场配置资源均是无成本的。人们在市场调节下的调整也是无摩擦的,因此,市场这只"看不见的手"协调和组织经济是无成本的。所有的变化都可以通过市场的完全运行来实现。

---

① [美]约瑟夫·E.斯蒂格利茨:《社会主义向何处去——经济体制转型的理论与证据》,周立群等译,吉林人民出版社1998年版,第161页。

② [美]约瑟夫·E.斯蒂格利茨:《社会主义向何处去——经济体制转型的理论与证据》,周立群等译,吉林人民出版社1998年版,第129页。

诺贝尔经济学奖得主罗纳德·科斯发现，实行市场制度必然产生交易成本。原因是在市场制度下，任何一项经济交易的达成，都需要进行合约的议定、讨价还价、对合约的执行和监督，要取得生产者和消费者的生产和需求的信息，等等。因此，交易成本包括寻找市场、寻找真实价格的信息成本、谈判成本、签约成本和监督合约执行的成本。

我国在转向市场经济以后所出现的高昂的流通成本，尤其是企业之间的"血拼式"竞争都可以从交易成本理论中得到说明。如果交易成本不降低，市场配置资源的效率就会大打折扣。

根据交易成本理论，这种实行市场制度的成本，不可能靠市场本身来降低。在交易成本为正时，需要寻求某种市场以外的制度建设来降低这种制度性成本。

首先是产权制度建设。按照科斯的说明，界定和调整产权是克服交易成本的重要途径。产权界定强调的是界定使自己或他人受损和受益的权利，是要在所有权上确定谁控制资源的使用。就像一块绿地，如果没有明晰产权归属，谁都可以去随意践踏，产生"共有地的悲剧"，一旦确认其产权归属，别人就不能随意进入，从而避免"共有地的悲剧"。

其次是推进企业间的联合和集团化。在交易成本经济学中，企业是作为对市场的一种制度替代产生的。其根据是企业间的市场关系存在着交易成本，如果相互间存在投入产出联系的各个企业联合成一个企业，这时就不存在交易成本。根据这个理论，企业替代市场是将企业之间外部的市场协调，通过内部化的途径变成企业内部的管理协调。因此推进企业间的联合和纵向一体化是企业制度建设的重要方面。

交易成本本来是指市场交易的成本，这是实行市场制度所固有的成本。将交易成本理论进一步推广，交易成本就是实行一种制度安排的成本，由此便产生比较制度成本（费用）问题。比较制度成本是选择制度的重要依据。市场、企业、政府及其他方面的制度，都有运转成本。因此在进行社会主义市场经济体制的建设中，必须进行比较制度成本的分析。以最低的制度成本对企业、政府、市场等方面的制度作出选择。例如，把市场交易活动内部化为一个企业的产权调整，只有在其成本低于收益时才是有效的。政府干预经济的成本也只有在低于其收益时才是有效的。

三、克服由信息不完全产生的机会主义行为

为了打破市场经济万能的神话，诺贝尔经济学奖得主斯蒂格利茨从市场信息不完全说明市场经济的制度性缺陷：因为信息不完全、市场不完备，存在逆向选择和道德风险，因此市场调节并不总是有效。

信息不完全的原因：一是信息的不对称，信息分布不均匀，利益关系阻碍信息披露和流动，市场机制本身并不能保证披露真实信息。二是基于市场信息不完全，市场参与者会制造信息噪音、发布虚假信息。三是在信息不完全的情况下，经济行为者会有机会主义行为，包括逆向选择（契约签订前隐瞒信息）和道德风险（契约签订后隐瞒信息），其后果就是劣币驱逐良币，即另一位诺贝尔经济学奖得主阿克洛夫提出的柠檬原理：当市场中有内在质量不一而消费者无法辨别的商品时，优质商品的供给者要求较高的价格而劣质商品的供给者只要求较低的价格；同时，消费者由于信息的不对称无法判定商品的优劣，只愿意出相对于预期平均质量水平的价格，于是优质商品的供给者不愿低价成交而蒙受损失，劣质商品的供给者却通过成交获得了部分额外收益，因此最优质商品被驱逐出了市场。此时市场中商品的平均质量进一步下降，消费者因此也只愿出更低的价格，于是次优的商品也被驱逐出市场，因而最后剩下的只有劣质商品了。因此，信息不完全市场的交换达不到最优和双赢。

斯蒂格利茨将基于信息不完全的市场失效与传统的市场失效理论做了比较："新的市场失效是以不完全信息、信息的有偿性以及不完备市场为基础的；而原始的市场失效是与诸如公共物品、污染的外部性等因素相联系的。这两种市场失效之间主要存在两种差别：原始的市场失效在很大程度上是容易确定的，其范围也容易控制，它需要明确的政府干预。由于现实中所有的市场都是不完备的，信息总是不完全的，道德风险和逆向选择问题对于所有市场来说是各有特点的，因此经济中的市场失效问题

是普遍存在的。”①

针对信息不完全,关键是建立克服由信息不完全的市场环境产生各种机会主义行为的制度。一般的制度包括:信息披露制度的安排,制定信息披露规则,以及针对操纵信息和散布虚假信息的制约规则;法律调节机制,以法律法规惩治现实中存在的假冒伪劣和失信企业行为。以下特别指出两个方面的制度建设:

一是声誉机制以及与之相配套的社会信用网络系统的激励制度建设。声誉制度建设的目的是建立某种激励和约束机制,使守信用者得到利益刺激,不守信用者受到惩罚。声誉机制是道德规范的一个方面,既有激励功能,又有惩罚功能。守信用者形成好的声誉,有人愿意借钱给他,有人愿意同他做买卖。相反,失信者形成不好的声誉,人们不愿意借钱给他,不愿意同他做买卖。在声誉机制中,失信一方与授信方之间的矛盾,扩大为失信方与全社会的矛盾,失信方受到全社会的惩罚,这是对失信者的市场惩罚。声誉机制建设的必要条件是:社会信用机制要能够识别诚信者和失信者,需要有相应的传播机制,使诚信者和失信者的信息广而告之。

二是完善企业信用监管。建立市场主体准入前信用承诺制度,将信用承诺纳入市场主体信用记录。对严重违法失信企业建立“黑名单”制度,将信用信息作为惩戒失信市场主体的重要依据,实行跨部门信用联合惩戒。建立企业信用修复机制,鼓励企业重塑信用。

四、市场以外的制度安排

在市场秩序建设中,政府是极为重要的主体。政府不仅是市场秩序建设的主导者,而且还是市场秩序中的重要节点。政府作为制度变迁和顶层设计的决策者,其基本功能一方面是保护有利于效率的产权结构,另一方面还要维护社会公平正义。面对市场经济,政府执行的公共职能是

① [美]约瑟夫·E.斯蒂格利茨:《社会主义向何处去——经济体制转型的理论与证据》,周立群等译,吉林人民出版社 1998 年版,第 48 页。

市场监管,也就是维持市场秩序,保障公平交易,保护市场参与者的合法权益,确保市场在资源配置中起决定性作用。政府在建设市场秩序中的作用主要体现在四个方面:(1)克服市场失灵。如公共产品的供给与分配,通货膨胀和失业的政策供给,克服市场负外部性的机制设计等等。(2)维持市场秩序。主要是降低交易成本,针对各种无序的市场现象,如不正当竞争、假冒伪劣产品、垄断暴利等现象,由政府当裁判和警察,打击这些扰乱市场经济的行为。(3)对于经济转型阶段的政府来说,还要培育市场力量,发展要素市场,完善经济组织,增强市场协调能力。(4)政府作为市场秩序的监管者既要解决干预过多,又要解决监管不到位问题。

加强道德规范是市场秩序建设的必然要求。面对市场上的机会主义行为,有效的途径是推进法制建设和意识形态建设。针对新古典理论所强调的每个人都追求自身利益最终实现社会利益的观点,诺贝尔经济学奖获得者诺思(North)在解释制度变迁时指出,将什么都解释为人们按自我利益行事的理论,不能解释问题的另一面,即对自我利益的计较并不构成动机因素的那些行为。这意味着社会利益的实现并不都是在大家追求自身利益中实现的。诺思所推崇的意识形态就是要求企业不是仅仅追求自身的利润目标,还应有主动实现社会目标的意识形态。"其基本目的在于促进一些群体不再按有关成本与收益的简单的、享乐主义的和个人的计算来行事。"①在他看来,这种意识形态主要是指社会强有力的道德和伦理法则。

对于社会主义市场经济来说,需要建立新的道德观念以促进社会主义市场经济的健康发展。社会主义道德建设是社会主义精神文明的重要组成部分。强调社会主义道德以克服市场经济的利己性、个人主义性,绝不能等待物质生活水平提高了再去进行道德建设,忽视道德建设,经济也不会健康发展,市场经济越发展,道德建设越不可忽视。

① [美]道格拉斯·C.诺思:《经济史中的结构与变迁》,陈郁等译,上海三联书店1994年版,第11页。

思考题

1. 现代市场有哪些特点？
2. 如何建设完备的市场体系？
3. 如何完善市场机制？
4. 如何在制度上克服市场经济的缺陷？

第十一章　经济运行的主体和企业制度

社会主义市场经济的运行要求微观主体有活力，这涉及一系列的制度安排。建设中国特色现代企业制度是增强社会主义经济微观基础活力的制度保障。经过40年的改革开放，我国国有企业和国有资产管理体制均发生了深刻变化。当前国有企业全面深化改革的重要内容是要完善各类国有资产管理体制，改革国有资本授权经营体制，加快国有经济布局优化、结构调整和战略性重组，促进国有资产保值增值，推动国有资本做强做优做大，有效防止国有资产流失。深化国有企业改革，发展混合所有制经济，培育具有全球竞争力的世界一流企业。

第一节　社会主义市场经济的微观基础

企业、居民、农户等作为具有独立产权的个体单位，是社会主义市场经济微观基础的基本构成要素。现代企业制度是激发社会主义市场经济各类微观经济主体活力的制度保障。

一、社会主义市场经济的微观基础

在市场经济活动中，市场将基于社会分工而处于分离状态的各利益主体有机地联系在一起。这些参与市场交换的利益主体就是市场经济的微观经济主体。经济微观经济主体主要包括企业、居民、农户以及新型农业经营主体等。

1. 企业

企业是一种经营性组织和财产组织形式，是市场经济中最重要的微观经济主体。在市场经济中,企业既是产品和服务最主要的供给者,又是生产要素最大的购买主体。企业对大量的产品和服务的供给以及大量的生产要素的购买在整个社会所有交换活动中的比重占有支配性地位,从而成为社会主义市场经济微观基础最重要的组成部分。企业可以分为自然人企业和法人企业。自然人企业包括个人独资企业和合伙企业。此类企业不具有法人资格,投资人一般亲自参与企业的经营管理,并以个人所有财产对企业的债务承担无限清偿责任,是一种所有权与经营权不分离的传统企业产权形式。有法人资格的现代企业在我国主要是指现行公司法规定的三类公司,即有限责任公司、国有独资公司和股份有限公司。

2. 居民

居民在市场经济中,一方面作为劳动力的供给者在劳动力市场上与企业进行交换,进而获得足以满足自己生活需要的收入;另一方面是最终消费者。居民利用所获得的收入在产品或服务市场上充当消费者的角色与企业进行交换,以获得能够满足生活需要的各类产品或服务。居民提供劳动力并用其所获得的收入购买产品或服务的活动是国内生产总值生产和实现的最终力量。

3. 农户

即农民家庭,是当前中国农村最基本的微观基础。作为部分生产资料(土地、劳动工具)的拥有者,农户既是相对独立的小型生产者和农产品供给者,又是在市场上购买产品或服务的消费者。因此,农户兼有企业和居民的行为特征,是中国农村特殊生产方式的基本形式。①

4. 新型农业经营主体

随着农村市场经济的发展,在市场竞争不断加剧的情况下,小规模、分散化的农户也面临极大的风险和挑战。在这样的背景下,在坚持完善家庭联产承包责任制的基础上,农村逐渐涌现出一大批新型农业经营主体,主要包括专业大户、家庭农场、农民合作社、农业企业等。与传统农户相比,这些新型农业经营主体更具专业化、规模化、集约化以及较强的市

① 刘诗白主编:《政治经济学》,西南财经大学出版社 2014 年版。

场竞争力,并且越来越具有企业化经营的特征。

二、产权、产权激励与经济运行主体的形成

产权即财产权,它是以所有权为核心的一组权力,包括占有权、使用权、收益权、支配权四项基本财产权利。产权制度是产权关系的制度化,是规范和协调主体在财产占有行为方面的规则、准则。

1. 产权的特征

产权的特征包括:(1)排他性。同一产权在同一时间只可能由某一经济主体单独享有,其他任何主体不得行使相应财产权利。(2)结构性。产权既可以是包括占有权、使用权、收益权和处分权的完整形态,亦可以是其中某一项权利,还可以分解为多种权利并统一呈现一种结构状态。(3)有界性。即在规定某一产权时必须明确该项产权具体包括哪些权利以及这些权利的行使方式,告诉产权主体可以做什么、不能做什么以及各自相应的后果。(4)流动性。产权可以转让或授权他人行使,市场经济中的交换实质上就是不同产权的相互交换。

2. 产权的功能

产权的界定实质上是通过社会契约的形式对微观经济主体财产权利的确认和保护,其作用在于帮助从事经济活动的主体形成稳定预期并提供明确清晰的激励、约束功能:

(1)激励功能。激励功能是以"经济人"追求自身利益最大化的行为假设为前提的。产权制度的激励功能就是指通过法律确认和保护的财产占有主体,可以使用产权来谋取自身的利益,并且使这种利益不断地内在化。

(2)约束功能。产权的约束功能有两层意思:一是由产权的排他性而产生的对非产权主体的约束,即排除他人的侵占、盗窃等行为,保障排他性产权关系的建立。二是对产权主体行为的约束,即通过主体权利和责任的界定,使外在的责任内在化。

(3)预期功能。一个社会所建立的对财产所有权充分保护的法律制度,会有力地鼓励人们增加财富,有效地利用资源,从而促进社会经济的

发展。在存在外部环境的不确定性和风险的情况下,只有当社会持续而稳定地保护产权,人们才会普遍地从事财富的积累,以及谋划长期的经济活动。

3. 产权的界定

明确的产权界定是市场经济微观基础形成的条件或前提:首先,市场经济中的交换实质上是不同产权的交换,而交换的前提是财产权利隶属于不同的微观经济主体。产权界定中的产权主体界定就直接地为市场交换创造了前提条件;其次,产权界定中的权利范围界定直接明确规定了构成微观基础的经济主体的权利义务范围,使经济主体知道自己可以做什么并能获得什么样的利益,从而使经济主体拥有对自己某种利益相对准确的预期,进而才有可能为了自己的利益作出最优的、能使自身利益最大化的经济行为;最后,作为微观基础的经济主体在享有法律赋予的某项产权时,就可以理所当然地在法律的保护下,就该项产权平等地与其他微观经济主体进行交换,并可以对自己享有的产权自主地进行符合自己意愿的处分。

中国的经济体制改革过程中始终贯穿着微观经济主体财产权建构的脉络。从 1978 年开始的农村家庭联产承包责任制将农村土地所有权和经营权相分离,到后来的“三权分置”改革,本质上是一个赋予农户主体土地财产权的过程;国有企业改革,从扩权让利到利改税,再到转换企业机制,是一个在不改变国有制的前提下,不断赋予企业经营自主权的企业主体财产权的过程;此外,经济体制改革也是一个不断赋予劳动者、科技人员、城市居民、私有业主等不同性质的经济主体以主体财产权的构建过程。①

三、现代产权制度是激发各类经济主体活力的体制保障

在一个社会确立的基本财产制度框架内,现代产权制度是规范和协调主体在财产占有行为及利益关系方面的规则、准则。它是形成人们经

① 刘诗白:《刘诗白经济文选》,中国时代经济出版社 2010 年版,第 2 页。

济行为合理性和经济生活有序化的重要的法权基础,也是市场经济得以顺利运行的润滑剂。产权制度是社会主义市场经济的基石,保护产权是坚持社会主义基本经济制度的必然要求。有恒产者有恒心,经济主体财产权的有效保障和实现是经济社会持续健康发展的基础。

1. 现代产权制度的基本要求

与社会主义市场经济相适应,现代产权制度的基本要求即是"归属清晰、权责明确、保护严格、流转顺畅"。具体包括:

(1)明确界定产权主体。产权界定的含义:一是对财产权的归属如所有权归谁所有作出明确的界定;二是对产权体系内的各种权利如占有、使用、收益和处分等权利的分割作出明确的界定,明确界定由权利分割而产生的各权利主体的产权边界及权能范围。产权的清晰界定有利于解决信息和激励问题,降低交易成本,并对经济运行的效率产生积极影响;清晰的产权归属,也是产权交易和资源有效配置的基础。

(2)责权明确,责任与权利的相互制衡。现代产权制度不仅要求归属清晰,而且要求财产权利、利益、责任和义务要相互统一。一切利用产权得到权利、获取利益的人,都要担负相应的责任,不能让某些主体单方面受益或获得较多的利益,而让别人去承担责任或负较大的责任。责权明确以及相互制衡是对产权主体行为的约束机制。

(3)严格保护产权,维护各类权利主体的合法权益。现代产权制度必须建立产权保护的法律制度,即通过完备、有力度的法律制度对物权、债权、股权和知识产权等各类财产权一律给予法律上的严格保护,确保产权主体的合法权益。依法建立健全保护严格的现代产权制度,还包括依照国家的基本大法《宪法》,保护公民的私人财产权利及其合法财产收益,这将有利于释放一切劳动、知识、技术、管理和资本的活力,有利于各类生产要素在创造社会财富的过程中充分发挥作用。保护严格的现代产权制度,应当明确各种不同所有制的产权都受法律的严格保护,这是坚持公有制为主体、多种所有制经济共同发展的基本经济制度的需要。要通过产权保护的法律制度,使公有制经济财产权和非公有制经济财产权同样不可侵犯,保护各种所有制经济产权和合法利益,保证各种所有制经济依法平等使用生产要素、公开公平公正参与市场竞争。

(4)促进产权交易,实现资源优化配置。产权交易即产权的流通转让,是产权制度的重要功能,一项可交易的产权才有其市场价值,才能实现资源配置的功能。产权交易即包括所有权的转让,如国有企业的整体性出售,也包括产权分割情况下使用权的流转,如农村土地承包经营权的市场流转。产权流转顺畅,有利于发展国有资本、集体资本和非公有资本等参股的混合所有制经济,有利于发挥市场机制的作用,实现资源的优化配置,有利于完善国有资本有进有退、合理流动的机制,进一步推动国有资本更多地投向关系国家安全和国民经济命脉的重要行业和关键领域。

2. 加快完善产权保护制度

改革开放以来,通过大力推进产权制度改革,我国基本形成了归属清晰、权责明确、保护严格、流转顺畅的现代产权制度和产权保护法律框架。但产权保护仍然存在一些薄弱环节和问题:国有产权由于所有者和代理人关系不够清晰,存在内部人控制、关联交易等导致国有资产流失的问题;利用公权力侵害私有产权、违法查封扣押冻结民营企业财产等现象时有发生;知识产权保护不力,侵权易发多发。解决这些问题,必须加快完善产权保护制度,依法有效保护各种所有制经济组织和公民财产权,重点是:

(1)深化国有企业和国有资产监督管理体制改革,进一步明晰国有产权所有者和代理人关系,推动实现国有企业股权多元化和公司治理现代化,健全涉及财务、采购、营销、投资等方面的内部监督制度和内控机制,强化董事会规范运作和对经理层的监督,完善国有资产交易方式,严格规范国有资产登记、转让、清算、退出等程序和交易行为,以制度化保障促进国有产权保护,防止内部人任意支配国有资产,切实防止国有资产流失。

(2)建立健全归属清晰、权责明确、监管有效的自然资源资产产权制度,完善自然资源有偿使用制度,逐步实现各类市场主体按照市场规则和市场价格依法平等使用土地等自然资源。

(3)完善农村集体产权确权和保护制度,分类建立健全集体资产清产核资、登记、保管、使用、处置制度和财务管理监督制度,规范农村产权流转交易,切实防止集体经济组织内部少数人侵占、非法处置集体资产,防止外部资本侵吞、非法控制集体资产。

(4)坚持权利平等、机会平等、规则平等,废除对非公有制经济各种形式的不合理规定,消除各种隐性壁垒,保证各种所有制经济依法平等使用生产要素、公开公平公正参与市场竞争、同等受到法律保护、共同履行社会责任。①

第二节 股份制和现代企业制度

在社会主义市场经济条件下,现代企业制度是企业持续发展的基础,而股份制是现代企业制度的基本形式。构建社会主义市场经济体制框架的重要环节之一,是建立与社会主义市场经济体制相适应的现代企业制度。现代企业制度既要有国际参照系,又要有中国特色。建立现代企业制度,构筑社会主义市场经济体制的微观“基础工程”,必须从我国的实际出发建立中国特色现代企业制度。

现代企业制度是指以市场经济为基础,以完善的企业法人制度为主体,以有限责任制度为核心,以公司企业为主要形式,以产权清晰、权责明确、政企分开、管理科学为条件的新型企业制度,其主要内容包括:企业法人制度、企业自负盈亏制度、出资者有限责任制度、科学的领导体制与组织管理制度。

一、股份制

现代股份公司是现代企业制度的基本形式。股份公司制发展的历史最早可以追溯到中世纪。近代公司的发展大致开始于15世纪末,止于18世纪末。现代公司的发展大致经历了三个阶段:第一阶段是18世纪

① 《中共中央 国务院关于完善产权保护制度依法保护产权的意见》(2016年11月27日),中国政府网。

末到19世纪中期；第二阶段是19世纪中期到第二次世界大战以前；第三阶段是第二次世界大战以后。19世纪中期以后欧美经济的发展，呈现出一部现代股份制企业的发展史，以股份公司为代表的现代工商企业的迅速发展，使这些企业积聚了巨大的资本实力和技术实力，占领了很高的市场份额，并成为主宰和控制国民经济的核心力量。现代企业的成长是伴随着企业规模的扩张、所有权与管理权的分离和内部管理层级制的形成而进行的，这一过程在美国从19世纪50年代开始，到20世纪50年代基本完成。随着这一过程的完成，现代企业制度在欧美国家市场经济体系中基本成熟，并取得它的基本特征：(1)企业的主要形式是有限责任公司和股份有限公司；(2)公司制企业的特点是资本来源的广泛化和股份化；(3)有限责任制普遍确立，出资人对企业只负有限责任；(4)公司作为独立法人拥有独立的财产权；(5)所有权与经营权相分离，以所有者与经营者之间的委托代理关系形成公司治理结构。

规范运作的股份制企业，是从业主制、合伙制等传统企业形式演进而来的，实质上是一种具有多元产权结构的混合所有制企业。在规范的股份制企业中有以下特点。

首先，出资者产权和法人财产权分离是法律化、制度化和组织化的。它实现了投资者股权和股份制企业法人产权的彻底分离。法人产权既是一种聚合产权，又是企业的实际经营控制权，它由企业法人独立享有。而投资者股权是对企业法人的最终约束权，它既可以形成对投资收益和风险的制度预期，也可以在必要时通过共同行动对企业实际经营控制权形成替代。股权和法人产权的共同特征是其人格化的权、责、利机制。

其次，法人治理结构体现了分权制衡的权责机制。股份制企业的法人治理结构实质上是投资者所有权对企业控制权的最终约束，其制度路径是通过股东会对董事会、董事会对经理层的授权以及经理层对董事会、董事会对股东会承担相应责任的权责对称的制度设计实现的。这样，在法人企业内部就形成了权力机构、决策机构、监督机构和经理层之间的制衡机制。

最后，它的职业经理聘任制度和分权的专业化管理层级组织，是其实施科学管理的人事与组织保障。职业经理人在规模化经营管理中的独特价值，是所有权从股份制企业的直接经营管理中退位的最重要原因，而分权的专业化管理层级组织，既是职业经理人可以指挥和控制的管理团队，又是职业经理人所不能替代的专业化管理职能的组织的延伸，它可以保证各专业化管理职能的落实和到位。

二、国有企业建立现代企业制度的改革

中国特色现代企业制度理论是在国有企业改革实践的基础上形成和发展起来的。

国有企业建立现代企业制度，是发展社会化大生产和市场经济的必然要求；现代企业制度的主要形式是公司制。基本特征是产权清晰、权责明确、政企分开、管理科学。在实行现代企业制度的国有企业中，国家按投入企业的资本额享有所有者权益，对企业的债务承担有限责任，不直接干预企业经营活动，对经营者实行激励、约束和监督；企业自主经营，自负盈亏，承担企业资产保值、增值的责任。规范的公司制，能够有效地实现出资者所有权和企业法人财产权的分离，有利于政企分开、转换经营机制，使企业摆脱对行政机关的依赖，国家摆脱对企业承担的无限责任，有利于筹集资金，分散风险。

以建立现代企业制度为目标的国有企业改革基本上是沿着四个路径推进的。一是界定国有企业的产权和确立企业法人财产权；二是把现有国有企业改造成股份有限公司和有限责任公司；三是国有资产重组与产权转让；四是在企业内部建立规范的公司治理结构。

从我国企业制度演变的过程和实践来看，现代企业制度是适应现代社会化大生产和社会主义市场经济体制要求的一种企业制度，也是具有中国特色的一种企业制度。党的十四届三中全会把现代企业制度的基本特征概括为“产权清晰、权责明确、政企分开、管理科学”十六个字。1999年9月，党的十五届四中全会再次强调要建立和完善现代企业制度，并再次概括了现代企业制度的基本特征是：“产权清晰、权责明确、政企分开、管理科学”。(1)产权明晰是指企业中的国有资产所有权属于国家，国家

作为企业的出资者是企业中国有资产的所有者，拥有出资者所有权，企业拥有包括国家在内的出资者投资形成的全部企业法人财产权，从而在所有权与经营权分离的基础上，进而在企业中形成出资者所有权与企业法人财产权的分离。(2)权责明确是指企业以其全部法人财产，依法自主经营，自负盈亏，照章纳税，对出资者承担资产保值增值责任；出资者按照向企业的投资额享有所有者权益，即资产受益、重大决策和选择管理者的权利。企业破产时，出资者只以其向企业的投资额对企业债务承担有限责任。(3)政企分开是指政府不直接干预企业的生产经营活动。企业也不能不受所有者约束，损害所有者权益。企业按照市场需求自主地组织生产经营，提高劳动生产率和经济效益，并在市场竞争中优胜劣汰。(4)管理科学是指企业建立科学的企业领导体制和组织管理制度，调节所有者、经营者和职工之间的关系，形成激励和约束相结合的经营机制。

经过多年的改革，国有企业总体上已建立起与社会主义市场经济相适应的现代企业制度。在经济体制全面深化改革的新阶段，推动国有企业完善现代企业制度是一项重要的任务，其核心是要构建一个协调运转、有效制衡的公司法人治理结构。

三、公司法人治理结构

公司法人治理结构是现代企业制度的核心。在实践中由所有者、董事会和高级经理人员三者组成的一种组织结构和制度安排，它通过科学地配置法人内部各个机构即股东会、董事会和经理层的职权，在企业内部建立起相互独立、相互制约、相互配合的机制，形成所有权与控制权分离情况下的权利制衡。公司治理结构的实质是解决所有权对控制权的制衡和配置问题，目的是提高公司运作绩效。

公司的法人治理结构包括三个层次：公司内部治理机制、公司外部治理市场以及有关公司治理的法律法规。公司内部治理机制的主要内容是在公司内部构造一个合理的权力结构，从而在股东、董事会与经理人之间形成一种有效的激励、约束与制衡机制，以保证公司遵守有关法律法规，并实现公司及股东利益的最大化。公司外部治理市场主要是指与公司密切相关的外部市场，包括产品市场、资本市场、经理市场三大市场，通过产品与价格竞争、公司控制权竞争、经理人才竞争等方式对公司经理人产生激励约束作用。有关公司治理的法律法规主要是指国家及政府监管部门为了保护广大投资者的利益，保证公司遵守国家法律与社会道德规范而制定的一系列法律规范。

经济合作与发展组织（OECD）通过其出版的《OECD 国有企业公司治理指引》给其成员国经济体和其他经济体的政府提出了改善国有企业公司治理的建议，包括政府应努力表现为一个了解情况的、负责任的、积极的所有者，并能制定明确而一致的所有权政策；所有权组织应确保国有企业的治理能够自主和负责任地以必要的专业程度和有效力的方式予以贯彻；政府和国有企业应该承认其他股东的权利，并确保他们得到公平待遇和平等获得公司信息；所有权主体应确保国有企业履行对利益相关者的责任；国有企业应提供所有重大事务方面的信息，重点是关系到所有者的国家和公众利益的重大事务；国有企业董事会要有适当的权威和受托责任，其组成人员要具备必要的能力和充分的独立性。该指引体现了现代市场经济国家政府管理国有企业的有益经验。

在全面深化改革的新时期，适应市场化、国际化新形势，我国国有企业应以政企分开和政资分开、建立长效激励约束机制、规范经营决策、资产保值增值、公平参与竞争、提高企业效率、增强企业活力、承担社会责任为重点，进一步深化改革，完善现代企业制度：

一是建立权责明确、有效制衡的运行机制。要严格公司法人治理结构事权划分。合理界定党委、股东会、董事会、监事会和经理层的权责。规范董事长、总经理行权行为，充分发挥董事会的决策作用、监事会的监督作用、经理层的经营管理作用、党组织的政治核心作用，切实解决一些企业董事会形同虚设、“一把手”说了算的问题，实现规范的公司治理。要切实落实和维护董事会依法行使重大决策、选人用人、薪酬分配等权利，保障经理层经营自主权，法无授权任何政府部门和机构不得干预。加强董事会内部的制衡约束，国有独资、全资公司的董事会和监事会均应有职工代表，董事会外部董事应占多数，落实一人一票表决制度，董事对董事会决议承担责任。改进董事会和董事评价办法,强化对董事的考核评价和管理,对重大决策失误负有直接责任的要及时调整或解聘,并依法追究责任。进一步加强外部董事队伍建设,拓宽来源渠道。

二是建立职工参与公司治理制度。为了提高国有企业的治理结构效率,应明确作出职工参与公司治理的制度安排。这既是国有企业作为公有制企业的本质要求,有利于激发职工主人翁意识,更有利于提高对经营者行为的监督效率和降低约束成本,反映了现代公司治理结构的变革趋向。

四、职业经理人制度

职业经理人制度的核心是企业家经营企业,更好地发挥企业家作用。早在 20 世纪 20 年代初资本主义企业就出现“经营者革命”,出现“领薪水的”职业经理人。正如熊彼特所说,这种命运也威胁着那些势力处在衰微中的企业家,或继承其财富却无其才干的子嗣。这就是由具有专门的技术和管理才能的专家来担任企业经营者。现在无论是国有企业还是民营企业都会提出这个要求。党的十九大报告明确提出保护和激发企业家精神的要求。

经营者是企业经营活动的中心。企业家作为市场活动的主体,本身就是市场经济的组成部分。没有企业家的市场经济不可能有有序、高效的市场经济的运行。经济发展的微观基础是企业,更准确地说是建立了现代企业制度并由企业家驾驭的企业。微观上的组织要素主要体现在企业家的职权、管理、经营、革新和承担风险等职能上。因此培养企业家是市场经济体制建设的重要方面。而且,大批企业家的形成也可以在一定程度上弥补市场的缺陷。一方面企业家的作用可以减少市场调节的盲目性,另一方面企业家的作用可以降低和节省市场的交易费用,从而提高市场调节的效率。因此,只有造就大批企业家才可能建立起完善的市场经济体制。

企业家是一种生产要素。企业家是经营者,但经营者并不都是企业家。马克思当时就发现没有财产但执行资本职能的人就是职业经理人。

他在《资本论》中指出,“一个没有财产但精明强干、稳重可靠、有能力和经营知识的人,通过这种方式也能成为资本家(因为在资本主义生产方式中,每一个人的商业价值总会得到或多或少正确的评价)”。[①] 这段话说明了马克思当时所认为的作为职业经理人的企业家素质,同时也明确了成为企业家的基本条件是存在正确评价职业经理人的商业价值。

在熊彼特的《经济发展理论》中,企业家是同“创新”联系在一起的。所谓创新,指的是生产要素的新组合,包括五个方面:(1)采用一种新的产品;(2)采用一种新的生产方法;(3)开辟一个新的市场;(4)获取或控制原材料或半制成品的一种新的供应来源;(5)实现任何一种工业的新的组织。经营者只有在从事创新活动时才能成为企业家。“每一个人只有当他实际上‘实现新组合’时才是一个企业家;一旦当他建立起他的企业以后,也就是当他安定下来经营这个企业,就像其他的人经营他们的企业一样的时候,他就失去了这种资格。这自然是一条规则”。[②] 正因为企业家是创新活动的主要组织者,他便成为市场经济条件下经济发展的主要推动者。只有具有创新精神、敢冒风险、勇于开拓、善于经营的经营管理者才是企业家。经营者成为企业家后,便会主动地关心市场和开拓市场,主动地关心技术进步和开发新产品,主动地接受市场导向,主动地接受国家发展计划和发展政策的指导。企业家的创新活动不应该是盲目的。正如美国学者彼得·杜拉克所说:“企业家的革新,并非不分青红皂白地去找‘风险’,而是一种有目的、有系统的活动,是刻苦的追求与科学的变化,响应变化,努力从中捕捉革新的机会。”由此提出了对企业家的科学决策和抓住机会的素质要求,这也就是熊彼特所讲的:“为了他的成功,更主要的与其说是敏锐和精力充沛,不如说是某种精细。他能抓住眼前的机会。”[③]

推行职业经理人制度,需要一系列的制度安排:

(1)职业经理人的选择制度。实行内部培养和外部引进相结合,畅

① 《马克思恩格斯文集》第7卷,人民出版社2009年版,第679页。

② [美]约瑟夫·熊彼特:《经济发展理论》,何畏等译,商务印书馆1990年版,第87页。

③ [美]约瑟夫·熊彼特:《经济发展理论》,何畏等译,商务印书馆1990年版,第99页。

通现有经营管理者与职业经理人身份转换通道，董事会按市场化方式选聘和管理职业经理人，合理增加市场化选聘比例，加快建立退出机制。

（2）健全对职业经理人的激励约束机制，构建对职业经理人的权威评价机制，树立对企业家的正向激励导向。在经营者不是资产所有者的条件下，经营者的产权约束环境是：一方面经营者作为企业法人代表必须享有出资者赋予的完全的法人财产权，出资者不能随意干预其自主经营，要保障其对资产的充分的支配权。另一方面建立完善的对经营者的出资者所有权的约束机制，明确经营者的资产保值和增值责任。

（3）企业家的成长需要有良好的激励机制。企业家负有增强企业的凝聚力，率领企业在市场竞争中取胜的使命，作为理性个人，企业家同样有自己的追求，其中包括经济收入、社会地位、成就感、名誉等。就是说，企业家的利益是相对独立的，既不完全等同于企业利益，也不完全等同于国家利益，对现代企业家来说，他们更看重的是自己经营的事业的发展和与此相联系的社会地位的提高，因此需要根据其相对独立的利益追求，设计企业家成长的激励机制。依据企业的市场表现来确定经理人的价值。

（4）营造企业家健康成长的环境，赋予经理人充分的经营决策权；弘扬优秀企业家精神，更好发挥企业家作用。激发国有企业家服务党、服务国家、服务人民的担当精神。国有企业家要更好肩负起经营管理国有资产、实现保值增值的重要责任，做强做优做大国有企业，不断提高企业核心竞争力。

第三节　国有企业和国有资产管理体制改革

国有企业属于全民所有，是推进国家现代化、保障人民共同利益的重要力量。改革开放以来，国有企业改革发展不断取得重大进展，总体上已经同市场经济相融合，运行质量和效益明显提升，在国际国内市场竞争中涌现出一批具有核心竞争力的骨干企业。当前国有企业全面深化改革的重要内容是深化国有企业分类改革和国有资产管理体制改革，目标在于形成更加符合社会主义市场经济发展要求的国有资产管理体制、现代企业制度、市场化经营机制，国有资本布局结构更趋合理，增强国有经济活力、控制力、影响力、抗风险能力。

一、国有企业分类改革

在不同的领域，国有经济的范围、作用和运行体制各有差别。通过界定功能、划分类别，对国有企业实行分类改革、分类发展、分类监管、分类定责、分类考核，有利于推动国有企业同市场经济深入融合，真正实现国有企业经济效益和社会效益的有机统一。

根据国有资本的战略定位和发展目标，结合不同国有企业在经济社会发展中的作用、现状和发展需要，可以将国有企业分为商业类和公益类。

1. 商业类国有企业改革

所谓商业类国有企业，是指按照市场化要求实行商业化运作的国有企业。商业类国有企业又可以进一步具体划分为主业处于充分竞争行业和领域的商业类国有企业和主业处于关系国家安全、国民经济命脉的重要行业和关键领域、主要承担重大专项任务的商业类国有企业。商业类国有企业要加大公司股份制改革力度，加快完善现代企业制度，成为充满生机活力的市场主体。要优化资源配置，加大重组整合力度和研发投入，加快科技和管理创新步伐，持续推动转型升级，培育一批具有创新能力和国际竞争力的国有骨干企业。

主业处于充分竞争行业和领域的商业类国有企业，完全按照市场化要求实行商业化运作，依法独立自主开展生产经营活动，以增强国有经济活力、放大国有资本功能、实现国有资产保值增值为主要目标。积极引入其他国有资本或各类非国有资本实现股权多元化，国有资本可以绝对控股、相对控股，也可以参股，并着力推进整体上市。要支持和鼓励发展有竞争优势的产业，优化国有资本投向，推动国有产权流转，及时处置低效、无效及不良资产，提高市场竞争能力。按照市场竞争原则，实现优胜劣汰，有序进退。

主业处于关系国家安全、国民经济命脉的重要行业和关键领域、主要承担重大专项任务的商业类国有企业，要保持国有资本控股地位，支持非国有资本参股。要合理确定主业范围，根据不同行业特点，加大国有资本投入，在服务国家宏观调控、保障国家安全和国民经济运行、完成特殊任务等方面发挥更大作用。对自然垄断行业，实行以政企分开、政资分开、特许经营、政府监管为主要内容的改革，根据不同行业特点实行网运分开、放开竞争性业务，促进公共资源配置市场化；对需要实行国有全资的企业，也要积极引入其他国有资本实行股权多元化；对特殊业务和竞争性业务实行业务板块有效分离，独立运作、独立核算。对这些国有企业，在考核经营业绩指标和国有资产保值增值情况的同时，加强对服务国家战略、保障国家安全和国民经济运行、发展前瞻性战略性产业以及完成特殊任务的考核。

2. 公益类国有企业改革

所谓公益类国有企业，是指以保障民生、服务社会、供给公共产品和服务为主要目标的国有企业。

公益类国有企业要根据承担的任务和社会发展要求，加大国有资本投入，提高公共服务的质量和效率。严格限定主业范围，加强主业管理，重点在提供公共产品和服务方面作出更大贡献。

公益类国有企业改革应坚持引入市场机制，必要的产品或服务价格可以由政府调控，不断提高公共服务效率和能力。这类企业可以采取国有独资形式，具备条件的也可以推行投资主体多元化，还可以通过购买服务、特许经营、委托代理等方式，鼓励非国有企业参与经营。对公益类国有企业，重点考核成本控制、产品服务质量、营运效率和保障能力，根据企业不同特点有区别地考核经营业绩指标和国有资产保值增值情况，考核中要引入社会评价。

通过界定功能、划分类别，对国有企业实行分类改革，是新时期全面深化改革国有企业的逻辑起点。只有合理界定国有企业的功能、科学划分国有企业的类别，才能为理直气壮地做强做优做大国有企业和实现国有资产有效监管提供理论依据。

二、国有企业混合所有制改革

混合所有制经济是一种企业资本组织形式，是国有资本、集体资本、非公有资本等不同所有制经济成分按照一定原则融合在一起，进行联合生产或经营的企业产权形式。在混合所有制企业，无论资本来源是公有或私有，都已融合成企业法人财产，各利益主体通过治理结构形成了一种混合的、复杂的产权安排。

国有资本、集体资本、非公有资本等交叉持股、相互融合的混合所有制经济，是基本经济制度的重要实现形式。多年来，一批国有企业通过改制发展成为混合所有制企业，但治理机制和监管体制还需要进一步完善；还有许多国有企业为转换经营机制、提高运行效率，正在积极探索混合所有制改革。

积极推进国有企业混合所有制改革具有重要的意义：第一，有利于国有资本放大功能、保值增值、提高竞争力。第二，有利于促进国有企业转换经营机制，放大国有资本功能，实现国有资产保值增值。为各类资本大规模聚运作和生产要素最优配置开拓了更为广阔的空间，有利于实现各种所有制资本取长补短、相互促进、共同发展。第三，为实现政企分开创造了良好的产权条件，有利于夯实社会主义基本经济制度的微观基础，进一步完善社会主义市场经济体制，真正使市场在资源配置中起决定性作用。第四，有利于提高国有资本配置和运行效率，优化国有经济布局，增强国有经济活力、控制力、影响力和抗风险能力。第五，它在理论上突破了“国进民退”与“国退民进”非此即彼的传统思维框架。它表明，在社会主义市场经济条件下，各类经济主体不是相互区别、相互排斥，而是可以和应该在市场机制作用下共存共赢、融合共进。

当前，应对日益激烈的国际竞争和挑战，推动我国经济保持中高速增长、迈向中高端水平，需要通过深化国有企业混合所有制改革，推动完善现代企业制度，健全企业法人治理结构：

（1）稳妥推进国有企业混合所有制改革。以促进国有企业转换经营机制，放大国有资本功能，提高国有资本配置和运行效率，实现各种所有制资本取长补短、相互促进、共同发展为目标,稳妥推动国有企业发展混合所有制经济。对通过实行股份制、上市等途径已经实行混合所有制的国有企业,要着力在完善现代企业制度、提高资本运行效率上下功夫;对于适宜继续推进混合所有制改革的国有企业,要充分发挥市场机制作用,坚持因地施策、因业施策、因企施策,宜独则独、宜控则控、宜参则参,不搞拉郎配,不搞全覆盖,不设时间表,成熟一个推进一个。改革要依法依规、严格程序、公开公正,切实保护混合所有制企业各类出资人的产权权益,杜绝国有资产流失。

(2)引入非国有资本参与国有企业改革。鼓励非国有资本投资主体通过出资入股、收购股权、认购可转债、股权置换等多种方式,参与国有企业改制重组或国有控股上市公司增资扩股以及企业经营管理。实行同股同权,切实维护各类股东合法权益。在石油、天然气、电力、铁路、电信、资源开发、公用事业等领域,向非国有资本推出符合产业政策、有利于转型升级的项目。依照外商投资产业指导目录和相关安全审查规定,完善外资安全审查工作机制。开展多类型政府和社会资本合作试点,逐步推广政府和社会资本合作模式。

(3)探索实行混合所有制企业员工持股。坚持试点先行,在取得经验基础上稳妥有序推进,通过实行员工持股建立激励约束的长效机制。优先支持人才资本和技术要素贡献占比较高的转制科研院所、高新技术企业、科技服务型企业开展员工持股试点,支持对企业经营业绩和持续发展有直接或较大影响的科研人员、经营管理人员和业务骨干等持股。员工持股主要采取增资扩股、出资新设等方式。完善相关政策,健全审核程序,规范操作流程,严格资产评估,建立健全股权流转和退出机制,确保员工持股公开透明,严禁暗箱操作,防止利益输送。①

三、国有资产管理体制改革和国有资本管理

防止国有资产流失,实现国有资产保值增值,提高国有资产运行效

① 《中共中央　国务院关于深化国有企业改革的指导意见》(2015 年 8 月 24 日),中国政府网。

率,是全面深化经济体制改革的重要课题。

1. 国有资产管理体制

国有资产即国家代表全体人民所有的资产,包括终极所有权归属国家的一切资产,其分类有经营性国有资产、非经营性国有资产以及资源性国有资产等。

国有资产管理,其目标一般有两类:一是在维护国有资产安全的基础上,保证国有资产的保值或者增值,从而为国家增加收入;二是实现对宏观经济的调控目标,比如调整产业结构、促进国民经济优化,实现资源的有序、合理利用,有效提供公共服务等。

国有资产管理体制是国家社会经济制度极为重要的组成部分,涉及一个国家为了调动一切积极因素,确保国有资产保值和增值,并实现对国家经济的调控功能而进行的组织机构设置,组织机构的内部责、权、利划分以及调控管理国有资产的基本规则和方法。

国有资产管理体制改革的最终目标是,国有资产监管制度更加成熟,相关法律法规更加健全,监管手段和方式不断优化,监管的科学性、针对性、有效性进一步提高,经营性国有资产实现集中统一监管,国有资产保值增值责任全面落实。

我国在管理国有资产的实践中,基本形成了国有资产管理的三元主体:(1)国有资产监督管理机构,由各级政府设置的国有资产监督管理委员会和政府授权的其他部门和机构构成,行使对国有资产的所有权和监督权,并从根本上掌握国有资产收益分配权;(2)国有资产运营机构,包括各级各类的国有资产经营公司,比如国有资产经营公司、投资公司、国有控股公司等,它们一般以资本运营为手段,对国家授权范围内的国有资产具体行使资产受益、重大决策、产权转让等权利;(3)国有资产经营企业,即国家出资的国有独资企业、国有独资公司以及国有资本控股公司和国有资本参股公司,它们以国有资产保值增值和效益最大化为目标,向国家及所有其他投资者负责。国有资产管理体制改革就是要构建国有资产管理机构、国有资产运行机构和国有资产经营企业三个层次之间内在统一、有机结合、运转高效的国有资产管理体制。

2. 从“管资产”转向“管资本”

党的十八届三中全会《中共中央关于全面深化改革若干重大问题的决定》指出:“完善国有资产管理体制,以管资本为主加强国有资产监管,改革国有资本授权经营体制,组建若干国有资本运营公司,支持有条件的国有企业改组为国有资本投资公司。”党的十九大报告进一步提出,“要完善各类国有资产管理体制,改革国有资本授权经营体制,加快国有经济布局优化、结构调整、战略性重组,促进国有资产保值增值,推动国有资本做强做优做大,有效防止国有资产流失”。

历史地看,我国对国有企业的管理相继经历了“管企业”“管资产”到“管资本”的转变,反映了我国国有资产管理体制改革向纵深发展。推进国有资产管理从“管资产”到“管资本”转变的目的是推动国有企业加快市场化、专业化、国际化发展,完善国有资产管理体制,从而在更高层面、更大范围内有效配置资源,盘活存量,为培育战略性新兴产业、加快基础设施建设、保障服务民生提供有力支撑。

从“管资产”向“管资本”转变,就是按照资源的市场配置原则,通过资本运作与资产置换盘活国有资产,增强国有资产的流动性,把国有企业中固化了、不能流动的资产变为可实现的现金流与资本流,促进国有资产从企业形态向资本形态的转化。通过资本管理加强国有资产监管,实现国有资产覆盖领域的合理配置和国有资本的有序进退。通过实现国有企业投资主体多元化、经营机制市场化,推进国有企业重组和调整,引导国有企业突出主业,加大内部资源整合力度,采用多种方式剥离重组非主业资产,促进“资源、资产、资本、资金”良性循环。

(1)以管资本为主推进国有资产监管机构职能转变。国有资产监管机构要准确把握依法履行出资人职责的定位,科学界定国有资产出资人监管的边界,建立监管权力清单和责任清单,实现以管企业为主向以管资产为主的转变。该管的要科学管理、决不缺位,重点管好国有资本布局、规范资本运作、提高资本回报、维护资本安全;不该管的要依法放权、决不越位,将依法应由企业自主经营决策的事项归位于企业,将延伸到子企业的管理事项原则上归位于一级企业,将配合承担的公共管理职能归位于相关政府部门和单位。

(2)以管资本为主改革国有资本授权经营体制。改组组建国有资本投资、运营公司,探索有效的运营模式,通过开展投资融资、产业培育、资本整合,推动产业聚集和转型升级,优化国有资本布局结构;通过股权运作、价值管理、有序进退,促进国有资本合理流动,实现保值增值。国有资产监管机构依法对国有资本投资、运营公司和其他直接监管的企业履行出资人职责,并授权国有资本投资、运营公司对授权范围内的国有资本履行出资人职责。国有资本投资、运营公司作为国有资本市场化运作的专业平台,对所出资企业行使股东职责,按照责权对应原则切实承担起国有资产保值增值责任。

(3)以管资本为主推动国有资本合理流动、优化配置。坚持以市场为导向、以企业为主体,有进有退、有所为有所不为,优化国有资本布局结构,增强国有经济整体功能和效率。优化国有资本重点投资方向和领域,推动国有资本向关系国家安全、国民经济命脉和国计民生的重要行业和关键领域、重点基础设施集中,向前瞻性战略性产业集中,向具有核心竞争力的优势企业集中。发挥国有资本投资、运营公司的作用,清理退出一批、重组整合一批、创新发展一批国有企业。建立健全优胜劣汰市场化退出机制,充分发挥失业救济和再就业培训等的作用,解决好职工安置问题,切实保障退出企业依法实现关闭或破产,加快处置低效无效资产,淘汰落后产能。支持企业依法合规通过证券交易、产权交易等资本市场,以市场公允价格处置企业资产,实现国有资本形态转换,变现的国有资本用于更需要的领域和行业。支持国有企业开展国际化经营,加快培育一批世界一流企业。

(4)以管资本为主推进经营性国有资产集中统一监管。稳步将党政机关、事业单位所属企业的国有资本纳入经营性国有资产集中统一监管体系,具备条件的进入国有资本投资、运营公司。建立覆盖全部国有企业、分级管理的国有资本经营预算管理制度,提高国有资本收益上缴公共财政比例。

(5)以管资本为主分类实施监管。对商业类国有企业,重点管好国有资本布局、提高国有资本回报、规范国有资本运作、维护国有资本安全。建立健全监督体制机制，依法依规实施信息公开，严格责任追究，在改革发展中防止国有资产流失。其中，对主业处于充分竞争行业和领域的商业类国有企业，重点加强对集团公司层面的监管，落实和维护董事会依法行使重大决策、选人用人、薪酬分配等权利，保障经理层经营自主权，积极推行职业经理人制度。对主业处于关系国家安全、国民经济命脉的重要行业和关键领域、主要承担重大专项任务的商业类国有企业，重点加强对国有资本布局的监管，引导企业突出主业，更好地服务国家重大战略和宏观调控政策。对公益类国有企业，要把提供公共产品、公共服务的质量和效率作为重要监管内容。

思考题

1. 与社会主义市场经济相适应的现代产权制度的要求和内涵是什么？

2. 国有企业成为真正的市场经济微观基础，还需要着力解决什么问题？

3. 新时代完善国有资产管理体制，加强国有资产监管，应该如何实现从“管资产”向“管资本”转变？

第十二章　供给侧结构性改革与培育新动能

供给与需求的动态平衡是经济运行的基本内容，供求关系直接影响市场配置资源的效率。我国已有的市场化改革，取消指令性计划，突出市场导向，实际上是需求侧的改革，产生了需求的拉动力。对经济运行来说，只有需求侧的动力还是不够的。新常态下中国经济面临严重的经济结构失衡，结构性失衡造成的“供需错位”已成为中国经济持续增长的路障。供给侧结构性改革，不仅要解决结构性问题，还需要激发供给侧的动力。正如习近平总书记指出的：“供给侧结构性改革，重点是解放和发展社会生产力，用改革的办法推进结构调整，减少无效和低端供给，扩大有效和中高端供给，增强供给结构对需求变化的适应性和灵活性，提高全要素生产率。”[①]2018 年 4 月习近平总书记在致首届数字中国建设峰会的贺信中又提出“以信息化培育新动能，用新动能推动新发展”。习近平总书记关于供给侧结构性改革的思想，开阔了中国特色社会主义政治经济学的新境界。

第一节　供给和需求及其相互关系

供给侧结构性改革是从我国经济运行的实践出发推动经济运行更高效率的重要举措。其理论渊源可以追溯到马克思的理论，并以此作为理

① 习近平：《在省部级主要领导干部学习贯彻党的十八届五中全会精神专题研讨班上的讲话》，人民出版社 2016 年版，第 29—30 页。

论指导。

一、供求的不平衡和平衡

供给侧结构性改革针对的是供给问题，在政治经济学中，经济运行中的供给和需求相互依存、相互依赖。这就是习近平总书记所说的："供给和需求是市场经济内在关系的两个基本方面，是既对立又统一的辩证关系，二者你离不开我、我离不开你，相互依存、互为条件。"[①]据此习近平总书记明确提出供给侧和需求侧的关系："供给侧和需求侧是管理和调控宏观经济的两个基本手段。"[②]供给侧管理重在解决结构性问题，注重长期发展；需求侧管理重在解决总量性问题，注重短期调控。

马克思认为，供求实际上从来不会一致。供求一致的现象，在科学上等于零。但是，在政治经济学上必须假定供求是一致的，"这是为了对各种现象在它们的合乎规律的、符合它们的概念的形态上来进行考察，也就是说，撇开由供求变动引起的假象来进行考察"。[③] 这种抽象分析方法，是要寻求供求一致时的内在的必然性。供求一致究竟是指什么？马克思的界定是："某个生产部门的商品总量能够按照它们的市场价值出售，既不高，也不低。"[④]这就是说市场价格与市场价值趋于一致。供求平衡是价值规律调节供求关系的结果。

根据马克思的劳动价值理论，无论是供给还是需求都可以还原为社会劳动量。一方面，某种商品的供给总量，即在一定劳动生产率的基础上，该生产部门制造一定量的物品所需要的一定量的社会劳动时间。另一方面，社会对该种商品的需求总量，即社会购买这些物品的方法，就是把它所能支配的劳动时间的一定量来购买这些物品。商品按市场价值出售，就要求用来生产某种商品的社会劳动的数量，同要满足的社会需要的

① 习近平：《在省部级主要领导干部学习贯彻党的十八届五中全会精神专题研讨班上的讲话》，人民出版社2016年版，第30页。

② 《习近平谈治国理政》第二卷，外文出版社2017年版，第252页。

③ 《马克思恩格斯选集》第2卷，人民出版社2012年版，第489页。

④ 《马克思恩格斯选集》第2卷，人民出版社2012年版，第488页。

规模相适应。而在现实中这两个方面,即耗费在一种社会物品上的社会劳动总量和社会要求用这种物品来满足的需要的规模之间,没有任何必然的联系而只有偶然的联系。于是就出现某种商品的产量超过了当时的社会需要。这种状况就是我们现在所讲的需要“去”的过剩产能和库存。它表明,这个商品量在市场上代表的社会劳动量就比它实际包含的社会劳动量小得多。这些商品必然要以低于它们的市场价值出售。其路径或者是降价出售,或者是浪费掉多余的商品。

马克思使用社会必要劳动时间的概念来说明供求平衡:“社会劳动时间可分别用在各个特殊生产领域的份额的这个数量界限,不过是价值规律本身进一步展开的表现,虽然必要劳动时间在这里包含着另一种意义。为了满足社会需要,只有如此多的劳动时间才是必要的。在这里界限是由于使用价值才产生的。社会在既定生产条件下,只能把它的总劳动时间中如此多的劳动时间用在这样一种产品上。”①这种含义的社会必要劳动时间是在不同部门之间的比较和竞争中形成的。起作用的是各个部门提供的使用价值是否符合社会需要,不仅包括使用价值的品种和质量,还包括使用价值的总量。意义是各个生产者提供社会所需要的使用价值(包括质和量)。我们现在讨论的供给侧结构性改革所要解决的问题正是供给品的使用价值是否符合社会需要的问题。

供求不平衡或者表现为供给出不清,或者表现为需求出不清。供求平衡就是出清市场。在马克思的理论中,出清市场靠的是市场竞争机制。概括起来,在市场上存在着三个方面的竞争:卖者之间、买者之间、买卖双方。在需求超过供给的场合,主要是需求方之间的竞争:一个买者就会比另一个买者出更高的价钱,这样就使这种商品对全体买者来说都昂贵起来,提高到市场价值以上;另外,卖者却会共同努力,力图按照高昂的市场价格来出售。在供给超过需求的场合,主要是供给方之间的竞争。卖者之间互相施加足够大的压力(竞争),以便把社会需要所要求的商品量,也就是社会能够按市场价值支付的商品量提供到市场上来。而且供给方

① 《马克思恩格斯选集》第2卷,人民出版社2012年版,第613页。

之间的竞争会降低生产费用：只要一个人用较便宜的费用进行生产，用低于现有市场价格或市场价值出售商品的办法，能售出更多的商品，在市场上夺取一个更大的地盘，他就会这样去做，并且开始起这样的作用，即逐渐迫使别人也采用更便宜的生产方法。

应该说，已有的需求侧突出市场机制和宏观需求管理的改革对适应市场需求提高供给能力取得了明显的效果，但只是靠需求侧的市场导向和需求拉动并不能完全解决供给问题。其中的一个重要原因是，市场对出清市场的调节是事后的调节，市场调节下的供求平衡，“只是在事后作为一种内在的、无声的自然必然性起着作用，这种自然必然性只能在市场价格的晴雨表式的变动中觉察出来，并克服着商品生产者的无规则的任意行动”①。市场上出现总量供大于求时，常常需要通过经济危机方式来强制地实现平衡。这种市场平衡的方式显然是破坏生产力的方式。这意味着为防止供给侧的市场出不清，还是需要供给侧自身的理性调节。供给侧通过改革对出清市场进行理性调节，就能防止通过危机方式调节造成的破坏。

以上分析的马克思主义政治经济学原理对当前研究供给侧结构性问题有重要的指导意义：第一，解决供给侧的问题不能脱离需求侧；第二，市场机制是供给和需求平衡的重要调节机制；第三，只是靠需求侧的市场调节和需求管理不能完全解决供给侧的问题。

二、供给侧的要素就是生产力的要素

根据马克思主义政治经济学原理，供给侧无论是增加供给能力还是调整供给结构都有其自身的发展规律和路径。马克思所指出的生产力要素就是我们现在讲的供给侧要素，包括：“工人的平均熟练程度，科学的发展水平和它在工艺上应用的程度，生产过程的社会结合，生产资料的规模和效能，以及自然条件。”②可以简单地归结为：劳动者素质、科技、社会

① 《马克思恩格斯文集》第5卷，人民出版社2009年版，第412页。

② 《马克思恩格斯选集》第2卷，人民出版社2012年版，第100页。

分工、规模经济、自然条件。

马克思主义政治经济学认为分工既是生产力的形式,又是推动生产力发展的基本动力。分工能提高社会劳动生产率,从而促进生产成本降低,激励技术创新,扩大市场的容量。马克思指出:生产力的这种发展,“归结为发挥作用的劳动的社会性质,归结为社会内部的分工,归结为脑力劳动特别是自然科学的发展”①。马克思的分工理论认为分工可以促进专业化,通过专业化实现经济结构的转化。分工越是发达,具体劳动的种类就越多,专业化经济就越发达,投入交换的商品品种和数量自然就越多,市场的规模也就会越大。所以马克思认为,“各种使用价值或商品体的总和,表现了同样多种的、按照属、种、科、亚种、变种分类的有用劳动的总和,即表现了社会分工”②。

我国的供给侧结构性改革是解放生产力和改革生产结构,促进生产结构的优化,形成新的分工体系。我国原来的生产力、生产结构和分工体系是以自然资源和低端要素结构为核心而形成的。经过 40 年的发展,要素禀赋结构发生了变化,需要依据要素禀赋结构的变化,形成新的生产力、生产结构和分工体系,而这些都需要通过供给侧结构性改革来实现。

供给侧结构性改革是针对经济结构失衡问题而提出的。在新常态背景下,产品市场供给结构失衡使部分行业的低端产能过剩,高端产品和高质量产品供给不足,加剧了资源的浪费。要素供给结构的失衡导致对提高经济增长质量起关键作用的人力资本和技术研发投入存在着结构性偏差,造成了这些关键资源的错配。因此,供给侧结构性改革的出发点是为了化解结构性矛盾,而结构性矛盾实质是社会分工体系的扭曲或者僵化的表现。马克思的分工理论认为分工能形成种属力量,极大地促进了社会生产力的发展,分工对社会生产力的进步主要是通过两个方面来实现的:扩大社会劳动的范围和发展社会劳动的范围。因此,供给侧结构性改革首先要改善社会分工,依据世界科学技术的进步和社会生产力的发展,

① 《马克思恩格斯选集》第 2 卷,人民出版社 2012 年版,第 453 页。

② 《马克思恩格斯选集》第 2 卷,人民出版社 2012 年版,第 102 页。

形成新的分工体系，淘汰落后产能，促进新产能的成长。

三、拉动经济增长的投资和消费需求

2015 年 11 月 10 日，习近平总书记在中央财经领导小组第十一次会议上明确提出，“在适度扩大总需求的同时，着力加强供给侧结构性改革”。新常态下的中国经济增长，既涉及供给问题，又涉及需求问题。供给侧结构性改革不能忽视需求侧，也不能放弃需求侧的扩大需求，需要发挥投资对增长的关键作用，发挥消费对增长的基础作用。

1. 发挥投资对增长的关键作用

无论是供给侧结构性改革中的技术创新、产业升级，还是基础设施的完善、环境质量的提升，都需要投资支撑。因此，供给侧结构性改革需要发挥投资对增长的关键作用。

（1）调整投资方向，提高实体经济投资占比，避免投资“脱实向虚”。我国资本边际生产率逐年下滑，投资对经济增长的拉动效应明显减弱，但这不是增加投资必然导致的结果。深层次的原因在于我国的供给结构未随需求结构的升级而升级，致使结构性产能过剩严重，实体经济投资回报率走低，大部分资金流入房地产和金融等虚拟经济领域。虚拟经济脱离实体经济发展，将会引发巨大的资产泡沫，虚拟经济的高回报率也无法持续，这是当前金融等行业资本回报率下降的原因。基于此，应优化投资结构，提高资本生产率。首先，应将振兴实体经济提升到改革层面，增强全民对实体经济发展的信心，引导国内资本支持实体经济。其次，通过提高实体经济投资回报率吸引资金回流。降低实体经济企业成本，增加企业利润，提高投资回报率，吸引资本回流实体经济。

（2）拓宽民间投资渠道，发挥民间投资的带动效应。不同投资主体的投资领域、投资动机和投资效率不尽相同。理论上，政府投资和民间投资是互为补充的。政府的投资重点应是重大民生、公共事业等收益相对较低、期限较长、民间资本不愿意投资的项目，民间资本则涉足其余领域。现实是，我国政府的职责范围并不明确，地方政府为了提升政绩，常常利用行政手段，触及竞争性领域，将大量财政资金配置到能快速提高经济增速的项目，而非公共事业。这种短视性、功利性的投资模式，不仅对民间资本产生极大的挤出效应，还致使我国公共服务供给不足。基于此，应明确政府与市场的边界，限制政府行为，激发民营企业投资积极性，形成以民间投资为主的投资主体结构。首先，降低民间资本进入垄断性行业的门槛，激活市场竞争，倒逼垄断企业降低生产成本，提高生产效率，逐步打破部分垄断企业“一企独大”的局面。其次，优化民营企业投资环境。一方面，制定相应法规政策，确保民间投资的合法权益得到保障；另一方面，简化民间投资管理的行政审批流程，减轻民营企业负担。最后，明确政府职能范围。加大对重大民生、基础性科研的投资；增强对民间资本投资运作的服务和监督，确保资本运作规范化、合法化。

(3)创新投融资方式，促使投融资便利化。当前，一方面，越来越多的民间资本投资海外；另一方面，国内公共服务等领域建设薄弱、投资动力不足，有转型升级能力的传统制造业企业融资难、融资贵，一些新技术、新业态、新商业模式的创新型企业资金不足等问题不断涌现。根本原因是民间资本不能进入公共服务领域，直接融资市场发展不健全，即投融资方式较为落后。因此，破除困境的对策是深化投融资体制改革，消除投资障碍，促进投资便利化，充分发挥民间资本的经济拉动效应。首先，通过完善直接融资市场改变企业融资难的现状。推进金融市场改革，促使以银行贷款为主的间接融资模式转向以发行股票、债券为主导的直接融资模式，使实体经济企业融资更便利。其次，推行政府和社会资本合作模式(PPP)，在基础设施建设及公共服务领域适当地引入社会资本，改善公共服务建设资金不足的现状。

2. 发挥消费对增长的基础作用

供给侧结构性改革中，需求侧的改革要着力扩大居民消费，引导消费朝着智能、绿色、健康、安全方向转变，以扩大服务消费为重点，带动消费结构的升级，促进流通信息化、标准化、节约化。

(1)重塑消费拉动力。供给侧结构性改革不仅要发展生产力，还要培育消费力，发展消费经济。发展消费经济，应该突出消费型、服务型经济的建设。同时要拓展新型的消费业态，发展满足新的消费需求的业态。

重视网络消费、文化消费、健康消费、教育消费、旅游消费、休闲消费等等。单纯靠现有的产品消费是拉不动经济增长的，新型的消费业态尤其是中高端消费发展起来，就有可能拉动消费增长。发展消费经济应由企业围绕消费方式、消费业态和消费模式的创新展开，并辅之以适当的支持政策。从企业层面出发：首先，开辟新兴消费领域。目前，国内中高收入群体的消费从物质型转向服务型。企业应紧跟消费热点，将业务转移至服务消费方向，支持信息、绿色、时尚、品质等新型消费。其次，扩展消费业态，如创新金融制度，将银行信贷由生产者信贷转向消费者信贷，使居民消费力突破当前收入限制，扩大住房、汽车等消费需求；将“互联网+”与传统零售方式结合，推动线上线下融合等消费新业态发展，拓宽销售渠道。从政府层面出发：应扶持新兴产业，扩大高端消费品和高品质服务的供给；建立制度保障消费者的合法权益，并加强消费品质量的监管，使居民放心消费。

（2）全面提高居民收入水平，特别是增加低收入者的收入。一般而言，居民的消费力与收入呈正相关，且消费力与消费弹性也遵循同样的变动规律。由于低收入群体在物质方面较为匮乏，其消费弹性大于高收入群体，即增加同样的收入，低收入群体将会把更多的钱用于消费，对消费力的提升效应更大。目前，我国资本报酬远高于劳动报酬，而低收入者的收入主要来源于劳动报酬，高收入者的财富则集中在资产性收入。随着时间的累积，低收入者的财富占比越来越小，这是低收入者消费低迷的重要原因。因此，应将增加低收入群体收入作为重点，提升社会消费力。首先，完善收入分配制度。在“限高、保低、扩中”的思路指导下，进行收入分配改革。初次分配领域，设定合理的最低工资标准，同时积极推进国有企业高管的薪酬改革，对高管薪酬水平设定最高上限，加强其薪酬规范。再分配领域，明确精准扶贫、精准脱贫的政策举措，把更多公共资源用于完善社会保障体系，提高低收入者的收入。其次，对下岗职工进行职业技能培训，提升人力资本水平，形成稳定的收入来源。

（3）健全社会保障制度，使居民对未来形成稳定的消费预期。增加中低收入群体的收入只是解决购买力的问题，并不一定能扩大消费需求，居民现实消费的形成还与其对未来的预期紧密相关。这种现象在我国极为突出,我国已从低收入阶段进入中等收入阶段,但居民储蓄率仍居高不下,位居世界前列。深层次的原因是我国社会保障制度建设仍处于较低层次,如果中低收入者患上大病或遭遇不测,现有的收入和保障体系只是杯水车薪。为保障未来的生活,中低收入群体倾向于将收入增长的大部分作为“预防性储蓄”,而非当期消费。因此,应完善社会保障制度,使居民未来的生活有保障,增强消费意愿。首先,政府积极倡导民众参与社会保险,必要时可以通过立法强制全民参保,争取实现医疗保险、养老保险全覆盖。其次,进一步完善社会保险制度,构建多层次的社会保险体系。再次,增强社会保障基金的可持续性。明确社保基金主要投资方向是风险较小、收益较稳定的项目,同时加强民众对社保基金投资运营的监督力度,提升基金的保障能力。最后,完善社会救助制度,积极倡导慈善事业,为困难群众提供基本生活保障。

第二节　供给侧结构性改革

党的十九大报告明确要求:“必须把发展经济的着力点放在实体经济上,把提高供给体系质量作为主攻方向,显著增强我国经济质量优势。”在市场经济中,供给与需求是相互联系和对应的双方,供给侧的根本功能是满足、适应和创造需求。在供给侧的企业,一方面通过提供适应需求的产品和服务产生供给;另一方面通过生产更多种类或更高质量的产品和服务创造新的需求。供给侧如果能及时对需求侧的变化作出反应,就能够实现供需均衡;如果能不断生产和提供更高质量或更新颖的产品或服务,就能创造更大的需求空间。

一、供给侧的结构性问题和供给侧结构性改革的目标

发展中国家在转向市场经济体制时,所长期存在的结构、技术、效率等供给侧问题,不会因转向市场经济就能自动解决,也不可能靠需求侧的调节来解决。原因是发展中国家的这些供给侧问题既存在于发展方式

上,又存在于供给侧体制中。因此解决供给侧的问题,既需要转变发展方式,又需要进行结构性改革。

1. 供给侧的结构性问题

供给侧改革之所以称为结构性改革,原因是供给侧问题突出表现为结构性问题,可以归结为:有效供给不足和无效产能并存。无效产能包括过剩产能、落后产能和污染产能。这种结构性矛盾是发展中国家的通病,属于长期问题。这种结构性矛盾归结为现行经济发展方式的症结:供给不能适应进入中等收入阶段以后消费需求的新变化。进入中等收入阶段后,解决了温饱问题后居民的消费需求开始转型,更为关注健康、安全、卫生、档次方面的需求。而生产和服务的供给还停留在低收入阶段,追求数量,不重视质量,为生产而生产,势必产生有效供给不足与无效供给和低端供给所产生的库存过剩并存的问题。

从质量方面分析,许多产品的精致性、可靠性、适用性、耐久性等品质特性和技术水平不能令人满意,产业多处于价值链的中低端,多数产业的生产流程和供应链流程仍处于较低水平,生产过程的节能、低碳、环保都处于较低标准状况,生产安全事故、食品药品安全问题频发。

从效率方面分析,一些传统产业存在着产能过剩、库存积压、价格低迷等问题,这些行业中的低效率企业面临财务困难,陷入债务困境,其中有不少成为所谓"僵尸企业"。生产要素难以从无效需求领域转向有效需求领域,无法从低端领域向高端领域配置,这在钢铁、煤炭等行业的表现尤为明显。今后一个时期,我国只有着眼于提高质量和效益,着力推进供给侧结构性改革,切实转变经济发展方式,经济发展才能摆脱低质低效陷阱,稳步形成优质高效的现代产业体系。

供给体系的有效供给不足突出表现在:首先,供给明显滞后于需求结构升级,居民对高品质商品和服务的需求难以得到满足,出现到境外大量采购日常用品的现象,造成国内消费需求外流。其次,满足中高端消费的供给不足。我国供给体系总体是中低端产品过剩、中高端产品供给不足。多样化、个性化、高端化需求难以得到满足,新产品和新服务的供给潜力没有得到解放。最后,面向低收入群体为主的供给体系,没有及时跟上国内中等收入群体迅速扩大而改变消费结构。同时,过去供给体系主要是适应排浪式消费的,但满足多样化、个性化消费的能力相对比较差,总量上产能没有问题,但结构上存在问题。

2. 供给侧结构性改革的目标

坚持解放和发展社会生产力,坚持调动各个方面积极性。这是中国特色社会主义政治经济学的重大原则,也是供给侧结构性改革的重大原则。按此要求,供给侧结构性改革的着力点还在于发展,即增加有效供给以满足需求。如习近平总书记要求的:“矫正要素配置扭曲,扩大有效供给,提高供给结构适应性和灵活性,提高全要素生产率。”[①]2016年中央经济工作会议又进一步指出:“供给侧结构性改革,最终目的是满足需求,主攻方向是提高供给质量,根本途径是深化改革。”具体可以概括为三大目标。

一是提高全要素生产率。经济增长包括资本、劳动力及土地等自然资源三要素,经济增长取决于这些要素投入的贡献。全要素生产率的主要说明因素是技术进步、管理水平、劳动力素质、要素使用效率,以及各生产要素的配置和组织效能,还包括企业制度和公司的组织结构效能。现阶段需要在供给侧推进的结构性改革的着力点主要有:(1)补影响全要素生产率的要素供给的短板,其中最主要的短板是与人力资本相关的企业家供给和劳动力素质跟不上。这是需要我们长期关注的问题。(2)矫正要素配置的扭曲,推动要素进入能够提供有效供给的领域,尤其是实体经济领域。

二是解决有效供给问题。有效供给指供给品在技术档次、产品质量、安全和卫生等方面符合消费者的要求。针对现阶段所要解决的有效供给问题,供给侧结构性改革要素也可归结为三个方面的改革:科技创新、精细化管理和激励性体制。无论是科技创新还是精细化管理都需要建立激励性体制。在信息不完全条件下克服道德风险之类的机会主义行为,并

① 中共中央文献研究室编:《习近平关于社会主义经济建设论述摘编》,中央文献出版社2017年版,第91页。

从机制上杜绝劣币驱逐良币的现象。这种在供给侧建立的激励机制同需求侧建立的市场选择机制是相配套的。

三是释放企业活力。企业活力是整个经济活力之源。增强企业活力的要素除了体现在需求侧的充分竞争机制外,还体现在供给侧从体制上解决企业制度,激励和企业减负问题。现阶段由于经济下行,存在一批"僵尸企业"。对"僵尸企业",如果按需求侧的办法就是市场淘汰,成本太大;按供给侧的办法就是把它们激活,使其"由死变活"。激活"僵尸企业",一要减税,二要减费,减少企业需要交纳的各种费用,三要进一步降息,目前企业所欠的银行债务可以转为股权。企业在这些负担减轻后就能轻装上阵,产生增加有效供给的积极性,焕发出活力,增强整个经济的活力。

党的十九大报告指出:"坚持去产能、去库存、去杠杆、降成本、补短板,优化存量资源配置,扩大优质增量供给,实现供需动态平衡"。具体地说,针对无效产能需要去产能、去库存;针对有效供给不足需要补短板、降成本。这些都是转变发展方式的内容,更需要体制机制上的支持。

二、以"去产能、去库存和补短板"提高供给体系质量

有效供给不足实际上是结构性短缺,归根到底还是现行供给体系停留在低收入阶段,表现为:第一,处于低收入阶段的供给品的科技含量和技术档次低。第二,低收入阶段形成的存量结构造成有效供给不足和无效产能过剩并存。第三,低收入阶段的供给水平不能满足进入中等收入阶段的消费者对供给品的质量、安全和卫生的需求,不能为消费者提供信得过的产品和服务。中国消费者蜂拥出国购买的马桶盖、电饭煲、感冒药等,这些产品在技术上并不高超,中国也能制造,但消费者不买账就说明这点。

供给侧结构性改革的关键是提升供给的能力,建立有效供给的长效机制,提高供给结构的适应性和灵活性,赢得消费者的信赖。根据提高供给体系质量和效率的要求,供给侧结构性改革需要推动结构调整和优化。一方面,要加大力度调整存量结构,通过去产能和去库存,腾出被无效和

过剩产能占用的资源;另一方面,推动产业优化升级。具体涉及“去产能”“去库存”“补短板”等方面的改革措施如下。

1. 去产能和去库存

去产能、去库存即去无效和过剩产能,也就是在供给侧的市场出清。但是,市场出清既涉及供给,也涉及需求,两者相互依存。这意味着不可能离开市场需求孤立地在供给侧出清市场。从长远来说,需要通过改革,以新的体制和发展方式保证在供给侧不再产生新的无效产能和库存,关键还是要解决供给以市场为导向,不能进入“供给创造需求”的怪圈。而近期需要消化现有的无效产能和库存也是这样,最终还是需要需求侧来消化。这就是说供给侧的市场出不清问题,既需要供给侧本身的调整来出清,也需要需求侧采取扩大需求的方式来出清。

对“去产能”,不能只是理解为去过剩产能。无效和低端产能还包括落后产能和污染产能。对这部分产能可以在供给侧依靠严格的技术、质量和环保标准来淘汰,而且更多地靠政府和法律的行为。这是在供给侧的出清。而对过剩产能就不能简单化处理。在需求侧,需要强化优胜劣汰的市场机制,由市场来淘汰过剩生产能力,从而形成相关企业去库存的外在压力;但市场淘汰的成本往往太大。在供给侧,可以采取化解的方式。过剩生产能力并不都是无用的生产能力,寻求新的用处和去处去化解过剩产能,包括对过剩产能的再开发,以适应新的需求。这样可以降低去产能的成本减少资源浪费。路径包括与“一带一路”沿线国家和地区扩大国际产能合作,打开扩大国际贸易的新通道。

“去库存”离不开需求侧创造的需求,如城市建设、城乡一体化建设、环境治理工程、提高户籍人口城镇化率、允许农民进城买房等。供给侧则需要根据需求对库存进行调整,使之适销对路。供给侧的库存除了在供给侧自我消化外,还要靠需求侧的需求去消化。这就涉及能否通过“加杠杆”的方式来去库存的问题。美国的次贷危机可以说是一面镜子,去房地产库存的加杠杆不能加到产生次贷危机;但也不能绝对地否认有限度的信贷杠杆对去库存的作用。从发展的角度为扩大需求(尤其是消费需求)而加一部分杠杆可能起到四两拨千斤的作用,关键是要精准并且有限度。

2. 补短板

从补市场供给“短板”的角度考虑，特别要重视产品结构的调整和优化，在体制上解决企业供给的市场导向问题，这方面的改革主要是进一步完善市场决定资源配置的体制机制。

一是依靠科技创新提高产品的技术档次和质量。创新不仅要高端，更要“实”，实就实在产品创新。这不仅需要构建促进创新的体制机制，更要形成科技创新与产品创新有效衔接的机制，以此来补因技术水平原因造成的市场供给短板。对企业来说，还要推进商业模式创新，其市场策略不仅仅是被动地适应消费者，更要理性地创造消费，引导消费者。

二是建立精细化的治理体系和文化。相当部分产品质量欠缺，根本在于不精细的管理体系和“马马虎虎”的企业文化。改变这种状况需要加强质量管理和重塑精细文化，培育“工匠精神”。与此同时，在人才供给结构上，不能只瞄准高精尖科技人才，需要重视高级技工和应用型高端人才的培养和供给。

三是规范市场秩序。一方面，加强并完善市场监管体制，“乱市”用重典，在制度上克服劣币驱逐良币的现象。另一方面，加强诚信体系建设，打造诚信品牌。从而引导企业不只是采取价格竞争的方式，更多地采取技术革新和产品质量的竞争方式，生产更新、更好的产品并提供更新、更好的服务。

三、以“降成本和去杠杆”增强企业活力

一般说来，需求侧的经济学关注的是选择问题：在市场决定资源配置的条件下市场选择资源流向，进入哪个地区、哪个行业、哪个企业，由充分竞争的市场进行选择，这种选择对企业产生外部压力。供给侧的经济学关注的是激励企业问题，其中包括减轻企业负担，减少对企业的行政干预，从而激发企业活力。在信息经济学中也要求在信息不完全的条件下，建立激励性体制，克服影响供给质量和效率的道德风险之类的机会主义行为，并从机制上克服劣币驱逐良币的状况。中国特色社会主义政治经

济学的一个重大原则，就是坚持调动各个方面积极性，这也应该成为供给侧结构性改革的重大原则。

1. 去杠杆

“去杠杆”是针对企业金融债务过高而提出来的。企业过高的金融债务不仅造成过高的利息负担，出现资不抵债的地步，还导致有些地方企业之间的贷款联保拖累一批本身并无严重问题的企业。就是说，现在许多地方的企业已经形成了债务链条，应该更多地通过发展帮助企业“去杠杆”。为了防止出现多米诺骨牌效应，去金融债务的杠杆需要精准，需要寻求在债务链条中的突破口。供给侧管理和需求侧管理的重要区别是，后者基本上是“大水漫灌”，前者则是“精准滴灌”。政府和银行需要从中寻求为负债企业解套的有效方式。有限度的、精准的加必要的杠杆来去企业杠杆，不失为四两拨千斤的方式。可以相信，实体经济止跌回升，许多企业会自然而然地去掉杠杆。

从改革的角度“去杠杆”，指的是改革投融资体制。企业投融资结构更多地由通过银行的间接融资转向直接融资和股权融资的方式，相应的重点是发展多层次直接融资的资本市场，从而在投融资体制结构上建立企业自我积累、自我约束的机制。从当前的“去杠杆”任务来说，对某些有发展空间的高负债企业采取“债转股”的方式也可以进行尝试。

2. 降成本

提高效率和降成本是一个问题的两面。提高全要素生产率从一定意义上说是节省要素投入，实际上就是“降成本”。提高全要素生产率所要降的成本不仅包括生产过程中的成本，还包括以下两种资源错配的成本。

首先是低效的要素配置结构所产生的要素配置成本。这就是把提高全要素生产率作为供给侧结构性改革的重要原因。现阶段影响全要素生产率提高的主要因素是要素配置主要是靠投资结构，投资投在物质资本、人力资本、土地、技术等要素上的比例，就形成要素配置结构。目前的结构性问题，一是资金较多地投在地产上，而不是投在与新产业相关的物质资本和技术要素上，造成产业供给能力不足；二是投资偏重物质资本，忽视人力资本，造成创新能力不足。这种要素配置结构就是资源错配的结构,无疑是全要素生产率偏低的重要原因。由此也产生高的要素配置成本。

其次是过高的制度成本。这是没有真正实现市场决定资源配置所造成的过高的资源配置成本。现阶段所要去的产能包括过剩产能、落后产能和污染产能。其原因除了发展方式存在问题外,体制上难以遏制重复建设重复投资、行政垄断问题,以及地方保护问题也是不可忽视的。因此改革的方向,在供给侧就要通过严格的标准(包括技术标准、环境标准和质量标准)和有效的政府行为去克服低端和无效产能。在需求侧则要真正实现市场决定资源配置,打破垄断和地方保护,强化市场优胜劣汰机制,并且采用排污权交易之类的市场方式来控制污染产能。

从改革的角度"降成本",目标是为企业减负,让更多企业轻装上阵,并且激活"僵尸企业"。路径是为实体经济企业大力度减税、降息、减费(如"五险一金"问题)、降低企业债务负担。在为企业降成本方面需要处理好国民收入分配中国家、企业和职工三者之间的利益关系,尤其要突出企业利益。一方面,职工既要共享企业发展的成果,也要分担企业风险,如果企业因无法承担不切企业实际的职工负担而破产或裁减员工,最终受损的还是职工。另一方面,政府要给企业让利。前一时期政府改革的着力点是取消下放审批;现在则需要取消和减少各种收费。这对增强企业活力必然起到杠杆作用。①

根据供给侧的经济学原理,"去杠杆"和"降成本"的目标都是激发企业活力,实质是给实体经济企业减负,以调动其增加有效供给的积极性。现在实体经济企业背负着"三座大山":高税、高息和高负担。同时,还有许多因为负债企业担保而产生的金融杠杆被投入"僵尸企业"的行列。

① 2018年3月28日,国务院常务会议决定,从2018年5月1日起,制造业等行业增值税税率从17%降低至16%,交通运输、建筑、基础电信服务等行业及农产品等货物的增值税税率从11%降低至10%。此外,工商业小规模纳税人年销售额认定标准从过去的50万元和80万元统一上调至500万元,对于部分先进制造业、现代服务业企业和电网企业在一定时期内未抵扣完的进项税额予以退还。这几项措施将减轻市场主体税负超过4000亿元。2018年4月25日,国务院常务会议决定再推出7项减税政策,预计全年将再为企业减轻税负6000多亿元。两次减税合起来达1万亿元。

因此,从发展的角度"去杠杆"和"降成本",着力点是要使企业这个经济细胞活起来。

第三节　提高供给侧体系的质量和效率

党的十九大报告明确要求:"必须把发展经济的着力点放在实体经济上,把提高供给体系质量作为主攻方向,显著增强我国经济质量优势。"供给体系质量主要涉及两个方面:一是建立满足新时代需求的有效供给的长效机制,其评价标准是消费需求的满足程度。二是提高供给要素的质量,其评价标准是全要素生产率。供给侧结构性改革的目标就是要建立以质量为导向的有效供给的长效机制。

一、在发展中推进改革

对供给侧结构性改革,需要明确区分涉及长期发展的改革目标和当前所要推进的去产能、去库存、去杠杆、降成本和补短板的任务。这些任务需要在改革和发展中实现,也就是要在体制上解决不再持续产生所要去的产能、库存和杠杆,持续地降成本和补短板。

处置"僵尸企业"是供给侧结构性改革的重要话题,但不能被引向供给侧改革的主要内容。结构性改革不可避免要关停一批"僵尸企业",但不能简单地把关停"僵尸企业"作为改革目标。"僵尸企业"是个模糊概念,与其说关停"僵尸企业",不如说关停污染企业。"僵尸企业"不是指所有困难企业,而只是指采取各种激励方式后仍然激不活的企业。处置"僵尸企业"最简单的方法就是需求侧的市场淘汰的方法。但是考虑到降低社会成本,不能简单采取破产倒闭的办法,着力点还是救活"僵尸企业"。保职工固然比保企业成本小,但国家能在多大程度、多长时间保这些失业的职工呢?没有企业何来就业?因此,处置"僵尸企业"应该更多在供给侧采取办法:如并购重组,依靠优势企业带动这些企业走出困境;再如引导企业转产,浴火重生;再如对"僵尸"的国有企业进行民营化改制。这些都能降低处置"僵尸企业"的社会成本。

如何去产能、去库存、去杠杆、降成本、补短板？单纯地去产能去库存去杠杆会产生巨大的成本，而且难以有效实现目标。可行并且有效的路径是用发展的办法去产能、去库存和去杠杆，因为过剩的产能和库存并不都是无用的。其中，相当多的过剩产能、高库存和高杠杆很大程度上是经济不发展带来的。发展就可能消化和吸收过剩的产能和库存，并且去掉部分因速度持续下行所产生的杠杆（金融债务）。而且“补短板”更多的是补有效供给不足的短板。从改革的角度分析，无效产能、库存、杠杆和成本的产生，都同供给侧存在的制度问题相关，供给侧结构性改革就是要建立有效的制度结构，防止和克服继续产生无效和低端产能、缺乏市场需求的库存、高杠杆带来的高债务以及持续走高的成本。

深化供给侧结构性改革必须要有效发挥政府作用，强化对企业生产活动的监管。通过严格监管强化对企业生产的负外部性管制，倒逼企业在生产决策时综合考量社会成本、环境成本，从而有效抑制由于企业低估成本造成的落后产能、污染产能，从源头化解无效供给问题。

根据高质量发展的时代特征，在去产能、去库存的供给侧结构性改革已经取得明显成效的基础上，深入推进供给侧结构性改革，不能只是去产能、去库存。要培育新动能，使该“去”的无效产能被新动能替代，从而使经济发展由新动能推动，并把被无效、过剩产能占用的生产要素转移到新动能中，实现新旧动能的转换。这是影响我国长远发展的供给侧结构性改革的内容。

经济发展是有阶段的，不同阶段经济增长的动能也有所不同。经济就是在新旧动能的转换中运行和发展的。发展的动能首先是改革所产生的动能，例如增强企业活力，发展市场经济都是改革产生的新动能；发展本身也会产生动能。这里着重研究发展本身的动能及新动能的培育。

新动能的培育是与经济发展的阶段及其阶段性特征相适应的。最为明显的特征是由要素驱动转向投资驱动再转向今天的创新驱动。在每个阶段都会有多方面的发展动能，关键是发现、把握并加以培育。改革开放以来我国沿海地区的发展，第一个阶段发展乡镇经济，农村工业化是新动能。第二个阶段发展外向型经济，对外开放是新动能。第三个阶段是发展创新型经济，产业创新是新动能。由于在每个时期新旧动能的转换，沿海地区经济发展水平一直能保持在高位。

再如投资和消费的动能作用。在发动经济起飞时，投资是发展的动能，我国相当长时期维持较高的投资率支持了经济长时期的高速增长。进入新时代后，需要转向高质量发展，也就不可能继续维持高的投资率。这时消费的动能作用就显示出来了。消费的动能作用也是在转换的，最初是模仿型排浪式消费，而后随着互联网大数据的发展，产生个性化、定制式消费，与此相适应的智能制造、柔性化生产、分布式生产及个性化定制就成为新动能。党的十九大报告中指出满足中高端消费需求的供给正在成为新动能。

党的十九大报告明确要求："在中高端消费、创新引领、绿色低碳、共享经济、现代供应链、人力资本服务等领域培育新增长点、形成新动能。"这几个方面就是现阶段供给侧结构性改革需要培育的新动能，进一步说，是转向高质量发展的新动能。

二、依靠人力资本服务提高供给体系质量

现代化供给体系，即满足人民群众对美好生活需要的供给体系。基本要求是：优化存量资源配置，扩大优质增量供给，实现供需动态平衡。供给体系建设要以提高全要素生产率为中心。提高全要素生产率关键是提高要素质量。根据新增长理论，现代经济增长有两个决定性要素：一是知识资本；二是人力资本。这两个要素是内生性经济增长的要素。

人力资本服务不仅是新的增长点和新动能，对供给体系来说，还是提高其质量和效率的主观因素，甚至是决定性因素。

经济增长有多种要素，在现代增长中哪种要素可以作为新动能来培育？皮凯蒂在《21世纪资本论》中回答："现代的经济增长大多取决于人力资本的兴起。"①历史经验表明，"落后国家是通过提高科技水平、专业

① ［法］托马斯·皮凯蒂：《21世纪资本论》，巴曙松等译，中信出版社2014年版，第42页。

知识与技能和教育水准来追赶发达国家的"[1]。新增长理论也指出,人力资本积累是经济增长的源泉,是现代经济增长的决定因素和永久动力。人力资本积累会产生提高全社会生产率的收益递增的外部正效应。各国的生产率差别可以用人力资本积累水平的差别来说明。我国的实践也证明,将人力资本作为发展的新动能绝非偶然。

就劳动力要素来说,劳动力不是均值的。人力资本含量高的劳动要素有更高的质量。长期以来供给体系质量和效率不高的原因,一是供给方的管理能力不高,员工技能和素质跟不上。二是资源错配,投资偏重物质资本,忽视人力资本,造成创新能力不足。这些都是全要素生产率偏低的重要原因。供给侧结构性改革就是要克服这种资源错配问题。在要素和投资驱动阶段,全要素生产率的提高靠的是物质资本的引领和驱动。而在创新驱动阶段,不仅是物质资本积累能力受限,更为突出的是,物质资本积累对全要素生产率提高的推动力正在消退。基于此,人力资本积累包括企业家的成长和劳动者素质和技能的提高。人力资本引领要素配置和组织,可以显著提高全要素生产率。

人力资本即经过教育和培训形成的人的知识和技能的存量,相当于马克思理论中复杂劳动的概念。马克思认为,复杂劳动创造多倍于简单劳动的价值,可见人力资本的动能作用。人力资本服务成为新动能反映现代经济增长的趋势。我国正在推进创新驱动发展战略。创新是发展的第一动力,人力资本是创新的第一要素。将人力资本服务作为新动能来培育,从而提高供给体系的质量和效率有多方面内容。

一是依靠人力资本创新产业。随着知识经济的发展,产生了一系列知识密集型产业领域,如金融、咨询、设计、软件等。这些领域无疑更多地需要人力资本服务。这些领域可以说是知识经济时代发展的新增长点。相比物质资本密集型产业,人力资本密集型产业有更高的质量和效率。

二是培育企业家人力资本。就如党的十九大报告所要求的激发和保护企业家精神。在现代企业中,资本、劳动力、技术、土地等要素都是由企

---

① [法]托马斯・皮凯蒂:《21世纪资本论》,巴曙松等译,中信出版社2014年版,第71页。

业家组合的。熊彼特定义的创新是要素的“新组合”，企业家就是实现要素“新组合”的组织者和推动者。企业家精神就是创新精神。很显然，企业家的人力资本无论是对企业还是全要素生产率提高，都对整个供给体系的质量起着决定性作用。供给侧结构性改革就是要推动经营者成为企业家，提高企业家人力资本积累，激发企业家精神，形成发展的新动能。正如习近平主席2014年11月9日在亚太经合组织工商领导人峰会上指出的:“市场活力来自于人，特别是来自于企业家，来自于企业家精神。”

进入新时代后创新和制度对经济发展的贡献率将会显著提升，这一阶段需要依靠释放“创新”和“制度”两大高级要素来激活经济体系内微观主体的潜力，以提升供给体系的效率和质量，让更多合格的市场主体进入市场，这些与企业家在经济增长过程中发挥的职能作用是高度吻合的。企业家是优化资源配置、提高供给体系适应能力的主导力量，能够通过高效配置资源获得各种可观察到的报酬；企业家在经济活动中扮演创新者的角色。企业家的创新所推动的要素的新组合，对全要素生产率提高起着决定性作用。供给侧结构性改革就是要推动经营者成为企业家，放手让企业家在市场决定资源配置的条件下组合要素，提高供给体系的质量和效率。企业家群体将成为一个经济体持续增长的关键。

“企业家精神”是供给侧的动力源。“企业家精神”代表着敢于冒险、勇于创新、顽强奋斗，是市场经济最可宝贵的动力。企业家是一国经济增长的发动机，其内在的职能特质决定其在推动供给侧结构性改革中成为重要的微观推动力。因此供给侧改革需要从两个方面激发企业家精神：一要激发企业家创新的原动力。二要激发企业家的担当精神，从而激发市场蕴藏的活力。

三是人才的流动和引进。在发展经济学中，人的迁徙也属于人力资本投资。而在现阶段，创新驱动发展的背景下，这种人力资本投资更多的是指人才的流动和引进。在现代经济增长要素中，人才是第一要素。原因是，全要素生产率的提高表现为创新力的提升，特别是创新人才的集聚。增加人力资本供给就能驱动创新。人力资本积累不仅涉及一般性知识的积累，还涉及专业化的知识技能积累，从而产生递增的收益并使其他投入收益及总规模收益递增。这方面的人力资本积累主要有两个途径：一个是培养和教育；另一个是引进。前者具有长期效应，后者则有近期效应。就后者来说，掌握高技术的高端人才主要在发达国家聚集。引进一个高端人才，就可能带来一个高技术团队，产生一批创新成果，育出一个新兴产业。

四是提高劳动者素质和技能。即使是劳动密集型产业和环节也有复杂劳动密集型和简单劳动密集型之分。我国产业在全球价值链中处于中低端环节的一个重要原因就在于劳动者的人力资本缺乏。高素质劳动力可以为我国的自主创新提供智力支持，可以推动经济发展由旧动能向新动能转换。高素质劳动者带来的“新人口红利”，使我国从制造大国向智造大国迈进。当前伴随着传统人口红利的逐渐消失，我们要做的就是建设知识型、技能型、创新型劳动者大军。通过教育、培训等途径进行人力资本投资，培育出适应经济与社会发展的技能型、创新型人才，依托人力资本来带动新一轮的经济发展，使人力资源优势转化为人力资本优势。在人才政策上，不能只是瞄准高精尖科技人才，需要重视高级技工和应用型人才的培养和供给，培育工匠和工匠精神。

基于上述人力资本在提高全要素生产率中的决定性作用，人力资本投资就成为资源配置的重点。培育企业家人力资本需要提供与企业家人力资本相称的报酬，其中包括企业家股权；引进和集聚人才需要有足够吸引力的薪酬；提高劳动者素质和技能需要安排足够的教育和培训费用。所有这些投资也就是提高全要素生产率的投资，是培育新动能的投资。相比物质资本的投入，人力资本投入是更高质量的投入。

思考题

1. 如何理解供给侧结构性改革的理论依据？
2. 提升供给体系质量和效率的路径在哪里？
3. 如何培育供给侧的新动能？

第十三章　创新和完善宏观调控

科学的宏观调控、有效的政府治理，是发挥社会主义市场经济体制优势的内在要求。宏观经济分析是指从总体上观察和研究社会经济现象及其规律。宏观经济不仅有总量问题，还有结构问题，因此宏观经济有着相对独特的表征和运行规律，并且会反过来影响微观经济主体的行为，构成微观经济活动的宏观环境。由于宏观经济平衡和稳定是调控目标，宏观经济不平衡不稳定是一种常态，因此制度化体系化的宏观调控在世界各国普遍存在，彼此之间有相同之处，也有各自的特色，尤其是社会主义条件下的宏观调控有社会主义的要求。

第一节　宏观经济的运行目标和调控机制

宏观经济是社会总和的经济，经济总体的运行超越了经济个体的控制范围，必然要求社会化的管理。马克思通过考察社会总资本再生产的过程和机制，阐明了资本主义宏观经济平衡的基本实现条件，并且认为资本主义生产方式的内在矛盾是导致经济危机的根源。在更宽泛的意义上，马克思还将按比例分配社会劳动视为社会化经济的一般规律，并且提出，分工和交换必然需要对总体经济过程进行社会化的管理。马克思的这些思想，为我们认识和总结现代宏观经济的运行特征和规律提供了理论研究的起点和分析的指南。

一、总供给与总需求的平衡与波动

在市场经济中，供给和需求是理解市场状况的基本范畴。从宏观的角度看,总供给和总需求是从全社会范围定义和分析的市场供求关系。

社会总供给是指一个国家(地区)在一定时期内,可提供给全社会使用的商品和服务的总量。总供给也就是总收入,总收入涉及储蓄和消费。在开放经济条件下,还包括进口的商品和服务。影响总供给的因素首先是社会供给能力,涉及国家(地区)的科学技术水平、管理水平和经济体制等因素。在开放经济条件下,国家(地区)的开放程度和进出口状况也影响总供给。

社会总需求是指一个国家(地区)在一定时期内,全社会对商品和服务的有支付能力的需求总量。社会总需求大体包括投资需求、消费需求。在开放经济条件下,社会总需求还包括出口需求。整个国家(地区)的收入分配体制和状况、人口和消费结构等对总需求的形成也有重要作用。

宏观经济的基本平衡式为:

总供给=总需求

如果考虑到总供给和总需求的构成要素,宏观经济的基本平衡式为:

储蓄+消费+进口=投资+消费+出口

社会总供求的矛盾运动综合反映了社会经济运行的全部过程,其基本状况包括社会供求的总量平衡与失衡、社会供求的结构平衡与失衡。一般说来,社会供求之间的不平衡只要保持在一定幅度内,就不影响国民经济的正常运转。当不平衡的程度影响到国民经济的正常运转,社会总供给与社会总需求之间的失衡就成为重大的社会经济问题。社会总供给与社会总需求的总量失衡有两种基本形式,即社会总需求大于社会总供给、社会总需求小于社会总供给。

社会总需求大于社会总供给,表现为需求膨胀或供给短缺。社会总需求充足通常有利于缓解就业压力,但社会总需求过度膨胀又可能引发严重的通货膨胀。具体表现为:第一,降低经济效率,阻碍经济增长。在通货膨胀情况下,由于货币贬值购买力下降,人们化储蓄为消费会减少投资,从而使经济增长率下降;币值不稳定影响经济核算,造成货币作为流通手段和支付手段无法正常发挥功能,严重时导致商品交换向物物交换的原始状态回归;价格攀升导致相对价格关系紊乱,市场信号失真,经济协调失灵，造成社会资源的巨大浪费。此外，由于国内价格上涨速度快于国外价格上涨速度，会降低出口商品的国际竞争力，导致贸易逆差增加。第二，妨碍产业结构优化目标的实现。一般来说，加工产品比初级产品对价格的反应更加灵敏，因此通货膨胀期间加工产品的价格上涨幅度更大。同时，由于基础产业投资额大、建设周期长，因此价格水平上涨刺激的投资也会更多地滞留于加工工业，使得薄弱的基础产业得不到及时充分的发展，可能进一步加剧产业结构的不合理性。第三，扭曲收入和财富分配格局，严重时可能引发社会震荡。由于社会成员在经济结构中的角色和地位不同，物价上涨对每个人的影响也不同。对那些领取固定收入的中低收入者来说，他们的实际收入会因通货膨胀而减少。对于企业主来说，通货膨胀有可能使他们从增加的利润中获得更多的经济利益。对于债务人和债权人来说，通货膨胀会导致债务人的实际债务负担降低，而债权人的财富却因此而缩水。通货膨胀所带来的收入和财富分配格局的转变，是社会不稳定的一个根源。

社会总需求小于社会总供给，表现为有效需求不足或供给过剩。如投资不足、消费需求萎缩、出口不振、企业开工不足、失业人口增加，甚至出现严重的通货紧缩。严重的通货紧缩也会对国民经济运行产生不利的影响，主要表现为：第一，通货紧缩会抑制经济增长，导致经济衰退。物价水平的持续下降，必然降低企业利润水平，导致许多企业经营困难直至减产或停产；物价水平的持续下降导致实际利率提高，加重生产者和投资者的债务负担。第二，通货紧缩引发金融风险，使银行体系陷入危机。由于企业经营不景气，银行贷款难以及时收回，如果企业因资不抵债而被迫清算，呆账、坏账会在银行堆积。这些因素会诱发存款人向银行挤兑，从而可能引起银行破产，甚至在整个金融体系引起连锁反应。第三，经济形势恶化导致人们对经济产生悲观乃至恐慌情绪，从而加速经济衰退。企业破产、工人失业、银行倒闭与人们对未来的心理预期相互作用，会引起人们持币观望甚至强制储蓄，违约增加、信心丧失还会导致投资进一步萎缩，使经济陷入螺旋式下降的恶性循环当中。

上述宏观总量失衡存在于经济的周期性波动中。所谓经济波动，是指国民经济运行中所呈现的扩张与收缩不断交替的波浪式运动过程。经济波动可以分为正常经济波动和超常经济波动。正常经济波动即经济波动的幅度保持在一定的范围内，对国民经济的运行不构成危害的波动。如果波动的幅度过大，超过一定的范围，将会给国民经济运行造成严重危害，这样的经济波动称为超常经济波动。导致经济波动的因素很多，资源、人口、技术、制度、需求偏好等的重大变化，甚至对经济规律和经济形势的认识和判断等，都会影响社会供求的总量平衡和结构平衡。因此，宏观调控的一个重要任务是熨平经济波动，防止大起大落。

二、宏观经济的运行目标

宏观经济运行综合反映国民经济的发展水平和运行质量。具体包括：促进经济增长、充分就业、稳定物价、保持国际收支平衡和优化经济结构五项目标。

1. 促进经济增长

经济增长通常可以通过计算一定时期内国家（地区）实际国内生产总值的年平均增长率来衡量。经济增长是社会财富增加和综合国力增强的重要标志，是社会发展和人民生活水平提高的物质基础，是宏观调控的首要目标。一般来说，经济增长要尽量保持稳定和持续。经济增长对于巩固和发展社会主义制度具有十分重要的意义。没有一定的经济增长速度，社会生产力发展、社会财富增加和人民生活改善都会受到影响，也不能缩小同发达国家经济发展水平的差距从而体现社会主义制度的优越性。因此，社会主义国家的宏观调控要把促进经济平稳较快增长摆在重要位置。

2. 充分就业

充分就业是指每一个有意愿工作的劳动者按照他们愿意接受的工资水平全部找到工作的一种状态。就业是民生之本。严重的失业不仅造成资源闲置，而且容易引发多种社会问题，威胁社会的安定。让每一个有劳动能力的人都有参加劳动的机会，才能为劳动者的全面发展创造条件，体现以人民为中心的社会主义经济发展理念。由于我国人口众多，城乡之间、地区之间发展不平衡,大量农村剩余劳动力要向城镇转移,面临的就业压力非常巨大。同时,经济体制转型和结构调整、世界经济周期影响等也会使就业问题更加严峻。因此,国家要把充分就业作为宏观调控的重要目标,把改善就业环境和增加就业岗位放在突出的位置,制定更加科学的发展战略,实施更高水平的宏观经济管理,提高就业率。

3. 稳定物价

价格是市场经济的晴雨表。保持物价总水平的基本稳定,是国民经济健康协调发展的重要标志,也是企业和居民形成稳定生产和消费预期的重要前提。宏观经济总量不平衡会反映在价格水平上。总供给大于总需求,价格总水平下降;反之,价格总水平则提高。物价稳定指的不是各种商品和要素之间相对价格的稳定,而是指全社会范围内价格总水平的稳定。在市场经济条件下,各种商品的价格经常处于不断的变化之中,有些上升,有些下降,而且每种商品价格上升或下降的幅度并不一样。通常可以借助价格指数(CPI 和 PPI 等)来表示一般物价水平的变化。价格不稳定,无论是通货膨胀还是通货紧缩,都会影响市场主体对经济前景的判断和信心,造成对生产和消费的不利影响。价格扭曲会导致资源错配,对经济发展和社会稳定产生负面影响。因此,宏观调控把稳定物价作为重要目标,采取必要措施将价格总水平的变动保持在经济顺畅运行所允许而居民又能承受的范围之内。

4. 保持国际收支平衡

国际收支平衡主要是指包括经常项目、资本项目和金融交易在内的国际收支基本保持平衡。国际收支平衡的核心是外汇供求平衡,而外汇供求平衡的基础是外贸进出口的平衡。在开放经济条件下,国际收支平衡与否直接影响国内总供求的状况。国际收支不平衡表现为逆差和顺差两种情况。长期或大量逆差会使本国外汇储备减少、商品的国际竞争力下降、国内资源外流加剧、外债增加;长期或大量顺差尽管会增加外汇储备,但也会增加本国货币升值压力、加剧本国的外贸依存度,甚至引发贸易摩擦,为经济增长带来不确定性。因此,要结合国内社会供求的总量平衡和结构平衡的状况,有效利用国际和国内两个市场、两种资源,把调控好国际收支的规模和结构放在重要位置,为国内经济持续稳定发展提供保证。

5. 优化经济结构

经济结构是指经济系统中各个要素之间的空间关系,包括企业结构、产业结构、区域结构等。优化经济结构可以从生产要素的合理配置中获得最大的经济效益。优化经济结构,就是在各产业、各部门、各种产品之间保持合理的发展比例,在地区之间实现协调发展,充分发挥主导产业对国民经济的带动作用,不断推动产业结构、产品结构的优化和升级。对西方发达国家来说,经济结构的演进是市场机制自发调节的结果,政府通常不加干涉。但是,对于像我国这样的发展中国家来说,不仅微观基础不健全、市场机制不完善,而且发展水平也与发达国家有很大的差距。因此,试图仅仅依靠市场机制来调节经济结构,可能周期过长,甚至还会进一步拉大与发达国家的差距。因此,政府需要在优化经济结构的过程中发挥一定的积极作用。通过制定和落实各项产业政策和区域发展政策,利用经济手段引导经济结构的演进。

马克思指出,社会再生产是生产和消费的统一,社会总资本运动的出发点和核心问题是社会总产品及其实现问题,归根结底是“按比例”问题。马克思指出:“要想得到与各种不同的需要量相适应的产品量,就要付出各种不同的和一定量的社会总劳动量。这种按一定比例分配社会劳动的必要性,决不可能被社会生产的一定形式所取消,而可能改变的只是它的表现方式,这是不言而喻的。自然规律是根本不能取消的。在不同的历史条件下能够发生变化的,只是这些规律借以实现的形式。”①

三、有效的宏观调控机制

宏观调控是对总体经济失衡的纠正和预防,既是社会化大生产的客观要求,也体现了社会主义市场经济的特点和优势。注重长短结合并调动各方积极性,强调统筹协调综合平衡是中国特色宏观调控的特点。

---

① 《马克思恩格斯选集》第4卷,人民出版社2012年版,第473页。

1. 宏观调控的意义

在社会主义市场经济体制下，宏观调控的总目标是：加强国民经济和社会发展中长期规划的研究和制定，提出重大的发展战略、基本任务和方针政策，把转变经济发展方式和推进结构调整、实现社会总供求的总量平衡和结构平衡作为宏观调控的着力点，保持经济平稳较快发展，提高经济发展的质量和效益，不断改善人民生活，促进和谐社会建设，力争速度、结构、效益的统一，实现国民经济又好又快发展。

宏观调控，是指国家为实现国民经济总供给与总需求的平衡，保证国民经济持续、稳定、协调发展，运用经济、法律、行政手段对国民经济在宏观上实施的调节与控制，是调控主体运用调控手段，通过一定的传导机制，作用于一定的调控对象，达到预期的调控目标的行为。总量平衡是宏观经济的理想状态，但由于总量不平衡经常发生，因此产生了宏观调控的必要。这样看来，宏观调控是社会对宏观经济偏差而进行的自觉的纠正行为。更准确地说，宏观调控是相机化解重大经济矛盾的持续过程。宏观调控的必要性根源首先是生产社会化本身，是由于私人劳动和社会劳动的矛盾，而不仅仅是因为"市场失灵"，才产生了总体上对经济进行公共管理的必要。

防止宏观经济波动超出社会可容受的范围导致非意愿的状况出现，保证宏观经济持续、平稳、健康发展，这是宏观调控的根本原因。宏观调控存在短期性和长期性、对策化和制度化之间的张力。此外，如果经济结构没有问题，宏观调控就可以简单归结为经济总量调节问题，不然就必须兼顾总量调节和结构调整两个方面。这里又存在宏观调控的总量调节和结构调整之间的张力。因此，结合了总量调节和结构调整任务的宏观调控是发展中国家宏观调控的突出特点。

宏观调控是我国在经济发展与改革过程中逐渐形成的概念，产生于改革开放之初，定型于改革开放中期，并非直接从西方照搬过来。相比较而言，资本主义基本矛盾是导致其宏观调控难以彻底解决问题的根源。社会主义市场经济从基本制度上提供了协调宏观经济的基础和可能性。

社会主义市场经济既承认价值规律在资源配置中的决定性调节作

用,又强调计划和按比例分配劳动的必要性。正确处理计划和市场的关系,是社会主义市场经济的重要特色和制度优势。可见,社会主义宏观经济调控具有鲜明的制度性特征。建立健全运行良好的宏观调控体系被视为完善社会主义市场经济制度的重要内容。宏观调控的基本原则可以概括为:第一,国家统一决策原则;第二,社会总体平衡原则;第三,综合协调原则;第四,引导鼓励原则;第五,预期管理原则。

2. 宏观调控的手段

宏观调控手段,就是国家调控宏观经济所运用的途径和方式。党的十九大报告指出,“创新和完善宏观调控,发挥国家发展规划的战略导向作用,健全财政、货币、产业、区域等经济政策协调机制”。

(1)经济规划和计划。经济规划和计划就是一国政府为达到一定的经济社会发展目标而制定的未来行动方案,是一个国家对其经济和社会发展所描绘的蓝图。由政府主导制定的计划反映了政府在特定的客观环境下对国家发展前景的预测,以及政府的战略目标和方位把握。经济发展的规划和计划主要起战略导向作用,需要各种具体政策与之配套。我国作为社会主义发展中国家,经济社会发展既有资源配置又有制度变迁的重大战略任务。重视对计划手段的运用,体现社会主义制度的优越性。经济规划和计划要根据经济社会发展的需要和社会财力物力的可能,统筹规划合理制定经济社会发展的战略和宏观调控的目标,并通过实施各种政策促进经济结构优化和国民经济的平稳较快发展。

(2)财政政策。财政政策是国家根据一定时期的经济社会发展目标和经济状况制定的、用来指导财政工作和处理财政关系的基本方针和基本准则。包括财政收入政策、财政支出政策和财政收支总量关系政策。财政收入政策的基本内容是税收政策。在社会主义市场经济条件下,对企业和个人资金的使用,主要通过税收政策来予以调节,即通过税金的征收或免征、多征或少征,税率的变化及税种的选择进行间接调节,以实现社会供求的平衡。在社会总需求小于社会总供给的情况下,即在经济不景气时期,可以用减税方法,增加居民可支配收入或降低企业的投资成本,促进消费和投资,从而刺激总需求的增长;在社会总需求大于社会总供给的情况下，则可以通过增税措施，减少居民可支配收入和企业投资成本，减少消费和投资，从而使社会总需求和总供给趋于平衡。

（3）货币政策。货币政策的主要目标是保持币值稳定。货币政策是指中央银行通过增加或减少货币供给量来影响利率，进而影响投资和消费的政策。包括调整法定准备金率、公开市场操作和商业银行票据再贴现率等。货币供给和货币需求与社会总供给和社会总需求之间存在密切的内在联系，货币供求平衡与社会总供求平衡之间也有重要影响。当货币供给量小于货币需求量时，会造成社会总需求小于社会总供给，有效需求不足，通货紧缩，生产萎缩；当货币供给量大于货币需求量时，又容易造成社会总需求大于社会总供给，需求膨胀导致商品供应短缺，物价总水平上涨。正因为货币供求变动有宏观经济效应，所以社会总需求与社会总供给的平衡可以运用货币政策调节货币供求关系来实现。在社会主义市场经济中，对货币供给量的调控是中央银行的重要职能。随着经济体制由计划经济向市场经济的转变，对货币供给量的调控也由行政直接调控转变为运用经济手段进行间接调控。中央银行制定和执行货币政策，维护金融稳定，防范和化解金融风险。

（4）产业政策。产业政策是指根据国际经济发展趋势和国民经济的发展目标，选择和确定支持哪些产业、限制哪些产业，以促进产业结构优化的政策。产业结构是产业政策的直接调节对象。产业政策对于实现国民经济的结构平衡并由此推动总量平衡具有重要作用，是宏观调控的重要政策。产业政策包括产业结构政策和产业组织政策两个方面。产业结构政策实际上是一种产业保护与扶持政策，直接影响宏观经济的结构，属于宏观经济政策。产业组织政策主要是对企业组织的规模、企业行为以及市场结构中的垄断和竞争进行监管和调节的政策，属于市场秩序监管政策。产业政策通常指的是产业结构政策，是国家根据产业演进趋势，规划产业结构调整目标和发展序列，选择和确立对国民经济发展和产业结构高级化具有较大关联效应的主导产业部门，通过政府的经济计划、经济立法、经济措施实行社会资源的重点配置，扶植战略产业的成长，实现产业结构升级，推动整个经济发展。实施产业政策，既可以通过国家投资来进行,也可以通过间接的经济手段来进行。国家直接投资具有力度大、见效快的特点。对于那些对未来发展有重大引领作用的战略产业和对当前经济发展产生制约作用的“瓶颈”产业,采取国家直接投资的方式可以在较短的时间取得比较明显的效果。运用间接经济手段实施的产业政策,是通过价格、税收、利率等经济杠杆对经济主体的行为施以间接的影响,使其投资和生产行为符合政府优化产业结构的要求,实现资源优化配置。因此,产业政策的实施必须与财政货币政策等结合在一起,共同发挥结构调节的作用。

(5)区域政策。区域政策是指政府制定和实施的旨在协调、促进区域经济发展的各种法令、条例和措施的总和。它是政府干预区域经济、规范区域经济主体的经济行为、诱导和保证区域经济按既定目标发展的重要手段。区域经济政策主要是为了实现国家经济发展计划而制定的,所以,它的基本功能就是对全国区域经济发展进行统筹和协调,指导各个区域的经济的发展,把每个区域都纳入全国经济发展之中,充分发挥地区间的优势和潜力,为全国经济发展做贡献;根据局部利益服从全局利益、短期利益服从长远利益的原则,协调各个区域经济发展与全国经济发展的关系,以及重点区域发展与其他区域发展的关系;根据平等互利、分工合作、共同发展的原则,协调区域之间经济发展关系,推动区域之间分工与合作;根据加强民族团结、增强国家凝聚力、经济发展和社会进步协调的原则,协调经济发达区域与经济欠发达区域之间的关系,促进欠发达区域的经济发展。因此,制定区域经济政策要服从全国经济整体和社会发展的需要,在开放经济条件下,区域经济政策需要顾及国际形势变化和国家安全战略的需要。因此,要树立科学的区域规划思路,科学界定区域主体功能,树立科学的区域政策观念和区域协调观念。

第二节　财税体制和财政政策调控

财政的概念不是简单的政府理财,它涉及宏观经济调控和国家治理体系建设。财税体制是指政府以税收作为主要财政来源以实现政府职能的相关举措和制度。财政政策调控一般通过预算、税收、补贴、投资、公债、转移支付等手段,发挥稳定经济、优化资源配置、调节收入分配等方面的功能作用。

一、财政与财政体制

财政是以国家(或政府)为主体的分配行为。在社会主义市场经济条件下,国家既是政治权力行使者也是国有生产资料所有者,它同时具有资源配置和社会管理两方面的职能。国家层面所实施的财政活动主要表现在两大方面:一方面是为国家运转提供必要的财力保障和满足社会公众需要的公共产品或服务;另一方面是对国家自身所拥有的经营性财产——国有资本进行有效管理并使之成为社会保障的重要来源。一般而言,前者被称为“公共财政”,后者则被称为“国有资本财政”,二者之间在运行模式和管理模式等方面存在着差异,但都是由国家这个共同的财政主体所决定,在社会主义市场经济条件下它们在本质上又融于一体。

财政不只是影响资源配置和社会活动,实际上还涉及经济、政治、文化、社会、环境和现代化等各方面的国家治理体系建设问题。国家治理体系是一个全面覆盖经济、政治、文化、社会、生态文明和党的建设所有领域的概念。其中,财政是国家治理的基础和重要支柱。由“政府的收支活动或以国家为主体的分配活动”到“国家治理的基础和重要支柱”①这是财政内涵的变化。中国财政制度本质上也是公共财政制度,为了解决中国自身问题需要发展适合中国国情的现代财政制度。

财税体制是我国所特有的、具有中国特色的一个概念。就目前来看,在我们国家财政与财税基本同义,财政制度与财税体制在内涵上都是指政府收支及运行管理方面的一系列制度安排。理顺财政体制是建设现代化经济体系的重要保障,同时也是提升生产力、改善生产关系的重要保

① 高培勇:《论国家治理现代化框架下的财政基础理论建设》,《中国社会科学》2014年第12期。

障。财政体制是保证市场、企业、中介和政府等市场经济要素有序发展的重要支撑，也是现代化经济体系建设的重要组成部分。

二、财政的职能与作用

市场经济在资源配置和生产效率方面的优势是毋庸置疑的，但也要看到，由于市场在配置资源的过程中还存在外部性、自然垄断和公共资源被挤占等市场失灵的地方，因此政府在市场失灵的领域进行调控也是不可或缺的。党的十八届三中全会通过的《中共中央关于全面深化改革若干重大问题的决定》指出，财政是国家治理的基础和重要支柱，科学的财税体制是优化资源配置、维护市场统一、促进社会公平、实现国家长治久安的制度保障。必须完善立法、明确事权、改革税制、稳定税负、透明预算、提高效率，建立现代财政制度，发挥中央和地方两方面积极性。财政职能是任何国家和政体都必须倚重的，实际上，它体现了一定经济体制之下国家运行的内在保障，当然，财政运行也要符合经济规律和社会发展规律。按照社会主义市场经济体制的要求，财政职能可以起到资源配置职能、收入分配职能、经济调控职能和监督管理职能等作用。

1. 资源配置职能

人类社会的生产生活都需要各种资源，但很多自然资源和社会资源的供给相对于人们的需求是不足的，这就提出了稀缺资源如何配置的经济学命题。市场通过竞争和优胜劣汰而使得资源有效利用。但是，由于自然垄断、外部性和公共资源低效率等市场失灵的存在，市场配置资源的单一模式必然存在扭曲和低效率的问题。财政的资源配置职能可以起到很好的纠偏作用，它是指在政府的介入和干预下，财政通过自身的收支活动为政府提供公共产品给予财力保障，引导资源有效和合理利用，弥补市场的失灵和缺陷，最终实现全社会资源有效配置的目标。

政府与市场的边界在哪里？在不同国家，财政配置资源的范围也有较大差异。在社会主义市场经济体制下，市场发挥资源配置的决定性作用，政府的作用更多体现为调控性和补充性，具体起到协同、调节、完善、补充和监督作用。此外，财政配置的范围主要表现在以下四个方面，一是市场失灵而社会又不可或缺的公共产品，如国防、外交、文化、行政管理、科教、卫生、生态建设等公共设施和基础设施；二是针对外部性所进行的有效干预和治理，如对废水、废气、废料等污染物的治理，对耕地、森林和草场等公共资源的保护；三是介入自然垄断行业，如城市水、电、气、通信和公共交通等自然垄断行业的规制管理；四是针对人口变化和社会发展对生产资源和生活资源的再配置和再优化。

2. 收入分配职能

财政的收入分配职能，是指通过财政分配活动实现收入在全社会范围内的公平分配，使收入差距保持在合理的范围内，这也是我国社会主义市场经济的本质要求。在社会再生产过程中，既存在着凭借生产要素投入参与社会分配的初次分配，也存在着凭借政治资源和法律法规决定的社会再分配过程。一般而言，市场实现收入初次分配，而财政则实现收入再分配。两个过程虽然机制不同，但两者是相互补充、缺一不可的。

收入分配是财政被赋予的基本功能，它有两重作用：一是通过统筹规划对社会产品和国民收入进行集中分配，这是一般意义上的国家分配；二是指对已经完成的各种分配的结果所出现的偏差进行纠正、调整或再分配，以实现收入分配的公平。由于市场失灵和竞争结果的两极分化，加上各种非竞争性因素的干扰，可能使得各分配主体获得的收入可能与其要素投入出现巨大偏差，如果这种收入差距超出社会各阶层的接受程度，则会导致出现社会动荡和不稳定。因此，这就需要政府对收入进行调整和再分配，它是各国财政所普遍具有的一项职能。财政的收入分配职能，就是财政的干预和再调节，达到社会认可的“公平”和“正义”。财政实现收入分配职能主要有税收、转移支付和公共支出等实施手段。

3. 经济调控职能

财政的经济调控职能，是指通过财政活动对宏观经济活动的各个环节发生影响，达到经济良性发展的目标。财政对经济调控的意义，不仅仅是要促进经济增长，而且要在促进经济增长的同时带来经济结构的改善、增长质量的提升和社会事业的飞跃。经济调控职能的另一重要任务就是要避免经济动荡和经济危机的发生。市场经济必然存在经济周期和经济波动,这就需要通过经济调控来保证经济的平稳发展。现在,随着市场经济的发展和国内外经济的交叉影响,经济运行越来越复杂,不确定性越来越大,对经济的威胁与破坏也越来越严重。由于保持经济平稳发展无法通过市场本身来实现,财政的经济调控职能就显得非常重要。财政的经济调控职能可以通过政府购买、政府转移支付和税收调节等手段来实现。通过运用财政政策和货币政策以及适当的政策组合,达到国民经济总供给与总需求之间的平衡,并获得稳定的经济增长。

4. 监督管理职能

财政的监督管理职能,是指财政在履行职能的过程中,对其实施效率和过程的监督、管理的功能。在社会主义市场经济条件下,监督管理职能是为了维护国家和人民的根本利益,体现社会主义国家性质的本质要求。在实施过程中,一是监控国家和地区宏观经济运行指标和各种信息,为国家和区域宏观调控提供决策依据;二是通过财政、税政、财务会计,对国有资产营运实施监督管理,实现国有资产的保值增值,促进社会主义市场经济的可持续发展。

财政的监督管理职能是政府在预算决策和资金筹集使用过程中,客观上具有的对国民经济各方面的活动情况和财政本身的运行进行反映和制约的功能。财政的监督管理职能寓于财政资源配置、收入分配和稳定经济职能之中,辅助于这些职能并独立发挥作用。财政的监督管理职能是现代政府预算和财政分配活动公开化、民主化的重要体现,也是确保政府公共预算符合广大人民意愿,确保公共财政资金取之于民、用之于民的重要保障。

三、财政调控的种类与特点

政府可以在自觉遵守经济规律的基础上借助于经济杠杆的调节作用,对国民经济进行财政调控。作为财政运行机制的重要组成部分,财政调控机制是财政调控功能的实现方式。财政调控机制是财政机体内各种调控要素之间的连接和作用关系以及财政调控功能实现方式的总称。它通过减少负的外部性、纠正市场失灵,优化分配机制、保证经济平稳运行。

1. 财政调控的种类

财政调控机制按照调控的作用方式、层次和主体的差异可分为不同的种类。

(1)按照财政调控的作用方式的不同分为直接调控机制和间接调控机制两类

直接调控机制是指针对调控目标,把各种调控手段直接作用于调控对象。比如,为了拉动投资,直接通过财政杠杆拉动基础设施投资的过程。而间接调控机制是指针对调控目标,通过诱导手段,使调控目标进入预想调控机制。比如,政府通过税收减免或财政补贴的方式来诱导私人资本投资于新兴产业,从而实现产业结构优化升级的目标。很多时候,两者可以有效结合,到底是采用直接调控,还是间接调控,必须根据实际情况,相机抉择。

(2)按照财政调控的层次的不同分为宏观财政调控机制、中观财政调控机制和微观财政调控机制三类

宏观财政调控机制是在宏观层次上优化资源配置和促进经济可持续发展。中观财政调控机制是在产业及部门关系方面,通过协调产业结构、部门结构、供需结构、分配结构等来推动经济的良性循环。微观财政调控机制是指对各类微观主体经济行为进行适当调节,提高经济活力和竞争力。三个层次的财政调控机制互相补充、分工协调,共同完成财政调控任务。

(3)按照财政调控的主体的不同分为中央财政调控机制和地方财政调控机制两类

中央财政调控机制是在全国范围内调节社会总供求关系、分配关系及收入转移关系,以达到宏观稳定和经济可持续发展的目标。地方财政调控机制主要是在辖区范围内对资源配置、供需结构和社会分配等进行调控和管理。

2. 财政调控的特点

财政调控机制的种类不同,其呈现的特点也大不相同。一般而言,正常的财政调控机制会表现出以下特征:

（1）客观性

财政调控机制必须遵循经济规律，根据客观经济规律的要求来因势利导和相机决策。任何脱离经济规律和背离客观性的财政调控机制都是有害的。

（2）针对性

财政调控机制必须能针对存在的问题进行调控，还要及时发现财政活动中的偏差和失误，并能及时矫正这种偏差和失误，使财政机体能沿着正确的目标顺利运行。

（3）协调性

财政调控机制必须把各种财政调控要素有机联系在一起，科学处理好各类调控主体与客体之间、调控手段与目标之间、调控强度与方向之间、调控时间与地域之间的有机联系，使之相互补充、相得益彰。

（4）综合性

财政调控机制必须体现多方面的要求，因为各种经济社会因素是相互联系的，必须综合考虑。当然，调控也必须兼顾宏观调控、中观调控与微观调控，综合运用多种调控方法和手段，充分兼顾经济、社会和生态环境，实现调控的综合效益最大化。

四、财政政策调控的手段

服从于国家宏观调控的总体目标，财政政策可分为扩张性财政政策、紧缩性财政政策和中性财政政策。财政政策调控的手段主要包括税收、预算、国债和转移支付等。

1. 税收

税收是国家为了向社会提供公共产品，满足社会共同需要，按照法律的规定，参与社会产品的分配，强制、无偿取得财政收入的一种规范形式。它体现了一定社会制度下国家与纳税人在征收、纳税的利益分配上的一种特定分配关系。税收与其他分配方式相比，具有强制性、无偿性和固定性的特征。政府凭借国家强制力参与社会分配，必然会改变社会各集团及其成员在国民收入分配中所占的份额，减少了他们可支配的收入，但是这种减少不是均等的，这种利益得失将影响纳税人的经济活动能力和行为，进而对社会经济结构产生影响。政府正好利用这种影响，有目的地对社会经济活动进行引导，从而合理调整社会经济结构。

2. 预算

预算是经法定程序审核批准的国家年度集中性财政收支计划。它规定国家财政收入的来源和数量、财政支出的各项用途和数量，反映着整个国家政策、政府活动的范围和方向。预算具有时效性、阶段性、法令性和公开性。政府预算是按照一定的法律程序编制和执行的政府年度财政收支计划，是政府组织和规范财政分配活动的重要工具，在现代社会，它还是政府调节经济的重要杠杆。

3. 国债

国债又称国家公债，是国家以其信用为基础，按照债券的一般原则，通过向社会筹集资金所形成的债权债务关系。国债是由国家发行的债券，是中央政府为筹集财政资金而发行的一种政府债券，是中央政府向投资者出具的、承诺在一定时期支付利息和到期偿还本金的债权债务凭证，由于国债的发行主体是国家，所以它具有最高的信用度，被公认为最安全的投资工具。正因为国债买卖会调节社会储蓄和投资，因此具有宏观调控的作用。

4. 转移支付

转移支付又称无偿支出，它主要是指各级政府之间为解决财政失衡而通过一定的形式和途径转移财政资金的活动，是用以补充公共物品而提供的一种无偿支出，是政府财政资金单方面的无偿转移，体现的是非市场性的分配关系。转移支付是一种平衡经济发展水平和解决贫富差距的财务方法。转移支付在客观上缩小了收入差距，对保持总需求水平稳定，减轻总需求摆动的幅度和强度，稳定社会经济有积极的作用。通常在经济萧条来临时，总收入下降，失业增加，政府拨付的社会福利支出也必然增加。这样，可以增强购买力，提高有效需求水平，从而可以抑制或缓解经济萧条。当经济中出现过度需求时，政府减少转移支付量，可以抑制总需求水平的升高。

在实行扩张性财政政策时，调控手段主要是减税和增加财政支出，实行赤字财政政策。而在实行紧缩性财政政策时，调控手段主要是增税和减少财政支出，实行盈余财政政策。中性财政政策则是财政收支平衡的政策。

第三节　金融体制、货币政策和宏观审慎政策

一般而言，货币政策是指中央银行为实现其特定的经济目标而采用的各种控制方法调节经济运行的总称，主要通过调节货币供应量来影响市场利率，通过市场利率的变化来影响资本供求，通过调节总需求来稳定宏观经济运行等。美国次贷危机爆发以后，各国政府开始重视资本市场的宏观审慎管理，强调央行在宏观审慎管理中的地位和作用。宏观审慎管理是从宏观角度，以降低金融体系整体风险度为目标所进行的金融监管活动。目前，探索建立“货币政策+宏观审慎政策”双支柱调控框架，寻求两者间的协调配合，对于保障金融体系平稳发展和降低金融风险具有重要意义。

一、金融与金融体制

党的十九大报告对金融体制改革的基本要求是：“健全货币政策和宏观审慎政策双支柱调控框架，深化利率和汇率市场化改革。健全金融监管体系，守住不发生系统性金融风险的底线。”

金融，从字面上讲，指货币资金的融通。在市场经济中，金融包括货币的发行、流通和回笼，贷款的发放和收回，存款的存入和提取，汇兑的往来等交易活动。金融体制是国民经济管理体制的有机组成部分，是金融机构、金融市场、金融组织和管理制度等的统称。虽然不同国家的金融体制有所差异，但存在不可或缺的三个方面：一是存在以银行为主体的多种形式的金融机构；二是存在以央行为核心的管理和调控机构；三是存在以中央银行垄断的货币发行权。中央银行被称为“银行的银行”和“政府的银行”，它在金融体制中发挥核心作用，具体体现在中央银行与其他金融

机构的关系一般是管理与被管理的关系。中央银行直接隶属于政府,如中国人民银行直接隶属于国务院。中央银行负责金融宏观调控和金融管理,而其他商业银行和金融结构各司其职,各自负责自己具体的金融业务。商业银行一般具有综合性经营的特点,也有一些专业银行属于政策性银行。银行以外的各种金融机构,一般都按规定的业务范围经营。在一个国家的金融体制中,各金融机构的职能划分,会随着经济发展和管理的要求而不断变化。

金融市场是指资金融通市场,是资金供应者和资金需求者双方通过信用工具进行交易的市场。股票、债券、储蓄存单等是金融市场交易的主要工具。金融市场资金融通分为直接融资和间接融资两种。直接融资是资金供求双方直接进行的资金融通活动,而间接融资则是通过银行等金融中介所进行的资金融通活动。

金融市场的发展需要长时间的培育,一个国家从不存在金融市场、不发达的金融市场、较发达的国内金融市场到发达的国际金融市场需要长时间的发展和培育。金融市场包括:货币市场或短期资金市场、资本市场或长期资金市场、证券市场、外汇市场。

金融市场的分类按照国境内外的差别,可以分为国内金融市场和国际金融市场;按照市场的形态,可以分为有形市场和无形市场;按照交易的内容,可以分为国内货币市场、外汇市场、黄金市场、股票市场、债券市场和期货市场等。

二、货币政策的目标与工具

货币政策是指中央银行为实现其特定的经济目标而采用的各种控制和调节货币供应量和信用量的方针、政策及措施的总称。货币政策是通过政府对国家的货币、信贷及银行体制的管理来发挥作用的。通过中央银行调节货币供应量,影响利息率及经济中的信贷供应程度来间接影响总需求,以达到总需求与总供给趋于理想的均衡的一系列措施。

货币政策本质上是国家对货币的有效管理,它会根据不同时期的经济发展情况而执行不同的松紧政策,并运用各种工具调节货币供应量来干预市场利率，进而通过投资和消费来影响宏观经济运行。一般而言，调节总需求的货币政策的三大工具为法定准备金率、公开市场业务和再贴现政策。

一般来说，商业性金融机构的金融活动是“顺周期”的，如扩张阶段增加信贷，紧缩阶段收缩信贷。而中央银行的货币政策则是“逆周期”的，如扩张阶段收缩银根，紧缩阶段扩大银根。因此，货币政策分为扩张性的和紧缩性的两种。扩张性的货币政策是通过增加货币供应量刺激需求，通过宽松货币和降低利率来刺激投资和消费。紧缩性的货币政策是通过减少货币供应量减低总需求，通过紧缩货币和提升利率来给经济降温。因此，当经济低迷时，使用扩张性的货币政策是合适的，而当通货膨胀比较严重时，采用紧缩性的货币政策是合适的。

狭义货币政策是指中央银行为实现其特定的经济目标而采用的各种控制和调节货币供应量或信用量的方针和措施的总称。而广义货币政策则是指各级政府部门（含中央银行）所采取的影响金融活动的一切措施。货币政策目标的选择通常有两种：一种是单一目标，以稳定币值作为主要目标；另一种是双重目标，即把货币稳定和经济发展兼顾起来。对于任何一个国家，都面临经济增长、稳定物价、充分就业和平衡国际收支等多重目标，很多时候上述各种目标往往不能同时兼顾。最明显的是，稳定物价与充分就业之间、经济增长与平衡国际收支之间存在着相当严重的矛盾。如何在这些相互冲突的目标中作出适当的选择，是各国中央银行制定货币政策时所面临的最大难题。从各国中央银行货币政策的历史演变中来看，无论是单一目标、双重目标还是多重目标，都不能脱离当时的经济社会环境以及当时所面临的最突出的基本矛盾。此外，货币政策要保持一定的稳定性和连续性也非常重要。货币政策调节的对象是货币供应量，即流通中的现金和个人、企事业单位在银行的存款。流通中的现金量会影响到物价水平和老百姓的生产生活，它是中央银行关注和调节的重点。

货币政策工具是指中央银行为调控货币政策中介目标而采取的政策手段。货币政策工具主要包括公开市场业务、存款准备金、再贷款或贴现以及利率政策和汇率政策等。从理论上来看，这些工具大体可以分为价格工具和数量工具。价格工具表现在利率或汇率水平的控制方面；而数量工具更灵活多样，如公开市场业务的央行票据、准备金率调整等，更多反映在货币供应量和流通货币的把控方面。

利率政策是我国货币政策的重要组成部分，同时也是中央银行调整社会资本流通的重要手段。利率政策是中央银行根据宏观经济运行的态势，适时地运用利率工具，对利率水平和利率结构进行适当调整，进而影响社会资金供需关系，实现调控宏观经济的既定目标。有效的利率政策可以调控资金流向和利用结构，进而影响宏观经济的供需结构和产业结构调整，对于促进企业合理筹资、提高资本的使用效益都有重要帮助。利率政策工具主要有调整中央银行基准利率、调整金融机构法定存贷款利率、制定金融机构存贷款利率的浮动范围和制定相关政策对各类利率结构和档次进行调整等。

汇率政策是指一个国家（地区）为达到一定的经济或者社会目标，通过颁布相关政策规定，决定本国货币与外国货币比价变动水平或控制调整范围而采取的相关政策。汇率政策又包括汇率政策目标和汇率政策工具。汇率制度传统上分为固定汇率制度和浮动汇率制度两大类。汇率政策工具主要有汇率制度的选择、汇率水平的确定以及汇率水平的变动和调整。

一个国家的汇率政策对国际贸易和国际资本的流动具有重要的影响，必须采取有效汇率政策来保证本国经济的可持续发展。中国实行的是以市场供求为基础、参考一揽子货币价格、有管理的浮动汇率制度。长期以来，人民币汇率基本稳定，促进了中国经济发展和改革开放，同时也为维护亚洲乃至世界金融和经济的稳定作出了重要贡献。

三、宏观审慎防风险政策

“货币政策+宏观审慎政策”双支柱调控框架是目前金融调控的主要任务和方向，具有保证经济稳定发展和经济结构有序提升的双重任务。“货币政策+宏观审慎政策”双支柱调控框架不是简单地调节总需求，还要兼顾结构性和稳定性政策，这就要求在释放一些货币政策工具的同时，兼顾产业升级导向和可持续发展导向。探索建立“货币政策+宏观审慎政策”双支柱调控框架，实际上就是寻求两者间的有机互动，在货币政策发挥作用的同时，通过释放宏观审慎政策工具来有效防范和化解系统性金融风险。

宏观审慎管理是国际金融危机后进行国际金融管理改革的核心内容。它是指从宏观逆周期的角度防范管理，防范由金融体系顺周期波动和跨部门传染导致的系统性风险，维护货币和金融体系的稳定。目前，国际社会强化宏观审慎政策的努力已取得积极进展，我们国家也把货币政策和宏观审慎政策作为金融调控的双支柱调控框架。货币政策和宏观审慎政策的结合就是在发挥货币政策有效性的同时降低金融体系的风险度。这种宏观审慎政策由于不同金融机构之间风险传递及放大的可能性不一样，所以，宏观审慎不是各具体部门微观审慎的简单加总，而需要由央行站在全国宏观经济运行的高度来组织实施。

宏观审慎政策不同于具体的货币政策，它没有独立的政策工具，而且在具体实施中宏观审慎政策和货币政策必相配合，两者有效结合，既保证资本的供需平衡，还要关注调结构和控风险问题。如果二者没有很好地融合，即便短期来看货币政策有效果，但从长远看其副作用也不容忽视，可能还会对经济的可持续发展产生严重影响。所以，一方面货币政策和宏观审慎政策的有效结合是要在促增长和防风险之间取得平衡；另一方面还要考虑经济结构调整和效率提升方面的问题。党的十九大报告明确提出把实体经济、科技创新、现代金融、人力资源协同发展放在一起，这充分说明了货币政策和宏观审慎政策双支柱调控框架结合的重要意义。

第四节　宏观调控政策的协调

发达经济体与不发达经济体在宏观调控上的一个重要区别，是后者不仅存在总量问题，而且存在结构问题。因此，宏观调控，除了货币政策和财政政策之外，还需要其他宏观调控方式的协调与配合。宏观经济政策协调，是指宏观调控主体为实现最终一致的宏观调控目标而进行沟通和配合的过程。当前,我国宏观调控中存在的问题主要是:目标过多过细问题;目标与手段不配套问题;从手段到目标的传导问题;过于频繁和长期化问题;外部性和时滞问题。由此完善宏观调控的方式包括协调政策、依法调控、完善微观基础和市场机制、控制金融风险等。贯彻新发展理念、理顺中央和地方的关系、改善营商环境、充实相关决策支持,有助于形成成熟稳健有特色有成效的宏观调控新常态。

一、宏观调控有效要求宏观政策协调

宏观经济运行存在合理区间,或者说,人们期望宏观经济运行在一个合理的区间,因此宏观调控总是要考虑恰当的方式和必要的限度。如此一来,判断宏观调控的效果,除了要与预设的目标相比较外,还需要确保宏观经济运行在合理的区间。当然,这只是一个抽象的原则,至于宏观经济的合理区间究竟如何量化,是一个实证问题,并且因时因地而异。与之相应,宏观调控机制是否有效,也看所选择的调控手段是否能够达到预期的调控目标或保证宏观经济运行于合理的区间之内。适合的微观基础和灵敏的传导机制是宏观调控有效的体制条件。

社会主义市场经济有效的宏观调控经验包括:坚持运用市场机制和宏观调控的有机结合;坚持处理好短期目标与长期发展的关系;既重视需求方面的管理也重视供给方面的管理;坚持宏观调控与深化体制改革相结合;坚持宏观调控与微观监管相结合;坚持发展经济与改善民生相结合。近年来,宏观调控在操作层面,又有一些新的探索,例如,宏观调控方式的创新包括:区间调控;定向调控;精准调控;相机调控;双侧调控;微刺激调控;预期引导,以经济政策为主等等①。

宏观经济政策协调是指国家按照宏观经济发展目标,全面考虑各种宏观经济政策的不同调节特点,统筹规划对各种宏观经济政策的运用,使它们在最佳配合方案下实现宏观经济政策的目标。宏观经济政策协调的必要性是由宏观经济协调发展的要求和宏观经济政策具体要求间的相互

---

① 刘伟、陈彦斌:《十八大以来宏观调控的六大新思路》,《人民日报》2017 年 3 月 1 日。

联系决定的。具体来说,包括宏观经济政策目标之间的协调配合、宏观经济政策功能之间的协调配合、宏观经济政策主次之间的协调配合、宏观经济政策时滞之间的协调配合、宏观经济政策力度之间的协调配合以及宏观经济政策效应之间的协调配合。在开放经济条件下,还要注意参与国际宏观经济调控的经济政策协调。

进行宏观经济政策协调的主要原因是各种宏观经济政策的实施过程中存在一定的外部性,或者说某种溢出效应和渗入效应。溢出效应是指某种宏观经济政策实施后没有或者只有很小一部分作用于有关经济变量,从而使单一具体宏观经济政策达不到预期的目标,反而通过一定渠道在一定程度上给其他貌似无关的或试图隔离或控制的宏观经济状况造成了影响。此外,改革开放和经济体系现代化使整个国民经济各个主体、各个方面和各种因素的联系更为密切,一种具体的或一个方面的宏观经济政策会通过各种渠道和机制波及、放大,从而干扰或削弱其他宏观经济政策的实施效果,这种现象被称为渗入效应。溢出效应和渗入效应说明各种宏观经济政策之间是会相互影响的,因此,为了实现预定的宏观经济目标,中央政府相关职能部门乃至行业组织和地方政府,必须通过信息交换、政策沟通和危机管理等方式加强沟通和配合。在这种形势下,如果各个调控主体采取非协调的乃至互有冲突的政策实施动作,其结果往往会背离中央通过一系列经济政策发展或调节宏观经济的初衷,进而偏离要实现的宏观调控目标,出现宏观调控失灵。

二、财政政策与货币政策的协调

财政政策是借助于政府的收支行为对国民经济进行宏观调控,一般情况下,财政政策可以有选择地对经济主体的行为进行支持或限制,因此更适合用于进行结构调整。此外,由于财政政策起效具有相对较短的外部反应时滞,因此当社会总需求较为疲软,宏观经济处于低迷时期,财政政策具有短期内迅速刺激经济增长的比较优势。相比之下,货币政策是借助于中央银行对货币数量以及利息率的控制行为对国民经济进行宏观调控,一般情况下,货币政策形成微观经济主体行为的选择条件,因此更适合用于进行总量控制。此外,由于货币政策起效具有相对较长的外部反应时滞,因此当社会总需求较为旺盛,宏观经济处于过热时期,货币政策具有有效地抑制通货膨胀的比较优势。

当然,财政政策和货币政策经常被搭配使用。一般来说,财政政策和货币政策之间可以有“双松搭配”“双紧搭配”“紧松搭配”和“松紧搭配”四种组合。以经济萧条时期的财政政策和货币政策之间的松紧搭配为例,政府可以通过单独或同时采取减税和扩大支出的办法刺激消费和投资需求增加,同时中央银行以收紧货币银根相配合,着力抑制有可能发生的通货膨胀。这样,就有可能既使得宏观经济出现恢复性增长,又不至于发生严重的通货膨胀,将宏观经济运行控制在比较平稳的区间内。

此外,国债是财政政策与货币政策的一个结合部,财政政策与货币政策的协调配合,需要对国债进行更有效、更充分和在一定程度上更灵活的管理。例如,在通货紧缩时期,财政债务的货币化是财政政策和货币政策协调操作的有效做法。同样,在货币政策面临外汇占款带来的压力时,运用财政债务的手段可以有效分担货币政策的压力,避免基础货币的进一步增加。

三、产业政策与财政货币政策的协调

为了进行产业结构调整,产业政策一般被作为主要的宏观调控工具,无论是具体的产业结构政策、产业组织政策,还是具体的产业技术政策、产业布局政策,它们决定着一定时期产业结构调整的重点、方向和路径。此时,财政政策和货币政策要依据产业政策的要求,在兼顾宏观经济总量调节的同时,有针对性地予以配合。由于产业政策一般瞄准较长时期的宏观调控目标,而且侧重从社会总供给侧发力,财政政策和货币政策多半对较短时期的或应急的情况进行宏观调控,而且侧重从社会总需求侧发力。因此,相对而言,产业政策与财政货币政策的协调主要是处理宏观经济政策的长期与短期之间、社会总供给与社会总需求之间的关系。相关的财政政策和货币政策可以依据产业政策的需要予以具体化和适度弹性化,避免增加产业结构调整的难度。产业政策应提高连续性和稳定性,以减轻对财政政策和货币政策的干扰。产业政策还要尽力避免限制竞争和扭曲市场信号。财政可以直接投资，舒缓产业结构调整的“瓶颈”，也可以投资兴建基础设施，从而为产业未来的发展提供良好的环境，还可以对特定产业给予政策支持，从而引导金融部门和民间资金的流入。货币政策的重点可以放在支持面向市场需求的技术改造、产品升级换代、环境保护、污染治理等方面，一方面增强投资主体的风险意识和提高资金的使用效率，另一方面也可以促进形成具有市场竞争力、适应消费需求变化的产品结构体系。

四、其他经济政策的综合协调

其他有宏观调控意味的经济政策，还包括收入分配政策、区域经济政策和国际经济政策等。它们或单独发挥作用，但经常与其他宏观经济政策共同发挥作用。某种政策在运用过程中，除了达成直接的政策目标外，有时还会附带地对其他政策的作用对象和领域产生影响。也就是说，不同的经济政策之间，或有相互补充关系，或有相互替代关系，因此也需要甚至必须有相互的协调配合。

比如，尽管收入分配政策本身的调节对象是收入分配格局，不会直接影响总供求，也不会直接作用于产业结构，但是，收入分配政策会对总需求的结构产生影响，也会通过重组企业和个人等的收入构成以及转移支付缩小地区之间和城乡之间的收入差距，调整消费和投资之间的关系，促进社会平等与和谐，从而为经济的增长提供动力和良好环境。

又如，在融入全球化的过程中，国内外经济运行的关联度和互动性大大增强，宏观调控既要考虑外部冲击对本国经济的影响，也要考虑本国政策对其他国家的影响及其反馈情况，加之汇率浮动的弹性提高，在为经济主体带来灵活性的同时，也带来了更多的风险和调控成本，因此宏观调控的复杂性也显著增加。这就要求各种政策在更广阔的领域内达成共识，在更为复杂多变的环境下，对各种政策事项作出及时合理的配合与调整。

再如，区域财政政策是国民经济总量调节的重要手段，在区域经济中可与产业政策和投资政策相配合，促进产业结构优化和经济协调有序发展。具体而言,区域税收政策的核心内容是在某些特定区域,主要是在政府希望经济需要更快发展的区域,通过政府税收部门对全部企业或部分企业实行一定范围的税收减免,进而实现对区域经济发展的宏观调控。不同的税收会影响区域经济发展的投资环境和投资吸引力,因而在贯彻国家的产业倾斜政策等方面发挥着极其重要的作用。

此外,如果说当前我国宏观调控的问题主要是政策不协调、行政干预过多、微观基础和传导机制不完善、杠杆率高。那么,完善宏观调控的方式还可以包括协调政策、依法调控、完善微观基础和市场机制、控制金融风险等。需要贯彻新发展理念、理顺中央和地方的关系、改善营商环境、充实相关决策支持,努力形成成熟稳健有特色、有成效的宏观调控新常态。

思考题

1. 什么是社会总供给和社会总需求?如何理解宏观经济的基本平衡式?
2. 如何理解宏观经济失衡和宏观经济波动?
3. 我国社会主义市场经济中常见的宏观调控手段有哪些?
4. 什么是财政和财政体制?财政政策的种类和手段有哪些?
5. 什么是金融和金融体制?货币政策的目标和工具有哪些?
6. 什么是宏观经济政策协调?宏观经济政策协调的原因是什么?

第十四章　法治经济和法治化的营商环境

营商环境是企业运行和发展的重要基础条件，是一个经济体有效开展国际交流与合作、参与国际竞争的重要依托，也是一个国家和地区软实力的重要体现。营商环境的好坏，直接影响企业的经营绩效和投融资活动，进而影响高端要素的流向与聚集以及这些要素对经济发展的作用。社会主义市场经济是法治经济，需要建设法治化的营商环境来为企业家营造健康良好的成长环境，从而有效激发企业家精神，并保证经济活动的高效运行。具体而言，法治化的营商环境是指市场或企业在一套行之有效、公平公正、公开透明的具体法律、法规和监管程序下运行，目的是营造依法保护企业家合法权益的法治环境，营造促进企业家公平竞争诚信经营的市场环境，营造尊重和激励企业家干事创业的社会氛围。

第一节　社会主义法治经济与营商环境

党的十八届四中全会审议通过的《中共中央关于全面推进依法治国若干重大问题的决定》明确指出，“社会主义市场经济本质上是法治经济。使市场在资源配置中起决定性作用和更好发挥政府作用，必须以保护产权、维护契约、统一市场、平等交换、公平竞争、有效监管为基本导向，完善社会主义市场经济法律制度”。这段话凝练地概括了社会主义法治经济的内涵。

一、社会主义市场经济与法治

所谓“法治”,按“世界正义工程”(World Justice Project)的定义[①],是指建立在规则基础上并坚持以下四项普遍原则的制度:第一,政府及其官员均受法律约束;第二,法律应当明确、公开、稳定、公正,并保护包括人身和财产安全在内的各项基本权利;第三,法律的颁布、管理和执行程序应公开、公平、高效;第四,司法职业担当者应由德才兼备、独立自主的法官、律师和司法人员组成,这些人员应数量充足、资源充沛并具有一定代表性。

法治是市场经济的内在要求,也是现代市场经济的重要特征,成熟的市场经济离不开健全的法治。如果法律规范体系不完备、法治实施体系效率低、法治监督体系不严密、法治保障体系不给力,市场经济就难以有效运行。

对社会主义国家来说,只有法治健全的市场经济,才能有效适应和促进国家治理体系和治理能力的现代化;也只有法治化,市场经济的运行才是有效的。主要体现在:(1)市场主体地位的确立需要法治。市场主体合法拥有的物质财富的所有权、占有权、支配权、使用权、收益权和处置权,需要通过法律来加以保护,离开法治,市场主体地位的独立性和平等性就得不到充分的确认和保障。(2)市场经济公平竞争规则的形成需要法治。竞争性是市场经济的特征之一,构建公平竞争、规范有序、充满活力的市场环境,保障市场经济活动的正常运行,需要制定一系列的规则,这就必须依靠法律。(3)法治是市场经济宏观调控的重要手段。法律作为具有普遍、明确、稳定和强制特征的行为规范,可以把宏观调控纳入法治轨道,确保市场经济良性发展。[②]

二、营商环境的理论说明

党的十八届三中全会通过的《中共中央关于全面深化改革若干重大

---

① World Justice Project,“The Rule of Law Index 2015”,*The World Justice Project*,p.10.

② 卫兴华:《社会主义市场经济是法治经济》,《前线》2014年第12期。

问题的决定》提出：建设法治化营商环境。党的十八届五中全会强调，要“完善法治化、国际化、便利化的营商环境”。

“营商环境”(environment for doing business)一词源于世界银行集团国际金融公司(IFC)的“营商环境项目调查”，其内涵与人们通常所说的商业环境(business environment)接近，国内比较常用的是“投资环境”和“市场环境”。对于“营商环境”这一概念，国内外学界的定义也不尽相同。艾菲尔特(Benn Eifert)等人将其定义为：“影响不同企业和行业经营效率的政策、制度、基础设施、人力资源和地理特征等因素的联系。”①本章所谓的营商环境，是指企业在开办、经营、交易、纳税、关闭以及执行合约等活动时所必须交涉的政策法规的集合。可以说，营商环境构建的核心问题，是企业与政府的关系问题，而法治化营商环境则是指政府部门基于一系列规则的基础之上，以明确、公开、稳定、公正、公平为基本特征，运用法治思维、贯穿法治精神、重视法治方式为企业提供的经营环境，包括影响企业活动的政治、经济、社会、文化及生态等方面的法治化制度安排。因此，政府在企业经营和商业活动中所发挥的作用可以用营商环境的法治化水平进行衡量和评估。

营商环境关注的是企业与外部环境之间的联系。马克思曾指出：“人们在生产中不仅仅影响自然界，而且也互相影响。他们只有以一定的方式共同活动和互相交换其活动，才能进行生产。为了进行生产，人们相互之间便发生一定的联系和关系；只有在这些社会联系和社会关系的范围内，才会有他们对自然界的影响，才会有生产。”②马克思把人们在社会生产中发生的、不以他人意志为转移的关系定义为生产关系，把生产关系的总和定义为社会经济制度(又称社会经济结构)，一定的社会经济制度构成该社会的经济基础，并决定其政治法律制度和意识形态。马克思虽未提出营商环境的概念，但他所说的生产关系以及社会联系、社会关

① Eifert, B., Gelb, A. and Ramachandran, V., “Business Environment and Comparative Advantage in Africa: Evidence from the Investment Climate Data”, *Center for Global Development*, Working Paper, No.56, 2005.

② 《马克思恩格斯选集》第1卷，人民出版社2012年版，第340页。

系，其实已涵盖了营商环境的内容，因为后者包括影响企业活动的社会要素、经济要素、政治要素和法律要素等，在许多方面与前者是重叠或交叉的。

具体来说，马克思在论及单个资本的运动时，将企业运作看成是资本循环过程。而资本循环指产业资本从一定的职能形式出发，顺次经过购买、生产、销售三个阶段，分别采取货币资本、生产资本、商品资本三种职能形式，实现了价值的增值，并回到原来出发点的全过程。保证资本循环连续性的条件是：资本的各个部分在空间上并存，时间上继起。资本循环的内在要求，在分工和契约的意义上，对应着外部环境给予资本循环的帮助和支持。当这种帮助和支持社会化并借助于政府职能予以实现时，就构成了企业的营商环境。

西方经济学中关于营商环境的理论渊源可追溯到马歇尔（Alfred Marshall）的“外部经济”概念。[①] 20 世纪 90 年代以来，制度经济学基于制度视角，对影响企业战略制定和交易费用的制度环境展开了一系列的研究。鲍莫尔（William Baumol）认为，营商环境是企业家在制定企业战略时必须考虑的重要因素之一，企业的行为取决于其面临的营商环境，不同的制度环境所提供的激励结构不同，因而对企业家行为产生的影响也不同。[②] 诺思（Douglass North）认为，企业家会根据外部环境来决定他们所采取的策略从而获得竞争优势、规避市场缺陷，而创建有利于在商业交流中进行合作（尤其是技术创新方面）的制度是一个复杂的过程，因为它不仅需要建立经济体制，而且还需要获得政治机构的支持。[③] 弗鲁博顿（Eirik Furubotn）和芮切特（Rudolf Richter）将科斯（Ronald Coase）提出的“交易费用”引入制度分析，认为交易费用是源自于建立、使用、维持和改变法律及权利意义上的制度所涉及的费用，具体包括市场交易费用、管理

---

① ［英］马歇尔：《经济学原理》，商务印书馆 2005 年版，第 278—280 页。

② Baumol, W., *Entrepreneurship, Management and the Structure of Payoffs*, Cambridge: The MIT Press, 1993.

③ North, D.C., “Economic Performance Through Time”, *The American Economic Review*, Vol.84, No.3, 1994, pp.359-368.

型交易费用和政治型交易费用。[①] 不难看出，营商环境与企业的交易费用密切相关，良好的营商环境有助于企业降低交易费用，反之则相反。

在现实中，企业在开办之初，需要注册、验资、选址、建设厂房或设施等，如果不用自有资本，则需要融资；开办之后，需要获取生产资源，包括机器设备、原材料、工人乃至技术或专利许可；在企业经营期间，不仅需要补充流动资金，维护自己的知识产权或商誉，还需要注意环境保护等社会责任约束；在产品和服务的销售过程中，需要与同类企业相互竞争，需要保障契约的履行以及对违约行为的救济等；当企业要真正支配自己的利润时，还需要处理税赋乃至市场管制问题。除直接生产活动发生直接成本以外，所有开办、经营、交易、纳税、关闭以及执行合约等活动都会发生间接的交易成本。对于追求利润最大化的企业，在可控的情况下，就要实现交易成本最小化；在不可控的情况下，就期待改变环境帮助降低交易成本。因此，营商环境的好坏，最终会在企业的利润率中体现出来。

三、营商环境就是生产力

营商环境也即生产过程中需要投入的规制要素，其质量和水平决定企业运营中的制度性交易成本。因此，营商环境的优劣直接决定着企业运行的“摩擦力”大小，进而影响整体经济的生产效率。概括说来，营商环境对企业经营与投资、企业创新、经济转型升级和经济增长都会产生直接的影响。

1. 营商环境对企业经营与投资的影响

作为微观市场主体，除直接生产活动发生的直接成本外，企业所有开办、经营、交易、纳税、信贷、执行合约以及办理破产等活动也都会发生间接的交易费用，从而营商环境的好坏最终会在企业的利润率中体现出来。追求利润最大化的企业，会努力追求交易费用最小化，如同企业寻求其他成本的最小化一样。但与其他成本因素相比，因为交易费用涉及企业运

① [美]埃里克·弗鲁博顿、[德]鲁道夫·芮切特：《新制度经济学：一个交易费用分析范式》，姜建强、罗长远译，格致出版社、上海三联书店、上海人民出版社2012年版，第114页。

营的各个环节,对它的最小化要求便具有特别重要的意义,企业常常不惜通过选取新址的方式来达到目的。换言之,理性的企业总是择良善的营商环境而居,而恶劣营商环境中的企业只能委曲求全、忍耐适应并降低运营规模以降低风险,或者采取“用脚投票”策略另谋新址,甚至放弃经营。其中,尤其值得关注的是营商环境对企业投资的影响。与其他的经营行为相比较,企业投资还具有周期长和风险高的特点,因而公平、透明、稳定、可预期的营商环境更是企业投资最为重要的先决条件。

2. 营商环境对企业创新的影响

创新是企业长期发展的根本动力,但因为创新项目相比其他投资项目风险更高、周期更长,所以要求有一套机制来更好地保护创新投入所带来的收益,例如以产权保护与合同保护为主要内容的法治体系。企业是市场经济的重要主体,更是创新活动的重要主体,而企业家是创新的直接推动者。因此,以公平、透明、稳定、可预期为特征的法治化营商环境,是保证企业具有创新动力的根本条件。如果希望企业家在市场竞争中敢于担当、敢于作为、敢于尝试和创新,那么必须做到:第一,要营造良好的知识产权保护环境,为企业提供鼓励创新的政策环境,使创新成果能够切实为企业带来经济利益,从而可以在法律保护的前提下有效运用并转化为现实的生产力;第二,要依法平等保护企业家合法权益,严格区分企业家个人财产和企业法人财产,让企业家可以安心经营、放心投资、专心创业;第三,要进一步完善企业破产制度,大力营造鼓励创新、宽容失败的社会氛围。一言以蔽之,有了法治化的营商环境,才能更好地激发企业家的创新动力和企业的创新活力。

3. 营商环境对经济转型升级的影响

当前,我国经济发展所面临的内外部条件正发生着深刻变化,新常态下实现产业转型升级的根本出路在于从主要依靠要素投入向依靠创新驱动转变,经济发展必须更多地依靠人力资本质量的提高和技术的进步。吸引各类高端资源要素集聚和配置,实现从成本优势向以人才、资本、技术、服务、品牌为核心的综合竞争优势转变,是适应经济新常态推进产业转型升级的必然选择。而吸引高端人才、集聚高端要素不能只凭借低成本、低消费的优势或短期的优惠政策，原因在于经济转型升级的根本要求是对质量提高的不断追求，而市场经济中的廉价竞争势必导致质量的牺牲和结构升级的停滞。反之，唯有良好的营商环境才能吸引高端人才、集聚高端要素，并让它们最高效地组合起来进行高端生产。因此，加快打造法治化、国际化、便利化的营商环境，已经成为推进我国经济转型升级的关键所在。

4. 营商环境对经济增长的影响

良好的营商环境能实实在在提高生产力，促进经济增长。2011 年 10 月 20 日世界银行发布的主题为"在更透明的世界里营商"的《2012 年全球营商环境报告》表明，良好的营商治理环境可以使开办企业需要的时间减少 10 天，投资率增长 0. 3%，GDP 增长率提高 0. 36%。迪亚科夫(Simeon Djankov)等人使用跨国数据的研究发现：繁琐的企业准入规定非但无助于保障产品质量和工人安全以及减少污染；相反，它们削弱了民营部门对经济的贡献，将更多的人推入非正规经济，并容易滋生腐败。[①]在我国，营商环境也已成为当前区域经济增长的一个重要竞争因素：国内经济发达的省份，多为营商环境好的地区，如东部沿海的广东、江苏、上海、浙江等；而中西部和东北部地区则营商环境相对较差，有的地方只注重招商，却不注重为企业提供公正、透明、稳定、可预期的环境，削弱了当地经济长期发展的潜力。

第二节　基于法治内容的营商环境

基于法治化营商环境关于公开、稳定、公正、公平的要求，实际营商环境与法规营商环境之间的差别以及不同企业所经历的营商环境水平之间的差别，可以更好地衡量一国或地区企业实际面对的营商环境水平。

① Djankov, S., La Porta, R., López-de-Silanes, F. and Shleifer, A., "The Regulation of Entry", *The Quarterly Journal of Economics*, Vol.117, No.1, 2002, pp.1-37.

一、营商环境的衡量指标

基于法规内容的营商环境衡量指标主要包括各类衡量制度基础设施水平的指数,此处的制度基础设施是在“基础设施”之上加入“制度”的内涵,指维持一个市场系统正常运作的制度框架,包括影响市场经济运行水平的各种法律法规和受法律法规约束的政府及其管制机构。其中最有影响力的指标体系是世界银行集团国际金融公司(IFC)的“营商环境项目调查”,其宗旨是“衡量商业规则”,通过收集、分析定量数据,对企业所适用的法律法规进行评估,并每年发布《营商环境报告》以比较各经济体在不同时期的商业监管环境。该报告包括11套指标,2018年已涉及190个经济体,具体指标见表14-1。

表14-1　衡量营商环境的具体指标

营商环境便利度指标	各项分指标
开办企业	成立一家有限责任公司的手续、时间、费用和最低实缴资本
申请建筑许可	在施工许可制度中建造一个仓库及质量控制和安全机制所需的手续、时间和费用
获得电力供应	连接到电网的手续、时间和费用,电力供应的可靠性和收费标准的透明度
注册财产	土地管理体制中转让财产的手续、时间和费用
获得信贷	动产抵押法律和信用信息系统
中小投资者保护	中小股东在关联方交易和公司治理方面的权益
缴纳税款	公司按所有税务法则和提交程序进行纳税的手续、时间、总税额和总税率
跨境贸易	出口产品的比较优势和进口汽车配件的时间和费用
合同执行	解决商业纠纷的时间和费用、司法程序质量
办理破产	商业资不抵债的时间、费用、结果和回收率以及破产法律框架的力度
劳动力市场规制	就业监管的灵活性和工作质量

资料来源:World Bank Group, *Doing Business* 2018: *Reforming to Create Jobs*, International Bank for Reconstruction and Development/The World Bank, Washington D.C., 2018, p.12.

针对中国的制度基础设施水平指数中,最常用的是中国市场化指数,是使用基本相同的指标体系从不同方面对各省的市场化进程进行全面比较和持续测度，以衡量各地区市场化改革的深度和广度。这套指数从1997年起至今每年进行编制，指标体系中既包括中国各地区的法规指标，也包括经济结果变量基础上计算出的指数，例如国有资产的比重被作为政府对市场干涉程度的一个分指标。①

在法治内容基础上编制的营商环境衡量指标具有易于计算和比较、透明度和标准化程度高的特点，但作为衡量企业运营环境的质量指标至少存在以下两个方面的缺陷：首先，企业的实际营商环境与法规中描述和要求的内容与标准之间可能存在差距，尤其在发展中国家更为显著。其次，不同企业所经历的营商环境水平之间也可能存在差别，在制度环境差的国家中这种差别可能更为严重。基于以上逻辑，世界银行于2003年开始在世界各国进行了一系列的企业调查，详细询问各国企业在运营过程中的实际经历，包括开办企业、项目审批、能源运输所需时间，以及税收负担、腐败水平等各方面营商环境指标。这套数据已被学者广泛使用于营商环境如何影响企业业绩和地区经济发展的研究。

霍华德-德里梅尔（Mary Hallward-Driemeier）等人利用世界银行的企业调查数据进行分析，发现发展中国家内部不同企业面临的营商环境水平之间的差异往往高于各国营商环境平均水平之间的差异。② 此外，与一国营商环境平均水平相比，不同企业营商环境之间的差异大小能够更好地解释企业的就业和投资增长。针对中国的实证研究也表明，民营企业的业绩受所在地税负、腐败等制度变量水平的影响，远小于这些制度变量在同一地区不同企业间的变异程度所造成的影响。③ 换言之，税负等

① 此外，董志强等人还基于《2008中国营商环境报告》中与营商环境有密切关系的指标得分，运用百分位排序后取平均值的方法构造了我国30个省会城市的营商环境指标。详见董志强、魏下海、汤灿晴：《制度软环境与经济发展——基于30个大城市营商环境的经验研究》，《管理世界》2012年第4期。

② Hallward-Driemeier, M., Khun-Jush, G. and Pritchett, L., "Deals versus Rules: Policy Implementation Uncertainty and Why Firms Hate It", NBER Working Paper, 16001, 2010.

③ Long, Cheryl Xiaoning, Colin Lixin Xu and Jin Yang, "Business Climate in China: Evolution between 1992 and 2012", World Bank Working Paper, 2018.

制度环境的变异程度比其水平对于企业的运营更为重要，因此营商环境的衡量不仅要涵盖各种水平指标（包括法规要求和实际水平），更应包括各种差异性指标。

二、涉及营商环境的重要事项改革

企业开办、物权登记、信贷获取和合同执行等方面的便利度是世界银行《营商环境报告》考察营商环境好坏的四项重要指标，本部分就我国针对这些事项的改革历程进行简要回顾和梳理。

1. 企业开办

开办企业便利度是衡量营商环境优劣的重要标志之一。我国开办企业要获得当地工商行政管理部门的事前审批登记，即实行准入制。1979年7月1日，第五届全国人民代表大会第二次会议通过了《中外合资经营企业法》，奠定了我国吸引外商直接投资、举办中外合资经营企业的法律基础。自20世纪80年代初实行审批制以来，经营范围符合国家产业政策和行业管理规定的一般行业中企业的准入体制历经演变，不断朝便利化方向发展（见表14-2）。

表14-2　企业准入体制的演变

时间节点	制度特点	主要内容
1982年	审批制	市场准入法制化，确立了企业法人的法律地位，建立了企业法人登记的市场准入制度。市场准入实行严格的审批制，在登记前要经政府主管部门审批，按照所有制性质划分企业类型
1992年	审批制、核准制并存	按照责任形式对企业进行登记，不再强调投资者的所有制性质；除股份有限公司实行审批制外，有限责任公司、合伙企业和个人独资企业实行核准制
2004年	核准制	颁布《行政许可法》，对申请材料齐全，符合法定形式的，要求当场登记；取消了股份有限公司的设立审批
2006年	程序进一步简化	修订后的《公司法》降低初始资本金门槛，允许设立一人有限责任公司

续表

时间节点	制度特点	主要内容
2014 年	注册资本制度等进一步放宽	注册资本实缴登记制改为认缴登记制；放宽了入资条件，取消最低投资限额、投资数量、投资期限、入资进度要求；年检制度改为年报公示制度；简化企业住所、经营场所审核等
2018 年	市场准入进一步放宽	企业开办所需时间再缩短一半；项目审批时间再减少一半；政务服务便利化进一步提高；要求凡事没有法律法规要求的证明一律取消；进一步减税、减费

与企业执照办理的程序便利化趋势相对应，我国对企业经营许可证的行政审批也趋于简化和合理，需要事前审批的行业逐渐减少，收费标准也逐步降低。各地在简化企业开办、审批程序方面进行着多种尝试，并遵循以下改革思路：(1)统一开办企业的行政程序，实现信息共享，推行“统一受理、并联审批”模式，实施“多证合一，证照分离，一照一码”改革；(2)将企业登记流程由“先证后照”改为“先照后证”；(3)简化税收登记程序，特别是简化纳税人初始登记；(4)推行电子营业执照和企业注册登记的全程电子化管理。

2. 物权登记

通过法律途径登记确保所有人对财产的所有权，有助于激励商业投资和交易。对企业家而言，拥有正式的产权可以帮助其利用房屋或土地进行抵押获取贷款，以缓解其所需资金难题。我国物权的登记注册程序主要是在新颁布的《物权法》(2007 年公布)、《城市房地产管理法》(1995 年实施，2007 年修订)和国家建设部颁布的《城市房地产权属登记管理办法》(1997 年发布，2001 年修订)等几部法律框架下制定和实施。2008 年 7 月 1 日《房屋登记办法》施行，《城市房地产权属登记管理办法》同时废止。

2000 年，国家建设部印发了《关于简化房地产交易与房屋权属登记程序的指导意见》，要求地方推行房地产交易管理与房屋权属一体化等措施简化审批程序。2013 年，国务院作出建立不动产登记信息管理基础平台的决定，实现三项基本功能：第一，明确不动产权利的归属和内容，维护不动产权利人的合法权益；第二，提高不动产交易效率；第三，保护善意第三人，维护不动产交易安全。2015 年 3 月 1 日，国务院发布《不动产登记暂行条例》，对不动产登记做了整合，建立不动产登记统一制度，基本做到登记机构、登记簿册、登记依据和信息平台"四统一"，我国不动产登记制度改革迈出了实质性一步。改革思路：(1) 设置综合服务窗口，实行"互联网+不动产登记"，为企业和群众提供网签、纳税及登记一站式服务；(2) 实行土地和建筑物管理统一化；(3) 精简办理流程，缩短办理时限；减少交易税费手续；(4) 规范登记收费，取消交易手续费；(5) 规范登记操作，加强信息共享，进一步提升登记工作质量，提高登记服务水平。

3. 信贷获取

资金是企业的命脉，是企业捕捉商机、发展壮大的关键，因此企业能否便利地获取信贷是衡量营商环境宽松与否的一项重要指标。一个成功的金融体系需要很多要素，企业通常在法律具备以下条件的地方最容易获得贷款：(1) 允许多种资产作为抵押物；(2) 提供统一的抵押登记程序；(3) 允许担保物权通过非司法程序执行。因此，抵押程序上清晰、连贯的法律框架有助于企业获得低成本贷款。进入 21 世纪以来，国家层面出台了一系列的法律法规，对中小企业融资实行政策上的优惠和扶持，主要有：《中小企业促进法》《关于加强中小企业信用担保体系建设有关工作的通知》《关于加强知识产权质押融资与评估管理支持中小企业发展的通知》《关于进一步做好中小企业金融服务工作的若干意见》。

从信贷政策看，近期的改革主要是拓宽贷款对象和扩大贷款用途，同时强调贷款的经济效益和政策要求。贷款对象由过去的国营企业、集体企业和农业扩展到国民经济的所有领域和不同所有制单位；贷款用途从流动资金扩展到固定资产、基本建设和科研、旅游等；贷款原则由原来的三原则转向主要强调"扶优限劣"和贯彻国家的产业政策。不过，目前中小企业贷款难、融资贵问题一直没有得到很好的解决。改革思路：(1) 建立和完善为中小企业融资的信用担保体系；(2) 允许担保物权通过非司法程序执行；(3) 拓展中小企业的直接融资渠道，包括民间借贷和网络金融贷款。

另外，建立信用评价和信息系统是帮助企业获贷的另一重要举措。从 1997 年起，中国人民银行开始组织商业银行建立全国统一的企业和个人信用信息系统。该信用信息系统包含全国联网的企业和个人基本信用信息数据库，采用地市、省市和全国三级数据库体系。截至 2017 年 5 月底，该系统已收录 9.26 亿自然人信息，2371 万户企业和其他组织的相关信息。

4. 合同执行

合同的履行，表现为当事人执行合同义务的行为。只有当事人双方按照合同的约定或者法律的规定，全面、正确地完成各自承担的义务，才能使合同债权得以实现。如果一方不履约，就会出现合同纠纷，一般需要通过法院解决执行。合同执行的效率可以由两个指标衡量：(1) 自原告向法院提起诉讼至判决执行后收回欠款所需的天数，包括等待的时间；(2)法院诉讼程序所需支付的法定成本，以诉讼标的额的百分比计，包括诉讼费、执行费、律师费等。合同执行涉及司法公正性问题，人们对司法公正性的认可度是与司法程序的效率相互关联的，解决合同纠纷的诉讼程序越复杂，诉讼的时间越长，成本也就越高，这会降低诉讼方对司法公平性的整体信心。为保护合同当事人的合法权益，维护社会经济秩序，改善营商环境，我国曾先后颁布了《经济合同法》《涉外经济合同法》和《技术合同法》。1999 年 3 月 15 日，全国人大常委会通过了《合同法》，而《经济合同法》《涉外经济合同法》《技术合同法》同时废止。

2015 年以来，人民法院扎实推进司法改革，取得良好的成效：第一，实施立案登记制改革，提高了立案效率，减轻了当事人的诉讼负担；第二，落实司法责任制要求，既依法充分放权，又有效加强审判监督管理，实现“放权不放任”；第三，加快建设智慧法院，依托信息技术提升审批执行和审判管理工作效能；第四，不断深化司法公开，积极主动接受社会各界监督，提升案件质效。改革中遵循了以下思路：(1) 进一步简化立案和诉讼程序；(2)继续推进执行体制、机制和模式改革，以被执行人责任财产的查找、控制和处分为中心，坚持“一性两化”(强制性、信息化和规范化)的工作思路;(3)建立健全信息化执行查控体系、执行管理体系、执行指挥体系,不断完善执行规范体系及各种配套措施,强化执行信用惩戒体系,拓展对失信被执行人联合信用惩戒的范围和深度。

第三节 法治化营商环境建设

营商环境的变迁是我国经济改革的重要组成部分,因此与我国改革历程紧密相关,其演进的脉络也大体反映了我国改革从边缘到中心、从局部摸索到顶层设计的推进过程。改革的早期与中期,营商环境的演进主要表现为各地区在招商引资和推动经济增长过程中自发、零散和局部的改革尝试,因而在地区间、行业间以及不同企业间存在各种不均衡。而随着经济改革的整体深入,对经济改革的根本逻辑有了更深入的把握,对政府职能以及政府市场关系有了更深刻的认识,我国法治化营商环境的营造目标也日渐明晰。

进入21世纪以来,我国营商环境总体上不断改善,但存在的问题也不容忽视。横向对比看,我国营商环境排名不仅落后于发达经济体,也落后于许多发展中国家。表14-3是世界银行发布的2010—2018年亚洲部分发展中国家的营商环境排名。从表14-3可以看出,我国排名从2010年的第89位提升到2018年的第78位,但排名仍落后于印度尼西亚、马来西亚、蒙古、泰国、越南等国,在减少市场准入的隐性体制障碍、降低企业运营成本等方面,仍有许多改进的余地。

表14-3 亚洲部分发展中国家的营商环境排名

年份 国家	2010	2011	2012	2013	2014	2015	2016	2017	2018
中国	89	79	91	91	96	90	84	78	78
印度	133	134	132	132	134	142	130	130	100
印度尼西亚	122	121	129	128	120	114	109	91	21
马来西亚	23	21	18	12	6	18	18	23	24
蒙古	60	73	86	76	76	72	56	64	62

续表

国家＼年份	2010	2011	2012	2013	2014	2015	2016	2017	2018
泰国	12	19	17	18	18	26	49	49	26
越南	93	78	98	99	99	78	90	82	68

资料来源：根据世界银行集团每年发布的《营商环境报告》整理。

一、法治化政府建设

营商环境法治化要求建设法治化政府。法治化政府，概括说来就是6个层面、24个字：职能科学、权责法定、执法严明、公开公正、廉洁高效、守法诚信。2015年12月27日中共中央、国务院印发并实施《法治政府建设实施纲要（2015—2020年）》，提出“围绕建设中国特色社会主义法治体系、建设社会主义法治国家的全面推进依法治国总目标，坚持依法治国、依法执政、依法行政共同推进，坚持法治国家、法治政府、法治社会一体建设，深入推进依法行政，加快建设法治政府”。法治化政府，要求政府自身必须守法，在行使权力履行职责的过程中坚持法治原则，使政府的各项权力在法治的轨道上运行。一个法治化的政府，才能创造一个法治化的营商环境。

1. 透明治理

营商环境法治化要求透明治理。公共行政的透明、问责与服务，这三者已构成“善治”（good governance）的重要特征。所谓透明治理，就是公民知道公共行政在做什么、公共行政如何行动、公共行政为何要如此行动、公共行政今后行动的计划是什么等。透明治理包括的要素有：公开的过程、合理的决策、公众可得的信息。透明治理构架的基本要素，主要包括四个方面的内容，即通畅的公共信息渠道、法律规范或伦理准则约束、作为公众利益监督者的媒体、促进问责的公共机构。大量证据表明，在不同的国家和地区，透明程度和腐败程度总体呈现反比趋势，即“阳光是最好的防腐剂”。再如，由审批制度转向备案制只是表层操作的变换，其核心理念应是增强行政管理的公开性和透明度，对我国现行的行政管理体制而言,这是一项根本性的改革。

2. 厘清政府与市场的边界

营商环境法治化要求厘清政府与市场的边界。要真正发挥市场在资源配置中的决定性作用,就要从广度和深度上推进市场化改革,通过简政放权和降低税负来减少政府对资源的直接配置以及政府对微观经济活动的直接干预;通过加快实现管制型政府向服务型政府的转变,把市场机制能够有效调节的经济活动交还给市场,将政府职能转移到切实营造规范有序、公平公正的市场环境等方面,包括环境保护、安全生产、食品安全、反不正当竞争、知识产权保护等。

3. 确立按规则办理的原则

在环保、质检、产权保护等领域,确实需要有为政府的干预才能保证市场机制更有效地运行。但政府在干预过程中,应该坚持按规则办理、慎用酌情处理的原则。

具体来说,改革开放以来,我国各级政府实施了多种差异性的优惠政策,有效地鼓励了重要的经济行为,包括吸引到具有某些所有制形式、行业属性或地区投向的投资,也包括企业和个人的专利申请等创新行为。但这些差异性政策也产生了一些负面影响,包括企业和个人的各种套利行为,以及对市场激励的替代作用。因此,在创新成为经济发展新动能的当今,应该减少差异性优惠政策的实施,加强普惠性制度的建立。

4. 加强政策评估,减少政策的波动性和不确定性

随着我国经济从高速度增长向高质量发展转变,相应地,政府要从重视政策速度和数量转变为更加重视政策质量。宁可少出政策,也要避免朝令夕改;要制定高质量的长效政策,以推进法治化营商环境为目标。具体可以通过增强政策量化评估的制度化和独立性,来提高政策质量和有效性;政策评估的制度化和独立性,还可以减少政策的波动性和不确定性。2018 年 5 月 14 日,国务院办公厅发布的《国务院办公厅关于开展涉及产权保护的规章、规范性文件清理工作的通知》(国办发〔2018〕29 号文),便是我国政府努力提高法规、政策质量和有效性的最新举措。

党的十八届三中全会提出了改革的总目标,即国家治理体系和治理

能力现代化的全方位改革,努力破除一切影响市场在资源配置中起决定性作用的体制和机制障碍。当前,政府的工作重点要转到创造良好发展环境、提供优质公共服务、维护社会公平正义上来。特别是通过营造良好的营商环境,来激发市场主体的创造活力,增强经济发展的内生动力。

1. 政府职能转变的关键节点是行政审批制度改革

法治化营商环境要求为企业提供公平、透明、稳定、可预期的经营环境,这就要求减少政府职能中的自由裁量权,因此,行政审批制度改革成为建设法治化营商环境的必由之路。以行政审批制度改革作为政府职能转变的突破口,是释放改革红利、打造中国经济升级版的重大举措,而这无异于政府部门的一场"自我革命",极具挑战性。

从"计划"向"市场"过渡,要处理好政府与市场、政府与社会的关系,通过政府审批制度的改革,简政放权,充分发挥市场在资源配置中的决定性作用,最大限度减少政府对微观事务的管理。换言之,市场机制能有效调节的经济活动,政府应理性地选择退出,放手于市场,把更多决策权还给市场。而其关键节点,是行政管理体制从与计划经济体制相适应的以生产为导向的思维转向与市场经济体制相适应的以服务为导向的思维。

2. 政府职能转变需要实现管理方式的三种转变

一是由管制型向服务型转变。计划经济模式下,政府部门存在不同程度的"官本位"思想,习惯采取自上而下的行政权力和行政手段进行管理,这种"管制型"或"指令型"的管理形式显然与市场经济的要求不相适应。随着市场在资源配置中发挥决定性作用,政府的管理方式必须向服务型转变,也即在法治框架下,以公民本位、社会本位为指导思想,以服务公众并承担服务责任为宗旨,以人民满意为施政目标。党的十八届三中全会指出,必须切实转变政府职能,深化行政体制改革,创新行政管理方式,增强政府公信力和执行力,建设法治政府和服务型政府。这是发挥社会主义市场经济体制优势的内在要求,是全面深化改革的重要内容,是推进国家治理体系和治理能力现代化的主体工程,也顺应了世界公共行政发展的时代潮流。

二是由效率型向效能型转变。效率与效能是两个既有联系又有区别的概念，前者以数量为分析对象，注重管理过程，后者强调数量与质量的统一，注重管理结果。政府在管理过程中，追求效率须以提高效能为基础，否则过犹不及，即使效率再高，效能也有可能低下。传统公共行政管理体系以“效率”为核心，通过科层制组织来保证行动一致和命令统一，同时，采用专业化来实现机构效率与行为效率的最大化。由于传统公共行政管理更多注重数量而忽视价值合理性，如服务质量、合法合规和公平公正等，表面上看起来是在追求高效率，结果反而导致行政效能低下，并出现制度僵化、官僚主义盛行以及公共服务部门垄断严重等不良现象。因此，效率型政府向效能型政府转变成为必然趋势，在市场经济条件下，政府行为标准必须从效率优先转向效能优先，实现功效与价值的统一、目的与手段的统一、过程与结果的统一。

三是由全能型向有限型转变。“全能型政府”是指政府管理职能是无限的；而“有限型政府”，则指政府的管理职能是有限的。1978 年实行改革开放后，我国虽已逐步走上市场经济的道路，市场机制在资源配置中的地位不断增强，但政府仍在很大程度上发挥着强势的支配作用，扮演着“全能型政府”的角色。由“全能型政府”向“有限型政府”转变，本质上是转变政府职能、规范行政管理权力的运行，把权力关进法律制度的笼子。有限型政府，其职能定位在于纠正“市场失灵”和“社会失灵”，因此政府职能应切实转变到“创造良好发展环境、提供优质公共服务、维护社会公平正义”的轨道上来。

二、“负面清单”管理模式

“负面清单”，又称“消极清单”“否定列表”，是相对于“正面清单”而言的一种国际通行的外商投资管理办法，即投资领域的“黑名单”，遵循“法无禁止皆可为”的原则，除明确禁止外资进入的领域外，其余领域均对外资开放。作为国际投资自由化的一个重要标志，目前世界上已有 70 多个国家采用了这一外资管理模式。在“负面清单”方式上取得了试验和突破的是 1994 年生效的北美自由贸易区（NAFTA），其创立了“准入前国民待遇+负面清单”的投资规则模式。在 NAFTA 的示范效应下，美国成为“负面清单”模式的最大推动者，曾由美国主导的跨大西洋贸易和投资伙伴协议（TTIP）中，即尝试以“准入前国民待遇+负面清单管理”为核心的第三代国际投资规范来重塑世界投资和贸易格局。

比较两种外资管理模式，“负面清单”规定除了明确列出的范围之外均可投资，且清楚说明哪些范围内的项目是禁止的，哪些范围内的项目有何具体限制；而“正面清单”只允许投资明确列出的范围内的项目，并且范围内的投资项目很多也需要行政审批。显而易见，“负面清单”管理模式在外资准入方面更加公开透明，对于增强外资信心，鼓励、吸引外商投资具有积极的正面作用。

更重要的是，“负面清单”的管理模式体现了法治化营商环境的根本理念。明确列出的禁止投资范围以及范围之外均可投资的规定，既体现了信息的公开、透明，也为所有可能的投资者提供了公平、稳定和可预期的竞争环境。正是基于此，近年来我国各级政府也开始在国内投资管理中引入“负面清单”模式。

实施“正面清单”可以分类指导外商投资，尤其是在我国改革开放的初期，有利于掌握和管理外资的规模和流向；但这种管理模式也存在较大的弊端，首先是效率低下，企业的合同章程必须在走完所有审批流程之日起才能生效，其次是审批制的灰色地带太大，容易滋生寻租行为。而“负面清单”管理模式，除了在清单上明确列出不予外商投资准入或有限制要求的领域，清单以外领域则充分开放。这种“法无禁止即合法”的管理思路，与限定企业“只能做什么”的管理模式相比，无疑会激发企业的主体活力，让市场配置资源发挥更大作用。鉴于“负面清单”管理模式具有的公平、透明、稳定、可预见性等特征，体现了法治精神的核心，因此我们应抓住全面开放这一历史机遇，使“负面清单”管理模式成为建设法治化营商环境的重要途径和手段。

当然，“负面清单”管理模式作为中国投资体制改革和行政审批体制改革的重要实践，其能否发挥实质性的作用面临着三大挑战：政府职能由事前审批向事中事后监管的转变，市场准入壁垒的切实削减和消除，以及国家经济安全与社会稳定的维护。

首先,政府加强事中事后监管职能是“负面清单”管理模式顺利实施的前提条件。在我国市场经济起步阶段,市场主体数量不多,因此采用审批、收费、巡查、处罚等简单粗放的方式进行管理。但如今市场经济规模已非常庞大,依靠事前审批的管理方法已经不合时宜,政府部门需要将职能从事前的准入审批转化为事中事后的合规监管。成熟的市场经济国家主要对终端产品和服务的质量安全进行监管,而涉及主体资格资质以及行为的标准、认证等事务,一般交给市场和社会组织。而我国政府对经济社会事务的管理模式是基于计划时代行政审批制度建立的,该体制影响延续至今。实践中,一些部门“会批不会管”,以批代管、以费代管和以罚代管的现象普遍存在,对事中事后监管既不熟悉也不热衷。对照现实可以发现,我国监管部门对企业主体资质、生产经营行为和产品本身三个方面都进行审批,市场准入门槛较高。高准入门槛让审批成为一种稀缺资源,其中的自由裁量权带来较大寻租空间,容易产生廉政风险。同时,政府建立了各式各样政府办的标准、认证、检验体系,较少引入市场机制和社会第三方力量,行政成本巨大。

其次,切实降低市场准入壁垒是“负面清单”管理模式真正激发企业活力的关键所在。消除隐性壁垒要与实行“负面清单”的管理模式同步推进。“负面清单”是不能享受国民待遇的“黑名单”,“负面清单”之外,外国投资者及其投资享有不低于相似情形下给予本国投资者及其投资的待遇。也就是说实行“负面清单”的管理模式意味着外资企业、国有企业、民营企业都有权进入没有明令禁止的行业。不过,这并不意味着各类所有制企业真正实现了公平竞争。例如民营企业早已获准进入某些国有经济占主导的行业,可至今在这些行业中,其影响力仍非常有限。这虽然与民营企业自身的各方面实力有关系,但也与存在各类隐性壁垒密切相关。项目核准、行政管理、公共财政、金融支持等方方面面的配套改革需要及时跟进,否则“负面清单”无异于画饼充饥,落入与“非公 36 条”类似的尴尬境地。

最后,在实施“负面清单”管理模式、推动高水平开放的同时,需要维护好国家经济安全。对各类市场主体涉及以下领域的投资经营行为及其他市场进入行为，依照法律、行政法规和国务院的有关规定，可以采取禁止进入或限制市场主体资质、股权比例、经营范围、经营业态、商业模式、空间布局、国土空间开发保护等管理措施：涉及人民生命财产安全、政治安全、国土安全、军事安全、经济安全、金融安全、文化安全、社会安全、科技安全、信息安全、生态安全、资源安全、核安全和新型领域安全等国家安全的有关行业、领域、业务等；涉及全国重大生产力布局、战略性资源开发和重大公共利益的有关行业、领域、业务等；依法可以设定行政许可且涉及市场主体投资经营行为的有关行业、领域、业务等；法律、行政法规和国务院决定规定的其他情形。

三、国际化营商环境的建设

早在 2012 年，广东省就率先制定了《建设法治化国际化营商环境五年行动计划》，力争通过 5 年努力，基本建立法治化国际化营商环境制度框架，形成透明高效、竞争有序、公平正义、和谐稳定、互利共赢的营商环境。借鉴国内外营造良好营商环境的先进做法和经验，广东省在建设法治环境、政务环境、市场环境、社会环境等方面探索了诸多创新性做法。如借鉴香港做法，提出建立商事合同司法纠纷速调速裁机制；借鉴联合国国际贸易法委员会做法，提出加强涉外仲裁在内的仲裁机构建设；借鉴新加坡做法，提出建设网上办事大厅，推行网上审批和办事；借鉴美国做法，提出建立统一的企业和个人信用信息公共数据库；总结深圳、顺德大部制改革经验，提出整合部门职能，建立决策、执行、监督既相互制约又相互协调的行政运行机制；等等。

为营造更加自由高效便利的法治化、国际化、市场化营商环境，我国近年来在更广领域、更大范围形成各具特色、各有侧重的试点格局，推动全面深化改革扩大开放。自 2013 年设立上海自贸区以来，迄今国家已分三批，共设立了 11 个自贸区，并于 2018 年 4 月 13 日宣布支持海南全岛建设自由贸易试验区，逐步探索、稳步推进中国特色自由贸易港建设。自由贸易试验区明确了营商环境的决定性地位：“自贸区是中央政府以开放促改革、促发展而设立的体制改革试验田，其主要任务就是加快政府职能转变，尤其是制度创新。”以上海自贸区为例，其总体方案中提出“率先建立符合国际化和法治化要求的跨境投资和贸易规则体系”，总体目标为“着力培育国际化和法治化的营商环境”。

在营商环境建设方面，上海自贸区的经验可概括为以下四点。①

（1）建设投资便利化的营商环境。上海自贸区采用“负面清单”②管理模式，在引进外资理念上提出两个高标准的新观念：一是试行“准入前国民待遇”，即外资在东道国投资发生或建立时享受国民待遇；二是探索建立“负面清单”管理模式，即遵循“除非法律禁止的，否则就是法律允许的”解释逻辑，体现“法无禁止即自由”的法律理念。

（2）建设贸易便利的营商环境。贸易便利化是目前世界贸易组织多边贸易体制力推的，上海自贸区对此做进一步的试验。第一是推动贸易转型升级的措施，积极培育贸易新型业态和功能，形成以技术、品牌、质量、服务为核心的外贸竞争新优势，加快提升中国在全球贸易价值链中的地位。第二是提升国际航运服务能级，积极发挥外高桥港、洋山深水港、浦东空港国际枢纽港的联动作用，探索形成具有国际竞争力的航运发展制度和运作模式。

（3）建设金融市场化的营商环境。投资和贸易便利化都离不开市场化的金融环境。上海自贸区金融市场化的探索主要体现在四个方面：资本项目下可兑换、利率市场化、跨境贸易人民币结算、外汇管理的创新。上海自贸区金融市场化的具体措施体现在以下两个方面：一是加快金融制度创新，二是增强金融服务功能。

（4）建设行政法治化的营商环境。上海自贸区建设的目的之一是深化行政管理制度改革，加快转变政府职能改革，创新政府管理方式。行政法治化的举措包括：一是推进政府管理由注重事前审批转为注重事中、事

---

① 龚柏华：《国际化和法治化视野下的上海自贸区营商环境建设》，《学术月刊》2014 年第 1 期。

② “负面清单”是英文 negative listings 的直译，也可翻译为“否定清单”“负面列表”“否定列表”。就国际贸易和投资协定背景而言，“负面清单”是个俗称，在投资协定中通常是“不符措施”的代称，即在外资市场准入设立阶段不适用国民待遇原则的特别管理措施规定的总汇。

后监管；二是建立一口受理、综合审批和高效运作的服务模式；三是建立集中统一的市场监管综合执法体系；四是提高行政透明度，完善体现投资者参与、符合国际规则的信息公开机制。这些改革创新成果形成可复制、可推广的经验，已逐步在全国范围内复制和推广。

其他自贸区也在积极探索建设法治化、国际化、市场化的营商环境，如广东自贸区探索政府智能化监管服务新模式，推出“智慧口岸”，先行先试16条法律服务改革创新等。天津自贸区探索以信用风险分类管理为依托的市场监管制度，以及京津冀区域检验检疫一体化等。福建自贸区探索建立“三合一”知识产权综合管理模式、以“互联网+知识产权”方式创新知识产权公共服务等。

思考题

1. 法治需要坚持的四项普遍原则是什么？为什么说社会主义市场经济是法治经济？

2. 什么是营商环境？为什么说营商环境就是生产力？

3. 营商环境的衡量指标有哪两类？分别有哪些优、缺点？为什么营商环境的衡量不仅要涵盖各种水平指标（包括法规要求和实际水平），更应包括各种差异性指标？

4. 什么是“负面清单”管理模式？与“正面清单”模式相比，它有哪些优势，又面临哪些挑战？

第 四 篇

经济发展

第十五章　社会主义现代化和现代化经济体系

进入新时代后的现代化实际上是现代化问题。现代化可以说是几代中国人的梦想。党的十九大明确提出在全面建成小康社会的基础上,分两步走在21世纪中叶建成富强民主文明和谐美丽的社会主义现代化强国。党的十九大提出的现代化的中国方案隐含着新时代现代化理论的一系列重大创新,是新时代中国特色社会主义经济思想的重要组成部分。

第一节　经济发展和社会主义现代化

现代化涉及政治、经济、文化、国家治理等各个领域的现代化。其中经济现代化是基础。党的十九大报告指出,要根据新发展理念建设现代化经济体系。

一、现代化是社会主义最终战胜资本主义的物质基础

根据马克思的观点,社会主义社会应该是建立在资本主义制度已经容纳不了自身生产力的物质基础之上的。发达的资本主义是社会主义的入口。

在马克思看来,作为社会主义入口的生产方式表现在以下方面:首先是生产社会化程度达到相当的高度。其次是社会经济结构的变革。“由于劳动过程的组织和技术的巨大成就,使社会的整个经济结构发生变革,并且不可比拟地超越了以前的一切时期。”①第三是信用制度的高度发

① 《马克思恩格斯文集》第6卷,人民出版社2009年版,第44页。

达。“信用制度加速了生产力的物质上的发展和世界市场的形成;使这二者作为新生产形式的物质基础发展到一定的高度,是资本主义生产方式的历史使命。”①第四是股份制经济的发展。其作用,一是在股份公司内,“职能已经同资本所有权相分离”②,二是提供联合的生产方式。“资本主义的股份企业,也和合作工厂一样,应当被看做是由资本主义生产方式转化为联合的生产方式的过渡形式。”③恩格斯在对马克思关于信用在资本主义经济中的作用部分的增补中,根据当时垄断的发展,发现生产社会化的进一步提高,自由竞争日暮途穷。“竞争已经为垄断所代替,并且已经最令人鼓舞地为将来由整个社会即全民族来实行剥夺做好了准备。”④

虽然现实中社会主义社会没有一个是建立在发达资本主义基础上的,我国是在半殖民地半封建社会取得社会主义的胜利。这就是说,我国具备了建立社会主义社会的基本条件,但是还不能说完全具备社会主义最终战胜并取代资本主义的物质基础。上述作为社会主义入口的发达的资本主义国家所达到的生产力水平正是社会主义最终战胜资本主义的生产力基础。

在当代实践中,社会主义和资本主义不是时间先后的,而是空间并存的。与社会主义社会并存的资本主义社会中有相当部分是实现了现代化的发达国家,其生产力水平高于并存的社会主义国家。就我国来说生产力水平虽然已经大大超过了旧中国,但还落后于发达的资本主义国家。这意味着社会主义中国的经济发展在起步阶段,需要在生产力上追赶发达国家,更进一步就是通过社会主义现代化,创造出更高的社会生产力水平来为社会主义最终战胜资本主义,建立强大的物质基础。

“现代化”这一概念在经济学以外的社会科学学科中使用较多。从历史学的角度来定义现代化,指的是发达国家所经历的从传统到现代、从

① 《马克思恩格斯选集》第2卷,人民出版社2012年版,第572页。
② 《马克思恩格斯选集》第2卷,人民出版社2012年版,第567页。
③ 《马克思恩格斯选集》第2卷,人民出版社2012年版,第571页。
④ 《马克思恩格斯选集》第2卷,人民出版社2012年版,第496—497页。

不发达到发达的历史过程。具体地说,是指人类社会从传统的农业社会向现代工业社会转变的历史过程:从社会学的角度定义现代化,指的是在科技革命推动下社会已经和正在发生的转变过程;不仅涉及经济,还涉及政治、社会、文化、心理等方面的变化。经济学对现代化的研究更关注其进程和发展战略。在增长经济学和发展经济学中,常常用“现代经济增长”“起飞”“经济成长阶段”“发展”等概念来描述现代化及其进程。

观察发达国家的现代化进程,可以发现,现代化已经出现三次浪潮,每次现代化浪潮都是由产业革命或科技革命推动的。18 世纪后期,以蒸汽机的使用为标志的第一次工业革命推动了第一次现代化浪潮,英国搭上了这班现代化列车,成为现代工业的中心,随后其工业化浪潮逐渐向西欧扩散。第二次工业革命发生在 19 世纪下半叶至 20 世纪初,以电力和钢铁为标志。它所推动的第二次工业革命推动了第二次现代化浪潮。年轻的美国搭上了这班现代化列车,一跃超过英国成为最发达的现代化国家。前两次现代化浪潮都将落伍的国家沦为殖民地和半殖民地。第三次现代化浪潮发生在第二次世界大战结束以后,一方面继续延续第二次工业革命的成果,另一方面产生了以电子信息为代表的新科技革命。这次现代化浪潮影响之大和作用之深是前所未有的。在亚洲,先是日本,紧接着韩国、新加坡等国搭上了现代化的列车。与此同时,先行现代化的美国和西欧国家又在电子信息革命的推动下,现代化水平达到了新的高度。

马克思曾经指出 18 世纪后半期的蒸汽机和棉花加工机的发明推动了产业革命,产业革命同时又引起了市民社会的全面变革。这就是由工业革命所发动的现代化。马克思在《资本论》中说:“工业较发达的国家向工业较不发达的国家所显示的,只是后者未来的景象。”[①]这就指出了当时不发达国家现代化的参照系。

第二次工业革命以电和钢铁的发明和应用为标志,当时的列宁依据当时的最新科技和产业水准,提出共产主义就是苏维埃政权加全国电气化。这意味着从现代化角度讲的工业化,应该是采用现时代最先进的科

① 《马克思恩格斯选集》第 2 卷,人民出版社 2012 年版,第 82 页。

学技术。

诺贝尔经济学奖获得者库兹涅茨在考察欧美发达国家近百年经济发展进程的基础上,把对现代经济增长阶段的发展程度概括为"巨大的结构性变化"。其内容包括:产品的来源和资源的去处从农业活动转向非农业生产活动,即工业化过程;城市和乡村之间的人口比例发生了变化,即城市化过程;一国之中各个集团的相对经济地位发生了变化;产品在居民消费、资本形成、政府消费之间的分配发生了变化。他也注意到,在现代经济增长的进程中,技术、社会和时代精神变化之间的相互关系显得特别重要。没有社会制度上的变革,不可能产生科学在技术上的应用。

美国经济学家罗斯托的经济成长阶段论直接使用了"经济现代化"的概念。他提出一个国家从贫穷走上富有,从传统走上现代,分为六个阶段:(1)传统社会;(2)为起飞创造条件的阶段;(3)起飞阶段;(4)向成熟推进阶段;(5)高额群众消费阶段;(6)追求生活质量阶段。其中,起飞阶段是传统社会与现代社会的分水岭。在经过起飞阶段以后的三个阶段的各个特征都可以看作是进入经济现代化阶段后的各种表现。例如,"向成熟推进阶段"是指现代技术在各个经济领域中广泛使用,实现经济长时期的持续的增长。"高额群众消费阶段"是指资源越来越倾向于被引导到耐用消费品的生产和大众化服务的普及。"追求生活质量阶段"涉及自然(居民生活环境的美化和净化)和社会(教育、卫生保健、交通、生活服务、社会风尚、社会秩序)两个方面:一方面,与医疗、教育、文化娱乐、旅游有关的服务部门加速发展,成为主导部门;另一方面,认真处理和解决环境污染、城市交通拥挤和人口过密等问题。

中国在经济和文化上长期落后的一个重要原因是,几次直接影响世界现代化进程的产业革命没有产生在中国,或者说中国几次都没有搭上现代化的列车。新中国成立以后推进的经济发展实际上开启了现代化的进程。在农业国基础上的现代化包括工业化、城市化和高科技化等方面的转型。具体地说,包括以下转型:由农业人口占很大比重、主要依靠手工劳动的农业国向非农业人口占多数、包括现代农业和现代服务业的工业化国家转型;由自然经济和半自然经济占很大比重的经济向经济市场化程度较高的市场经济转型；由文盲和半文盲人口占很大比重、科技教育文化落后的社会向科技教育文化发达的社会转型；由贫困人口占很大比重、人民生活水平比较低的阶段向全体人民生活比较富裕的阶段转型。

二、推进现代化的阶段

现代化是当代每一个发展中国家的共同目标，但各个国家的现代化进程是参差不齐的。成功地进行现代化的社会，具有许多相同的特征。这意味着，探求那些使得现代化成为可能的共同条件是大有益处的。后起的发展中国家有必要遵循现代化的一般规律。中国的现代化作为世界现代化进程中的重要组成部分，折射出现代化的诸多共性，反映了现代化过程中的一般性规律。但是，每个国家都有自己的国情和文化，各自的现代化道路也有自己的特色。中国作为处于社会主义初级阶段的发展中国家，要尊重现代化的一般性规律，重视从其他国家现代化的成败得失中总结经验和教训。但是，作为一个发展阶段、政治制度、经济体制和文化背景迥异于西方的国家，中国现代化历程不可能是西方现代化的“翻版”，必然渗透着本民族的张力和“中国特色”。

在现代增长阶段，创新的知识和技术可以在世界范围进行全面传播。一个国家经济的增长日益受到其他国家新知识和新技术的影响。较晚进入现代经济增长阶段的国家，可以选择和利用的世界知识和技术的存量丰富，因而有可能有较高的经济增长率，其现代化所需的时间也不需要像先行现代化国家那么长，这是后发国家的后发优势。关键是后发国家要具备相应的学习和利用世界创新的知识和技术的机制。因此，发展中国家的对外开放参与全球化经济是后发国家现代化的必经之路。

关于我国的现代化发展阶段。邓小平同志提出了现代化建设的“三步走”战略步骤。第一步，1981 年到 1990 年实现国民生产总值比 1980 年翻一番，解决人民的温饱问题。第二步，从 1991 年到 20 世纪末，国民生产总值比 1980 年翻两番，人民生活达到小康水平。第三步，到 21 世纪中叶，人均国民生产总值达到中等发达国家水平，人民生活比较富裕，基本实现现代化。应该说，在我国的现代化进程中安排一个小康阶段，是中国特色社会主义的重要创造。

经过改革开放和全面小康社会建设，我国提前实现解决人民温饱问题、人民生活总体上达到小康水平这两个目标。在这个基础上，以习近平同志为核心的党中央明确了“两个一百年”奋斗目标：“到建党一百年时建成经济更加发展、民主更加健全、科教更加进步、文化更加繁荣、社会更加和谐、人民生活更加殷实的小康社会，然后再奋斗三十年，到新中国成立一百年时，基本实现现代化，把我国建成社会主义现代化国家”。①

根据“两个一百年”奋斗目标，现代化是在第一个目标即小康社会全面建成的基础上推进的。全面建成的小康社会就成为现代化的起点，在这个起点上，社会生产力水平总体上显著提高，人民群众即将全面摆脱贫困。与此相应，我国长期存在的人民日益增长的物质文化需要同落后的社会生产之间的矛盾基本上得到解决。在此背景下推进的现代化是要解决新起点上的新矛盾，也就是新时代我国社会主要矛盾：人民日益增长的美好生活需要和不平衡不充分的发展之间的矛盾。新时代主要矛盾的主要方面是不平衡不充分的发展。这就表明新时代社会主义现代化的着力点是解决发展的不充分不平衡问题，涉及供给侧的效率和结构问题。我国现代化起点也就是经济发展进入新时代的起点，经济发展由高速增长转向高质量发展。现代化就要由高质量发展来支持，需要通过质量、效率、动力三大变革，提高全要素生产率，并且在产业、区域、城乡等方面优化经济结构，从而解决发展的不充分不平衡问题。

我国的全面小康社会建设实际上进入了现代化的轨道。首先，所有现代化理论都有一个共识，就是先有社会制度的改革和创新，才会有技术创新及相应的现代化进程。中国以社会主义市场经济为方向的改革实际上为经济起飞和现代化铺就了“跑道”。其次，中国取得了突飞猛进的经济成就。中国在成为世界第二大经济体的同时，2017 年人均 GDP 达到 8800 美元，达到上中等收入国家发展水平；农业比重降到 7.9%，已经从

① 习近平：《决胜全面建成小康社会　夺取新时代中国特色社会主义伟大胜利——在中国共产党第十九次全国代表大会上的报告》，人民出版社 2017 年版，第 27 页。

农业国变为工业国；城镇化率超过了58%；到2020年全国将达到全面小康社会水平。在此条件下，党的十九大开启了全面建设社会主义现代化国家的新征程，并且绘就了两个阶段实现现代化的蓝图。

第一个阶段，从二〇二〇年到二〇三五年，基本实现社会主义现代化。到那时，我国经济实力、科技实力将大幅跃升，跻身创新型国家前列；人民平等参与、平等发展权利得到充分保障，法治国家、法治政府、法治社会基本建成，各方面制度更加完善，国家治理体系和治理能力现代化基本实现；社会文明程度达到新的高度，国家文化软实力显著增强，中华文化影响更加广泛深入；人民生活更为宽裕，中等收入群体比例明显提高，城乡区域发展差距和居民生活水平差距显著缩小，基本公共服务均等化基本实现，全体人民共同富裕迈出坚实步伐；现代社会治理格局基本形成，社会充满活力又和谐有序；生态环境根本好转，美丽中国目标基本实现。

第二个阶段，从二〇三五年到21世纪中叶，把我国建成富强民主文明和谐美丽的社会主义现代化强国。到那时，我国物质文明、政治文明、精神文明、社会文明、生态文明将全面提升，实现国家治理体系和治理能力现代化，成为综合国力和国际影响力领先的国家，全体人民共同富裕基本实现，我国人民将享有更加幸福安康的生活，中华民族将以更加昂扬的姿态屹立于世界民族之林。

中国的现代化涉及经济、社会、文化各个方面，但中国的现代化需要以经济现代化作为先导，然后渐次拓展。先满足人民的物质富裕，然后解决人民的精神富裕，从而使现代化的进程由经济向政治、生态、社会多个维度延伸。这也符合马克思当年的设想：只有生产力发展了，“由于给所有的人腾出时间和创造了手段，个人在艺术、科学等等方面得到发展。”①

第二节　中国特色社会主义现代化的特性

中国的现代化，既要体现世界现代化发展的一般特征，更要突出社会

① 《马克思恩格斯全集》第46卷(下)，人民出版社1980年版，第219页。

主义特征。尤其是社会主义突出社会公平与正义,还要反映新时代的特征,这些要求理应体现在现代化的进程中。

一、以人民为中心的现代化

先行现代化国家在现代化进程中普遍出现了贫富差距进一步扩大的问题,这被称为现代化的社会代价。库兹涅茨在《现代经济增长》一文中指出了某些表现:城市化造成的生活条件的变化,显然包含有各种各样的损失和收益;从乡村迁往城市,要承受巨大的损失;学习新的技能并失去过去所掌握技能的价值,是一种浪费;结构调整会使农民、小生产者和土地所有者地位下降;现代化会导致利益结构的调整,一些群体过去存在的相对地位如果持续地处于动荡中,便孕育着冲突;等等。因此,所有的推进现代化的国家都会面临着防止和克服现代化的摩擦和冲突的任务。马克思当年所揭示的资本主义积累的规律,即一极是财富的积累,一极是贫困的积累。这也可以说是资本主义现代化的规律。基于这些,库兹涅茨又指出:"既然为了现代经济增长不得不把由于经济和社会结构的迅速变化而不断产生的冲突在萌芽状态中加以解决,那么,现代的经济增长便可以说是有控制的革命过程。"①

接受现代化先行国家的教训。中国推进的社会主义现代化一开始就要明确以人民为中心的定位。必须坚持以人民为中心的发展思想,不断促进人的全面发展、全体人民共同富裕。1987 年邓小平同志在部署我国现代化发展战略时所明确的我国基本实现现代化标准,不仅要求人均 GDP 达到中等发达国家水平,还要求人民生活比较富裕。针对进入新时代后,人民对美好生活的需要,习近平总书记在党的十九大报告中提出,在第一个十五年基本实现现代化时,人民生活更为宽裕,第二个十五年全面实现现代化时,我国人民将享有更加幸福安康的生活。

共同富裕本来就是社会主义的本质要求,理应成为中国特色社会主义现代化的主要特征。现在转向社会主义现代化阶段,就要明确由允许

① 库兹涅茨:《现代经济增长》,载《比较现代化》,上海译文出版社 1996 年版,第 280 页。

少数人先富起来转向让大多数人富起来的要求。这就有个平均数和大多数的概念，大多数人的收入水平达到平均数水平，就可以避免平均数掩盖的社会差距。其内涵是普遍提高低收入群体的收入水平，扩大中等收入群体的比重，逐步使其达到大多数。在这方面党的十九大的安排是，基本实现现代化阶段，城乡区域发展差距和居民生活水平差距显著缩小，而到全面实现现代化阶段，全体人民共同富裕基本实现。显然，社会主义现代化是共同富裕逐步实现的过程。

二、人的现代化

人的现代化也就是马克思说的人的全面发展，人是现代化的主体，现代化最终是由人来推动的；如果人的素质没有达到现代水平，也就不可能有现代化。

人的现代化对经济现代化具有决定性意义。首先是人的观念与现代技术的关系。现代技术不是得到和使用一种工具问题而是跟随现代思想而出现。其次是人的道德素质与现代文明的关系。市场经济以追求个人利益为基础，但不意味着所有的社会利益和社会责任都是在人们追求自身利益中达到的。许多社会利益和社会责任应该成为人们主动追求的目标，这就与人们的道德素质和文明程度相关。遵守共同的道德准则、有共同的道德观和价值观这是现代人的基本素质。人的道德素质与人的受教育程度相关，正如发展经济学家森德鲁姆所说："现代经济行为的扩散和人吸收现代技术的能力，并以教育、社会和制度为基础。根据这个观点，一个社会，它的成员的教育程度较高，它提供的基础结构较大，它的经济制度较好，能鼓励现代技术的学习与运用，它才能认为是较发达的社会。"[①]显然，发展教育，提高全民族的文化水平，推动人的现代化是现代化的必要过程。正如马克思所设想的未来社会，不仅需要社会生产力的高度发展，存在可以自由支配的时间，用于创造科学、艺术等活动，也需要

① 森德鲁姆：《发展经济学：分析和政策的框架》，《经济发展思想史》，商务印书馆 1999 年版，第 201 页。

生产劳动同智育和体育相结合,造就全面发展的人,还需要发展支持人的全面发展的文化、教育和科学。因此,在经济发展的基础上充分重视社会发展,是中国特色的现代化的应有之义。人的现代化指的是人的身体素质、文化素质、道德素质达到现代化水平。这又决定作为生产者的人的现代化水平,决定人的全面发展。联合国开发计划署编制的人类发展指数,从健康长寿、良好教育、体面生活三大维度衡量经济社会发展水平。因此与推动人的现代化相关的部门如文化、教育、卫生、医疗等部门也提出了现代化要求。

三、赶超发达国家的现代化

现代化并不是新名词。在相当长时期一直是用来描述发达国家现代增长的历史进程的。后来的各种关于现代化的定义都是发展中国家以发达国家的现代化进程作为蓝本的。其所达到的现代化水平和走过的道路也成为发展中国家现代化的样板。因此,已有的现代化理论,指的是经济文化相对落后的发展中国家追赶先行现代化国家的过程,于是就有中等发达国家和高度发达国家作为基本实现现代化和全面实现现代化的追赶目标之说。现在需要进一步研究的是这个现代化定义是否适合我国进入新时代后的发展实际。这里有两个因素必须考虑:第一,当我国进入新时代时,社会生产能力并不像过去想象中的那么落后,如党的十九大报告所说,我国社会生产力水平总体上显著提高,社会生产能力在很多方面进入世界前列,尤其是在科技方面与发达国家不只是跟跑,进入了并跑和领跑的阶段。这意味着进入新时代的现代化虽然在一些领域还需要在发达国家之后跟跑和追赶,但立足点与其说是追赶,不如说是赶超。第二,中国新时代的现代化有社会主义的要求和优势。我国的现代化目标是建成富强民主文明和谐美丽的社会主义现代化强国,这个目标显然超越了发达资本主义国家的现代化水准。

基于赶超目标,新时代的现代化需要破除一个传统的现代化观念,即所谓的后发优势观念,依靠模仿、引进和采用先行国家创新的现代科学技术来推进现代化。实践证明,这种追赶模式的现代化虽然能跟上先行国家，而且在一段时间还是需要的，但不可能进入国际前沿，也谈不上现代化。新时代提出的现代化，虽然还需要有一个追赶的过程，但不能停留在追赶阶段，最终还是要依靠创新赶超发达国家。只有这样，才能真正实现在21世纪中叶建成社会主义现代化强国的目标。

四、生态文明时代的现代化

发达国家当年的现代化是在工业文明时代推进的，我国新时代推进的是生态文明时代的现代化，需要走与生态文明时代相适应的现代化道路。就如党的十九大报告指出的：我们要建设的现代化是人与自然和谐共生的现代化，既要创造更多物质财富和精神财富以满足人民日益增长的美好生活需要，也要提供更多优质生态产品以满足人民日益增长的优美生态环境需要。这就提出创新现代化道路的要求：第一，现代化包含绿色化，现代化道路是绿色发展的道路；第二，现代化不能再靠物质资源投入推动，而要靠创新驱动。

西方发达国家当年推进现代化时，资源的供给相对宽松，当时地球上有很大一部分地区还处于传统农业社会，是其附属国或殖民地，先行国家可以无所顾忌、无障碍地高排放并掠夺国外资源来支持其粗放方式的工业化。发达国家走过的现代化历程，往往伴有现代病：两极分化、城市拥挤、农村凋敝、环境污染，等等。这种状况就是习近平总书记所说的，“人类社会在生产力落后、物质生活贫困的时期，由于对生态系统没有大的破坏，人类社会延续了几千年。而从工业文明开始到现在仅三百多年，人类社会巨大的生产力创造了少数发达国家的西方式现代化，但已威胁到人类的生存和地球生物的延续”①。

绿色发展是新时代社会主义现代化的鲜明特征。我们现在所进入的新时代是生态文明时代。生态文明时代现代化已经没有先行国家当时那种资源、环境。而且，长期的粗放型发展方式及过度开发所遗留的环境和生态破坏问题在全面小康阶段不可能完全解决，必须在推进现代化阶段

---

① 习近平：《之江新语》，浙江人民出版社2007年版，第119页。

从根本上加以解决。因此,我国新时代的现代化不能走西方国家所走过的浪费和掠夺资源的现代化道路,一开始就要防止和克服其现代化病,一开始就要有生态文明的目标。蓝天白云、青山绿水是老百姓能够切身感受到的现代化水平。生态财富同物质财富一样重要,我国不仅需要走低消耗、低排放的文明发展道路,还要创造更多的生态财富,这是社会主义现代化与西方国家现代化的根本区别。因此绿色发展的要求包含在"四化同步"的现代化中:新型工业化的"新"体现在发展绿色环保节能减排产业,农业现代化突出绿色兴农,城镇化突出绿色化集约化,信息化要求开发绿色技术。

与发达国家当年在工业文明时代主要依靠物质资源投入驱动的现代化不同,中国新时代的现代化不能依靠物质资源的投入,创新发展是现代化的第一动力,其核心是科技创新的驱动。

第三节　建设现代化经济体系

我国经济发展进入新时代,由全面小康社会建设转向现代化建设需要跨越三个关口,即转变发展方式、优化经济结构、转换增长动力。与此相应,需要根据新发展理念建设现代化经济体系。这是开启现代化建设新征程的关键性战略安排,也是为整个现代化建设进程奠定基础。

一、现代化经济体系的内容

根据习近平总书记2018年1月30日在主持中共中央政治局集体学习时的讲话①,建设现代化经济体系是一篇大文章,是一个重大理论命题。现代化经济体系是由社会经济活动各个环节、各个层面、各个领域的相互关系和内在联系构成的一个有机整体。现代化经济体系包括如下内容。

建设创新引领、协同发展的产业体系,实现实体经济、科技创新、现代

① 《习近平:深刻认识建设现代化经济体系重要性》,《人民日报》2018年1月31日。

金融、人力资源协同发展，使科技创新在实体经济发展中的贡献份额不断提高，现代金融服务实体经济的能力不断增强，人力资源支撑实体经济发展的作用不断优化。

建设统一开放、竞争有序的市场体系，实现市场准入畅通、市场开放有序、市场竞争充分、市场秩序规范，加快形成企业自主经营公平竞争、消费者自由选择自主消费、商品和要素自由流动平等交换的现代市场体系。

建设体现效率、促进公平的收入分配体系，实现收入分配合理、社会公平正义、全体人民共同富裕，推进基本公共服务均等化，逐步缩小收入分配差距。

建设彰显优势、协调联动的城乡区域发展体系，实现区域良性互动、城乡融合发展、陆海统筹整体优化，培育和发挥区域比较优势，加强区域优势互补，塑造区域协调发展新格局。

建设资源节约、环境友好的绿色发展体系，实现绿色循环低碳发展、人与自然和谐共生，牢固树立和践行绿水青山就是金山银山理念，形成人与自然和谐发展的现代化建设新格局。

建设多元平衡、安全高效的全面开放体系，发展更高层次开放型经济，推动开放朝着优化结构、拓展深度、提高效益的方向转变。

建设充分发挥市场作用、更好发挥政府作用的经济体制，实现市场机制有效、微观主体有活力、宏观调控有度。

以上几个体系是统一整体，要一体建设、一体推进。我们建设的现代化经济体系，不仅要借鉴发达国家的有益做法，更要符合中国国情、具有中国特色。建设现代化经济体系关键在于建设。

二、新时代“四化同步”的现代化

根据新发展理念推动的新型工业化、信息化、城镇化、农业现代化同步发展是中国特色的社会主义现代化道路。

第一，提升新型工业化的现代水准。传统意义的工业化和城市化任务在全面小康社会建设阶段实际上基本完成了。据国家统计局数据，GDP 中的农业增加值比重，2010 年降到 10.1%，2016 年降到 8.6%。制造业增加值比重 2010 年为 46.67%,2016 年为 39.8%。这意味着传统意义上的降低农业比重的工业化任务基本上已经完成。在此背景下,工业化不是指工业比重继续增大的问题,而是服务业尤其是现代服务业比重需要进一步提高。许多发达国家的服务业比重都已经达到 70%左右。根据党的十九大报告,工业现代化的标准是加快发展先进制造业。具体要求是推动互联网、大数据、人工智能和实体经济深度融合,在中高端消费、创新引领、绿色低碳、共享经济、现代供应链、人力资本服务等领域培育新增长点、形成新动能。支持传统产业优化升级,促进我国产业迈向全球价值链中高端,培育若干世界级先进制造业集群。

第二,城镇化进入新阶段。中国已有的城镇化基本上属于人口城镇化和地域城镇化。农业转移人口进入城镇的城镇化率,2011 年达到 51.27%,2016 年达到 57.35%。仅党的十八大到十九大期间就有 8000 多万农业人口转为城镇居民,这意味着转移农业人口意义上的城镇化也已基本到位。进入新时代后,虽然在提高城镇转移人口的城镇化率方面还有空间,但城镇化有了新内容:一是市民化意义上的城镇化。也就是使进入城镇的转移人口享受平等的市民权利,进一步要求留在农村的农民享受市民权利。二是城镇城市化。现代化对处于广大农村的城镇提出城镇城市化的功能,增强其产业发展、公共服务、吸纳就业、人口集聚的城市功能,既可用于疏解大中城市产业和人口,又服务于乡村振兴战略,成为推进农业现代化的现代要素的集散地。因此,现在讲的城镇化,不是农业人口向城市转移意义上的城市化,而是反过来,推动城市发展的势头和要素"化"到农村城镇,实现城市和城镇的深度融合发展。

第三,信息化进入国际前沿。信息化就是当今的科技现代化,科技革命和产业革命是结合在一起的。现有的实现现代化的发达国家都是抓住最新科技和产业革命的机会一跃跨入现代化国家的行列的。英国抓住第一次工业革命实现了现代化;欧美几个发达国家抓住以电气化为代表的第二次工业革命实现了现代化。我国过去落后的原因在于几次推动现代化浪潮的科技和产业革命都与中国擦肩而过。现在以信息化为代表的产业革命还没有结束,新科技和产业不断涌现。信息网络技术和服务正在成为经济发展的主要推动力，也正在使各个产业的技术基础发生革命性变化。正如里夫金所描述的，20 世纪 90 年代和 21 世纪的前 10 年，信息与通信技术革命和第二次工业革命完成了整合。互联网信息技术与可再生能源的出现让我们迎来了第三次工业革命。[①] 现在我国所面临的现代化关口就在于不能与正在兴起的新科技和产业革命失之交臂，尤其是要掌握信息化最前沿的科技。根据 G20 杭州峰会通过的《二十国集团创新增长蓝图》，当今世界前沿的信息化有两个方向：一是针对制造业的信息化，工业革命为推动中长期经济增长提供了新机遇。物联网、大数据、云计算、人工智能、机器人、增材制造、新材料、增强现实、纳米技术和生物技术等很多新兴技术取得重大进展。二是针对服务业的信息化，在互联网经济时代，数字经济是指以信息和知识的数字化为关键生产要素，以现代信息网络为重要载体，以有效利用信息通信技术为提升效率和优化经济结构重要动力的广泛经济活动。[②]

第四，农业实现现代化。我国在数亿劳动力转移出去后农业产量仍显著增加，解决了接近 14 亿人口的吃饭问题，说明农业生产率得到了提高；但是相比其他领域农业仍然是弱势产业。根据木桶原理，现代化进程是由短板决定的。在历史进程中，农业为工业化作出了巨大贡献的同时，也为之付出了代价。相比工业化、信息化、城镇化，我国的农业现代化仍然是“四化同步”的短板。正如习近平总书记所指出的：即使将来城镇化达到 70%以上，还有四五亿人在农村，农村绝不能成为荒芜的农村、留守的农村、记忆中的故园，城镇化要发展，农业现代化和新农村建设也要发展，同步发展才能相得益彰。[③] 基于农业在国民经济中的基础地位，以及补现代化短板的要求，党的十九大提出乡村振兴战略。目标是直接以农业、农民和农村为现代化对象，推进农业现代化、农村现代化、农民现代化。

---

① ［美］杰里米·里夫金：《第三次工业革命》，张体伟、孙豫宁译，中信出版社 2012 年版，第 15、31 页。

② 《二十国集团创新增长蓝图》，《人民日报》2016 年 9 月 6 日。

③ 《习近平：农村绝不能成为荒芜的农村》，《人民日报》2013 年 7 月 22 日。

新时代的农业现代化需要从根本上克服农业的弱势状态，改变农村的落后面貌。党的十九大召开以后不久的中央农村工作会议上，规划了两个十五年的农业现代化目标：到2035年，乡村振兴取得决定性进展，农业农村现代化基本实现；到2050年，乡村全面振兴，农业强、农村美、农民富全面实现。按此目标，农业发展就要由增产导向转向提质导向，由农产品“数量剩余”范式转向“品质和附加值”范式。一是构建与居民消费快速升级相适应的高质高效的现代化农业产业体系，以实现农业强；二是提高农业附加值和农业全要素生产率，以实现农民富；三是发展绿色农业、生态农业，以实现农村美。补齐农业现代化短板关键在增强农业的内生发展能力。其路径：一是制度投入，尤其需要通过农村土地制度、经营制度改革来增强农业自身的内生活力；二是人力资本投入，解决谁来种田问题。靠现有的留在农村的老人、妇女、儿童不可能实现农业现代化，需要如习近平总书记要求的，加强农业科技人才队伍建设，培养新型职业农民，实现农民现代化；三是农业基础设施建设的投入，农业基础设施的现代化是农业现代化的基础，必须先行。

所谓新型工业化、信息化、城镇化和农业现代化的同步发展，不是指“四化”齐步走，而是有先有后；但这“四化”不是孤立推进的，而是相互融合、相互促进的。因此，“四化”的同步发展体现协调和共享的要求，主要涉及以下两个方面。

首先，同步发展是补齐短板实现协调发展。应该说，改革开放以来，我国的工业化、城市化和“三农”发展也是相互促进的。一方面，农业劳动生产率的提高导致剩余农业劳动力进入城镇，发展非农产业，支持了城镇化和工业化。另一方面以工业化解决农业问题，以城镇化解决农村问题，以转移农业剩余劳动力来解决农民问题，对“三农”发展也起到了明显的带动作用。但靠在“三农”以外发展来带动“三农”不能从根本上改变农业和农村的落后状态。与农业弱势相一致，无论是基础设施，还是教育、文化和医疗设施，广大而又分散的农村都处于落后状态，农民在农村享受不到城市人享受的现代生活方式和文明。实施乡村振兴战略从根本上克服农业的弱势状态，改变农村的落后面貌，就是直接以农业、农民和农村为现代化对象。

增强农业内生发展的能力需要得到其他领域现代化要素的支持,这是"四化同步"的真谛。就是说,现代化水平更高的其他领域要担负起支持农业现代化的任务,体现"四化"的融合和互动。具体地说,农业现代化需要信息化提供改造传统农业的科技,新型工业化提供改造传统农业的机械和生物技术。农村现代化要求城镇化提供现代化的生活和居住环境。这些都要求工业和城镇反哺农业和农村。党的十九大报告提出的乡村振兴战略就要求建立健全城乡融合发展体制机制和政策体系。其中包括以工促农、以城带乡、工农互惠、城乡一体的新型工农、城乡关系,推动基本公共服务城乡均等化。因此,补农业现代化的短板就是共享自身和其他领域现代化的成果的过程。

其次,同步发展是各个领域现代化的深度融合。新型工业化、信息化、城镇化和农业现代化均是实体经济领域的现代化。党的十九大报告要求互联网、大数据和人工智能同实体经济深度融合,实际上就是要求信息化同其他领域的现代化深度融合。就新型工业化来说,只有同信息化融合才能体现"新"。我国新时代推动的现代化不能把工业化和信息化两者截然分开。信息化是工业化的更高阶段,工业化与信息化融合(在实践中称为"两化融合")带动工业化,就可以实现工业化的跨越式发展。第一,移动互联网的广泛应用,"互联网+"平台不仅创新了新产业,而且使许多传统产业部门一跃进入现代产业体系。第二,信息和大数据成为最关键的战略资源,将被转化为现代的智力工具。以人工智能为核心的新科技围绕工业产品研发设计、流程控制、企业管理、市场营销等环节对传统经济进行整合和改造,提升自动化、智能化和管理现代化水平。第三,依靠信息技术推动产业创新,推动高科技产业化。不仅要在现有产业中采用高科技,提高产业的高科技含量,更为重要的是直接发展一部分高科技产业,如微电子产业、信息产业、生物工程产业、新材料产业等等。

三、建设现代化国家创新体系

经济现代化的前提是科技现代化。实施创新驱动发展战略,是现代化经济体系的战略支撑,创新驱动的核心是科技创新。2013 年 7 月 17 日,习近平总书记在中国科学院考察工作时指出:“近代以来,西方国家之所以能称雄世界,一个重要原因就是掌握了高端科技。真正的核心技术是买不来的。正所谓‘国之利器,不可以示人。’只有拥有强大的科技创新能力,才能提高我国国际竞争力。”①

科学技术现代化有两个层次:一是科学技术本身的现代化,二是生产和服务领域掌握现代科学技术。这是现代化的基础和推动力。科学技术现代化还是要立足于自主创新。从现代化角度界定的科技进步,突出的是科学的应用,高科技的产业化。创新高科技和高科技产业化已经成为科学技术现代化不可分割的两个方面。中国正在实施的创新驱动发展战略就是以科技创新来驱动现代化。库兹涅茨在描述现代经济增长特征时特别关注科技创新:“知识和技术的创新是任何重大经济增长的前提。但是在现代的经济增长中,这种创新的频率显然快得多了,并且为速度更高的总体增长提供了基础。”②

对发展中国家来说,其现代化的一个必要途径是分享和利用国际最新科学技术。在创新的时代,发展中国家的现代化不是一般意义上的技术进步,更不是采用在发达国家已经过时的技术,不能停留在跟跑的阶段。现在我们已经同发达国家进入同一创新起跑线,这就是诺贝尔经济学奖得主库兹涅茨所指出的,科技和产业的“时代划分是以许多国家所共有的创造发明为依据的。这是现代经济增长的一条特殊真理”③。你研发新能源我也研发新能源,你研发人工智能我也研发人工智能。现在发达国家进入了以信息技术和智能化产业为代表的阶段,中国现在的经济发展就应直接瞄准国际最新技术,以信息化智能化带动工业化,实现跨越式发展。

① 《习近平关于科技创新论述摘编》,中央文献出版社 2016 年版,第 39—40 页。

② [美]西蒙·库兹涅茨:《现代经济增长》,《比较现代化》,上海译文出版社 1996 年版,第 281 页。

③ [美]西蒙·库兹涅茨:《现代经济增长》,北京经济学院出版社 1989 年版,第 250、251 页。

国家创新体系是知识创新和技术创新的结合。对两者的关系可以用马克思的科技生产力理论来说明。马克思所定义的作为生产力要素的"科学的发展水平和它在工艺上应用的程度"实际上包含了两个方面:一是科学的发现,也就是知识的创造;二是科学的应用。马克思把前者称为知识形态的生产力,后者称为直接的生产力,这就是他说的,"一般社会知识,已经在多么大的程度上变成了直接的生产力,从而社会生活过程的条件本身在多么大的程度上受到一般智力的控制并按照这种智力得到改造。它表明,社会生产力已经在多么大的程度上,不仅以知识的形式,而且作为社会实践的直接器官,作为实际生活过程的直接器官被生产出来"①。马克思在这里特别强调的科技的直接生产力作用是成为社会生产的"直接器官"。科技成为生产力关键在于科技的应用。科学毕竟不是技术,在未与生产结合之前,它是以知识形态存在的一般生产力;科学只有转化为技术并应用于生产,才物化为直接的生产力。科学在资本主义产生以前就已存在,但在此之前并没有成为生产力的要素,只是在进入资本主义生产阶段后,"科学因素第一次被有意识地和广泛地加以发展、应用并体现在生活中,其规模是以往的时代根本想象不到的"②。为什么只是在进入资本主义生产方式阶段后,科学才成为生产力要素呢?在《资本论》手稿中指出:"只有资本主义生产方式才第一次使自然科学为直接的生产过程服务,同时,生产的发展反过来又为从理论上征服自然提供了手段。科学获得的使命是:成为生产财富的手段,成为致富的手段。"③这就是说,科学只有在被自觉的广泛应用时,才成为生产力要素。其表现是:"这种资本主义生产第一次在相当大的程度上为自然科学创造了进行研究、观察、实验的物质手段。由于自然科学被资本用做致富手段,从而科学本身也成为那些发展科学的人的致富手段,所以,搞科学的人为了探索科学的实际应用而互相竞争。另一方面,发明成了一种特殊的职业。因此,随着资本主义生产的扩展,科学因素第一次被有意识地和

① 《马克思恩格斯选集》第2卷,人民出版社2012年版,第785页。

② 《马克思恩格斯文集》第8卷,人民出版社2009年版,第359页。

③ 《马克思恩格斯文集》第8卷,人民出版社2009年版,第356—357页。

广泛地加以发展、应用并体现在生活中，其规模是以往的时代根本想象不到的。”①

马克思的上述分析实际上指出了科学成为生产力要素从而成为生产力的必要条件是科学被用于生产过程。科学不在生产中应用，束之高阁，就不是生产力。科学在生产中得到应用，连同科学一起成为生产力。我国现阶段实施创新驱动发展战略，不仅需要推进基础性科学研究，更要重视科学的应用，推动科技成果转化为直接的生产力。为此需要有足够的资本推向科学研究和科技成果的转化，包括基于科技创新成果的发明。

为了实现科技现代化，要求基础研究进入国际前沿，产生处于国际前沿的科学技术，这是在现代化进程中赶超发达国家的关键。正因为如此，党的十九大报告对基础研究极为重视，并提出了很高的要求：瞄准世界科技前沿，强化基础研究，实现前瞻性基础研究、引领性原创成果重大突破。加强应用基础研究，拓展实施国家重大科技项目，突出关键共性技术、前沿引领技术、现代工程技术、颠覆性技术创新，为建设科技强国、质量强国、航天强国、网络强国、交通强国、数字中国、智慧社会提供有力支撑。

科技创新更进一步就是推动基础研究成果的有效转化。如习近平总书记所要求的，“打通从科技强到产业强、经济强、国家强的通道”②，解决好从“科学”到“技术”转化，建立有利于出创新成果、有利于创新成果产业化的机制。创新驱动的现代化尤其要重视信息化的作用。信息化不仅体现在科技领域，还体现在产业领域。当今的信息化发展到人工智能、大数据、云计算、物联网等新科学技术不断涌现的阶段。驱动现代化的科技创新必须进入这些领域的前沿并达到引领水平。产业领域的信息化，不仅要求以计算机和互联网为代表的信息产业迅猛发展，还要求信息技术被高度应用，信息资源被高度共享，从而使得人的智能潜力以及社会物质资源潜力得到充分发挥。

现代化需要制度保证。现代化经济体系包括制度体系是题中应有之

① 《马克思恩格斯文集》第 8 卷，人民出版社 2009 年版，第 359 页。

② 中共中央文献研究室编：《习近平关于社会主义经济建设论述摘编》，中央文献出版社 2017 年版，第 136 页。

义。改革开放以来,我国已经建立了系统的支持发展的经济制度。其中包括社会主义初级阶段基本经济制度理论;社会主义初级阶段基本分配制度理论;社会主义市场经济体制;等等。党的十八大以来包括党的十九大报告对完善这些经济制度提出的新要求,实际上提出了建立现代化制度体系的方向,这些可以看作是推进现代化的基本的经济制度体系,也是进入新时代后需要继续坚持并不断完善的。任何国家的现代化都是在市场经济制度基础上实现的。中国新时代的现代化需要进一步完善社会主义市场经济体制,构建市场机制有效、微观主体有活力、宏观调控有度的经济体制,不断增强我国经济创新力和竞争力。

新时代的现代化除了上述经济方面的要求外,还涉及政治、社会、文化、国防等方面的要求,新时代的现代化需要各个方面全面推进,以建设现代化经济体系来为现代化建设打下坚实的基础。

思考题

1. 中国特色社会主义现代化有哪些特性?
2. 中国的现代化需要经过哪些阶段?每个阶段达到什么样的目标?
3. 如何理解“四化同步”的现代化?
4. 什么是现代化经济体系?如何建设现代化经济体系?

第十六章　经济发展方式的转变

中国特色社会主义进入新时代，我国经济也由高速增长阶段转向高质量发展阶段。如党的十九大报告所说，我国现阶段正处在转变发展方式、优化经济结构、转换增长动力的攻关期，建设现代化经济体系是跨越关口的迫切要求和我国发展的战略目标。转变发展方式是新时代经济转向高质量发展的必然要求。

第一节　经济发展方式的转变

经济发展的质量取决于经济发展方式。随着我国的经济发展进入新时代，经济发展由数量型转向质量型，经济发展方式也需要相应改变。在改革开放以来我国按照提高经济发展质量的思路，先后经历了从经济增长方式转变，到经济发展方式转变，再到创新经济发展方式的过程。

一、经济发展方式的理论溯源

1. 马克思对增长方式的区分

马克思在《资本论》中明确区分了扩大再生产的两种方式。一种区分是外延的扩大再生产和内涵的扩大再生产。“如果生产场所扩大了，就是在外延上扩大；如果生产资料效率提高了，就是在内涵上扩大。”①另一种区分是将农业中的耕作方法区分为粗放经营和集约化耕作两种：“那些新近开垦、以前从未耕种过、相对地说比较不肥沃的土地，在气候

① 《马克思恩格斯选集》第2卷，人民出版社2012年版，第352页。

条件不是特别坏的环境下，至少已在土壤表层积累了许多易溶解的植物养料，以致无须施用肥料，甚至只须粗放耕作，也能长期获得收成。”①而集约化耕作，“无非是指资本集中在同一块土地上，而不是分散在若干毗连的土地上的各国”②。概括起来，经济增长来源于两个方面：一方面是要素投入的增长，另一方面是要素使用效率的提高。若经济增长主要依靠要素投入的增长来推动，则可称之为粗放型经济增长方式，若经济增长主要依靠要素使用效率的提高，则可称之为集约型经济增长方式。资本更多地投在要素数量上，还是投在提高要素质量上所起的提高生产力的作用是不一样的。这反映增长方式的区别。提高劳动生产率的途径是“变革劳动过程的技术条件和社会条件，从而变革生产方式本身”③。

根据马克思的分析，经济发展方式还涉及协调发展的要求：一是各个部门的比例关系的协调。两大部类平衡理论要求部门之间在全面协调的基础上实现按比例发展。二是生产和消费的协调。《资本论》提出社会消费力概念与生产力相对应。在资本主义条件下，社会消费力“取决于以对抗性的分配关系为基础的消费力；这种分配关系，使社会上大多数人的消费缩小到只能在相当狭小的界限以内变动的最低限度。其次，这个消费力还受到追求积累的欲望，扩大资本和扩大剩余价值生产规模的欲望的限制”④。因此，“生产力越发展，它就越和消费关系的狭隘基础发生冲突”⑤。这些论述反过来就是要求社会主义条件下的经济发展目的是满足人民群众日益增长的物质和文化需要，既要从根本上改变对抗性分配制度，又要克服“为生产而生产”和片面追求高积累的发展理念。

马克思还预见到，随着社会的进步、经济的发展，“科学日益被自觉地应用于技术方面，土地日益被有计划地利用，劳动资料日益转化为只能共同使用的劳动资料，一切生产资料因作为结合的、社会的劳动的生产资

① 《马克思恩格斯文集》第7卷，人民出版社2009年版，第756页。
② 《马克思恩格斯文集》第7卷，人民出版社2009年版，第760页。
③ 《马克思恩格斯文集》第5卷，人民出版社2009年版，第366页。
④ 《马克思恩格斯文集》第7卷，人民出版社2009年版，第273页。
⑤ 《马克思恩格斯文集》第7卷，人民出版社2009年版，第273页。

料使用而日益节省”①。

2. 增长不等于发展

在通常的分析中,经济增长与经济发展似乎是相同的概念,人们也往往从经济增长的意义上理解和解释经济发展。在现实中,不计成本片面追求产值、速度就是增长与发展不分的表现。早在20世纪中后期发展经济学就针对发展中国家出现的单纯追求经济增长而出现“有增长而无发展”的状况,明确提出“增长不等于发展”的命题。

增长不等于发展,经济发展除了包括经济增长的内容外,还包括增长所依赖的产业结构、技术状况和体制的变革。增长和发展的区别在于经济增长着眼于短期,在短期内一个国家的GNP的增减受自然因素的影响很大,风调雨顺则可能增长,遇上自然灾害则可能减产。经济发展所关心的是长期持续增长。这就涉及产出能力的提高问题。诺贝尔经济学奖获得者西蒙·库兹涅茨曾经给现代经济增长下了一个比较完整的定义,他说,“一个国家的经济增长,可以定义为向它的人民供应品种日益增加的经济商品的能力的长期上升。这个增长中的能力,基于改进技术,以及它要求的制度和意识形态的调整”②。这个定义指出的三个组成部分不仅包括数量和规模的增长,还包括实现持续经济增长所依赖的技术的进步、制度的优化和意识形态的调整。

这样,经济发展除了包括更多的商品和劳务的产出外,还包括更为广泛的目标:一是经济增长所依赖的产业结构、技术结构和经济体制的优化。这是涉及经济长期增长能力的发展目标。二是摆脱贫困、公平分配、增加社会福利的目标。增长不能使人民得到最大限度的利益,这种增长是无意义的。三是经济增长的最小成本目标。经济增长不只是得益,也会付出代价,诸如资源投入、污染环境等。只有在资源得到充分而有效的利用、环境污染得到有效的控制、劳动者的闲暇时间增加的基础上实现的增长才是有价值的。

① 《马克思恩格斯文集》第5卷,人民出版社2009年版,第874页。

② [美]库兹涅茨:《诺贝尔经济学奖金获得者讲演集》,王宏昌、林少宫编译,中国社会科学出版社1986年版,第97页。

明确增长不等于发展,决不意味着不要增长。增长同发展的其他目标紧密相关。经济增长是促成经济发展的基本动力,是一切经济进步的首要物质条件,因而也为实现发展的其他目标提供物质基础,这也是经济发展的目标体系得以均衡的重要条件。但不等于说单纯的增长就能实现发展目标的均衡。我国在相当长的时期中,增长没有能够建立在产业结构、经济体制优化的基础上,尽管经济增长速度很高,但社会生产能力、增加产出的机能没有多大提高,因而经济增长的基础非常脆弱,速度稍微高一点便有大落的威胁,特别是加快增长速度时,忽视环境保护和生态平衡,使自然资源的供给条件遭到严重破坏,为谋求一定的速度付出了过高的代价。所有这些"有增长而无发展"或"无发展的增长"状况从反面提出了发展目标趋于均衡的必要性。

经济发展包含了质量的概念,在质和量的范畴中更注重经济的升级和优化,强调社会的全面进步,其重点不仅在于国民生产总值的增长,还要求经济结构的优化以及社会深层次的发展。经济发展既要关心经济的发展,又要关心人的发展。没有增长就谈不上发展,但是有经济增长却未必带来经济发展。联合国开发计划署(UNDP)在《人类发展报告》中讨论了五种"有增长而无发展"的情况,即无工作的增长、无声的增长、无情的增长、无根的增长、无未来的增长,都是无视人作为发展的目的。

二、经济发展的质量和发展方式的转变

增长和发展紧密相关。经济增长是促成经济发展的基本动力,是一切经济进步的首要的物质条件。从发展的角度提出增长是要突出经济长期的持续增长,是避开大起大落波动的长期增长。要实现经济的持续增长,必须实现增长方式的转变,由单纯依靠有形要素投入转到依靠技术进步、结构优化、体制优化和提高效益的轨道。

经济发展质量是指一定时期内一个国家或地区国民经济发展的优劣程度,即经济内部以及经济与社会之间的协调状态。提高经济发展质量是一项带有全局性和长期性的战略任务。任何单一指标都无法对经济发展质量作出全面、准确的评价,需要构建综合性的评价指标体系。

影响经济发展质量的主要因素有:经济增长、经济结构优化、技术进步、人力资本、资源配置状况、收入分配状况、城市的发展状况等。除此以外,研究经济发展质量,还需要考虑环境因素、制度因素、市场的开放性等。经济发展质量的评价指标不但包含经济增长的效率,还包含质的改变,即经济社会结构的优化、创新能力的提升、经济的可持续发展、国民经济的平稳运行、居民生活质量的提高。

依据经济发展质量的内涵,经济发展质量的评价维度可以包括经济效益、社会效益和生态效益三个方面,从这三个方面出发构建衡量经济发展的指标体系。(1)经济效益主要是经济发展的效率,即资源投入最小获得最大的产出,投入产出的效率达到最大。表现为经济增长的效率、经济结构的优化、创新能力的提升和国民经济的平稳运行等。(2)社会效益指的是居民生活质量的提高,不但包含居民收入和福利水平的提高,还包含劳动力就业水平的提高,城乡发展差距、区域发展差距和产业发展差距的缩小等。(3)生态效益,即环境效益,在经济发展过程中资源是否达到最大化利用,环境污染的程度是否达到最小化,经济发展不是以牺牲环境为代价的,而是改善环境,实现良性循环。经济发展的质量取决于经济发展方式。随着我国的经济发展由数量型向质量型转变,经济发展方式也需要相应改变。

合理的经济结构对于保证经济高质量发展具有重大的意义。习近平总书记指出:“增长、质量、效率从哪里来?只能从经济结构调整中来。经济结构调整,要做好加减乘除法。加法就是发现和培育新增长点,减法就是压缩落后产能、化解产能过剩,乘法就是全面推进科技、管理、市场、商业模式创新,除法就是扩大分子、缩小分母,提高劳动生产率和资本回报率,这是调结构这个四则运算的最终目标。”①因此,优化经济结构是转变经济发展方式必须面对和解决的问题。

1995 年党的十四届五中全会提出实现经济增长方式从粗放型向集

① 中共中央文献研究室编:《习近平关于全面建成小康社会论述摘编》,中央文献出版社 2016 年版,第 31 页。

约型转变的思想。提高经济发展质量建立在两个转变的基础上:一是经济体制的转变;二是经济增长方式的转变。2007 年党的十七大明确把转变经济增长方式改为转变经济发展方式,正式提出,“实现未来经济发展目标,关键要在加快转变经济发展方式、完善社会主义市场经济体制方面取得重大进展”①。党的十七大同时指出,要实现加快转变经济发展方式的目的,就必须在坚持走中国特色新型工业化道路和扩大国内需求特别是消费需求的方针的同时,促进经济增长实现“三个转变”,即由主要依靠投资、出口拉动向依靠消费、投资、出口协调拉动转变,由主要依靠第二产业带动向依靠第一、第二、第三产业协同带动转变,由主要依靠增加物质资源消耗向主要依靠科技进步、劳动者素质提高、管理创新转变。2012 年党的十八大提出,“以加快转变经济发展方式为主线,是关系我国发展全局的战略抉择”②。2013 年党的十八届三中全会进一步强调了加快经济发展方式转变,加快建设创新型国家,推动经济更有效率、更加公平、更可持续发展。

新时代经济发展方式转变呈现如下特点。

一是由高投入、高消耗、高污染、高排放、低效率的经济增长转向创新驱动型经济增长。传统的发展模式高度依赖物质资源投入,采用粗放型增长方式。新时代的发展方式是少投入、低消耗、低污染、高效率的集约型经济发展模式;发展动力不再单纯依靠消耗人力和物力资源,而是更加注重知识和技术的创新,提高产品的科技含量。创新要素包含了技术创新、管理创新、制度创新等多种要素,技术进步和管理创新等要素的作用越来越大。

二是主导产业由传统制造业转向战略性新兴产业。传统发展模式中重化工业比重过高,造成资源能源耗费高、环境污染严重;制造业产业低度化问题明显,在国际分工体系中主要处于生产和加工制造价值链的中

① 胡锦涛:《高举中国特色社会主义旗帜　为夺取全面建设小康社会新胜利而奋斗——在中国共产党第十七次全国代表大会上的报告》,人民出版社 2007 年版,第 21 页。

② 胡锦涛:《坚定不移沿着中国特色社会主义道路前进　为全面建成小康社会而奋斗——在中国共产党第十八次全国代表大会上的报告》,人民出版社 2012 年版,第 20 页。

低端环节,并未占据研发、设计、供应链管理、营销、品牌等价值链的关键环节或高端环节;缺乏自主品牌。制造业技术含量不高、人均增加值低、国际竞争力不强。进入新时代后,经济发展的内外部环境也在发生深刻变化,全球经济格局的深度调整也对我国产业结构的优化形成了倒逼机制。新时代下需要发展新兴产业,传统产业要采取现代最新技术,如"互联网+""智能化+"、绿色化等,进入中高端。

三是由资源高消耗、环境强污染和废弃物高排放转向绿色循环低碳型经济。传统的发展主要依靠增加生产要素的投入,即增加投资、扩大厂房、增加劳动投入来扩大生产规模,实现经济增长。新时代的发展是追求人与自然和谐共生基础上的绿色财富。习近平总书记指出:"绿水青山就是金山银山。"①这正是发展方式转变的方向。绿色循环低碳型经济是以低耗能、低排放、低污染为基础的经济模式。绿色循环低碳型经济包含了污染排放的低碳化和单位产出能耗的下降,低碳化要求在资源和能源消费结构中提高清洁能源的使用比例,清洁能源对资源的依赖度低,对生态环境的污染更小,同时也能够保证高水平的生产能力,这样就能够在实现经济增长的同时改善生态环境,提高自然资源利用的可持续性。

第二节　绿色发展和生态文明

习近平总书记在党的十九大报告中明确提出,"人与自然是生命共同体,人类必须尊重自然、顺应自然、保护自然。人类只有遵循自然规律才能有效防止在开发利用自然上走弯路,人类对大自然的伤害最终会伤及人类自身,这是无法抗拒的规律。"②因此,实现经济发展方式转变必须正确处理人与自然的关系,将人与自然和谐共生的理念贯穿于中国特色社会主义事业的全过程。经济发展只有建立在人与自然和谐共生的基础上,才能呈现出持续发展的状态。

① 《习近平谈治国理政》第二卷,外文出版社 2017 年版,第 209 页。

② 习近平:《决胜全面建成小康社会　夺取新时代中国特色社会主义伟大胜利——在中国共产党第十九次全国代表大会上的报告》,人民出版社 2017 年版,第 50 页。

一、人与自然和谐的思想渊源

深入研究政治经济学人与自然关系的相关思想，把握这一思想的深远意蕴，有助于我们正确认识资源环境问题的根源，把握经济发展方式转型的核心。

1. 马克思关于人和自然关系的论述

马克思认为，在财富创造中"人和自然，是携手并进的"①。人在劳动过程本身中"还要经常依靠自然力的帮助"，马克思从经济上将外界自然条件分为两大类：一类是生活资料的自然富源，例如土壤的肥力，渔产丰富的水等。另一类是劳动资料的自然富源，如奔腾的瀑布、可以航行的河流、森林、金属、煤炭等。这两类自然富源在不同的发展阶段上起着不同的决定性作用。"在文化初期，第一类自然富源具有决定性的意义；在较高的发展阶段，第二类自然富源具有决定性的意义。"②自然资源对增进财富作用，"不是土壤的绝对肥力，而是它的差异性和它的自然产品的多样性，形成社会分工的自然基础，并且通过人所处的自然环境的变化，促使他们自己的需要、能力、劳动资料和劳动方式趋于多样化。社会地控制自然力，从而节约地利用自然力，用人力兴建大规模的工程占有或驯服自然力，——这种必要性在产业史上起着最有决定性的作用"③。马克思在这里实际上指出人和自然关系的两个方面规定：一是适应自然。二是控制自然。现在则要进入第三个阶段，即人与自然和谐共生。

马克思和恩格斯十分重视自然力的作用，认为各种"自然条件"属于天然的自然力，在《哥达纲领批判》中对此进一步地加以阐述，"劳动不是一切财富的源泉。自然界同劳动一样也是使用价值（而物质财富是由使用价值构成的）的源泉"④，"自然界"是"一切劳动资料和劳动对象的第

① 《马克思恩格斯文集》第5卷，人民出版社2009年版，第696页。
② 《马克思恩格斯选集》第2卷，人民出版社2012年版，第239页。
③ 《马克思恩格斯选集》第2卷，人民出版社2012年版，第240页。
④ 《马克思恩格斯选集》第2卷，人民出版社2012年版，第357页。

一源泉”[①]，“大工业把巨大的自然力和自然科学并入生产过程，必然大大提高劳动生产率”[②]。马克思和恩格斯揭示了在资本主义社会中的生态环境污染与破坏产生的原因在于资本主义经济制度。马克思指出：“资本主义生产使它汇集在各大中心的城市人口越来越占优势，这样一来，它一方面聚集着社会的历史动力，另一方面又破坏着人和土地之间的物质变换……资本主义生产通过破坏这种物质变换的纯粹自发形成的状况，同时强制地把这种物质变换作为调节社会生产的规律，并在一种同人的充分发展相适合的形式上系统地建立起来。”[③]针对当时的工业化造成自然界生态平衡的破坏和人与自然关系的恶化状况，恩格斯深刻指出：“我们不要过分陶醉于我们人类对自然界的胜利。对于每一次这样的胜利，自然界都对我们进行报复。”[④]如果人类不保持自身与自然的和谐统一，就会危及自身的生存发展。

2. 可持续发展理论

自1750年欧洲和北美工业革命以来，全球进入了大量消耗资源和使用化石燃料的时代，能源的消耗和燃烧产生了大量的二氧化碳以及其他污染物。大气中温室气体不断增加，全球气候的变暖不仅增加了自然灾害发生的频率，还使得粮食产量大幅下降，环境的重度污染更引发了人类众多的疾病，生态环境问题成为21世纪整个人类生存和发展面临的巨大危机。当代发生的这些危机，都是人类自己造成的。传统的西方工业文明的发展道路，是一种以摧毁人类的基本生存条件为代价获得经济增长的道路。正是在这种背景下，人们开始反思财富观和发展方式。

早在20世纪70年代初，罗马俱乐部关于人类困境的报告就发出了“增长的极限”的警告：如果在世界人口、工业化、污染、粮食生产和资源消耗方面以现在的趋势继续下去，这个行星上增长的极限有朝一日将在今后100年中发生。最可能的结果将是人口和工业生产力两方面有相当

---

① 马克思：《哥达纲领批判》，人民出版社2015年版，第8页。

② 《马克思恩格斯全集》第42卷，人民出版社2016年版，第397页。

③ 《马克思恩格斯全集》第42卷，人民出版社2016年版，第518—519页。

④ 《马克思恩格斯选集》第3卷，人民出版社2012年版，第998页。

突然和不可控制的衰退。虽然罗马俱乐部认为经济增长的极限无法突破,经济发展应该停止的观点,不可能被人们接受。但对生态的破坏的警告迫使人类开始反思经济增长的代价,从而寻求新的发展方式。

1972 年在斯德哥尔摩举行的联合国人类环境研讨会上正式讨论可持续发展问题。1987 年以挪威前首相布伦特兰夫人任主席的“世界环境与发展委员会”向联合国大会提交了研究报告《我们共同的未来》,报告提出了可持续发展的战略,报告把可持续发展定义为“持续发展是在满足当代人需要的同时,不损害人类后代满足其自身需要的能力”,标志着一种新发展观的诞生。这份文件 1987 年在联合国第 42 届大会通过。

现代可持续发展思想的提出源于人们对环境问题的逐步认识和热切关注。其产生的背景是人类赖以生存和发展的环境和资源遭到越来越严重的破坏,人类已不同程度地尝到了环境破坏的苦果——能源短缺、生态失衡、环境污染、公害加剧、贫富差距扩大等。可持续发展理论是在对传统工业化发展模式反思基础上建立起来的全新的发展观念,强调的是环境与经济的协调发展,追求的是人与自然的和谐。

二、绿色发展理念

习近平总书记指出:“人类社会在生产力落后、物质生活贫困的时期,由于对生态系统没有大的破坏,人类社会延续了几千年。而从工业文明开始到现在仅三百多年,人类社会巨大的生产力创造了少数发达国家的西方式现代化,但已威胁到人类的生存和地球生物的延续。”①工业革命开始至今只有三百多年的时间,却已经对自然资源的储量、人类的生存环境以及地球其他物种的生存和延续造成了巨大的伤害和威胁。在人类经济社会进程快速发展的背后却存在着难以弥补的损失,生态环境的破坏以及自然资源的短缺不仅会危及自身的生存发展,更会使得子孙后代无法满足生存发展的基本需要。

相对于工业文明,生态文明是人类文明发展的一个新的阶段,即工业

① 习近平:《之江新语》,浙江人民出版社 2017 年版,第 118 页。

文明之后的文明形态;生态文明是人类遵循人、自然、社会和谐发展这一客观规律而取得的物质与精神成果的总和;生态文明是以人与自然、人与人、人与社会和谐共生、良性循环、全面发展、持续繁荣为基本宗旨的社会形态。建设生态文明要求形成节约能源资源和保护生态环境的产业结构、增长方式、消费模式。

党的十八大从新的历史起点出发,作出“大力推进生态文明建设”的战略决策,全面阐释了生态文明建设的内容,提出“着力推进绿色发展、循环发展、低碳发展”①。根据绿色发展理念,党的十八届五中全会把生态文明建设写入国家五年规划。党的十九大报告将“加快生态文明体制改革,建设美丽中国”作为一个专题来论述,强调:“我们要建设的现代化是人与自然和谐共生的现代化,既要创造更多物质财富和精神财富以满足人民日益增长的美好生活需要,也要提供更多优质生态产品以满足人民日益增长的优美生态环境需要。”②

生态文明是不同于传统工业文明的新发展理念,是对传统发展观和经济发展方式的反思和否定。2018 年 3 月召开的第十三届全国人民代表大会第一次会议已将“生态文明建设”纳入宪法,标志着生态文明建设是中国特色社会主义事业的重要内容,关系人民福祉,关乎民族未来。习近平总书记强调指出:“生态文明建设功在当代、利在千秋。我们要牢固树立社会主义生态文明观,推动形成人与自然和谐发展现代化建设新格局,为保护生态环境作出我们这代人的努力!”③

以生态文明看待发展问题,才能够纠正以往工业文明下工业大生产造成的资源浪费、环境污染和居民消费观念落后的状态,保证经济发展方式转变保持正确方向。经济发展方式转变包含了生态文明建设。首先,生态文明建设强调主体功能定位,优化国土空间开发格局,构建平衡适宜

① 胡锦涛:《坚定不移沿着中国特色社会主义道路前进 为全面建成小康社会而奋斗——在中国共产党第十八次全国代表大会上的报告》,人民出版社 2012 年版,第 39 页。

② 习近平:《决胜全面建成小康社会 夺取新时代中国特色社会主义伟大胜利——在中国共产党第十九次全国代表大会上的报告》,人民出版社 2017 年版,第 50 页。

③ 习近平:《决胜全面建成小康社会 夺取新时代中国特色社会主义伟大胜利——在中国共产党第十九次全国代表大会上的报告》,人民出版社 2017 年版,第 52 页。

的城乡建设空间体系,加大生态系统保护力度,这是经济发展方式转型的基础。其次,生态文明重视技术创新和结构调整,通过改变经济发展中的产业结构、要素投入机制等方式提高传统发展模式产出效率,这是经济发展方式转变要实现的重点领域。再次,生态文明建设为经济发展方式转变的成果提供了良好的评价机制和制度保障。对技术进步和技术创新的评价应该以生态经济等新经济形式的标准来衡量,综合考虑经济产出、资源消耗、污染排放三个方面,以综合指标评价经济发展方式转变的效果。最后,生态文明建设要求建立系统完整的生态文明制度体系,改革生态环境监管体制,引导、规范和约束各类开发、利用、保护自然资源的行为,这为经济发展方式转变提供了制度保障。

绿色发展注重生态环境和自然资源的保护,提倡节约资源,能够为经济可持续发展和发展方式转变提供良好的生态环境和资源基础;绿色发展意味着对高污染、高消耗发展方式的否定,是实现生态文明、建设美丽中国的核心内涵。生态文明建设是经济发展方式转变的重要目标和核心内容,党的十九大报告强调要推进绿色发展,绿色发展理念是对马克思主义政治经济学生产力理论的重大创新,绿色发展就是保护和发展生产力。

三、绿色发展就是保护和发展生产力

保护生态环境就是保护生产力、改善生态环境就是发展生产力。绿色发展就是保护和发展生产力的实现。

坚持绿色发展是发展观的一场深刻革命。要从转变经济发展方式、环境污染综合治理、自然生态保护修复、资源节约集约利用、完善生态文明制度体系等方面采取超常举措,全方位、全地域、全过程开展生态环境保护。绿色发展是生态文明建设的重要途径,它是以人与自然和谐共生为价值取向,实现经济发展和生态环境保护双赢,实现人类社会的可持续发展。

新时代下我国经济已由高速增长阶段转向高质量发展阶段,正处在转变发展方式、优化经济结构、转换增长动力的攻关期。绿色发展注重生态环境和自然资源的保护,提倡节约资源,能够为经济可持续发展和发展方式转变提供良好的生态环境和资源基础;绿色发展意味着对高污染、高消耗发展方式的否定,它是建设美丽中国的核心内涵。

一是牢固树立尊重自然、顺应自然、保护自然的绿色发展理念。改变对自然的掠夺,确立人与自然协调的伦理尺度,即按照生态伦理学的道德标准,使人类的活动限制在生态许可的承载能力范围内,以人与自然协调发展的新观念指导我们的发展实践,在发展中珍惜一切自然资源,既要满足人类需要,又要保护生物圈,积累绿色财富,构筑绿色文明的生产与生活方式,自觉调解人与自然的关系,实现人与自然的和谐发展。

二是大力发展绿色技术,通过技术创新驱动绿色发展。要构建市场导向的绿色技术创新体系。以市场为导向,企业为主体,充分激发创新主体的创新活力与潜力,生产绿色技术产品。所谓绿色技术一般是指能减少污染、降低消耗和改善生态的技术,与传统的技术创新相比,绿色技术具有这样几个特点:其一,由对非再生能源的开发为主转向可再生能源的开发与节约利用;其二,由对生产和消费的废弃物的治理转向在产品设计、原料选择、工艺改革、技术管理、生产过程内部控制等环节的清洁生产;其三,由“资源—产品—废弃物”的生产模式设计转向在生态学原理指导下的“资源—产品—再生资源”的物质能量闭路循环的生产模式的设计与开发;其四,由传统的非再生能源与化学、物理相结合的科技开发模式向可再生能源与生命科学、新材料技术、有益于环境的高新技术、电子信息技术相结合的科技开发模式转变。总之,新的技术创新就是将原先重在治理的技术转向新能源、新工艺、新流程的技术创新上来,大力开发和推广节约能源和资源及资源综合利用、回收利用的技术,发展循环经济。

三是发展绿色产业,建立健全绿色低碳循环发展的经济体系。第一,大力发展电子技术、生物、航空航天、新材料、海洋等战略性新兴产业,发展有市场潜力而又能节约资源与能源、可减少废弃物排放的产业,限制污染严重、资源浪费严重的产业发展,降低高能耗、高污染产业比例。推动传统产业绿色升级,对重点行业、重点企业、重点项目以及重点工艺流程进行技术改造,提高资源利用效率,降低污染物和温室气体排放,加快发展清洁生产。第二，引导现代农业向绿色农业发展。现代农业以高资本投入、低劳动投入和高单位面积产出为特征，为了提高单位产出，主要依靠人工对大自然的大规模干预。现代农业的发展也存在着投资大、能耗高、污染严重、破坏生态环境等弊端，绿色农业的发展要求农业在保持高产出的同时，遵循农业生态系统中自然规律，保持农业稳定、高产和可持续发展的能力。第三，大力发展包括节能环保产业、清洁生产产业、清洁能源产业在内的绿色产业，推进资源全面节约和循环利用，提高资源综合利用效率。第四，大力发展自然资源消耗和环境污染排放都相对较少的，特别是以知识资源和人力资本为基础的现代服务业，为满足人们精神需求的文化产业等。

四是倡导简约适度、绿色低碳的生活方式，促进人与自然和谐相处。追求生活水平的提高与生活质量的不断改善是刺激生产、交换、分配与消费的动力基础。人们也需要反思自己的生活方式，将人类生活对环境的破坏与污染减轻到最低限度，将人类的生活与生产都纳入生态环境系统中重新加以审视与调整。习近平总书记强调，“倡导简约适度、绿色低碳的生活方式，反对奢侈浪费和不合理消费，开展创建节约型机关、绿色家庭、绿色学校、绿色社区和绿色出行等行动”①。动员社会力量消除与环境保护明显相违背的生活方式与行为习惯，将人们的消费欲望由单一的物质消费欲望，转向多元化的文化、艺术、知识等精神追求上来，在物质、精神、文化多元消费中实现质量更高的新生活。

五是完善制度体系，为绿色发展提供制度保障。习近平总书记也曾强调指出：“保护生态环境必须依靠制度、依靠法治。只有实行最严格的制度、最严密的法治，才能为生态文明建设提供可靠保障。”②他还说，“推动绿色发展，建设生态文明，重在建章立制，用最严格的制度、最严密的法治保护生态环境”③。从传统发展向绿色发展转型，其本质是一个制度替

① 习近平：《决胜全面建成小康社会　夺取新时代中国特色社会主义伟大胜利——在中国共产党第十九次全国代表大会上的报告》，人民出版社 2017 年版，第 51 页。

② 《习近平关于社会主义生态文明建设论述摘编》，中央文献出版社 2016 年版，第 168—169 页。

③ 《习近平谈治国理政》第二卷，外文出版社 2017 年版，第 396 页。

代、转换和创新的过程，新时代背景下必须通过创新制度供给，构建适应中国时代化本土化特征的全方位、全地域、全过程制度体系推进中国特色绿色发展。主要包括：完善政绩考核办法，健全政绩考核制度；建立领导干部任期生态文明建设责任制，完善节能减排目标责任考核及问责制度；科学界定生态保护者与受益者权利义务，健全生态保护补偿制度；健全自然资源资产产权制度和用途管制制度；完善环境治理和生态修复制度；构建国土空间开发保护制度；改革生态环境监管体制，完善生态环境管理制度。

第三节　从要素驱动转向创新驱动

党的十八大以来，习近平总书记把创新摆在国家发展全局的核心位置，高度重视科技创新，围绕实施创新驱动发展战略、加快推进以科技创新为核心的全面创新，提出一系列新思想、新论断、新要求。习近平总书记指出："从全球范围看，科学技术越来越成为推动经济社会发展的主要力量，创新驱动是大势所趋。"①

一、经济发展的要素约束要求转换发展动力

依靠资源高消耗和资本的高投入，中国经济曾经保持了持续高速增长的趋势。我国经济发展进入新时代后，资源的日益稀缺和匮乏使创新在经济发展中的作用越来越重要，资源的有限性使得依靠要素驱动的发展模式面临困境。经济发展必须从要素驱动转向创新驱动，走具有中国特色的自主创新道路，充分发挥创新活动对经济发展的促进作用，培育经济发展新动能，激发经济发展的活力，有效地实现经济发展方式转变。

一是严峻的资源约束。一方面，我国自然资源的人均占有量大都低于世界平均水平：人均土地面积为世界平均水平的 1/3，水资源为 1/4，森

① 中共中央宣传部编：《习近平总书记系列重要讲话读本》，人民出版社、学习出版社 2014 年版，第 65 页。

林面积为1/5,草地资源为1/3。据世界各国能源矿产资源储量估算,我国能源矿产探明可比储量(不包括铀)约占世界总量的11%,位居第三,但人均拥有量仅为世界平均水平的51%。煤炭、石油、天然气的人均占有量分别为世界人均水平的66.7%、16.6%和6.7%。另一方面,随着经济的快速发展,我国对自然资源的需求日益增长。我国是能源生产大国,但在能源生产和利用上,因科学技术水平低、能源利用率低等,能源供需矛盾一直很突出;加之我国能源结构是建立在不可再生的化石燃料基础上,对新能源和可再生能源开发利用都很不够,主要矿产资源短缺的态势更加明显。目前我国已成为全球第一大石油净进口国,且中国石油对外依存度快速上升,2017年已达67.4%。与此同时,我国粗放型经济发展方式仍普遍存在,据统计,我国钢材消耗、水泥消耗、煤炭消耗均占到了世界总消耗的一半,按汇率计算的单位GDP能耗约为世界平均水平的2.3倍、日本的4.9倍和欧盟的4.3倍。在我国区域经济发展过程中,一些资源丰富的地区,由于产业结构的低级化和单一化,丰富的自然资源并没有形成经济发展的比较优势,反而成为制约因素使得经济发展陷入"资源诅咒"的怪圈。总之,伴随经济发展以及人均资源消费量的不断增长,人均资源占有量进一步下滑,后备资源愈显不足,我国资源相对短缺与资源需求的不断增加之间的矛盾愈显突出和尖锐,成为我国经济、社会可持续发展的严重障碍。

二是严峻的生态环境约束。我国的生态环境问题主要集中在两个方面,即环境污染和生态环境破坏。中国目前已是第一大污染物和碳排放国,据国家环保部2017年6月发布《2016中国环境状况公报》显示,大气污染仍然比较严重,2016年,全国338个地级及以上城市中,城市环境空气质量达标数占比只有24.9%;水质情况也不容乐观,对全国地表水监测结果显示,四类以下水质占到32.3%;而全国地下水水质达到较差或极差级别的监测点比例达到60.1%。由于滥用农药,过量使用化肥和塑料薄膜,造成农业污染严重,有资料显示,我国耕地单位面积的平均农药使用量是世界平均水平的2.5—5.0倍。同时,随着我国城市化进程的加快,城市垃圾的产生量和清运量也大幅度增加,全国城市垃圾年总产量已超过2亿吨,城市垃圾的填埋和处理,不仅占据了大量土地,而且还造成了严重的环境污染。除了环境污染,我国的生态环境问题还体现为水土流失、土地退化以及生物多样性减少等生态破坏问题。我国现有水土流失面积达356万平方公里,占到国土面积的37.1%,是世界上水土流失情况最为严重的国家之一。据中国国土资源部发布的数据显示,我国土地盐碱化、沙化面积达20.25亿亩,土地退化加剧了土地供需矛盾,这一问题已成为我国最突出的生态环境问题。由于森林砍伐和植被破坏,许多野生动植物的栖息和生长环境遭到破坏,使许多动植物减少,一些珍稀物种加速灭绝,使得我国生物多样性面临威胁。

三是支持经济高增长的"人口红利"正在消失,劳动力成本开始上升。以家庭联产承包责任制为核心的农村经济体制改革在推动农村经济巨大发展的同时也释放出了大量的农村剩余劳动力。由于劳动力无限供给,带来了可观的"人口红利",劳动力低成本优势支持了经济高速增长。但是,劳动力无限供给状况即将终结:首先,我国劳动年龄人口自2012年开始第一次出现绝对下降,当年16—59岁劳动年龄人口比上年减少345万人,之后逐年减少,从2013年至2016年分别减少244万人、371万人、487万人、349万人,至2017年更减少548万人;其次,伴随而来的是中国的快速老龄化,赡养负担不断加重。中国自2000年进入老龄化社会,2017年60周岁及以上人口占总人口的比例已达17.3%,其中65周岁及以上人口占总人口的11.4%。[①] 据联合国相关人口研究:中国人口老龄化速度明显快于世界平均水平,世界65岁及以上人口比重从14%升至21%需要50年,而中国只需11年左右。到21世纪中期,中国将有近5亿人口超过60岁,这个数字将超过美国人口总数。中国人口中将有1/3达到60岁或者更大,与之相比,美国是26%。[②]

二、创新成为引领发展的第一动力

我国过去的经济增长主要依靠物质资源的投入,现在物质资源供给

① 据国家统计局历年公布数据整理。

② 联合国经济和社会事务部人口司:《世界人口展望(2012年版)》。

不足成为经济增长的瓶颈。在此背景下，经济发展需要由要素和投资驱动转向创新驱动，创新驱动就成为转变经济发展方式的新常态。驱动经济发展的创新有多方面，其中科技创新是核心。中国新时代的现代化搭上新科技和产业革命的快车就可能在现代化上实现跨越。因此，中国的新时代经济发展的动力就在创新驱动，也就是以科技创新来驱动现代化。正因为如此，党的十九大明确提出创新是引领发展的第一动力，是建设现代化经济体系的战略支撑。

1. 创新驱动经济发展

随着中国特色社会主义进入新时代，中华民族迎来了从站起来、富起来到强起来的伟大飞跃，中国经济实力进一步增强。国内生产总值已增长到80万亿元，稳居世界第二，对世界经济增长贡献率超过了30%。党的十八大以来，中国大力实施创新驱动发展战略，我国科技总体水平显著提升，科技创新对经济增长的贡献日益增加，对经济社会发展的支撑和引领作用不断增强，在一些领域与技术领先国家相比，技术差距正在逐步缩小。我国已经具备了实施要素驱动向创新驱动转变的物质储备和客观条件。另一方面，总体而言，我国产业结构仍处于中低端，转型升级的能力弱，缺乏国际竞争力，许多中国制造的产品处于价值链的低端，高产值低收益问题突出。所以依靠创新驱动实现产业结构的优化升级，依靠原创性自主创新技术提升中国产品的价值链，将中国制造转变为中国创造是新时代经济发展的必然选择。

创新驱动的核心是科技创新，从世界范围来看，新一轮的科技革命和产业革命正在兴起，全球技术竞争日趋激烈。以信息技术、生物技术、人工智能、新材料、制造业数字化等为代表的新技术革命正在对人们的生产方式、生活方式产生深远影响，意味着全球范围的经济转型正在到来。历史上每一次新技术革命，都催生出新的产业革命并伴随着相当数量和比例新产业的兴起，而目前正在发生的新技术革命催生的新经济，无疑会促进产业分工发生颠覆性变化，各国新兴产业将不断成长为新的主导部门，再工业化与工业4.0席卷全球。基于技术知识的正外部性、递增的规模报酬以及网络经济的发展，全要素生产率迅速提高，新经济对传统生产要素的依赖大大降低，只要达到一定规模，就会产生正反馈的良性循环；技术和规模经济引起的价格下降和质量提高促进生产力发展；节约下来的资源可以更多投入到对自然生态系统的维持和修复中去；对企业来说，新技术革命及信息技术推动了知识的扩散，降低了企业经营的不确定性，极大提高了生产力。全球经济格局的深度调整也对我国经济结构优化升级形成了倒逼机制。如果我们仍囿于模仿、引进和采用先行国家的创新技术，继续采用追赶模式的现代化，虽然能跟上先行国家，但不可能进入国际前沿，也谈不上赶超发达国家。

2. 增强自主创新能力

党的十九大报告强调指出："世界每时每刻都在发生变化，中国也每时每刻都在发生变化，我们必须在理论上跟上时代，不断认识规律，不断推进理论创新、实践创新、制度创新、文化创新以及其他各方面创新。"① 因此，我们必须抓住机遇，利用巨大的国内市场空间、较强产业专业化能力以及强大的科技人才储备，进一步突破关键领域的技术，增强自主创新能力，推动产业结构优化升级，以"后发优势"实现跨越式的发展。这就需要依靠创新驱动，通过创新驱动实现我国产业结构的优化升级和经济绿色发展，进一步提高生产过程的附加值水平，促进我国产业迈向全球价值链中高端。

一是加大创新投入。要加大对科技创新的投入，创新型国家的研发费用一般要占 GDP 的 2%以上，对科技创新企业来说一般要达到 6%以上。要加强国家创新体系建设，加强对中小企业创新的支持，加大对孵化和研发环节的投入，促进科技成果转化，引导资源向创新领域流动和集聚。加大对人力资本的投资，包括提高劳动者素质，但更为重要的是集聚高端创新创业人才。人才是创新的基本要素，坚定实施科教兴国战略、人才强国战略，加快建立创新型国家。

二是加强对中小企业创新的支持，促进科技成果转化。作为一项经

① 习近平：《决胜全面建成小康社会　夺取新时代中国特色社会主义伟大胜利——在中国共产党第十九次全国代表大会上的报告》，人民出版社 2017 年版，第 26 页。

济活动，技术创新要求研发主体能够敏锐地把握市场机会，以便开发出具有商业价值的新技术和新产品；具备足够的抗风险能力，从而能够承受创新失败的损失。基于这样的特点，企业是创新主体的最佳选择。要积极研究和借鉴发达国家支持中小企业技术进步的经验，进一步放开中小企业发展面临的各种限制，加强对中小企业发展扶持的力度，培养一批充满生机活力，能够适应市场快速变革的中小企业，培育创新主体；要明确企业、科研院所、高校、社会组织等各类主体功能定位，通过市场来驱动创新行为，实现产学研深度融合。

三是进行制度创新。新时代下实现从要素驱动转向创新驱动必须创新制度供给，为技术创新提供良好的创新环境。推动投入制度创新，既要有市场创新，又要有政府创新。市场创新主要是发展科技金融，推动科技创新与金融创新的深度结合，促进金融资本开展以科技创新成果孵化为新技术、创新科技企业为内容的金融活动。政府创新主要是政府提供创新投入，政府必须提供自主创新的引导性和公益性投资以及优先采购自主创新的产品和服务等。

三、转向创新驱动的路径

1. 重视并引导基础研究

基础研究的目的是发现自然的新现象，找到物质世界的运行规律，从而产生理论上的创新。只有在基础研究方面拥有坚实基础，国家的自主创新能力才能得到提升，所以基础研究是科技创新的重要源泉，是我国实施创新驱动战略的源头支撑与关键环节。党的十九大报告指出："要瞄准世界科技前沿，强化基础研究，实现前瞻性基础研究、引领性原创成果重大突破。"[①]实施创新驱动源头要靠基础研究，但是基础研究往往并不能产生直接经济效益，具有公共品特征，所以国家必须加大力度支持基础研究，鼓励科研院所开展基础研究，瞄准世界科技前沿出世界一流的成

① 习近平：《决胜全面建成小康社会 夺取新时代中国特色社会主义伟大胜利——在中国共产党第十九次全国代表大会上的报告》，人民出版社 2017 年版，第 31 页。

果，围绕国家重大发展目标为产业创新提供原创性、颠覆性核心技术。

2. 构建以企业为主体、市场为导向、产学研深度融合的技术创新体系

创新驱动的根本在自主创新，要实现从技术引进与使用、技术模仿与跟进向自主创新阶段转变，尤其是实现技术模仿与跟进向自主创新为主的转变。为此，要按照党的十九大报告的要求，构建以企业为主体、市场为导向、产学研深度融合的技术创新体系。构建大学与企业共建协同创新平台，既要求科技体制改革，推动科学家进入孵化新技术平台，又要求企业成为构建创新平台的主体。在产学研协同创新平台上，需要政府介入，协调产学研各方深度融合，实现互利共赢。

3. 鼓励融合科技创新的科技创业，推动高新技术产业化

党的十九大报告提出：要"支持传统产业优化升级，加快发展现代服务业，瞄准国际标准提高水平。促进我国产业迈向全球价值链中高端，培育若干世界级先进制造业集群"①。这些方面都要求科技创新成果实现产业化，其必要途径是科技创业。科技创业涉及参与产学研协同创新的企业将创新成果产业化，科技人员带着创新成果创业。一般说来，只有科技创业成功才能推动产业创新，实现高新技术产业化。将创新融合进科技创业意味着科技创业就是不断创新的过程，不仅要对创新成果进行适应市场的改良性创新，还要进行商业模式的创新。因此科技创业成功的关键是创业者成为科技企业家。科技企业家不仅具有一般企业家的精神和素质，还有科学家的素养和视野。其长期行为就在于不间断进行创新，不仅把创新成果推向市场，还要实现产业化，以充分实现创新成果的潜在价值。

4. 加强国家创新体系建设，更好发挥政府作用

首先，政府介入创新就是要进行包括网络信息通道在内的基础设施建设，产学研合作创新平台的硬件建设，对包括产学研在内的创新系统进

① 习近平：《决胜全面建成小康社会　夺取新时代中国特色社会主义伟大胜利——在中国共产党第十九次全国代表大会上的报告》，人民出版社 2017 年版，第 30—31 页。

行整体协调和集成，促进与技术创新活动相关的各个行为主体之间的联系与合作，实现要素有机组合，形成协同创新，使技术创新的社会收益最大化。其次，为高端创新创业人才提供宜居、宜研、宜产业化的环境。这里涉及其和创新创业人才的宜居环境建设等。最后，完善相关法律制度，特别是知识产权制度。以专利等知识产权保护制度不仅可以克服对创新成果免费搭车的行为，还可增强创新动力，要深入实施国家知识产权战略，为实施创新驱动发展战略提供法律支撑。

思考题

1. 试论经济发展方式转变的政治经济学理论依据。
2. 新时代经济发展方式转变具有哪些新特点？
3. 如何理解绿色发展就是保护和发展生产力？
4. 如何促进要素驱动转向创新驱动？

第十七章　协调发展的经济结构

进入新时代后，社会主要矛盾是人民日益增长的美好生活需要和不平衡不充分的发展之间的矛盾。经济结构的不平衡是其主要表现。因此经济实现高质量发展的一个重要方面就是经济结构的协调。这就是习近平总书记指出的："协调是发展两点论和重点论的统一，一个国家、一个地区乃至一个行业在其特定发展时期既有发展优势、也存在制约因素，在发展思路上既要着力破解难题、补齐短板，又要考虑巩固和厚植原有优势，两方面相辅相成、相得益彰，才能实现高水平发展。"①

第一节　经济结构协调的理论发展

经济结构是构成国民经济诸要素之间的质的联系和量的比例，涉及产业结构、城乡结构、地区结构等多个方面。影响这些结构的涉及投资结构、需求结构、消费结构、分配结构、人口结构、就业结构、资源能源结构等。经济发展过程中社会分工不断扩大，经济活动和经济部门不断细化，经济结构会朝着日益多样化、复杂化和高级化的方向发展。经济结构的调整和优化，一方面取决于市场决定的资源在各个部门和地区的配置，另一方面取决于政府根据经济发展的长远利益所作出的计划性安排。在经济全球化进一步发展、经济进入高成本时代的背景下，机遇和风险并存，不断处理经济社会深层次矛盾问题，解决好我国发展的失衡问题和增强发展的整体性、均衡性、协同性，在优化结构中实现协调发展，是推进新时

① 《习近平谈治国理政》第二卷，外文出版社 2017 年版，第 206 页。

代中国特色社会主义经济高质量发展的重要方面。

一、经济结构协调发展的理论溯源

1. 社会再生产平衡理论

马克思的社会总资本再生产和流通的理论，包含着社会化再生产的一般原理。马克思把社会生产各个部门抽象为生产资料生产和消费资料生产两大部类。其两大部类平衡增长模型强调社会再生产是它的各个组成部分在价值上如何补偿、在实物上如何替换的问题。社会再生产实现的平衡条件，要求切实遵守两大部类的比例关系，实际上指出了市场经济条件下产业结构的协调、投资与消费结构的协调的要求。马克思关于生产与消费关系的理论还强调生产对消费的决定作用，也指出了消费对生产的反作用。基于社会再生产平衡理论，马克思和恩格斯提出有计划调节社会生产与按比例分配社会总劳动的思想，特别是提出了要在生产资料和消费资料两大部类之间以及两者内部保持平衡的平衡增长理论。

毛泽东在《论十大关系》中提出统筹兼顾处理好重工业和轻工业、农业的关系，沿海工业和内地工业的关系，经济建设和国防建设的关系等关系社会主义建设全局的重大问题。在《关于正确处理人民内部矛盾的问题》一文中，毛泽东同志进一步提出了“统筹兼顾、适当安排”的方针①。改革开放后，邓小平同志针对新时期的新情况新问题，提出“现代化建设的任务是多方面的，各个方面需要综合平衡，不能单打一”②。

2. 不平衡和平衡战略

在发展经济学中，产业结构的调整和发展有两种战略：一种是各产业同步发展的平衡发展战略；另一种是各产业不同步发展的不平衡发展战略。

不平衡发展战略认为，发展中国家不具备全面增长的资本和其他资源，因而平衡发展是不可能的。投资只能有选择地在若干部门进行，其他

---

① 《毛泽东文集》第七卷，人民出版社 1999 年版，第 227 页。

② 《邓小平文选》第二卷，人民出版社 1994 年版，第 250 页。

部门通过利用这些部门投资带来的外部经济和联系效应而逐步得到发展。实行这种战略的依据有两个方面。第一,发展中国家束缚经济发展的主要因素是人们的投资决策能力。解决这个问题的途径是有意使不同部门之间出现不平衡,形成压力,迫使人们作出投资决策。第二,产业结构高度化需要打破原有的平衡结构,由超前发展的主导产业带动结构转换。从这一意义来说,不平衡战略是推动产业结构战略。因此,不平衡发展战略主张首先集中力量发展某几个部门,通过与别的部门联系效应,迫使其他部门随之发展。

不平衡战略的贯彻需要正确地选择主导产业和重点发展部门。不平衡发展战略目标的实现则要靠市场机制。当某些产业部门超前发展时,别的产业部门的投资者要能主动地灵敏地作出反应,需要产业联系链上各个投资者具有企业家精神,市场机制传递准确的信息及充分的市场竞争的压力。否则,即使正确地选择了主导产业,也难以产生其带动其他产业部门发展的联系效应。

平衡发展战略的依据是,在发展中国家,由于低收入,产业发展受需求不足的限制,遇到社会产品实现的困难。如果只对某一部门投资而不对其他部门同时作相应投资,便会形成社会产品难以实现的市场"瓶颈",投资将以失败而告终。因此,考虑到各产业部门间的投入产出和互为市场的联系,有必要对广大范围的各个产业部门,或多或少地同步投入资本,以全面地创造和扩大市场,消除产业发展的需求方面的障碍。

平衡发展战略的实现,一方面要求有社会经济发展的综合性计划,计划部门有一批高度熟练的专业化的计划官员,掌握计划所需要的大量的可靠的数据资料,并掌握现代的计划技术;另一方面政府有大量的补充投资,用以调节各产业部门之间的平衡。发展中国家的实践表明,这两个条件很难满足。首先,受计划技术和信息条件的限制,发展中国家不可能有符合实际的广泛而详尽的产业发展计划。其次,发展中国家不可能有丰裕的调节产业平衡的资金。尽管政府可以通过高积累的途径取得资金,但这要付出较大的代价,人民不可能长期忍受低消费。因此,依靠这种机制的平衡发展战略虽然令人神往,但在现实中很难如愿,否则就不称其为发展中国家了。

二、协调发展的理念

发展中国家最为突出的一个问题是经济结构不仅失衡，而且处于低端。发展中国家经济结构问题突出体现为二元结构，即现代化的工业和技术落后的传统农业、现代化城市和落后农村、先进地区和落后地区同时并存。

我国在低收入阶段为了推动经济起飞，主要通过大力发展现代部门，进而带动落后部门的发展，实施不平衡发展战略。这一战略充分释放了现代部门和发达地区的发展潜力，实现了高速增长，但也存在经济增长的质量效益不高，结构性失衡严重等问题。

改革开放以来的经济发展，尽管成就巨大，但仍存在一些不可忽视的问题，如区域、产业、阶层的不平衡发展，城市与乡村之间的巨大差距等结构性问题。尤其是进入中等收入阶段后，中国经济也开始进入高成本时代，要素价格不断上升，加之国际上劳动力资源丰富国家的竞争，低附加值且高成本的企业如果不能适应，将会丧失市场竞争力甚至破产倒闭；同时，发展以服务业和战略性新兴产业为主体的现代产业体系，既要直接面对与发达国家的技术差距和市场差距，也要面对国内市场消费者选择的进一步升级。

进入新时代后，面对经济结构的不协调、不平衡，习近平总书记适时提出了协调发展的理念："从当前我国发展中不平衡、不协调、不可持续的突出问题出发，我们要着力推动区域协调发展、城乡协调发展、物质文明和精神文明协调发展。"所谓协调发展就是要求："在协调发展中拓宽发展空间，在加强薄弱领域中增强发展后劲"，从而"形成平衡发展新结构"①。

协调既是发展手段又是发展目标，同时还是评价发展的标准和尺度。协调是发展的手段，意味着我国在经济新常态下的发展，必须依靠协调发展。具体地说，"协调发展是制胜要诀。我们要学会运用辩证法，善于弹

① 《习近平谈治国理政》第二卷，外文出版社 2017 年版，第 206 页。

钢琴，处理好局部和全局、当前和长远、重点和非重点的关系，在权衡利弊中趋利避害、作最为有利的战略抉择”①。协调是发展的目标，意味着经济发展的目的并不是经济增长数量上的累积，而是更加追求经济、社会、人与自然等多个方面的平衡发展与和谐共生。协调是评价发展的标准和尺度，就是注重发展的平衡性、系统性与可持续性，这也是发展的内在要求。经济结构是否平衡发展、生态环境是否得到有效治理和保护、各地区人民是否得以共享发展成果、物质文明和精神文明是否同步发展等一系列关乎协调发展的方面，都成为影响发展程度的重要因素。显然，协调发展理念不仅体现了马克思主义政治经济学中按比例发展的思想，而且推动了经济结构理论创新，开辟了中国特色社会主义政治经济学的新境界。

协调是补齐短板、厚植优势的统一。习近平总书记指出，“要紧紧握住全面建成小康社会存在的短板，从补齐短板切入，破解发展难题，增强发展动力，厚植发展优势，不断开拓发展新境界”②。这就是说，优化经济结构应通过补齐短板、厚植优势两个方面来实现。补齐短板就是破解难题，充分挖掘发展的潜力，突破“瓶颈”制约，将短板转化为发展的动力，为发展提供后劲，提高发展的协调性和平衡性。厚植优势，就是立足竞争优势，通过创新发展、开放发展等推动战略性新兴产业的发展，实现弯道超车，促进产业结构向中高端迈进。只有通过补齐短板、厚植优势，才能解决当下经济结构发展不平衡问题，实现发展的协调性，为全面建成小康社会和社会主义现代化强国提供强大动能。

总的来说，协调是优化结构的目标和基础，协调发展注重发展的平衡性、系统性、可持续性。经济结构协调发展就是实行经济结构的再平衡和优化再造，这包括产业结构、区域经济结构、收入分配结构、投资、市场消费与出口需求结构、金融体系结构、国际收支结构等诸多内容。根据习近平总书记关于建设现代化经济体系的思想，产业结构的协调发展是要建设创新引领、协同发展的产业体系，实现实体经济、科技创新、现代金融、人

① 《习近平谈治国理政》第二卷，外文出版社 2017 年版，第 206 页。

② 习近平：《关于〈中共中央关于制定国民经济和社会发展第十三个五年规划的建议〉的说明》，《求是》2015 年第 22 期。

力资源协同发展,使科技创新在实体经济发展中的贡献份额不断提高。区域结构的协调发展,是要建设彰显优势、协调联动的城乡区域体系实现区域良性互动、城乡融合发展、陆海统筹整体优化,培育和发挥区域比较优势,加强区域优势互补,塑造区域协调发展新格局。

第二节　产业结构的协调发展

一个国家的经济发展能力,最重要的表现和基础是产业竞争力。产业结构的协调发展是指产业结构的高级化与合理化,通过产业竞争力的提升,改善经济整体素质或发展能力。当前我国产业结构的优化和协调就是按照高质量发展的要求,补齐制约发展水平、质量和效益的短板,强化产业间相互协调的联动效应,在加快先进部门的发展中,淘汰相对过剩的产业部门和落后产能,实现经济增长质量和效益的统一。

一、三次产业结构的转型升级

产业结构,在马克思看来是生产资料和生活资料两大部类之间的比例关系;而在现实的统计和比较中,是指农业、工业和服务业三次产业的比例关系。三次产业结构不仅有平衡的要求,还有高度化的要求。表现在总产值的部门构成和劳动力的部门构成两个方面。

总产值部门构成的高度化趋势:第一,随着人均国内生产总值水平的提高,第一产业在国内生产总值中的比重呈现明显下降的趋势。农业产值比重的下降是在农业产值总量增长和农业劳动生产率提高的基础上产生的。第二,人均国内生产总值提高,促使第二产业(工业)产值的比重呈快速上升的趋势。尤其是制造业的上升速度最快。第三,第三产业(服务业)的份额随人均国内生产总值水平的提高而增大。

劳动力部门构成的变动趋势。总产值的部门构成变化会改变对劳动力的需求,引起就业构成的变化。随着人均国内生产总值水平的提高,劳动力会从第一产业向第二产业转移,工业化基本完成之后,劳动力又会从第二产业向第三产业转移。在第一产业中的就业人数占全部劳动者人数的比重逐步下降，而在第二产业和第三产业中就业的劳动者所占比重会逐渐上升。但是与总产值的部门构成比较，在时间和速度上存在着显著的差异。这主要表现在两个阶段：第一，在工业化初期，农业部门占用的劳动力比重下降的速度远远慢于其提供的产值在总产值中所占比重下降的速度；第二，在工业化阶段之后，第三产业中就业人数占全部劳动者的比重上升速度，要快于其创造的产值在总产值中比重的提高速度。

我国原先是农业大国，无论是农业产值还是在农业中就业的劳动力都占很大比重。改革开放以后，随着工业化进程的加快，三次产业结构发生了根本性变化。如表 17-1 所示，直到 1982 年我国第一产业的产值比重还占 33.39%，在此以后农村发展乡镇企业，农村工业化速度加快，到 2013 年农业比重降到 10.01%，到 2017 年进一步降到 7.9%。这意味着我国在产业结构上已从农业大国转变为工业化国家。我国增长从主要由第一、二产业带动转为第二、三产业带动，产业结构更趋合理。但在产业结构上还有两个方面提升空间。

表 17-1　中国若干年份三次产业占 GDP 比重值　（单位：%）

年份	第一产业	第二产业	第三产业
1982	33.39	44.765	21.846
2013	10.01	43.9	46.1
2016	8.6	39.8	51.6
2017	7.9	40.5	51.6

资料来源：国家统计年鉴。

首先，就农业来说，如表 17-2 所示，虽然第一产业劳动力占比，由于剩余劳动力转移逐年下降，由 2002 年的 50%降至 2017 年的 27%，但农业劳动力占比明显高于其 GDP 占比。如 2017 年，第一产业的 GDP 占比为 7.9%，但其劳动力占比高达 27%。这说明除了统计数据上可能会有误差外，主要原因是农业劳动生产率太低。占 27%的劳动力搞农业只能提供 7.9%的 GDP。当然也不排除农产品价格过低所造成的农业附加值低的问题。这说明提高农业劳动生产率是农业升级的关键。再据表 17-3，我国农业比重还有进一步下降的空间。

表 17-2　中国若干年份三次产业占劳动力比重　　（单位:%）

年份	第一产业	第二产业	第三产业
2002	50	21.4	28.6
2011	34.8	29.5	35.7
2014	29.5	29.9	40.6
2017	27.0	28.1	44.9

资料来源:各年份统计年鉴。

其次,就服务业来说,2017 年服务业的 GDP 占比只达到 51.6%,就业占比接近 50%。如表 17-3 所示,我国的服务业比重不仅明显低于发达国家水平,甚至没有达到发展中国家巴西的水平,仅达到中等收入国家平均水平。而且传统服务业比重太大,信息、科技、金融等现代服务业水平有待提高,服务产品种类少,服务手段落后,服务品质和技术水平低,管理与营销模式方面也与国际水平存在差距。这意味着我国产业结构升级的一个重要方向是提高服务业的比重。

表 17-3　三次产业增加值占比的国际比较　　（单位:%）

国家	产业	2000 年	2008 年	2015 年
美国	农业	1.2	1.2	1.1
	工业	23.2	21.0	20.0
	服务业	75.7	77.2	79.3
	人均 GDP(美元)	36449.9	48401.4	56469
日本	农业	1.5	1.1	1.1
	工业	32.7	29.1	29.1
	服务业	65.8	69.9	69.7
	人均 GDP(美元)	38532	39339.3	34567.7
巴西	农业	5.5	5.4	5
	工业	26.7	27.3	22.3
	服务业	67.7	67.3	72.7
	人均 GDP(美元)	3739.1	8787.6	8757.2

续表

国家	产业	2000 年	2008 年	2015 年
中国	农业	14.7	10.3	8.8
	工业	45.5	46.9	40.9
	服务业	39.8	42.8	50.2
	人均 GDP(美元)	959.4	3471.2	8069.2

注:人均 GDP 以现价美元为基准。
资料来源:世界银行数据库。

二、建设现代化产业体系

现代化产业体系是现代化经济体系的重要组成部分。产业结构的优化升级是在比例关系、要素配置、全球分工等方面依据生产力发展规律所实现的产业层次进化与提升,“是提高我国经济综合竞争力的关键举措”①。实现高质量增长,产业结构升级的目标不仅是直接弥补短板,而且必然要求迈向中高端。因此,既要立足国情,与我国科技水平和劳动力素质匹配,也要借鉴国际经验,加快推动产业迈向全球价值链中高端,构建中国特色社会主义现代化产业体系。第一产业尤其是农业产业结构的优化和协调亟须加强。

1. 培育和发展有竞争力的现代服务业

现代服务业具有资源消耗少、环境污染少、创新要素密集度高等优点,由于以现代科学技术特别是信息网络技术为主要支撑、具有高技术含量和高文化含量,不仅信息化程度、网络化程度高,而且对其他产业渗透度强,因而是适应城市化和产业高端化的发展应运而生的,对提升产业结构水平和效益具有重大意义。因此,要“大力发展服务业特别是现代服务业”②,加大资源投入,使现代服务业的加快发展成为我国经济发展迈

① 中共中央文献研究室编:《习近平关于社会主义经济建设论述摘编》,中央文献出版社 2017 年版,第 190 页。

② 《干在实处 走在前列——走进浙江新发展的思考与实践》,中共中央党校出版社 2016 年版,第 63 页。

向中高端和中等收入阶段经济新旧动能转换的主要标志。要通过高新技术嫁接改造等多种方式，通过大数据、云计算、物联网技术的应用，增强对传统服务业的技术改造和升级，创新商业模式和理念，推动消费性服务业的精细化；发展高技术服务业，推进生产性服务业的专业化，实现传统制造业与高新产业融合，大力发展自主品牌和自主技术，攀升以现代服务业为引领的产业链高峰。与此同时，由于现代服务业的制度依赖性强和对制度敏感，推进服务业供给侧结构性改革，提高服务业供给结构对需求变化的适应性和灵活性，也有利于推动相关领域体制和机制的全面深化改革和创新。

尽管我国产业结构失衡是多种因素综合作用的结果，但根本原因在于资源错配和结构协调发展的关系失调。一方面，没有处理好产业发展与生产要素尤其是人力资源供给状况的关系。对资本、劳动力、自然资源等传统要素较为强调，但忽略了人力资本、知识、技术等现代生产要素的作用。由于没有统筹利用自然资源及人力资源，尤其是高级生产要素，导致产业结构低端锁定而缺乏竞争力。另一方面，产业技术结构以劳动密集型技术为多，以高能耗、高排放的技术为多，这在低收入粗放型增长阶段虽然有其特定原因，但不能适应绿色发展、创新发展、协调发展的要求，亟须着力实现优势互补和产业结构的联动升级。

2. 发展先进制造业

改革开放以来我国制造业成就斐然，但是同时带来了诸多问题，尤其与发达国家相比还存在着不小的差距。比如，我国人均制造业增加值只有 3000 多美元，仅为发达国家水平的三分之一。许多制造业企业仍以“代工”为主，主要以加工贸易等传统方式参与全球产业链分工，贴牌生产多，自主品牌少；我国创新活动主要围绕提高加工组装质量和外观设计开展，自身的研发设计能力有限，营销渠道和品牌建设都较为滞后；产业创新能力不强，缺乏关键核心技术，整体产出效率存在差距。

坚持创新驱动、智能转型、强化基础、绿色发展，促进从制造大国转向制造强国。为增强自主创新能力，实现从制造大国向制造强国转变，应为体制机制创新提供正确有效的激励导向，鼓励发展智能制造、精细制造和绿色制造。加快掌握核心设备和关键零部件制造技术，弥补相对薄弱的设计研发环节，构建以我为主的全球商品供应链分工格局，实现从“中国产品”向“中国品牌”转换。以品牌建设引领产业迈向中高端，作为提升增加值的切入点，推进制造业“质量革命”，实现从产品制造向精品制造转变。依托我国制造业的产业配套优势和多层次的空间梯度优势，形成一批具有综合竞争力的产业集群，在高端制造业以综合优势与发达国家竞争，在中低端制造业摆脱初级要素依赖。

习近平总书记指出，“要以培育具有核心竞争力的主导产业为主攻方向，围绕产业链部署创新链，发展科技含量高、市场竞争力强、带动作用大、经济效益好的战略性新兴产业，把科技创新真正落到产业发展上”①。为抢抓新一轮科技革命和产业变革带来的机遇，我们必须大力发展战略性新兴产业，促进第二产业的类型和整体水准迈向中高端，形成符合融合化、信息化、国际化大趋势的现代产业体系。因此，要发挥科技创新的引领作用，强化原始创新、集成创新和引进消化吸收再创新，通过技术创新体系的不断完善，不断生产具有新形式、新花样和新技术的新材料、新产品来增强企业自主创新能力。同时，围绕战略性新兴产业培育若干世界级先进制造业集群，大力提升我国产业在全球价值链中的地位。战略性新兴产业是今后一段时期各国抢占全球价值链高附加值环节的高地，“有利于开辟新的产业发展方向和重点领域，培育新的经济增长点”②。目前我国在电子信息产业、高端装备制造等产业的生产制造环节具有一定的比较优势，加之市场需求空间巨大，具备了加快发展的条件。应通过科技创新在产业价值链中提升分工地位，由过去的微笑曲线低端攀升到高端，由过去定位加工装配攀升到生产核心零部件，从而不断提高我国产业综合竞争力。

3. 加快改造提升传统产业

持续提升传统产业的竞争力，推动其迈向中高端。针对国内要素整

① 中共中央文献研究室编:《习近平关于科技创新论述摘编》，中央文献出版社 2016 年版，第 97 页。

② 中共中央文献研究室编:《习近平关于社会主义经济建设论述摘编》，中央文献出版社 2017 年版，第 145 页。

体成本不断攀升的背景下劳动密集型传统工业在竞争力上越来越弱的问题，要从传统产业内部进行以安全、技术、能耗、环保为标准的产业整合，通过产业链的上下游产业的兼并重组来实现内部重组融合，加快以高技术、高智能、高创新为导向的企业研发产业链和价值链的建设，在更好更快走向全球价值链模式中迈向价值链中高端；改善传统产业消费品供给质量，满足国内消费需求升级的需要，加快国内质量安全标准与国际标准并轨。对传统产业进行数字化、智能化改造，提高云计算、大数据、电商化对产业的渗透能力，推动互联网与传统产业的跨界融合，提高生产工艺的精细化水平，带动传统产业向智能化、数字化、网络化发展，使传统产业在品牌和质量方面形成新优势，持续提升传统产业的竞争力。

就制造业来说，一方面，传统工业比重大，且多数处于全球价值链低端，加之高新技术产业发育不足，先进制造部门的研究和应用水平低，“中国创造”“中国智造”部分少，整体制造业的创新能力有待提高。由于中高端供给不足，多样化、个性化、高端化需求难以满足，新产品和新服务的供给潜力没有得到解放，同时受体制机制约束，生产要素难以从无效需求领域转向有效需求领域、从低端领域向高端领域配置，制约了制造业整体水平和竞争力的提高。另一方面，工业生产存在大量低水平重复建设，许多行业存在较为严重的结构性产能过剩。从质量方面看，中低端消费品供给规模有余而品质不足。许多产品的精致性、可靠性、适用性、耐久性等品质特性和技术水平不能令人满意。

实现从“中国制造”向“中国智造”“中国创造”跨越，关键在人才。习近平总书记指出，“人才是创新的根基，是创新的核心要素。创新驱动实质上是人才驱动”①，“没有人才优势，就不可能有创新优势、科技优势、产业优势”②，根据人力资源和社会保障部的统计数据显示，目前技能劳动者数量只有全国就业人员总量的 1/5，高技能人才不足 6%。可见，人

① 中共中央文献研究室编：《习近平关于科技创新论述摘编》，中央文献出版社 2016 年版，第 110 页

② 中共中央文献研究室编：《习近平关于科技创新论述摘编》，中央文献出版社 2016 年版，第 116 页。

才不足和激励不足的问题仍然是摆在产业升级面前的重要阻碍。针对高技能人才短缺及其激励问题，既应强化研发人员创新劳动同其利益对接以鼓励高端科技人才，也要尊重和弘扬工匠精神，为技术工人和社会发明者提供全新的用武之地。

第三节　区域经济协调发展

由于历史和自然原因，我国区域经济发展不协调问题一直较为突出，东西部地区之间二元结构造成社会经济发展水平差距加大，发展差距明显。随着我国生产力发展进入中高收入阶段，结构优化、动能转换作为高质量发展的重要内容在区域协调发展方面提出新要求，即在推进协调发展的过程中，处理好东中西部关系和城乡关系，大力改变区域二元结构，在经济、政治、文化、社会、生态等方面齐头并进，形成一元现代化经济的区域协调发展新格局。

一、优化现代化经济体系的空间布局

实施区域经济协调发展战略是在中国特色社会主义进入新时代，以习近平同志为核心的党中央紧扣我国社会主要矛盾变化，按照高质量发展的要求提出的重要战略举措，对于促进我国经济社会持续健康发展具有重大意义。

1. 区域经济协调发展的意义

第一，区域经济协调发展，能够充分利用不同区域的优势资源达到整体发展目标。“努力缩小城乡区域发展差距，是全面建成小康社会的一项重要任务”①，从唯物辩证法和系统论看，社会经济活动各要素之间、不同子系统之间存在错综复杂的联系。“我国城乡、区域发展不平衡现象严重，但差距也是潜力”②，区域经济协调发展就是区域之间正视发展差

① 《习近平关于全面建成小康社会论述摘编》，中央文献出版社 2016 年版，第 14 页。

② 《习近平关于全面建成小康社会论述摘编》，中央文献出版社 2016 年版，第 32 页。

距，激发潜在需求并拉动供给，形成新增长点的过程和状态。由于各要素之间既具有相干性又具有自身主体性和独立性，协调发展使竞争与合作达到更高层次，各要素、各子系统之间更深更广的相互作用将会在宏观方面出现更高水平的共生共赢和效率提升状态，从而推进国民经济的高质量发展。

第二，区域经济协调发展，有利于形成和释放科学技术作为第一生产力的巨大动能。当前，“从全球范围看，科学技术越来越成为推动经济社会发展的主要力量，创新驱动是大势所趋”①，为实现高质量发展，我国经济建设必须更多依靠科技进步与创新驱动。虽然科技实力对于一个国家或地区的核心竞争力和竞争优势具有直接影响，但是创新成果并不会自动转换为经济发展的红利，而是需要建立和完善相关的制度机制、政策体系和环境。协调发展理念的实施，不仅可以使科技创新所需要的各种因素与条件（高水平创新人才、良好的市场政策环境、有利的金融条件等）进行跨区域的聚集和整合，通过更深层次、更大范围的协调与合作为科技发展提供和创造更丰富的研发对象以及所需的物质资源，更好发挥科技创新对于经济发展的推动作用，从而在经济与科技的良性互动中加速向创新驱动转换。

第三，区域经济协调发展，促使区域经济社会关系得到进一步优化。首先，促进了区域内资源的充分利用，优化了产业与经济的结构，为竞争基础之上增进区域的相互合作创造了条件；其次，增强了区域经济整体的综合实力和竞争力，能够在区域间经济社会交往中占据有利地位，发挥各自优势，达到互惠共赢；再次，区域合作能够更好地吸收与利用外部资源，通过经济、政治、文化、社会、生态等方面的协调衔接，使得区域内外部各方面的发展互相促进，充分调动各方面发展的积极性，形成整体经济发展的向心力。

2. 我国区域经济发展的不平衡

长期以来，我国区域发展不平衡一直是制约经济社会发展的重大障

① 《习近平关于科技创新论述摘编》，中央文献出版社 2016 年版，第 77 页。

碍。对此，除了对区域经济协调发展的意义加以充分认识外，更要对区域经济发展不平衡的原因、历史和复杂性加以剖析，才能破解发展难题，厚植发展优势，在向协调化方向的转变中破解不平衡。

一般而言，区域经济差异以及发展差距是由地理位置、自然资源、劳动力素质、交通运输、科技水平、经济基础等多种因素造成的，这些因素具有自然的、历史的、人为的多方面属性，使区域经济差距问题变得极为复杂。中国的地区差距一直较大还具有以下重要原因。首先，不同区域的产业与产业集聚的性质不同。西部地区主要是农业区，工业基础相对薄弱且以能源原材料开发为主，属于关联效应和规模报酬较小的行业；东部地区现代工业发达，且主要是技术密集型行业，关联效应和规模报酬较大，因此，西部地区的经济活动类型及其属性导致其在收入和就业上较为落后。其次，市场机制本身在区域发展方面存在缺陷。根据发展经济学的“循环积累因果原理”，市场会加剧区域间不平等，尤其是发达地区的扩张是以牺牲其他地区为代价的，造成区域不平衡格局的强化。循环积累因果原理包含扩散效应和回波效应。“扩散效应”是指位于经济扩张中心的周围地区，会随着中心地区基础设施的改善等，从中心地区获得资本、人才等，逐步赶上中心地区；“回波效应”是指经济活动正在扩张的地点和地区会从其他地区吸引净人口流入、资本流入和贸易活动，从而加快自身发展，并使其周边地区发展速度降低。但一般回波效应大于扩散效应，从而加剧区域差距。此外，在经济起飞中一般往往优先选择发达地区，并在发展战略、次序和政策上给予倾斜，这对区域差异扩大也有重要影响。

尽管存在诸多困难，党的历代领导集体一直极其重视区域不平衡问题，在对区域经济发展战略的探索与创新中，走出了“平衡发展、开放发展、协调发展、统筹发展”的中国特色社会主义区域经济发展道路。1956年4月，毛泽东同志在《论十大关系》中提出了“平衡发展”的战略思想，把战略目标定位在建立分布均匀的独立的工业体系上。我国在东北、西北、华北、西南等内陆地区建立七个新的大型工业经济中心，成为相对独立完整的经济区域。在改革开放初期的开放发展与倾斜发展相结合阶段，区域经济战略的重点是实施沿海开放战略，逐步形成了从沿海到内地、从东部地区到中西部地区的梯度推移、渐进发展、开放发展的新格局。1995 年 9 月,党的十四届五中全会上提出“区域经济协调发展”的战略思想,此后进入协调发展与合作。

发展相结合阶段,强调充分发挥各地区的比较优势,进行优势互补,开展多层次、多形式的交流与合作,发达地区和欠发达地区的错位发展、互补发展、合作发展的模式与路径进一步拓展。进入 21 世纪以来,中央提出了进一步“统筹区域发展”的战略思想,中国进入统筹发展与可持续发展相结合阶段。在“十五”计划、“十一五”和“十二五”规划中实施了一系列的战略部署,这包括:统筹区域发展的总体战略;实施国土开发主体功能规划;统筹区域经济发展规划;统筹区域协调互动机制;等等。

我国区域经济发展取得巨大成绩的同时,也存在不协调、不平衡问题(见表 17-4)。区域差距并没有显著缩小,反而呈现出固化趋势,再加之东部与西部地区经济关联性有变弱迹象,我国经济发展的协调性、持续性产生一些不利影响。西部地区技术、资金和人才持续外流,企业发展的竞争环境不佳,东部地区也面临国际市场的波动产生的不稳定性和外部冲击风险等问题。

表 17-4 我国东中西东北地区人均 GDP 比较 (单位:元/人)

年份	人均 GDP			
	东部	中部	西部	东北
2000	11464. 89	5624. 833	4673. 653	9128. 877
2005	23524. 36	10576. 19	9325. 197	15934. 54
2010	45797. 03	24122. 98	22570. 21	34224. 97
2011	53141. 17	29189. 98	27672. 4	41380. 2
2012	57498. 31	32365	31268. 48	46001. 32
2013	62190. 53	35279. 38	34392. 22	49600. 98
2014	67108. 99	38243. 79	37487. 39	52358. 87
2015	71018. 62	40272. 54	39053. 92	52814. 3
2016	77465. 29	43761. 9	41916. 97	48038. 3

资料来源:2001—2017 年的《中国统计年鉴》。

3. 区域协调发展进入新阶段

党的十八大以来,我国区域经济发展进入新的历史时期,呈现出许多引人注目的新动向。首先,区域经济发展的开放性大幅提升。习近平总书记提出了“一带一路”“京津冀协同发展”“长江经济带”三大战略,开阔了区域经济发展的全球化和国际化视野,对区域经济协调发展产生深远影响。其次,区域经济规划的空间尺度更为广阔。“京津冀协同发展”“长江经济带”等战略,力图从更大空间范围内整合区域资源、促进分工协作和优势互补,改变原来区域规划碎片化和盲目攀比现象。再次,区域经济增长极的引领辐射作用更为突出。以上海自由贸易试验区等为典型,在金融、贸易、投资、通关等领域先行先试,正在形成一系列可推广、可复制的经验模式并加以推广。一批重要的国家级新区,分布在东、西部不同发展水平的区域,通过集中政策资源和项目资金投入,形成一批区域经济增长极,对周边区域的辐射带动和引领示范作用增强。复次,跨行政区域协调发展更受强调。不同层面跨行政区域的一体化发展、协调发展与协同发展,将会打破长期行政分割形成的“诸侯经济”,促进形成适应市场经济要求的经济区经济。最后,注重对困难区域和弱势地区的扶持。通过对各类问题区域的财政投入,有针对性地解决所存在的产业结构老化、下岗失业人员多、生态环境欠账大等突出问题;加大对贫困地区、民族地区、革命老区等弱势地区的扶持,致力于更为有效地缩小区域发展差距。

各区域就会选择发展自身优势产业依据区域分工理论、比较优势理论与资源禀赋理论,在要素资源不能完全自由流动交换的情况下,各个区域充分发挥自身优势,更加合理地利用要素资源,既可以促进本地区的发展水平,又能够提高国民经济发展的总体效益。在当今全球经济一体化的大背景下,各区域之间需要协调运作、共同发展,将区域经济活动当作一个整体,处理好局部利益与整体利益的关系,寻求相同环境下最为经济有效的协调路径,从而获得协调发展理论所阐述的“功能最优”“整体大于部分之和”效应,开辟协调发展和高质量发展的强大拉力和广阔路径。

伴随着要素禀赋结构的变化,传统的增长模式已经走到尽头,区域经济发展新格局的构建培育就是要适应这一变化趋势，秉持新发展理念、创新发展思路、优化发展举措，以更宽广的视野推动我国区域经济高质量发展。“坚定实施创新驱动发展战略、乡村振兴战略、区域协调发展战略、可持续发展战略、军民融合发展战略，突出抓重点、补短板、强弱项。”①因此，区域经济协调发展新格局就是要补齐落后地区的短板，挖掘潜力、厚植优势，注重区域间的产业优化布局和分工协作，避免以往存在的产业同质化、雷同化的恶性竞争，按照产业梯度有序承接，促进区域相互合作，推动我国区域发展向更加均衡、更高层次迈进。

二、区域经济协调发展新格局

当前，以改革开放促进区域协调发展的“突破口”，就是要进行有针对性的空间联通，在实施“一带一路”倡议和全方位开放的战略背景下，统一国内大市场，以三大经济带建设来推进改革创新，打破区域封锁和利益藩篱，促进区域经济协调发展。具体而言，“一带一路”倡议的关键是我国与境外众多沿线国家之间的互联互通，将为我国协调发展创造一个更大的战略空间；“京津冀协同发展”主要是通过优化环渤海城市群的功能布局来去除北京的非首都功能，促进天津与河北的发展；“长江经济带”则是通过利用长三角地区对具有发展潜力的中西部地区的辐射带动作用，来进一步解决区域经济增长的瓶颈，提升区域经济增长的质量。

“一带一路”倡议的提出和实施，提供了一个包容性巨大的发展平台。推进“一带一路”建设，秉持共商、共建、共享等原则，开放包容，努力推进沿线国家发展道路的相互对接、耦合，发掘潜力，优势互补，解决本地区发展的现实问题和扩大共同利益。在此基础上，增进沿线各国人民的人文交流与文明互鉴，夯实互联互通的社会根基，让各国人民相逢相知、互信互敬，实现共同发展繁荣。因此，以“一带一路”为核心展开中国空间战略与开放战略全面对接，并通过互联互通打造新的国际合作格局，以

---

①　习近平：《决胜全面建成小康社会　夺取新时代中国特色社会主义伟大胜利——在中国共产党第十九次全国代表大会上的报告》，人民出版社 2017 年版，第 27 页。

经济走廊为依托,以交通基础设施为突破,以亚洲基础设施投资银行、丝路基金等国际融资平台为抓手,不仅扩张中国资源配置的空间,而且为西部地区提供前所未有的发展机遇,实现西部地区加速发展,必将使我国区域协调发展进入新阶段。

京津冀、长三角等,是"支撑和带动我国经济发展、体现国家竞争力的重要区域"①。随着沿海经济区的快速发展和国际形势的变化,沿海地区的要素成本在不断提高,产业向内陆转移的趋势正在加快,京津冀地区作为北方经济版图的核心区域,推进京津冀协同发展,探索出一种人口经济密集地区优化开发的模式,其重要性不言而喻。因此,要通过城市规划与布局一体化,技术成果的开发、利用和管理体制一体化,以交通运输为主的基础设施建设一体化,产业结构与生产力配置、基地建设一体化等加以推动,形成新增长极。长江经济带资源富集、经济集聚、城市密集,人口规模和产业规模是我国经济发展和对外开放重要的市场腹地,具有非常强大的辐射能力和连锁推进能力。因此,大力推进长江沿江省市的黄金经济带建成,要利用产业转移形成区域接力、带动中部节点城市发展、劳动力回流带动人口红利回归趋势,以及江海航运一体化趋势,通过自主创新带动产业升级成为创新驱动带,坚持生态优先、绿色发展,建设我国生态文明先行示范带;系统思维,进一步优化资源配置效率,建设协调发展带。

随着区域不协调问题从板块尺度的大区域问题转变为以类型区形式出现的区域问题,加之不同区域单元承载体制机制的不同,需要强化区域政策的精准性,注意由"输血式"向"造血式"转变。例如,资源型城市的衰落和老工业基地的发展乏力,成为很多资源丰富地区的共性问题。结构单一、市场集中程度过高、体制机制负担沉重是造成此类区域问题的重要原因,缺乏以创新为主导的内生增长动力是这些地区发展乏力的根本原因。因此,这类地区发展要积极破解结构单一的问题,着力提高区域经济的多样化程度和聚集经济水平,同时,发挥比较优势和竞争优势,通过

① 《十八大以来重要文献选编》(上),中央文献出版社 2014 年版,第 600—601 页。

优势产业发展战略增强区域自我发展能力。总之,依靠聚集经济和内生增长带动区域发展,形成全方位开放、发达地区与欠发达地区联动发展的生动格局。

不同的区域各有优势,也各有其发展瓶颈,推进高质量的区域协调发展,就是要加强区域间合作,发挥各自优势,补齐短板。因此,要完善区域发展政策,进一步缩小区域发展差距,把各地比较优势和潜力充分发挥出来。经济落后地区需要更大的改革魄力,转变思想观念,破除体制机制障碍,打造有利于追赶超越发展的营商环境。既要在国家层面建立人才协调机制以吸引更多人才,也要重视教育和人力资本的积累,及时调整人才培养体系和机制,完善劳动力市场,尤其要使高技能劳动力与企业人才需求迅速进行配对。

思考题

1. 如何理解经济结构优化与协调发展二者的相互关系?

2. 实现产业结构转型升级和优化协调的难点和关键点有哪些?

3. 目前我国区域经济发展不协调的表现或问题有哪些?根据党中央提出的创新、协调、绿色、开放、共享五大发展理念,解决这些问题的途径和方略有哪些?

第十八章　乡村振兴和农业现代化

乡村振兴是国家整体振兴的重要组成部分,农业现代化是"四化同步"现代化的重要组成部分,农村居民富裕文明健康是中国社会整体富裕文明健康的重要组成部分。基于这种整体观念在新中国成立以来的不同阶段的制度安排、机制设计和政策制定有其不同的特征,新时代加快乡村振兴和农业现代化进程,提高农业生产效率,改善农民增收条件,工作重点应集中于农村土地制度、农业组织形式和农户生产方式的全面改进。

第一节　农业和农村的现代化

习近平总书记2013年12月在中央农村工作会议上针对"三农"发展的现状明确指出:农业还是"四化同步"的短腿,农村还是全面建成小康社会的短板。中国要强,农业必须强;中国要美,农村必须美;中国要富,农民必须富。[①] 可见农业、农民和农村在中国富强和现代化中的重要地位。

一、补齐"四化同步"现代化的短板

中国特色的社会主义道路包括"四化同步"的现代化道路,即中国特色新型工业化、信息化、城镇化、农业现代化四化同步。但现实的现代化进程总是以工业化来领头的,因此不可避免地会出现农业现代化落后于工业现代化进程的状况。根据木桶原理,现代化的整体水平最终是由短

① 《习近平关于全面建成小康社会论述摘编》,中央文献出版社2016年版,第21页。

板决定的。我国的全面小康社会建设和即将开启的现代化建设,必须要补上这块短板。

中国现代化的起点同其他发展中国家一样是典型的二元结构,现代工业与落后的农业并存。而且我国是在传统农业部门没有得到根本改造时提前发动工业化的。从20世纪80年代开始,以发展乡镇企业为标志推进了农村工业化和城镇化。其对“三农”发展的带动作用表现在,以非农化解决农业问题,以城市化解决农村问题,以劳动力转移解决农民问题。其效果非常明显,一是工业化进程大大加快,农业在GDP中的比重已经降到10%以下,2017年为7.9%,标志着中国已经由农业国转变为工业国;二是城镇化进程大大加快,城镇人口2011年就达到了51.27%,2017年达到58.52%,标志着中国进入了城市化的中期阶段;三是农业发展水平大大提高,对国家经济发展的贡献突出表现在:为发展非农产业贡献了劳动力、贡献了市场、贡献了土地,为国家贡献了剩余农产品。以占世界9%的耕地供养了占世界21%的人口,解决了近14亿人口的温饱问题。但是,农业现代化还是“四化同步”现代化的短板,突出表现在:

第一,农业不强。农业还是弱势产业,表现在:农业技术落后,农业生产主要依靠劳动技能,劳动的附加值低;农产品基本上是初级产品,不是最终产品,因此其附加值低;农业生产受自然条件影响大,市场不稳定,价格波动大;劳动生产率低,目前农业劳动力占总劳动力比重接近30%,但农业在GDP中所占份额不到10%,相比过去,农业劳动生产率的提高基本上还只是剩余劳动力转移的效应,不完全是农业部门技术进步所产生的效应。就是说,农业的技术基础尚未得到根本改变,农业提供剩余的能力还很有限。

第二,农民不富,务农农民收入太低。虽然城乡居民收入差距从2013年的2.81∶1缩小到2017年的2.71∶1。但农民收入增加的主要部分不是来源于务农收入。2017年农村居民人均可支配收入达到13432元,其中,农民工工资性收入达到5498元,比重超过其收入的四成;创业创新拓展了农民增收的空间,带动经营净收入增速达到6%;由扶贫产生的转移净收入增速达到11.8%,土地流转收租金、要素入股分红、农村集体产权制度改革产生的财产净收入增加到 303 元，增收贡献率提高 0.8%；余下的为务农收入。现在，中国的贫困人口绝大部分在农村，现行每人每年 2800 元的贫困标准截至 2014 年年底，全国仍有 7000 多万农村贫困人口，2018 年全国还有 3000 多万农村贫困人口。不少群众贫困程度还很深。

第三，农村落后，突出表现在教育、医疗、环境卫生、交通等方面严重落后于城市。这种状况就是习近平总书记所说的，即使将来城镇化达到 70%以上，还有四五亿人在农村。农村绝不能成为荒芜的农村、留守的农村、记忆中的故园。

再就对农产品需求来说。在中国这样一个人口超过世界 21%，耕地仅占世界 9%的大国，农业所承受的沉重压力，其他任何国家都无法比拟。特别是人民日益增长的美好生活需要，不仅表现在对农产品量的需求上，还表现在对其质的需求的提高上。再加上以农产品为原料的工业部门仍要有较快的发展，对农产品的需求在相当长的时间内不会下降。所有这些表明，相对于社会对农产品的需求，农产品供给仍然不足。中国也不可能依靠进口来解决近 14 亿人口不断提高的饮食水平问题。这也表明中国农业的发展状况直接影响整个中国的现代化进程。

对目前农业劳动生产率问题，需要具体分析。就农业产量来说，在农业剩余劳动力较大数量流出农业的条件下，留在农业的劳动力中老人、妇女占很大比重，但农业产量没有下降，农业增加值每年仍然以 5%左右的速度增长。这说明，用农业产量衡量的农业劳动生产率还是不低的。但是，用农业收入来衡量，劳动生产率就不高。这同农业中人力资本存量低下是相匹配的。因此，提高农业劳动生产率，更为重要的是解决农民增收问题，而农民增收的重要前提是提高农业中人力资本存量。

虽然已有的非农化途径对“三农”发展有明显的带动作用，但是其对“三农”的负面作用也很明显：一是过度吸纳了土地、劳动力等农业发展要素（虽然相当多的是剩余的）；二是工业和城市由于得到“三农”的支持而发展更快，因此工农差距、城乡差距不但没有缩小，还在进一步扩大。这说明，已有的农村工业化和城镇化只是在转移出农业剩余劳动力的基础上提高农业生产力，只是在乡镇企业发达的区域的农村城镇实现城市化，没有从根本上改变农业和农村的落后状态。现在推进的现代化则需要从根本上克服农业的弱势状态，改变农村的落后状态。

二、乡村振兴和农业现代化目标

党的十九大针对我国农业现代化的短板提出实施乡村振兴战略。党的十九大召开不久的 2017 年 12 月，习近平总书记主持中央农村工作会议，按照党的十九大提出的决胜全面建成小康社会、分两个阶段实现第二个百年奋斗目标，明确实施乡村振兴战略的目标任务是，到 2020 年，乡村振兴取得重要进展，制度框架和政策体系基本形成；到 2035 年，乡村振兴取得决定性进展，农业农村现代化基本实现；到 2050 年，乡村全面振兴，农业强、农村美、农民富全面实现。

中国要强，农业必须强。做强农业，就要实现农业现代化。中国是有近 14 亿人口的大国，中国人的饭碗任何时候都要牢牢端在自己手上。我们的饭碗应该主要装中国粮。过去农业发展可概括为“农业剩余”范式。农业的技术进步和制度调整都是以增加农业剩余（剩余产品、剩余劳动力）为目标。非农部门的发展也是从农业剩余中得到支持。现在，随着社会和文化的进步，农业发展范式也随之改变。其趋势是由“剩余”转向“品质”。其必要性，首先，现在的农业需要解决的问题不只是增加剩余问题，而是要改变目前农业成为弱势产业的地位。农业由弱变强，关键在其发展建立在现代科学技术基础上，农产品有较高的附加值。其次，从对农产品的需求来说，过去居民只是消费米面来解决温饱问题，而现在居民消费牛奶和安全营养的绿色作物。尤其是居民生活达到小康水平后，更为关注健康饮食、食品的安全和卫生。这表明，农业现代化意味着发展优质、高效、高附加值农业，涉及农产品的品种优化、品质提升、农产品由初级品向最终产品的延伸。这些方面的进步归结为“农产品品质”范式。相应地，需要构建现代农业产业体系、生产体系和经营体系。具体要求是优化调整农业的品种结构、要素投入结构以及产业关联与融合结构，促进农业全产业链中的产品附加值提升，构建农产品品种、品质结构与居民消费快速升级相适应的高质高效的现代化农业产业体系。与农业转向“农产品品质”范式相适应，农业技术创新的重点需要转向生物技术创新：一方面提供培育优良品种、改进农产品品质和提高农产品附加值的新技术，这种创新使农产品在品种、品质和附加值上都能提升；另一方面提供绿色化的技术，在环境和生态等方面实现可持续发展，代表农业现代化的方向。

中国要美，农村必须美。这个美不仅是指农村的生态美，也包括农村的生产和生活环境美。现在农村存在的突出问题是：村庄道路状况差，饮水困难，公共文化薄弱，文化设施普遍较差，农村环境污染形势严峻，社会保障堪忧，医疗资源严重缺乏，教学质量问题严重。这种城乡居住和生活条件的差距，不仅导致农村人向城市的流动，也直接阻碍城市要素向农村的流动。只要城乡生活水准趋向平等，那么农村和处于农村地区的城镇不仅可以留住农村的人力资本，而且也可以吸引城里人住到农村，这些人居住到农村，可能以其人力资本在农村开发出新的发展项目，为新农村建设提供各种支持。我国已有的城市化包括两个方面：一是人口转移意义上的城市化，即农民“化”为城市人；二是地域城市化，即农地“化”为城市土地。这两个方面都体现了农村对城市化的支持。新型城镇化是倒过来，推动城市发展的势头和要素“化”到农村，城市生活方式向农村扩展。从根本上改变农村的落后面貌。这就要求消除要素流动的制度性障碍，实现城乡规划、就业服务、社会保障、公共服务、城市管理“五个一体化”。

中国要富，农民必须富。农民富，首先是指农民务农收入的提高，这是内生的富裕，主要涉及与农产品品质、附加值和价格相关收入。不仅如此，还要通过新型城镇化实现农民的市民化。所谓农民市民化是指农民享受平等的城市人的市民权利，城乡居民政治、经济和社会地位的平等，城乡生活方式的趋同，公共物品的享受权利平等，也就是农民公平地获取基本公共服务。具体地说，农民与城市居民享受平等的政策和机会。就就业机会来说，高校毕业生到农村就业与在城市就业享受平等的权利；就受教育的机会来说，农民及其子女入学及选择学校享受与城市人平等的权利；就卫生和医疗来说，农民与城市人享受平等的权利；就社会保障制度来说，各种社会保障不只是提供给城市人，也应提供给农村人；就享用公共产品的机会来说，农村人与城市人享受平等的机会。

第二节　土地制度与农业现代化

农业现代化是指农业生产方式的现代化，包括农业生产要素组合关系、农业内部专业化分工和产业结构、农产品储存、加工和交易方式、农业公共服务体系的现代化。现代化是历史的动态的概念，不同历史时期对现代化有不同的衡量标准，农业也是如此。

一、我国农地制度的重大变革

土地是维系人类生存和发展的基本生产要素，也是体现人与自然的关系、人类生产方式发展水平的劳动对象，其自然意义上的规模与分布、级差与质量，制度意义上的归属、经营、使用和配置水平，共同决定性地影响社会财富生产的效率与分配的合理性，因此，古典经济学家威廉·配第将之定义为“财富之母”，也因此自古至今，中外各国无不把土地制度作为国家和民族的基本制度之一。

中国特色的农地制度来源于多种因素：中国几千年农地制度变迁和政治更迭的经验教训、民主革命时期我党在根据地处理阶层阶级关系的经验、新中国成立以来不同历史时期对农地制度和农业组织形式的艰苦探索，以及法国、日本早期带有社会组合性质的乡村农业合作制和国内20世纪初开始的对苏联合作经济模式的研究。在一个后发展的人均可耕地不足世界平均水平1/4的大国，建立行之有效的农地制度，既保障粮食安全又保持土地的持久涵养，既确保耕者有其田又适应市场配置资源机制，这确实是对执政党执政智慧和统筹城乡关系，统筹经济、政治、文化、社会、生态协调发展能力的考验。

我国土地制度调整变革的实践是社会主义建设实践的重要内容，先后经历了1950年开始的旨在废除封建地主土地所有制且实现“耕者有其田”的土地改革、1956年年底伴随着社会主义合作化运动迅速推开的农地集体公有制、1978年前后在安徽和四川局部地区农民自发实施并逐步推向全国的不同形式的家庭联产承包责任制，以及2014年以后已开始实施的农地"三权分置"改革。四次农地制度性变革都具有鲜明的阶段性任务和目标指向，反映了我国农村农业不同时期社会主要矛盾的性质和国家整体发展在生产力、生产关系上的阶段性特征，以及国家工业化现代化建设与农业经营体系之间的辩证关系。

1950年6月，由中央人民政府正式颁布实施的《土地改革法》，其基本原则、步骤、目标和政策，最初形成于1947年3月党中央在西柏坡召开的农村土地工作会议上通过的《土地改革法大纲》。这是一部主张农民土地私有化的改革大纲，把孙中山在1912年《治国方略》中郑重提出但没有实施的"耕者有其田"的制度构想，以国家法律的形式和历史上规模空前的改革实践付诸实施，占国民经济总量80%左右的农业和占全国人口总量92%左右的非城镇居民都进入了这场影响深远的新中国第一次土改浪潮。也就是在这份《土地改革法大纲》中，党中央第一次使用了农业现代化的概念。

此次土地改革最大的制度绩效是实现了劳动与土地这两种基本生产要素的直接结合，而不再是通过租佃关系间接结合，初步稳定了最基本民生，使党和政府有可能把工作重点从农村转入城市，完成经济基础的社会主义改造，探索农业支持国家工业化的基本经济结构。

1956年完成第一个国民经济发展五年计划之后，开始了第二次农地制度的重大变革，农地家庭所有转变为村社集体所有，以农民家庭为主的主要经济活动转变为集体行动，在形式上完成了以农地公有制为基础的农村经济体系的建构，包括基本劳动工具、农机具、生产作业规程、生产成果等都作为农村集体经济关系的物质载体，其基本逻辑就是建立在农地集体所有、统一经营基础上的。

第三次农地制度的突破性变革是在经历了基本消费品和投资品长期普遍严重短缺，农民辛勤劳作却难以温饱的背景下。党的十一届三中全会肯定了农民在不否定农地所有权集体所有前提下自发的分地承包方式，并以1982年的第一个"一号文件"稳定了农户与集体之间的土地承租合约，进而稳定了农户的制度预期、收益预期和生产经营行为，满足农业内生增长的基本生产函数——努力程度与收成之间的线性关系——在农产品产量意义上自发形成了。这是中国农民的又一次伟大的壮举和创造。[①] 党和政府实事求是地肯定、支持了农民在宪法框架内的自发行为，使局部的农户自发行为演化为稳定常态化的制度行为。

农户与集体（政府）之间的土地承租合约是一种低成本的"秩序"。从历史和各国实践看，秩序有三种类型：自然秩序，如山川河流等自然要素的自在分布；外生给定的秩序，行为主体无法自主选择，如未必出于民众主体意愿的权利关系安排及其履行程序、宗主国为殖民地提供的制度环境和制度安排，等等；自发秩序，一种自下而上的选择、认同、遵守所形成的社会秩序，如社会群体基于共同或相近的利益偏好、社会态度和价值指向，自发形成的无须监督便可自动履行的秩序。我国农户分地承包经营行为最终形成的秩序就属于自发秩序，政府在承租合约中的制度创新成本与监督费用几乎为零。家庭联产承包责任制能在短短 5 年内覆盖全国 95%左右的地区，除党和政府的支持以外，主要得益于这种自发秩序的低创新、低履行成本。

第四次农地制度的重大变革，始于 2014 年的中央"一号文件"。文件在总结过去 20 年承包制利弊得失和各地已经出现的承包权与经营权分离基础上，正式提出农地"三权分置"，即所有权、承包权和经营权分置。随后连续几年的"一号文件"和党的十九大报告，更明确界定了农地在所有者、承包者、经营者之间的法律关系和利益分配机制。[②]

农地"三权分置"源于三个重要的社会背景。第一，自 1983 年出现农村卖粮难和此后持续存在的农民增收难，促使农村居民特别是中西部农村居民向东部转移，向城市转移，向制造业、服务业转移，本已稀缺并分布结构失衡的农地，甚至水土条件优越的农地，出现严重闲置。第二，社会资本和科技进步对农业特别是粮食产出的贡献长期不显著，产量增加

---

① 早在 1956 年，温州农村就最先尝试过农民分地生产的形式。1961 年年底安徽滁县地区（今滁州市）农村为度过饥荒曾在定远、凤阳、嘉山、全椒、来安县实施过农民用自己的方式解决吃饭问题的"单干"（见李锐：《庐山会议实录》，河南人民出版社 1993 年版）。

② 详见中共中央办公厅、国务院办公厅 2016 年 10 月 30 日印发的《关于完善农村土地所有权承包权经营权分置办法的意见》。

主要依靠化肥使用量、土地复种指数和非专业化劳动投入量增加，意味着农业相对成本持续上升、农业基础不稳的情形依然存在。第三，城乡关系因乡村衰落，大宗农产品增产幅度连续边际递减，以农为生的农民生活远不够富裕，城乡发展失衡的情形日益明显。

尤为重要的是，改革开放以来农村土地制度的两次改革，第一次改革是在农村土地集体所有制中分离出承包经营权，建立起了家庭联产承包责任制。进入新时代后的“三权分置”改革，是在土地承包经营责任制中分离出土地承包权和经营权，经营权的流转不仅推动了土地集中经营，而且推动了新型农业经营主体的形成。

农地制度在政策上的多次调整和上述几次重大变革，反映了我国社会主义基本经济关系因社会生产力发展需要而调整的客观过程，也反映了农村社会结构变迁、农业发展环境变化和农民利益实现机制变革的客观规律，更反映了我们对中国特色社会主义农地制度认识的不断深化和完善。这个深化和完善的过程还将在农业现代化实践中长期延续。

二、农地“三权分置”制度下的基本经济关系

多年的农村改革实践中各地探索出了“企业+农户”“协会+农户+科技服务”“企业+农户+政府+出口贸易”等等农业基层组织，出现了一批以“双层经营”实现农民生活宽裕、农业内部结构优化、乡村文明兴盛的成功案例。这些都是在农地所有权与承包经营权两权分离的基础上实施的。

“三权分置”在原有两权分离基础上再将农地承包权与经营权分离，这是农地家庭联产承包责任制的重要改进，在依法保障农户土地承包权稳定性的基础上，更有助于实现经营模式多种多样、农民增加财产性收入、社会资本进入农村实体经济、打破单一层次承包制长期维系的小生产方式，以此有效推进农村“产业兴旺、生态宜居、乡风文明、治理有效、生活富裕”①。

① 习近平：《决胜全面建成小康社会　夺取新时代中国特色社会主义伟大胜利——在中国共产党第十九次全国代表大会上的报告》，人民出版社 2017 年版，第 32 页。

土地承包者依据国家《土地承包法》及承包期限顺时延展的规定，享有法权收益。此法权收益不再局限于家庭自耕自营收益。[①] 承包权可以根据真实、合意、平等、承认级差的原则，由第三方进行价值评估，承包人获得有效转让补偿。农地承包权与经营权分离主要有三种形式：农地承包权抵押融资、社会资本对农地投资获得经营权、农户以承包权入股。

第一，农地承包权抵押融资。承包权可以作为有效抵押品，将潜在法权收益转化为现金流，满足农户自主创业之需。农户可以向商业银行或信托机构或金融租赁机构抵押，也可以将大额承包权拆分为若干份抵押品，从不同金融机构借贷融资。为防止次贷风险，如果农户抵押的是劣等地的承包权，或短期抵押，债权人在合约期内不应将农户抵押的承租权作为再融资工具延长信用链条；如果农户违约，债权人在确保农地用途不变的条件下有权依法依规拍卖承租权。

第二，社会资本对农地投资获得经营权。社会资本对承包地进行技术改造投资，包括土壤改良、水环境改善、生态条件改善及添加有助于提升农业增长质量的固定实施所必要的投资。这些以改善农业可持续发展条件为对象的投资，在可核查可计量的条件下政府应以财政转移支付的方式予以一定比例的支持。中央财政的农业技术改造专项资金和地方财政的专项预算共同构成农业公共投资的来源。今后农业综合补贴的财政性支出应严格地分为两部分：用于相对稳定种植面积的补贴；用于改善和增加可持续发展条件提升农业增长质量的补贴，并以后者为主。借此也可以探索政府补贴农业的更有效方式，提高农业公共政策和补贴资金的配置效率，找到公共行为与市场机制的边界，给市场机制在调整和优化农业资源配置中的决定性作用留下必要的空间。农业公共政策必须有助于社会资本进得来、留得住、上得去。进得来，指的是改善和补充社会资本进农业的配套条件，包括资金配套、公共服务配套、基础设施配套；留得住，指的是有可持续可拓展的产业发展空间，从而有持续赢利和稳定预期

① 详见 2013 年 11 月 12 日党的十八届三中全会通过的《中共中央关于全面深化改革若干重大问题的决定》。

的条件;上得去,指的是企业必须有连续创新、自主创新,自我扩大投资的能力和动力,提升科技进步对农业增长贡献率。

第三,农户以承包权入股。将承包权资本化,可以合伙制入股,将农地物权证券化,成为新型合作经济的投资要素[①],承包权两种意义上的权利:用益物权和股权,借以增加农户财产性收入机会;也可以股权投资形式融入有限责任公司,接受资本市场配置并获取股权收益和资本溢价收益,也有助于强化农户对土地物权的风险态度和监督责任。

自全国陆续开展农地“三权分置”以来,农地承包权流转的幅度明显增大,一批规模化种植养殖基地应运而生,社会资本、科学技术、公司化治理和专业化管理,正在改变着我国农村基本经济关系和农业生产方式,改变着部分农户的收入结构。但改革发展不平衡不充分的问题还很突出,主要是:部分农民承包地流转集中之后,缺乏具有农业情怀、有投资管理能力的经营者,经营权和承包权空置,导致农地闲置荒芜;一些基层组织对农户土地流转缺乏引导和长期规划,缺乏对经营者和农户的利益协调机制,使社会投资不稳定不连续;政府的农业补贴政策不适应“三权分置”改革的需要,简单重复一直以来以农户种植面积为补贴对象的政策,弱化了部分农户流转承包权的主动性;与异常天气相关的农业巨灾险的有限保障赔付机制普遍缺位,也影响了社会资本进农业的速度、规模和深度。这些新的问题已经成为约束乡村振兴和城乡一体化发展的比较普遍的体制性短板。

第三节　城乡发展一体化和乡村振兴

城乡发展一体化是城乡互济、联动发展、缩小差距、共同繁荣的概念,是中国特色社会主义经济体系的重要组成部分,在较长时期内,城乡发展一体化的难点重点在乡村,所以解决好“三农”问题并影响全局的发展环

① 形式上类似于20世纪50年代中期农村实行的“股金证”制度,但“股金证”不可流转,大多数农户也未曾参与过分红,因而不具备“资本”的属性。

节是成功实现乡村振兴。

一、从城乡劳动力职业分割走向城乡劳动力融合

从农村开始的中国改革，在开启经济市场化后，改革的重点由农村转向城市；一部分地区先发展起来，一部分人先富起来的非平衡发展逐步成为常态。城市改革加速，城市提供了更多吸收农村劳动力的机会；农村在1983年后持续存在的"增产容易增收难"，促使农村劳动力向城市转移，向东部城市转移，向东部城市制造业、服务业转移。这种非平衡发展格局的出现，在大国体系经济发展之初有其必然性，对工业化和城市化是必要的。如同物理学中势差与势能的关系，无势差则无势能。差异化反映的是区域之间和城乡之间基于比较优势的相对分工；非平衡反映的是市场化初期等量要素投入在地区之间、城乡之间回报率的差异，严格符合"配第—克拉克定理"。

农民为寻求收入增长条件的改善而选择离乡背井追逐资本，资本为追逐更高的边际回报而在企业之间、行业之间、地区之间流动落足，两种基本生产要素的流动使一个长期因职业分割、户籍约束和基本消费品短缺而相对静态的中国社会进入了前所未有的大规模流动状态，传统的熟人社会盘根错节的超经济关系，在社会流动性更强、职业移民更多的城市被淡化了，新型职业体系重塑了人与人之间的关系，企业组织将本来附着在承包地上的分散的劳动力按企业的生产规程和一定的技术构成，组合在以效率为核心的分工体系中。从农耕生活走入现代城市就业体系的"农民工"，对市场经济环境和工业文明已越来越熟悉，他们中的大多数用比城市原住民更辛勤的劳作争取"向上流动"的机会，在工厂、商肆、家政、物流、建筑、维修等一切城市日常生产、生活和社会交往所需要的领域，寻找并维护增加收入的机会，努力把自己改造成城市文明和现代职业体系的一部分。

经济市场化引起的社会流动，完成了城乡一体化的第一步——城乡人口融合。据统计，2017年年底全国城镇常住人口8.135亿人，其中农民工总量（不包括其未成年子女和随迁老人）已达到2.87亿人，按常住

人口测算的城镇化率为 58.52%,户籍人口城镇化率为 42.35%。[1] 如此大规模的商业化人口迁徙在中国历史上前所未有,1978 年改革之始城市化率仅为 18%,这在世界史上也闻所未闻。

历史上移民主要有灾害移民、战争移民、行政强制移民、自由商业移民等类型。最具生产力进步和社会结构优化意义的是自由商业移民,因为通行其中的是劳动力供求机制、要素定价机制和社会学意义上的"向上流动"或经济学意义上的边际改进。上述大规模"改革移民"正是这样的自由商业移民。相对聚集于长三角和珠三角的所谓"人口红利"及其对城市群"增长极"效应的影响,更凸显了我国"改革移民"或自由商业移民的特殊意义。这种融合还将延续,还将在更多的城市群发生。随着乡村生产生活和乡风村容及综合发展条件的改善,随着新型农业比重提升和投资空间增大,城乡人口和劳动力双向融合的情形将越来越普遍。

二、要素单向流向城市的负面效应

在二元结构基础上的经济发展必然需要工业化和城市化。改革重点转入城市,改革目标定位于发展市场经济,开辟了两个新的巨大空间:城市发展空间和市场经济体系成长空间。与此同时,农民在实现了"耕者有其粮"之后,淡化了对粮食丰产的热情。越来越多的农业劳动力流向要素集聚效应更强、交易范围更大、机会更多的城市,流向分工日益细化的现代部门。借助于这两个巨大的空间,来自传统部门的汹涌的"活水"以强大的渗透力浸入城市生产生活的一切领域。同时迅速成长起来的民营经济和乡镇企业雇佣了几乎具有无限供给弹性的低成本劳动力。持续近四十年的农村劳动力融入城市,开启了传统部门和现代部门之间要素流动的通道。

农业剩余劳动力流动的"刘易斯均衡"本来是指:农业部门边际产出为零,从而绝对多余的劳动力进城,有利于两部门劳动生产率的提升。[2]

---

① 中华人民共和国国家统计局编:《中国统计年鉴 2018》,中国统计出版社 2018 年版。

② Lewis, W.: Economic Development with Unlimited Labor Supply, *The Manchester School of Economic and Social Studies*, May 1954.

但在实际中，随着农业劳动力持续转移，其边际生产率不再为零，但与城市提供的多元化就业选择和向上流动的机会相比，城市仍有巨大吸引力。仅就劳动生产率而言，传统部门劳动力流入现代部门，两部门劳动生产率都提升了，在现代部门表现为资本利润率和劳动报酬的上升，在传统部门表现为更少的劳动承包经营更多的土地。在农业部门劳动力的边际产出已不再为零的情况下，劳动力却继续源源不断地流向城市，将远离"刘易斯均衡"点，其显著表现就是很多农村地区出现农地抛荒闲置。一个合理的解释只能是现代工业部门的劳动回报率显著高于传统农业部门[①]，以致闲置土地对农民而言仍是有利的选择。

另一个背离"刘易斯均衡"的事实是，劳动力长期从传统部门流入现代部门，却始终未见资本要素从现代部门流入传统部门。从资本追逐最大化回报，劳动追逐合理薪酬来看，这种要素偏集的现象拉大了城乡综合发展水平的距离，造成中西部诸多传统村落的衰败甚至消失。

劳动、资本、土地等生产要素和改革开放等制度条件在城市特别是在东部长三角、珠三角城市群的相对集中，城乡二元分割、综合发展差距持续拉大的情形，既反映了市场配置资源的正常机制，也引发了各界对农村相对衰落、农业基础不稳、农民增收条件贫乏的担忧。

三、城乡发展一体化与全面振兴乡村

按 2035 年基本实现农村农业现代化的目标，乡村振兴的基本任务可分解为：根本改善农业内部结构，显著提高农民就业质量；相对贫困进一步缓解；基本实现城乡基本公共服务均等化；乡风文明，乡村治理有序；乡村生态美丽宜居。[②]

城乡发展一体化，是在保持城与乡的特色的同时在发展水平上实现一体化，不是降低城市的地位去屈就乡村，而是将乡村的地位加以提高，克服城乡之间的经济社会发展水平的差距，消除要素流动的制度性障碍。

① ［美］费景汉、拉尼斯（Ranis-Fei model）：《增长和发展：演进的观点》，商务印书馆 2004 年版，第 152 页。

② 参见《中共中央国务院关于实施乡村振兴战略的意见》，人民出版社 2018 年版。

城乡在同等地位上在经济、社会、文化等方面相互渗透、相互融合。城乡发展一体化涉及城乡规划、就业服务、社会保障、公共服务、城市管理“五个一体化”。

研究人口流动的方向可以发现，经济发展特别是城市化达到一定水平后，人口的流动不完全是生产问题，还是生活问题；不完全是寻求就业岗位问题，还是寻求生活环境问题。农村中流出的高素质劳动者，其中相当多的是连同家庭都流出。这部分人流出固然有获取高收入的追求，但农村居住和生活条件的落后也是非常重要的因素。中国目前的城乡居住和生活条件的差距，不仅导致了农村人向城市的流动，也直接阻碍了城市要素向农村的流动。如果将城乡生活条件的差距作为城乡统筹的重点，那么，缩小城乡差距的成效将是显著的。只要城乡生活环境趋向平等，那么农村和处于农村地区的城镇不仅可以留住农村的人力资本，而且可以吸引城里人住到农村，这些人居住到农村，可能以其人力资本在农村开发出新的发展项目，为新农村建设提供各种支持。

改善农村的居住和生活条件，就需要进行新农村建设，包括基础设施、公共设施的建设。具体地说，要给农村集中供水、供电、供气，通路、通电话、通电视、通网络，要在农村办学校、办医院。所有这些可以归结为习近平总书记所提出的农村美的要求。其基本路径是通过基本公共服务均等化的途径缓解城乡居民基本公共服务不平衡不充分的矛盾。基本公共服务主要包括公共卫生、基本医疗、基本医保、基本社保、基础教育、基本就业、食药安全保、基础性健康娱乐文化实施、基本道路等等。40 年改革开放、经济增长的巨大成就之一是私人品供给日益充分，国内无法平衡的可以国际平衡；但依靠市场定价机制找不到均衡点的公共品，特别是上述基本公共品相对不足，且城乡分布严重失衡，多种社会矛盾都直接与此有关。突出公共服务领域的供给侧结构性改革，就要优化政府与市场的功能定位，政府退出大量市场业务，集中人力、物力、财力增加并优化配置城乡公共品特别是基本公共品，最大限度地减少体制和政策上的障碍，让农民即使生活在农村也能方便、低成本地享受健康、富裕、安全、体面、和谐的生活。

处于农村区域的城镇，是连接城市和乡村的中间地带。城乡发展一体化必须高度重视作为连接城市与乡村的“中介点”的城镇。过去发展农村城镇是要解决农业劳动力的就地转移，现在推进城乡一体化就是要使城镇成为农村现代化的基地。农村地域广阔，只有在农村范围内发展起一个个城镇，依托城镇联结农村各业，辐射周围农村，才能就地带动农村的繁荣和发展。这可以说是中国特色农村现代化道路的重要特征。城市对乡村的影响力可以通过城镇来增强和扩散，这就提出了农村城镇城市化的要求。其基本措施，首先是推进城镇集中化，使城镇达到规模经济；其次是按城市功能建设城市设施。城镇具有城市功能，就能就近推进农村现代化，从一定意义上说，城镇城市化本身是农村现代化的一个重要组成部分。

推动农村现代化也有个范围经济和规模经济问题。面对分散化的农村村落和城镇，城乡一体化需要有序开展村庄布局调整和土地整治，继续推动工业向园区集中、人口向城镇集中、居住向社区集中、土地向适度规模经营集中，在此基础上建设现代化的社会主义新农村。

在幅员辽阔的农村不可能没有村庄。但村庄过于分散、过小，会使农村现代化建设的公共设施及相应的公共产品供给不仅花费大，建设起来后也达不到规模经济。可行的途径就是村庄集中化。农村村庄的集中体现在两个方面的进步：一是农村村庄在空间配置上更趋集中和合理化，同时还可腾出土地用于建设。二是村庄集中形成新社区并正在成为新的城镇。这个过程的推进能否成功主要取决于两个条件：一是农民在村庄集中中能得到看得见的利益，农民自愿。村庄集中要合理规划，留得住乡愁。二是村庄的集中与改善农村居住和生活条件结合进行，在村庄科学规划的基础上实行基础设施和公共设施的集中建设与供给是重要的集中化导向，村庄的集中不但不增加农民负担，而且还可能给农民搬迁损失提供利益补偿。这样，村庄的集中就可能得到农民的欢迎，更为重要的是农民进入集中的村庄可能“城市化”，就地享受城市文明。

乡村振兴需要弘扬中国特色社会主义价值体系所包含的集体主义协作精神，建立健全社区自治、邻里互助、村容整洁、乡风文明、经济文化繁荣的乡村治理体系。其中包括:养老救助体系、休闲文化教育体系、矛盾化解机制、治安保障机制。让人与自然距离更近的乡村生态环境美丽宜居。建立城乡功能匹配的空间结构,城乡“各美其美”的形态审美结构,资源节约环境优美的生态化人居空间。

综上可见,乡村振兴涵盖了经济、政治、文化、社会、生态五大领域,其成败对国家整体现代化进程的影响是决定性的。

第四节　农业经营现代化和新型经营主体

在解决农村土地制度“三权分置”基础上,农业现代化的关键是农业经营现代化,涉及农业经营主体、农业经营方式、农业生产组织等方面的现代化。

一、谁来种地

习近平总书记指出:“谁来种地这个问题,说到底,是愿不愿意种地、会不会种地、什么人来种地、怎样种地的问题。核心是解决好人的问题。”①农业现代化,发展现代农业需要引入现代生产要素。其中最为突出的,一是科技要素,二是人力资本要素。这样,谁来种地就涉及两个方面:

第一,谁来进行农业技术创新。对农业的科技要素投入包括农业科技的研究、研发、推广和应用等各个环节的投入。根据现代农业发展的品质范式要求,农民所需要的科技要素是可以直接采用的现代科技的投入品,如优良品种、现代农药和肥料、现代农业机械、种植和培育技术。因此,由政府引导的农业科技投入的对象就有个结构问题,科技投入就不能或者说主要不是直接给农民。科技投入对象突出为对于高等院校和科研机构的农业科技研究和研发的投入,这是农业技术进步的基础。

农业技术创新的关键还在于农业新技术的转化。由农业生产周期长

① 《习近平关于社会主义经济建设论述摘编》,中央文献出版社2017年版,第178页。

和季节性要求高、受自然条件影响大的特征所决定,农业中新技术的采用是有风险的。小本经营的农民有厌恶技术风险的行为。因此,农业中的新技术需要有个推广和示范的过程,而且示范和推广的费用不可能由农民支付。政府要承担起对农业新技术示范和推广的职能。政府对农民采用新技术应提供补贴,使农民获取低价的甚至免费的科技和教育供给,同时激励农业科技人员深入农村推广新技术、新品种,帮助农民解决技术难题。

第二,谁来从事农业生产。我国已有的非农化对增加农业剩余有明显的正面效应,但非农化实际上包含了农业人力资本的非农化。农村流出去的是人力资本,留下来的是低人力资本含量的劳动力。农业从业人员以女性、高年龄、低文化程度为主。这种人力资本水准与现有的农业发展水平相关,决定了在农业中使用世代相传的传统技术。在发展现代农业、推广现代农业技术时,留在农村的劳动力的知识和技术水平就不够了,没有足够的人力资本投入,就不可能实现农业技术的现代化。通常认为,农业中引入人力资本要素就是对农民进行人力资本投资,主要是提高农业劳动者的受教育程度。应该说这是必要的。但是目前留在农业中的从业人员以女性、高年龄、低文化程度为主,那么,仅仅对留在农业中的农民进行投资、提高其教育水平是远远不够的。发展现代农业的主体是现代农民。现代农业所需要的具有较高人力资本含量的高素质劳动力,需要从农业和农村外部引入。

对农业的人力资本投资更需要突出迁徙途径。既要激励流出农业和农村、经过城市和非农部门的人力资本投资的劳动力回到农业,也要激励包括大学生在内的城市中的创新创业人才进入农村和农业部门,从而在农业中形成与现代农业技术相适合的人力资本结构。其中包括有知识、有创新精神的农民,称职的科研和技术人员,有远见的公共行政管理人员和企业家。在此基础上,需要完善职业培训政策和机制,提高培训质量,造就一支适应现代农业发展需求的高素质职业农民队伍。

推进农业现代化,需要现代要素投入农业。现代生产要素投入农业的主要激励因素是农业投入收益率。如果等量资本在农业中得不到等量收益,如果农业的比较收益太低,就不会有外部的资本投入农业。显然,提高农业收益是解决谁来种田问题的关键。只有农民富裕了,才有人去种田。

二、农业生产的规模化和专业化

组织化生存是人类生存的基本状态。在组织内部,分工和专业化,及以此为基础的交易与合作,使人的自然生产力表现为社会生产力。

大量的生产活动都是以“联合劳动”的方式才能完成的,它可能是马克思意义上的“自由人联合体”内部的直接的联合劳动,也可能是借助于普遍的商品货币交往实现的间接的联合劳动。在技术上,这种联合可以是产业链上的专业化分工与集成,从而技术革命往往表现为供应链革命;也可以是产业间或部门间贸易,提高资源配置效率、生产效率和福利水平;还可以是科斯意义上的、在保证要素产权和收益权的前提下以一定规模的有效率的组织,将交易费用过高的竞争性交易行为内化为组织内的分工合作行为。

新中国成立之初的第一次农地改革使农民相对平均地分得了小规模土地,但基本农具却不能满足农业正常生产之需,加之自然农业具有严格的季节性,必须以“联合劳动”的方式互助帮耕,“互助组”这种最简单的应对生产资料短缺约束和“农时”外生约束的社会化合作组织便自发形成了。地权的独立对农户产生最大化收益激励,互助合作又相对缓释了生产资料短缺约束,“互助组”因此很快普及为全国正式的生产合作组织。

与低水平生产力相适应的“互助组”,并没有也不可能解决生产进一步发展面临的三个难题:规模化生产、信用支持和商业流通,鉴于此,几乎在互助合作全国普及的初期,自 1954 年开始陆续组建了“初级生产合作社”(生产大队和现在的村委会前身)、“初级商业合作社”(今农村供销社前身)、“初级信用合作社”(今农村信用社或农村商业银行、农业银行的前身)。明晰的农户产权、相对适中的组织规模和功能合理的社区结构,显示了“初级社”的制度优势,对完成第一个《国民经济和社会发展第一个五年规划纲要》中关于建立新经济秩序、建立初步工业化基础、增加粮食生产等重大任务，起到了十分重要的作用。

基于当时对农村社会主义合作经济体系和农业现代化方向的理解，对农业的社会主义改造当然不会局限于“初级社”层次的合作规模与方式。以农地公有制为基础的更大规模的合作组织“大社”或“高级社”由此产生。紧接着，又进一步建立“人民公社”。其特征是“三级所有，队为基础”。组织的有效性源于组织内部成员基于有效激励机制的合作。当地权激励随着“农民所有”的“初级社”转变为所有权、使用权完全充公的“高级社”或“人民公社”，合作就只能建立在道德激励（如农业学大寨）和以充分完备信息为必要条件的监督基础上了。实践没有证明这两种机制能够维系农民与组织（政府）之间、农民之间的稳定合作关系。在不合作的情形下，监督者往往不是信息占优者，甚至在“三级所有”科层制下的监督者之间也是如此，这又导致不仅监督无效而且监督费用高昂。

农村改革建立以家庭为单位的承包制，在生产和经营决策的组织形态上把“队”生产单元收敛为家庭。家庭是社会学意义上的最小单元，以最小单元承包农地，将生产经营决策和收益权直接捆束在承包地上，其全部意义就在于利用宪法意义上的农地所有权与实体法《土地承包法》赋予农民的承包经营权的制度性分离，内生出监督费为零的效果，在市场不确定性和自然条件不确定性之外，收成大小与家庭努力程度呈线性正相关，“队”作业形式下的理性行为“偷懒”在家庭联产承包责任制下则是非理性行为。但是家庭联产承包责任制以其全部意义也远远不足以解决乡村发展中更为重要的难题。正因为如此，邓小平同志早在20世纪80年代初就曾针对家庭承包制的特点提出“双层经营”的体制设计，即，第一步是实行家庭联产承包责任制，第二步是在家庭联产承包基础上强化集体经济。他同时又提出：“在生产关系上不能完全采取一种固定不变的形式，看用哪种形式能够调动群众的积极性就采用哪种形式。”①就是说，集体经济也可以有不同的实现方式，如分散承包经营的农地入股所形成

① 《邓小平文选》第一卷，人民出版社1994年版，第323页。

的股份制、以农户承包权、社会资本、技术等要素的融合所形成的生产经营联合体、农户自主参与的社区自治协会(类似于日本的农协、生协),等等。“在农村,还得要调整基层的生产关系,要承认多种多样的形式。”①

20世纪80年代开始的农村改革,实行农村土地家庭联产承包责任制,调动了农民的积极性,并且很快解决了农民的温饱问题。紧接着农业剩余劳动力从土地中转移出来,进一步提高了农业劳动生产率。在此基础上进一步推进农业现代化必然会同土地的农户家庭小规模经营发生矛盾。马克思曾经指出,以小生产为基础的小块土地所有制只是农业本身发展的一个必要的过渡点。其弊端是:“生产资料无止境地分散,生产者本身无止境地互相分离。人力发生巨大的浪费。生产条件越来越恶化和生产资料越来越昂贵是小块土地所有制的必然规律。”②就其与现代化的关系来说,“小块土地所有制按其性质来说排斥社会劳动生产力的发展、劳动的社会形式、资本的社会积聚、大规模的畜牧和对科学的累进的应用”③。马克思所说的小块土地所有制的问题同样出现在当前的土地小块经营中。因此,要推进农业现代化必须推进土地的大规模经营,否则,农业的机械化、农业产业结构的优化、现代科学在农业中的大规模应用都将成为空话。因此,在农业和农村全面转向市场经济的背景下推进农业现代化,需要有进一步的制度创新:以规模化、组织化、专业化、生态化振兴农业内生增长能力。

农业规模经营的路径就是土地在流转中集中。我国在实践中创造了土地所有权、承包权和经营权“三权分置”的制度安排。坚持土地集体所有权和农民家庭土地承包权,允许通过流转、让渡经营权等市场化方式,将土地经营权向优势生产主体进行转移。这种制度安排保证了农户家庭在新型农业经营体系中应有的主导性地位,使农户权益在改革中得以保障、财产性收入在改革中得以拓展。农民的资产主要在地产(尽管还只是使用权)和房产,这就要求土地资产和房产流动、转让和被征用都应该

---

① 《邓小平文选》第一卷,人民出版社1994年版,第324页。

② 《马克思恩格斯文集》第7卷,人民出版社2009年版,第912页。

③ 《马克思恩格斯文集》第7卷,人民出版社2009年版,第912页。

得到足额的补偿或收益。农民以土地交易和土地入股等途径获取资产收益,有条件利用商业化的资产吸引现代生产要素进入农业。

三、新型农业经营主体

农业经营规模化有两种基本形式。第一,农户有偿转让二次确权后的实际承包权,与社会资本直接结合,规模化地兴建农业基础设施,规模化地使用先进农业机械,规模化地组织储运营销研发,规模化地防灾免疫,以此分摊农地单位面积和家庭分散经营的固定成本,获取规模收益。平原地区和土地平整条件较好的地块更适合这种形式。第二,农户仍然承包经营自己的土地,但根据生产经营的需要加入一个或几个新兴合作经济组织,类似于日本的农民与"农协"的关系,为农户提供技术检测、防灾防疫、专业知识培训、集体资产的运营管理,及其他非营利性的公共服务。这是真正意义上的"双层经营"体制,我国大部分丘陵地区和山区更适合这种形式。

规模化经营不能强求一律,要尊重自然条件,因为土地的自然分布各不相同,有的适用于农地规模化集中,以企业的事业部体制分工运营;有的不必规模化集中农地,只需要按投资企业与农户的约定,规模化种植,以市场为导向集中经营管理和专业化服务。规模化经营不可采用超经济手段,必须充分尊重和保障《土地承包法》和集体财产所赋予农户的合法权益。乡村基层党政组织是协调化解矛盾、落实国家各项乡村振兴和扶贫政策的主体,必须建立常态化的机制,协调处理社会资本与农民的用益物权相融合中容易产生的利益冲突。

新型农业经营主体是在已有的家庭承包经营的基础上,通过土地流转和农业分工,在实现规模经济的基础上推进的。新型农业经营主体包括专业大户、家庭农场、农业合作社、农业企业等新型农业经营主体。新型农业经营主体有两类:一类是农业生产经营组织,包括种田大户及以此为基础建立的家庭农场、工商企业进入农业建立的农业企业等。另一类是农业社会化服务体系,包括农业机械服务和科技服务体系。新型农业经营体系的培育和构建,将推动我国农业生产和发展方式的全面创新。

新型农业经营主体不仅要求职业农民成为经营主体,还要求农民成为市场主体。分散居住、分散经营的农民,无论是在计划关系还是在市场关系中都缺乏谈判能力,没有力量保护自己的合法权益。因此,提高农户的组织化程度,使其有组织地参与市场活动,是培育农村市场主体的关键。

在农村实行家庭联产承包责任制改革后的今天谈农民合作组织,不是当年集体化时期的生产合作社,而是为农户提供流通和金融服务的合作组织,如信贷合作社、流通合作社等。在市场经济条件下,提高农业投入收益率的一个重要途径是保证农业的市场收益,从而提高农民获取现代要素的能力。这就要求完善农产品流通,并在价格机制上等价交换,保证农民获取符合价值规律要求的价格收益,从而提高农民的购买力。这需要改革农产品的流通机制,降低农产品的交易成本。只有农民参与的销售组织(合作社)承担农产品销售,才可能保证农民获得应有的市场收益。农户参与的合作组织进入市场,可以克服农户因分散而产生的市场不平等地位,提高农户讨价还价的谈判能力,克服农户人力资本存量较少、市场知识不足的缺陷,抗衡经济领域各环节的"歧视性"价格,避免中间商的中间盘剥。

农业生产方式、耕作方式落后,突出表现是产业组织落后。目前的农业生产是在农产品产业链(价值链)中最低端、附加值最低的环节中进行的。农业收益低,主要原因是农产品以初级产品进入市场,在市场上没有地位,附加值很低。只有当农业产业组织由初级产品向中间产品乃至最终产品延伸,才可能真正提高农业收益。这就提出了农业工业化要求。农业组织制度创新是重要方面,包括推进农业生产的工厂化,扩大农业生产过程的分工,延伸农产品加工链,直至延伸到物流和营销环节等终端环节。只有农民提供给市场的农产品是经过加工的农产品,也就是附加了加工价值的农产品,才可能有较高的收益。在此基础上才能真正形成市场化农业,实现市场导向,重视专业化、特色化,根据市场导向调整农业结构。

在目前的市场条件和农民的收入水平下,单纯靠市场途径不可能提高农业收益,即使是坚持等价交换,也不可能有效解决现代要素引入农业的问题。这就要求各个方面向农业提供在等价交换以外的支持,尤其是建立工业反哺农业、城市支持农村的反哺机制。这是对于农业对工业化和城市化所作出的贡献的补偿。

思考题

1. 农业、农村和农民现代化要达到哪些目标?
2. 如何理解农业发展由剩余范式转向品质范式?
3. 根据要素流动的规律说明乡村振兴的途径。
4. 农业经营现代化包括哪些内容?如何培育新型农业经营主体?

第五篇

对外经济

第十九章　经济全球化新态势和人类命运共同体

马克思十分重视国际经济问题的研究。在他最初的《资本论》六个分册的写作计划中，就包括国际贸易和世界市场两个分册。按照马克思主义政治经济学的观点，经济全球化是生产力发展越出一国国界的经济现象，是生产社会化向国际化的延伸。改革开放以来，中国通过融入经济全球化获得了巨大的发展成就，也对世界经济格局产生了重大影响，尤其是引发了世界经济再平衡问题，全球化呈现新的发展态势。根据习近平总书记讲话精神，站在新的历史起点上，实现中华民族伟大复兴的中国梦，“必须适应经济全球化新趋势、准确判断国际形势新变化、深刻把握国内改革发展新要求，以更加积极有为的行动，推进更高水平的对外开放”①。

第一节　经济全球化及其新特点和新趋势

“经济全球化”这一概念虽然是冷战结束以后才流行起来的，但这样的发展趋势并不是新东西。早在19世纪，马克思、恩格斯在《德意志意识形态》《共产党宣言》《1857—1858年经济学手稿》《资本论》等著作中就详细论述了世界贸易、世界市场、世界历史等问题。《共产党宣言》指出：“资产阶级，由于开拓了世界市场，使一切国家的生产和消费都成为世界性的了。”②马克思、恩格斯深刻揭示了经济全球化的本质、逻辑、过程，奠

① 《习近平关于社会主义经济建设论述摘编》，中央文献出版社2017年版，第291页。

② 《马克思恩格斯选集》第1卷，人民出版社1995年版，第276页。

定了我们今天认识经济全球化的理论基础。

一、经济全球化的三个阶段

1. 殖民扩张和世界市场形成阶段

经济全球化发展的第一阶段其主要特征是:“西方国家靠巧取豪夺、强权占领、殖民扩张,到第一次世界大战前基本完成了对世界的瓜分,世界各地区各民族都被卷入资本主义世界体系之中。”①

18 世纪后半期到 19 世纪中叶的自由竞争资本主义阶段,商业资本国际运动在资本国际运动中占据主导地位。在资本的本性——追求利益最大化的驱使下,资产阶级开始把触角伸向了世界各地,以寻求更多更廉价的原材料、劳动力和开拓更广阔的世界市场。于是,在资本主义瓜分世界的过程中,孤立的民族隔离生产的状态被打破,世界市场日益将各民族、各地区连为一体,世界经济踏上了全球化运动的轨迹。正如马克思、恩格斯在《共产党宣言》中指出的:“不断扩大产品销路的需要,驱使资产阶级奔走于全球各地。它必须到处落户,到处开发,到处建立联系。”②可以看出,在这一时期,商品输出是国际经济关系的主要内容和基本特征;资本主义的贸易全球化,成为经济全球化发展的起点。

2. 两个平行世界市场阶段

19 世纪末 20 世纪初,随着资本主义进入垄断阶段,在商品输出进一步迅速增长的同时,资本输出也大大增长。在这一阶段,资本输出的主要部分是借贷资本的输出,它导致金融资本对全球的统治,并成为这一时期国际经济关系的主要内容。更多的国家卷入了帝国主义主导的世界市场,统一的世界市场最终形成。两次世界大战的爆发,打断了经济全球化的进程。

第二次世界大战后,伴随着殖民地和半殖民地国家的纷纷独立,“世界形成社会主义和资本主义两大阵营,在经济上则形成了两个平行

---

① 习近平:《在省部级主要领导干部学习贯彻党的十八届五中全会精神专题研讨班上的讲话》,人民出版社 2016 年版,第 21 页。

② 《马克思恩格斯选集》第 1 卷,人民出版社 1995 年版,第 276 页。

的市场”①。第二次世界大战以后，在美国的主导下，对国际经济关系进行了调整，重建国际经济秩序，主要是建立了国际货币基金组织（IMF）、国际复兴开发银行（即世界银行）、关贸总协定（GATT，世界贸易组织的前身）三大国际经济组织。这些以发达资本主义国家为主导的国际经济组织发挥了一定的国际经济协调作用，促进了国际贸易和国际投资的发展。在关贸总协定的推动下，各国纷纷降低关税和非关税壁垒，促进了贸易自由化进程。战后跨国公司的兴起，使以它为载体的产业资本国际运动得以顺利发展。资本的国际流动从流通领域扩展到生产领域，形成了以产业资本国际运动为主导的资本国际化。

3. 经济全球化阶段

20世纪80年代中期以来，世界格局发生了转折性变化，和平和发展成为当代世界的主题，各国都把发展经济作为首要任务，纷纷奉行对外开放政策，经济全球化进入了快速发展的新阶段。“随着冷战结束，两大阵营对立局面不复存在，两个平行的市场随之不复存在，各国相互依存大幅加强，经济全球化快速发展演化。”②

新一轮经济全球化浪潮形成的原因，大致包括以下几个方面。

第一，科技革命和生产力的发展是经济全球化快速发展的根本动力。如果说，前两次产业革命作为全球化的强大推进力量，促成了统一的世界经济体系的话，那么，以微电子和信息技术革命为特征的第三次科技及产业革命，为经济全球化发展奠定了先进的物质技术基础。互联网的发展使世界变得平坦，世界经济的空间距离迅速消失，再加上以巨型客机和巨型轮船为代表的交通运输工具的革命性变化，使得各国各地区间的相互往来比起马克思的时代更为便捷，各国各地区的生产、贸易、金融方面的相互联系和相互依赖比以往任何时代都更为密切，全球各个角落的人们都被卷到全球化的浪潮中来了。

---

① 习近平：《在省部级主要领导干部学习贯彻党的十八届五中全会精神专题研讨班上的讲话》，人民出版社2016年版，第21页。

② 习近平：《在省部级主要领导干部学习贯彻党的十八届五中全会精神专题研讨班上的讲话》，人民出版社2016年版，第21页。

第二,市场经济的发展是推动经济全球化的因素。经济全球化必须依靠市场来实现。因此,市场经济既是民族国家参与经济全球化进程的起点,也是经济全球化发展的客观要求。可以说,没有市场经济,就没有经济全球化。中国实行了以市场为导向的经济体制改革,发展社会主义市场经济,融入了全球化经济。

第三,跨国公司是经济全球化的推动力量。跨国公司开展的全球性经营活动,是经济全球化的标志性特征。跨国公司按照其自身的发展战略和经营策略,在全球范围内融资,在全球范围内组织生产和销售,促进了资金、技术和先进管理方式等生产要素在全球范围内的流动,使得许多产品的生产和销售都成为全球性的了。跨国公司及其遍及全球的分支机构,以及为其服务的分包商和供应商,共同构成了世界性的生产体系。

世界贸易组织(WTO)等国际经济组织的成立,促进了贸易便利化和投资便利化,规范了国际市场竞争规则,也在一定程度上推动了经济全球化的进程。经济全球化并不否定国家利益和民族利益。但在开放条件下,国家利益和民族利益要通过参与经济全球化才能得到更好的实现。

二、当代经济全球化的新特点

20 世纪 80 年代以来,伴随科技进步尤其是全球生产分工技术的快速进步,以及全球贸易和投资自由化制度的全面推行,出现了一些新趋势和新特点。

1. 全球价值链分工深入发展

当代国际分工主要有三种基本形式:产业间分工、产业内分工和全球价值链分工。

所谓产业间分工,是指不同产业部门之间生产的国际专业化,促使不同要素密集型的产业在不同区域集聚,国际分工的基础是国家间要素禀赋的差异,通过国际分工实现全球生产要素的优化配置。它是第二次世界大战以前国际分工的基本形态和主导形式,突出表现在亚、非、拉国家专门生产农业原料、矿物原料及某些食品,而欧美等国家则专门生产工业制成品。

所谓产业内分工，是指相同生产部门内部各分部门之间生产的国际专业化，主要是指同类产品的差异化分工。这类国际分工的基础是规模经济和不完全竞争的市场结构，通过产业内分工能够实现诸如规模经济的收益。第二次世界大战后，第三次科学技术革命推动了产业内国际分工的快速发展，并成为第二次世界大战以来至20世纪70年代间国际分工的主导形式。这是发展水平、要素禀赋结构以及消费结构等相似的工业国之间所进行的差异化产品的产业内贸易，就像德国、日本、美国都生产汽车，但各有所长、各有特色。其贸易品主要以制造业行业内的制成品为主。与传统的产业间分工一样，产业内分工还是以产品为界限的国际分工。

全球价值链分工即产品内分工。20世纪80年代以来，伴随科学技术的发展，国际范围内市场经济体制的基本建立和贸易投资壁垒的逐渐降低，国际分工和贸易的形式发生了巨大变化，产品的价值链被分解了，产生国与国之间按同一产业或产品的生产环节或工序进行分工的现象，学术界把这种新的国际分工称为价值链分工，表现为产品内分工、生产地点分散化、价值链切片、中间品贸易、垂直专业化以及片段化生产等。在产品内国际分工体系下，最终产品的生产往往不再由任何一个国家独立进行，而是多国要素共同参与。换言之，各国是以各自的优势要素，分别参与产品价值链条上具有不同要素密集度特征诸如劳动密集型、资本密集型、技术密集型等的环节和阶段，因此，产品内分工的实质是各国以优势要素参与国际分工。产业链分工或价值链的分解，是跨国公司在全球范围内进行贸易和投资活动的结果，其实质是跨国公司在全球范围的资源整合。

由于国际分工的新变化，国际产业转移也出现了新特点。国际产业转移演进为产业链条、产品工序的分解和全球化配置，国际产业转移逐步演变为增值环节的梯度转移。跨国公司成为新一轮产业转移和重组的主体，外包成为跨国公司进行国际化生产经营活动的主要方式。跨国公司适应产品内分工、价值链分解的要求，将一些生产制造和经营环节转移到具有低成本制造优势的发展中国家，自己则专注于具有相对竞争优势的价值增值环节，使位于不同国家的企业形成一个国际分工协作网络，每一个生产环节都成为全球生产体系的一部分。跨国公司首先转移的，当然是劳动密集型制造加工环节、工序或零部件，但随着东道国要素禀赋结构的变化，会逐渐向高端加工延伸。“保留擅长的，外包其余的”，成了跨国公司增强国际竞争力的重要手段。一些跨国公司甚至把通常所理解的所谓关键环节或流程如研发、技术和营销都外包了，自己则成了国际生产网络的掌控者和经营者，成为名副其实的“虚拟公司”。

随着经济全球化的不断发展，信息通信技术的广泛应用，新兴市场国家基础设施的改善和劳动力素质的提高，以及全球服务贸易规则的实行，服务业只能局限于一国国内的格局被打破，旨在降低制造业交易成本的生产性服务业开始向外转移，服务业加快了全球调整和转移的步伐。服务外包成为成长最快的服务业跨国转移，推动了服务业进入国际分工体系。所谓服务外包，是指生产经营业的业主将服务流程以商业形式发包给境外服务提供者的经济活动。其中发展最为普遍的有商务服务、计算机及相关服务、影视和文化服务、互联网相关服务、各类专业服务等，涵盖设计软件、电信、金融服务、管理咨询、芯片、生物信息等多个行业，包括产品设计、财务分析、交易处理、呼叫中心、IT 技术保障、办公后台支持和网页维护等多种服务类型。服务外包的迅速发展，使服务业这个传统上“不可贸易行业”的性质发生变化，成为服务业全球分工体系形成的重要载体。

各种生产要素的流动性是不同的，资本、技术跨国界流动的障碍较小，而一些要素则不能流动或流动性较弱，比如土地、产业配套能力、政策环境等。因此，新一轮国际产业转移，本质上是可流动的要素追逐不可流动的要素进行的全球生产重组的过程。很明显，这种产业重组不仅有利于跨国公司增强全球资源配置能力，而且给发展中国家带来了发展的机会。像中国这样的政治稳定、基本经济制度合理、基础设施完备、人力资源充沛且市场容量大的发展中国家，是跨国公司产业转移的首选地。通过吸引外资，尤其是外商直接投资（FDI），中国聚集了大量的优质国际生产要素，特别是中国稀缺的先进要素，如技术、标准、品牌、国际营销网络、市场竞争制度、企业家及企业家精神等，与中国丰裕的生产要素如低价优质的劳动力相结合，大大激发了潜在的生产能力，推动了中国经济的高速增长，使中国迅速成为世界先进制造业的生产基地，并跻身于贸易大国的行列。

2. 新兴经济体崛起改变着世界经济格局

在经济全球化浪潮中，随着中国等新兴经济体和发展中经济体的崛起，世界经济格局出现了重大变化。从经济增速上看，20 世纪 90 年代中后期以来，新兴经济体和发展中经济体的 GDP 实际增速一直高于发达经济体的增速。据联合国贸发会议统计数据库统计数据显示，1976 年美国、英国、德国、法国、日本、意大利和加拿大七国集团（G7）成立时，其经济总量约占世界经济总量的 80%。伴随新兴经济体和发展中经济体的经济快速发展，七国集团在全球经济中的比重不断下降。尤其是 2008 年全球金融危机的爆发，虽然全球各主要国家都未能“独善其身”，但主要发达国家成为危机冲击中的“重灾区”，经济实力在危机中也是遭受重创。相比较而言，中国、俄罗斯、印度、巴西等新兴经济体则在危机冲击后，成为世界经济复苏的重要引擎。这种增速上的差异，必然反映到体量变化上。新兴经济体在世界经济中的份额迅速壮大，七国集团在世界经济中的份额则迅速下降，2016 年在世界经济中的比重已不足 50%。从对全球经济增长的贡献角度看，新兴经济体和发展中经济体对全球经济增长的贡献率越来越高。根据世界货币基金组织的统计，近十余年来新兴经济体和发展中经济体的贡献一直大于发达经济体，特别是在 2008 年全球金融危机期间，相比发达经济体，新兴经济体和发展中经济体对全球经济贡献更加凸显，新兴经济体对全球经济增长的贡献已经达到 80%。上述变化使得全球经济重心不断向东移动，出现了“东升西降”的发展变化。而在“东升西降”的发展变化中，中国无疑发挥了重要的引擎作用，在全球金融危机冲击后的世界经济复苏中，贡献尤为卓越，不但被看作是新兴经济体的领头羊，而且成为经济多极化世界的重要一“极”，经济总量已成为仅次于美国的全球第二大经济体。中国从经济全球化中受益的同时，对经济全球化的贡献也越来越大。2017 年中国对世界经济增长贡献率达到34%。

3. 区域经济一体化方兴未艾

20世纪90年代末期以来,世界范围内掀起了新一轮区域经济一体化浪潮,双边自由贸易协定和区域贸易协定大量涌现。根据WTO的统计,1948年至1994年向关贸总协定(GATT)通报的区域贸易协定(RTA)只有123个,但从80年代末90年代初开始进入了快速发展的时期,特别是进入21世纪以后,以平均每年10个以上的速度增加。具体来讲,1950—1959年为3个,1960—1969年为19个,1970—1979年为39个,1980—1989年为14个,而1990—1998年就有82个,从1992年以后平均每年向WTO通报的RTA都在10个以上。[①] 例如北美自由贸易区、欧盟、亚太经济合作组织(APEC)等。

区域经济一体化的活跃与世界经济发展特征以及经济全球化深入发展密切相关。

第一,全球价值链分工主要体现为最终产品的国际合作生产,这使得相邻区域的国家有动力形成更为紧密的经济合作关系,以促进相关国家区域生产网络的构建,实现优势互补互利共赢,提升本地区企业的竞争力。

第二,经济全球化的领域超越了WTO所覆盖的范围。20世纪90年代以来经济全球化所涉及的领域已经越多越多地超出了WTO所覆盖的范围,其关注的领域不仅仅是传统的贸易自由化以及关税减让和非关税壁垒的消除,投资自由化、竞争政策、知识产权保护、环境和劳工等等都成为重要的关注点。换句话说,经济全球化关注的角度从"贸易"转向"贸易相关事项"。显然,在很多"贸易相关事项"上,不同的国家集团有不同的利益诉求,这种共同的利益诉求可以通过区域经济一体化实现。

第三,全球贸易投资规则制定权的竞争。随着世界经济发展和世界经济格局的转变,世界贸易组织越来越不适应全球治理的新需求,其贸易标准和组织方式已经需要更新。在这个过程中,新的贸易投资规则制定

① 全毅:《全球区域经济一体化发展趋势及中国的对策》,《经济学家》2015年第1期。

的主导权成为获取未来竞争优势的关键。通过区域经济一体化提升博弈力量是规则制定主导权争夺的途径之一，尤其是对大的经济体更是如此。

在这种形势下，中国也积极推动或者参与区域经济一体化进程，“面对新形势，我们应该深入推进区域经济一体化，打造有利于长远发展的开放格局”①。金砖国家，上海合作组织等就是我国参与的区域经济一体化。

4. 逆全球化因素增多，但全球化大趋势不会改变

特朗普当选美国总统和英国以全民公投的形式脱离欧盟，被认为是逆全球化的代表性事件。从全球治理体系的演进历史来看，这也绝不仅仅是出于偶然，它实际上可以看作是全球经济治理体系不完善的具体表现。现有全球经济治理体系一方面提供了经济全球化所必需的规则和秩序，具有适应社会生产力向全球化发展的积极作用，但另一方面，这些规则和秩序主要是在美国等发达资本主义国家主导下制定的，主要代表的是垄断资本和跨国公司的利益。当美国赫然发现它在世界经济中的领头羊地位受到削弱时，声称“让美国重新伟大”“退出TPP”、退出北美贸易协定、增加关税的特朗普就得到了支持，“意外”当选美国总统。他的支持者，大多是全球化中处境相对恶化的美国普通民众，因为垄断资本、跨国公司的利益可以从超越国界的全球价值链中得到保障，但普通民众并不能。出于类似的情形，英国民众认为欧盟对于英国，负担更多，帮助更少。欧盟的危机此前也一直存在，还没有从欧债危机中脱困，又疲于应付中东难民问题，英国脱欧更是雪上加霜，在是否提高对外贸易壁垒的问题上争论不断，时左时右。

虽然逆全球化因素增多，但并不能改变经济全球化发展的根本趋势。历史地看，经济全球化是社会生产力发展的客观要求和科技进步的必然结果，不是哪些人、哪些国家人为造出来的。正如习近平总书记指出，“世界经济的大海，你要还是不要，都在那儿，是回避不了的。想人为切断各国经济的资金流、技术流、产品流、产业流、人员流，让世界经济的大

① 《习近平谈治国理政》第二卷，外文出版社2017年版，第211页。

海退回到一个一个孤立的小湖泊、小河流,是不可能的,也是不符合历史潮流的”。①

第二节　世界经济再平衡与中国开放发展

在全球价值链分工条件下,由于生产要素的跨国流动性不断增强,尤其是资本要素的跨国流动性不断增强,产品价值链的全球分解日益深化,不同生产环节和阶段被配置到具有不同要素禀赋优势的国家和地区。大大推动了产业和产品生产环节的国际梯度转移,特别是从发达国家向发展中国家的转移。在全球财富主要集中于发达经济体从而消费主要倚重于发达经济体市场时,生产基地不断向发展中国家转移,必然促成以贸易为表现的所谓全球经济失衡。纠正国际收支失衡尤其是贸易失衡成为当前世界经济中的重要问题,而全球经济失衡调整中的中国外贸失衡问题尤其成为全球瞩目的重大问题。

一、全球经济失衡的本质及形成机理

20 世纪 90 年代以来,随着科学技术的迅速发展和全球市场经济体制的逐步建立,商品和生产要素全球流动的技术障碍和制度障碍大大降低,经济全球化程度不断加深,这突出表现为要素尤其是资本要素的跨国流动不断增强。以全球对外直接投资为例,据联合国贸发会议统计数据库资料显示,全球对外直接投资存量已从 1980 年的 5489. 36 亿美元迅速攀升到 2010 年的 204082. 57 亿美元。

在市场经济中,企业会按照利润最大化原则对各种生产要素进行搭配和组合,而在要素跨国流动性不断增强的背景下,各国优势要素进行组合使进行全球生产成为可能。由于经济发展水平存在巨大差距,发达经济体在资本、管理、技术等要素上具有优势,而发展中经济体则在简单劳动力等初级要素上具有优势,因此,全球化条件下发达经济体的资本、技

① 《习近平谈治国理政》第二卷,外文出版社 2017 年版,第 478 页。

术等要素与发展中经济体的劳动力等要素进行组合，便成为跨国公司的必然选择。尽管要素跨国流动性不断增强，但是不同要素的国际流动性差别很大。其中，资本和技术等生产要素的流动性较强，而发展中经济体相对丰富的简单劳动力和土地等自然资源流动性较差，这就使得全球产业结构的调整在一定程度上表现为流动要素对非流动要素的追逐。换言之，发展中经济体源自劳动力要素禀赋等低成本优势对跨国公司具有独特的吸引力。

在发达经济体和发展中经济体存在较大发展差距的情况下，发达经济体的工资水平相对较高，为了保护本国工资水平不至受到劳动力要素流动可能带来的巨大冲击，发达经济体对劳动力要素的跨国流动通常也会实施较为严格的限制，而这一要素正是发展中经济体的优势要素。当然，即便排除这一点，发达经济体拥有的优势要素主要集中在资本等生产要素上，而发展中经济体拥有的优势要素则主要集中在丰富而廉价的劳动力等生产要素上，两类性质不尽相同的生产要素由于其国际流动性存在差异，流动要素对非流动要素的追逐便是一种理所当然的现象。在一定意义上来说，发展差距是导致全球要素非对称性流动的主要原因。所以，最终结果便是发达经济体的优势要素追逐发展中经济体的优势要素，从而带来了全球产业尤其是制造业基地向发展中经济体转移的发展之势，在某种程度上导致全球贸易失衡。

不同要素国际流动性之间的巨大差异促进了制造业基地从发达经济体向发展中经济体转移，加速了生产全球化进程。应该说，在要素流动及由此引发的产业转移之前，由于发达经济体和发展中经济体在经济发展方面存在的巨大差距，全球主要产出集中在发达经济体集团内部，而对产出的消费，或者说全球主要需求也主要集中在发达经济体集团内部。但是，正是这种差距的存在，使得在全球要素非对称性流动的作用下，全球产业结构调整向发展中经济体转移，从而使得发展中经济体的全球供应能力增强。但是产业转移并没有逻辑性地提高发展中经济体的相对消费水平。据世界银行发布的 2010 年世界发展报告的统计数据显示，目前全球尚有 14 亿人生活在每天 1.25 美元的国际贫困线以下；2005 年，生活在中国以外地区的贫困人口较之1981年时至少增加了1亿；而且，目前全球有超过八成的人口居住在收入差距正在不断拉大的国家和地区。南北收入仍然存在较大差距的严峻事实，意味着全球消费仍然以集中在发达经济体集团为主，全球生产和消费密集度较高的地区必然是发达经济体内部。换言之，南北发展的巨大落差，导致发展中经济体需求不足，世界经济增长不得不倚重发达经济体的消费，而难以借助中低收入国家的消费，使得发展中经济体的总供给大于总需求，全球贸易失衡应运而生，从而促成了以全球贸易失衡为主要表现的全球经济失衡。

根据要素禀赋理论，要素流动的限制是不会导致贸易失衡的。假定要素在国际间不可流动，商品的国际贸易可以替代要素流动，从而均衡结果与要素能够流动是完全一致的，因此，依据相同的道理，当劳动和土地要素不能流动时，富有这些要素的国家将通过出口劳动和土地密集型的商品，与发达国家的资本和技术密集型产品交换，从而未必出现贸易盈余。但是，当前全球贸易失衡难以在传统贸易理论框架下得到全面准确的解释，其中根本原因就在于，伴随着要素尤其是资本流动所带动的产业国际梯度转移和产品价值增值环节的梯度转移，当前全球贸易的性质已经发生了根本性的变化，即从传统分工模式下为最终产品价值实现而进行的国际交换，转变为确保全球生产的正常进行而进行贸易。

因此，当前的贸易问题已不再是商品间或商品和要素间的简单交换问题，必须从全球生产或者说日益全球化的供给角度进行新的认识。贸易在很大程度上是生产全球化的结果，是全球生产和消费相对变化的结果，这一点正是全球贸易失衡的出发点。可以认为，在传统的分工模式下，横向贸易(Horizontal Trade)更多地表现为各自发挥比较优势而进行的“互通有无”或“各取所长”式的商品交换，因此从理论上来说，贸易应该是平衡的，这也是传统国际经济理论所强调的。但在新的国际分工形式下，纵向贸易(Vertical Trade)更多地表现为全球生产中的一个“流转”环节，而当全球生产能力出现转移但并未逻辑地出现相一致的消费能力变化时，贸易失衡便会产生。这或许是为什么在新的国际分工模式下会出现贸易失衡的本质。举例而言，假设世界上有A国和B国，共同生产一种产品，B国负责研发和生产中间产品，A国负责利用中间品进行加工制造。在整个过程中，A国从B国进口中间产品，出口最终产品。显然，A国作为生产过程的一个“流转”环节，必然产生一个附加值增值过程，而当最终产品的消费定位于B国时，贸易失衡就是一种必然。

二、中国开放发展与贸易失衡的形成

改革开放以来中国外向型经济发展战略取得了巨大成功，并出现了持续多年的贸易顺差。中国对外贸易不平衡发展已经引起国内外理论界的极大关注。美国等发达国家将所谓的“全球经济失衡”归咎于中国。代表美国等发达国家利益的经济学家认为，美国的贸易和资本项目双赤字和中国的双顺差，是全球经济失衡的集中表现，是美国与中国贸易、汇率等方面多种争端的根源。这种似是而非的观点，把中国对全球经济发展的贡献说成是全球经济失衡的原因，把中国外贸顺差简单归结为人民币低估，当然是不科学、不符合实际的。应该说，中国选择开放发展战略带来的贸易失衡，是经济全球化的快速发展以及国际生产分工体系演变与中国特有要素禀赋优势耦合的必然结果。

1. 经济全球化的快速发展带来产业结构国际梯度转移

20世纪70年代，两次石油危机和世界性经济危机，沉重打击了西方工业化国家高能耗的重化工业，迫使其加快产业结构调整的步伐，开始发展以微电子技术为主的较少消耗能源的知识技术密集型产业，而将钢铁、化工、造船等粗放型重化工业以及失去比较优势的劳动密集型产业向亚洲等国家或地区转移。到了80年代中期，以美、日为代表的发达国家大力发展新材料、新能源等高新技术产业，将产业结构重心向高技术化、信息化和服务化方向发展，进一步把劳动、资本密集型产业和部分低附加值的技术密集型产业转移到海外。与此同时，亚洲“四小龙”等新兴工业化国家或地区通过大量吸收发达国家的投资，承接美、日转移出来的重化工业和微电子等高科技产业，并将劳动密集型产业和一部分资本技术密集型产业转移到东盟和中国。正是在这一背景下，处于工业化发展初级阶段的中国，凭借劳动力相对丰富的比较优势和一系列优惠政策，吸引了发达国家转移过来的劳动密集型或资源密集型加工制造业。特别是1992年我国确立了社会主义市场经济体制后，承接国际产业转移的制度基础得到进一步完善，中国抓住了国际产业结构调整和转移难得的历史性机遇，承接了大量来自于发达国家和新兴工业化国家的制造业国际转移，进入了承接产业国际转移的快速发展阶段，主要表现为外国企业特别是跨国公司开始在我国进行大规模投资，中国利用外商直接投资的规模日益快速增长，中国承接国际产业转移所形成的“出口效应”自1994年开始显现，特别是加入WTO以后，中国对外贸易呈现爆发式增长，外贸顺差越来越大，且形成了巨额外汇储备。可见。所谓贸易失衡，本质上是市场机制决定的国际产业分工的结果。

2. 产品内分工的快速发展带来增值环节国际梯度转移

在产品内分工情况下，在完成最终产品的生产之前，中间产品要经过多次跨境流动，因此，贸易壁垒的高低对产品内分工有很大的影响。贸易自由化的发展为以中间产品跨境流动为特征的产品内分工提供了便利条件。产品内分工的发展，推动了生产分工的专业化，极大地提高了生产率。

中国作为发展中国家，主要凭借劳动力相对丰富的比较优势和良好的投资环境，具备吸引劳动密集型生产环节流入的重要区位优势，从而构筑了承接国际资本和产业转移的平台。中国因此而全面融入到跨国公司主导的国际分工体系中，成为国际生产网络特定环节的重要配置地。占据中国外贸半壁江山的加工贸易的快速发展就是融入产品内国际分工体系的一个显著表现。在以产品内分工为特征的经济全球化条件下，中国以其特有的劳动力要素禀赋优势融入其中，成为跨国公司主导的全球生产网络中的“价值增值地”和“出口平台”，其所带来的必然结果是贸易失衡。需要指出的是，贸易顺差不等于“赚钱”，贸易逆差不等于“吃亏”。贸易分工本质上是互利双赢的，发达国家获利更多。中国的大部分贸易顺差，是由加工贸易导致的，中国只是拿到了很小比例的加工费，而利润则大部分进了跨国公司的腰包。可以说，顺差在中国，利润在美国。

三、如何实现世界经济再平衡

20世纪90年代中期以来，全球贸易失衡表现出较为显著的主体特征，即全球贸易逆差主要集中在以美国为代表的发达经济体，以及贸易顺差主要集中在以中国为代表的发展中经济体和转型经济体，而两类失衡经济体之间存在一个极为显著的差别，即巨大的发展差距。换言之，发达经济体较高的收入水平和发展中经济体及转型经济体相对较低的收入水平，共同导致了全球贸易失衡，并表现为贸易逆差主要集中在发达经济体，而顺差主要集中在发展中经济体和转型经济体。因此，从本质上看，全球经济失衡是源于发达经济体和发展中经济体之间的巨大差距。

从全球经济失衡的本质看，既然造成全球贸易失衡的根本原因在于发达经济体和发展中经济体之间发展的严重不平衡，因此，以美国为代表的发达经济体试图通过汇率和关税等贸易保护的手段来解决全球贸易失衡，是无济于事的。实际上，当前全球贸易失衡，其实质正是不平衡发展下全球资源进一步优化配置的表现，换言之，这是实体经济的一种动态均衡。因此，解决全球贸易失衡的有效途径，是逐步缩小不同经济体之间的发展差距。这就要求各国践行全球“包容性”增长理念，给予发展中经济体和转型经济体以更多的帮助、扶持，以推动全球经济的和谐发展、共同发展和可持续发展。发达经济体不应将自身经济发展中所遇到的问题错误地归咎于贸易失衡、错误地归咎于发展中和转型经济体的汇率政策，进而采取一些有悖于经济全球发展大势的包括贸易保护主义在内的错误政策，这不仅不能解决全球贸易失衡，反而会使得全球资源的优化配置遭到扭曲，从而恶化全球福利。当然，中国通过进一步的开放发展，同样需要担当起大国责任，为世界经济再平衡作出中国贡献。

由于世界经济失衡的本质是发展失衡，是利益分配的失衡，因此，实现经济全球化再平衡，就是要让不同国家、不同阶层、不同人群共享经济全球化带来的好处，即要注重“公平”，实现“互利共赢”。正是基于这一现实背景和需要，2017年1月，习近平主席在达沃斯论坛上就曾指出，“要让经济全球化进程更有活力、更加包容、更可持续。我们要主动作为、适度管理,让经济全球化的正面效应更多释放出来,实现经济全球化进程再平衡”①。2018 年 7 月 25 日,习近平主席在金砖国家工商论坛上发表讲话时又指出:“要坚定建设开放型世界经济,旗帜鲜明反对单边主义和保护主义,促进贸易和投资自由化便利化,共同引导经济全球化朝着更加开放、包容、普惠、平衡、共赢方向发展。要让经济全球化的正面效应更多释放出来,帮助新兴市场国家和发展中国家,特别是非洲国家和最不发达国家有效参与国际产业分工,共享经济全球化的红利。”②而要实现这一目标,就必须打造“人类命运共同体”。这种开放发展思想,是一种典型的“联动”实现“再平衡”的发展模式。通过增强世界经济产业和价值链条联结,推动产业布局重构进而实现要素优化配置,实现全球经济均衡和可持续增长,使得参与国家都能成为全球价值链中公平的参与者。可见,“人类命运共同体”是完善全球治理的新理念,必将成为顺应和引领新阶段经济全球化发展的先进理念和理论基石。

第三节　人类命运共同体和全球经济治理体系

当前,西方发达国家贸易保护主义抬头,内顾倾向明显。逆全球化思潮的出现,致使当前经济全球化走到了十字路口。面对国际形势变化和世界发展的客观要求,以习近平同志为核心的党中央积极推动以合作共赢为核心的新型国际经济关系的构建,主动参与和推动经济全球化进程,倡导建立“人类命运共同体”,得到全世界的认同。习近平总书记提出的“人类命运共同体”理念,是对世界经济发展实践的理论总结,是马克思主义政治经济学关于国际经济理论的新发展,对于构建更有活力、更加包容、更可持续的经济全球化,具有重要的引领作用。

---

① 《习近平谈治国理政》第二卷,外文出版社 2017 年版,第 478—479 页。

② 习近平:《顺应时代潮流　实现共同发展——在金砖国家工商论坛上的讲话》,《人民日报》2018 年 7 月 26 日。

一、现有全球经济治理体系面临严峻挑战

现行的全球经济治理体系，是第二次世界大战后在美国等西方国家主导下建立起来的。客观而论，美国等西方发达资本主义国家依托世界银行、国际货币基金组织、世界贸易组织（原来的关贸总协定）等国际组织和机构建立的全球经济治理机制和体系，对战后促进国际贸易、国际投资和世界经济的繁荣发展，起到了重要的推动作用。然而，伴随经济全球化深度演进、全球经济失衡问题加重、新兴经济体崛起、收入分配差距扩大等现象，现行全球经济治理的局限性日益显现，在维护全球经济秩序的功能方面表现出严重不足。面临全球经济新形势，当前的全球经济治理体系已经出现三个方面的不适应。

一是不适应全球经济格局调整的变化。如前所述，过去十多年来，伴随新兴经济体和发展中国家尤其是中国和印度等国经济的快速发展，全球经济重心正在发生“东升西降”的重要变化，国际经济力量对比发生深刻演变。目前，新兴经济体和发展中国家对全球经济增长的贡献率已经远远高于发达经济体。然而，以美欧等发达经济体为主导的全球治理体系，未能反映世界经济格局的新变化。经济实力强大的发达国家往往是一定时期全球经济治理体系的制定者和主导者，它一旦形成，就会在这些国家的经济和政治强权的作用下，维持相当一段时间，处于相对稳定状态。现行的全球经济治理体系是由发达国家主导的，主要是以维护发达国家垄断资本利益为出发点的，具有不合理、不公正、不平等的一面，影响了发展中国家的经济发展，对发展中国家的利益诉求关注不足。而且现行全球经济治理体系，也是建立在旧有的不合理国际分工基础之上的，突出表现在发展中国家在其中处于不利的地位，甚至使发展中国家处于依附、利益受损的状态。因此，提升新兴经济体和发展中国家的代表性和发言权，是完善全球经济治理的重要方向和内容。

二是不适应国际分工发展的新特点。经济全球化的深度演进导致国际分工形式发生了深刻变化。传统的产业间国际分工模式逐渐向产业内分工、产品内分工发展，全球价值链分工逐步成为国际分工的主导形式。

世界各国在资金流、技术流、产品流、产业流、人员流中融为一体，贸易和投资日益一体化，生产国际化深入发展。国际分工出现上述变化，使得生产和消费有着明确以国界为边界的传统分工关系，演变为全球生产网络的复杂交织关系。从微观层面上看，国际分工形式发生的上述深刻变化，实际伴随的是企业边界的全球拓展，因为组织全球化生产的微观主体最终落实到企业。对于从事全球化生产经营的企业而言，生产经营活动是没有以国界作为划分边界的。这是因为，全球生产经营活动的顺利进行，内生地要求分布在不同国家和地区之间的不同生产环节和阶段，实现无缝对接，实现标准和规则的兼容。因此在这种新的国际分工形态下，一国内部的经济政策、规则及其治理体系，都不再完全是独立的，而必须要在某种程度上实现与国际接轨。原有的贸易和投资规则需要与国内经济政策规则实现协同和统一，原有的边境开放措施需要不断地向境内开放措施拓展深化。然而，全球经济治理中的贸易和投资规则未能跟上新形势，多边贸易体制面临严峻挑战。针对多边贸易规则面临瓶颈，各种双边、多边自贸区协定蓬勃兴起，区域化一体化发展迅速。这固然弥补了多边贸易体制的一些不足，但区域贸易安排也带来机制封闭化、规则碎片化等新问题。

三是不适应全球经济包容性发展的需要。传统的国际经济学理论虽然早已论证了投资和贸易自由化，能够使得分工和贸易参与国获益，但对利益分配问题却一直语焉不详，更确切地说一直存有较大争论。贸易保护的政治经济学等一些传统国际经济理论，同样也说明了经济全球化并非对所有的利益集团都是有利的。经济全球化深入发展，虽然促进了世界经济的繁荣昌盛，但全球治理体系很不完善，治理能力明显不足，也带来了全球化利益分配不均衡等问题。一些国家、行业和个人没有从全球化发展中收益，部分发展中国家甚至被边缘化，加剧了南北国家间的发展失衡。发达国家产业空心化和分配机制不完善，导致其内部收入差距不断扩大。目前，由于发展不平衡、不协调、利益分配不均衡等，已导致世界基尼系数达到 0.7 左右，超过了公认的 0.6“危险线”。这是全球化红利分配失衡、包容性不够的必然表现和结果。正视和妥善处理这一问题，需要从调整和完善全球经济治理规则入手，以治理规则调整促进经济全球化更加具有包容性，经济全球化才会有活力。

总之，现有全球经济治理体系具有两重性：一方面，在某种程度上提供了经济全球化所必需的规则和秩序，具有适应社会生产力向全球化发展的积极作用；另一方面，这些规则和秩序主要是在发达资本主义国家主导下制定的，主要维护的是垄断资本和跨国公司的利益，未能充分提供全球经济运行的公共产品，尤其是经济全球化深入发展对公共产品所产生的新需求。经济全球化迅猛发展，不仅导致南北发展差距拉大，发达国家劳动者也未能获益，这是资本主义基本矛盾在世界范围发展的必然反映和结果，而解决这一问题的唯一出路，就在于完善全球经济治理体系，使其更具包容性。这就是习近平总书记指出的："未来10年。……将是全球治理体系深刻重塑的10年，全球治理体系的走向，关乎各国特别是新兴市场国家和发展中国家发展空间，关乎全世界繁荣稳定。"①

二、人类命运共同体：完善全球治理新理念

理念引领行动，全球经济治理滞后，一方面反映的是全球公共产品供给不足，另一方面表明全球经济新形势需要有新的治理理念。而作为公共产品的一种，全球经济治理的概念和内容通常包括治理主体、治理方式和治理机制。党的十九大报告强调指出，中国要坚持推动构建人类命运共同体，并秉持共商共建共享的全球治理观。应该说，"人类命运共同体"理念，正是对当前全球经济治理机制不足和缺陷的补充和完善，能够有效解决当前全球经济治理所面临的"三个不适应"问题。

构建"人类命运共同体"的倡议，为全球经济治理提供先进的理念。原有的全球经济治理规则，单纯以市场效率为基础，重利而轻义。你少我多、损人利己或者你输我赢、一家通吃，这或许满足效率原则，但很难符合道义需求。随着以价值链分工特征的经济全球化深入发展，使得世界各

① 习近平：《顺应时代潮流　实现共同发展——在金砖国家工商论坛上的讲话》，《人民日报》2018年7月26日。

国客观上形成了“你中有我、我中有你”的命运共同体。利益之间的彼此融合与交织，使得各国在利益分配上只有实现“共赢”才能实现利益获取的可持续，甚至可以说只有实现“共赢”，也才能保证自身利益的顺利获取。如果在经济全球化进程中只顾自身利益，而不关切他人利益，甚至自身利益的获取是建立在损害他人利益基础之上，那么必然导致全球价值链的断裂，导致全球生产网络的破坏，最终导致自身利益也难以如期实现。在要素流动和全球价值链的新型国际分工体系下，各国同处统一利益链条，具有了典型的命运共同体特征。因此，在此新形势下，只有义利兼顾才能共同发展，只有义利平衡才能互利共赢。中国秉持的“人类命运共同体”的先进理念，蕴含了“道义为先，义利平衡”的正确义利观。这一先进理念超越了国家的狭隘和国际的差异，树立了人类整体意识，体现的是中华文明中“天下大同”的深邃思想，彰显的是中国对和平发展、合作共赢的孜孜追求以及道义为先的大国风范，也反映了作为社会主义国家的应有担当。

三、全球增长共赢链：实现人类命运共同体的路径选择

在经济全球化处于十字路口的关键期，习近平总书记不仅提出了“人类命运共同体”作为其引领发展的正确理念，而且明确指出了践行这一理念的实现路径——全球增长共赢链。正如习近平主席在《二十国集团（杭州）工商峰会开幕式上的主旨演讲》中指出：“我们应该增进利益共赢的联动，推动构建和优化全球价值链，扩大各方参与，打造全球增长共赢链。”①未来经济全球化发展，中国必将秉持“人类命运共同体”的先进理念，并走出一条具有榜样作用的“全球增长共赢链”之路。因此，中国在未来经济全球化进程中必将占据重要国际地位，贡献中国智慧和中国方案，发挥引领经济全球化发展的大国作用。

构建全球增长共赢链，是经济全球化进程中践行“人类命运共同体”先进理念的不二选择。这不仅是处于十字路口的世界经济未来发展方向

① 习近平：《中国发展新起点　全球增长新蓝图》，《人民日报》2016 年 9 月 4 日。

的唯一道路，也是中国开放型经济发展进入新阶段后的路径选择。理解习近平总书记基于“人类命运共同体”而提出的构建全球增长共赢链，主要内容至少包括以下几个方面：努力走主动开放发展之路、努力走包容性开放发展之路、努力走共享开放发展之路、努力走联动型开放发展之路、努力走更加公平合理的规则构建之路。

所谓走主动开放发展之路，主要是指除了要竭力维护全球贸易和投资自由化的多边体制和制度外，世界各国还需要进一步扩大开放领域和范围，进一步主动提高制造业和服务业开放水平，为全球贸易和投资自由化、便利化的进一步提升贡献各自所能。实现全球增长共赢链的发展路径，一个必要的前提就是要坚持主动开放，不仅要在经济繁荣时期能够选择主动开放，在经济不景气时期同样需要能做到主动开放，而不是“开倒车”。经济全球化过程中确实会出现很多困扰世界的问题，尤其是在全球经济不景气时期，这些问题越发凸显。但这并不是经济全球化造成的。有意或者无意地将本不是经济全球化造成的问题简单地归咎于经济全球化，进而掀起逆全球化浪潮，既不符合事实，也无助于问题的解决。这是“既缺乏分析问题的智慧，又没有采取行动的勇气”的表现。经济全球化是社会生产力发展的客观要求和科技进步的必然结果，人为因素或能暂时使其放缓步伐，但终究不能抵挡。世界经济发展史证明，开放带来进步，封闭导致落后。即便在危机冲击期间也不宜重回以邻为壑的老路，因为这不仅不是治愈“危机和衰退”的良药，反而会压缩全球经济增长的空间，导致“双输”局面。顺应历史潮流，唯有努力走主动开放发展道路，才有实现增长共赢的可能。

所谓走包容性开放发展之路，主要是指参与全球合作与竞争，在关注自身利益的同时，也应关注他国的利益。与纯粹考虑市场效率的思维模式不同，“人类命运共同体”的先进理念内生地要求开放发展切忌“攻城略地、赶尽杀绝”。世界各国需要在经济全球化视野下秉持包容性发展理念，从而营造和谐共赢的国际环境，以实际行动树立起“全球增长共赢链”的榜样和模范。这也是各国为自己开放发展铺垫一条科学、和谐、可持续道路的必要选择。目前，全球各国之间的发展差距还很大，尤其是南北发展差距问题尤为凸显和严峻。巨大发展差距的存在,不仅导致了困扰世界的贫困和饥饿等问题悬而未决,而且世界基尼系数的不断提高也带来更大的危险和风险。尤其是在开放条件下,不平等的竞争地位会带来若干冲击,而且即便是正常竞争,全球产业结构的调整也会给不同产业和群体带来冲击。上述问题的存在,无疑是全球经济增长的包容性不够所致,必须予以高度关注。缩小发展差距实现各国各地区协调发展,推动包容和可持续发展,不仅仅是一种道义责任,也是经济全球化持续发展的必要条件,因为唯有更加包容,才能真正实现增长共赢。因此,选择"全球增长共赢链"的开放发展道路,就必须正视和妥善处理经济全球化进程中包容性不够问题,努力让经济全球化更具包容性、更加可持续。

所谓走共享开放发展之路,主要是指实现更加公平的全球化红利分配机制,让开放发展的成果惠及全球各国人民。经济发展的目的是要让发展成果惠及和造福世界各国人民,这就是"大道之行也,天下为公"所揭示的朴素道理。犹如前文分析指出,尽管主流国际贸易理论表明国际分工能够使得参与国均能从自由贸易中获益,即自由贸易本身就应该是双赢的,但是,经济全球化的历史现实并不总是如此。这不仅是在经济全球化的早期伴随着西方列强对于落后国家的殖民掠夺,即便是在第二次世界大战以后,经济全球化进程中,发达国家和发展中国家之间的国际分工也充满着事实上的不平等。发达国家凭借在国际经济治理中的优势以及产业竞争优势,获取了国际分工的主要收益,使得发展中国家经济发展的追赶效应难以体现或者难以突破"中等收入陷阱"。走"全球增长共赢链"的开放发展道路,一方面是由经济全球化演进到要素分工阶段后,处理国与国关系的基本要求决定的;另一方面也是各国实现开放型经济发展所必须进行战略调整的现实需求,尤其是实现可持续发展和保证开放发展利益的现实需求。在各国发展环环相扣以及"一荣俱荣、一损俱损"的新时代,各国经济繁荣稳定不仅是世界经济繁荣稳定的决定因素,同时也是国家之间互相构成发展机遇的决定因素,即一国经济的繁荣稳定既依赖于外部经济的繁荣稳定,同时也为他国发展带来了机遇。经济全球化的顺利推进,需要各国在良性互动、互利共赢中开拓前进,共享才是真正的共赢。"互利共赢"是中国发展开放型经济中的一贯主张，而“中国坚持对外开放基本国策，奉行互利共赢的开放战略，不断提升发展的内外联动性，在实现自身发展的同时更多惠及其他国家和人民”的声明和主张，展示的正是中国将继续走“全球增长共赢链”开放发展之路的抉择和决心。

所谓走联动型开放发展之路，主要是指发挥各国产业结构和资源禀赋互补优势，形成联动发展格局。无论是包容性增长还是共享式增长，都必须在联动发展格局中实现。经济全球化演进到要素分工阶段后，人类已经成为“你中有我、我中有你”的命运共同体，彼此之间的利益高度融合，相互依存，由此决定了各国一定会在世界经济中发生共振，而在共振中实现发展就是联动发展。在联动发展格局中，每个国家都有发展的权利，但是对自身利益的关切必须置于更加广阔的层面进行考虑，不能以损害其他国家利益为代价，以邻为壑的老路不仅走不通，反而会损害自身利益，协调合作才是正确选择。通过有效的协调合作实现联动发展，不仅要实现硬件层面的联通和互动，也要实现软件层面的联通和互动、人文交流层面的联通和互动，因为这些是实现优势互补的前提，也是更好发挥联动效应的关键。具体而言，联动发展，首先，需要在政策规则层面实现联动，通过加强宏观经济政策的协调，尽可能地减少政策效应的负外部性，尽可能地放大正外部性；通过沟通、交流、借鉴等，尽可能地实现政策、标准和制度的无缝对接和一致性。其次，需要夯实基础设施的联动，基础设施的联动是其他联动的基础，是国与国之间深化合作和实现优势互补的关键制约因素。最后，需要增进民间友好互信和文化交流的人文联动。人文联动是其他层面联动的社会根基、是增进彼此间了解的重要渠道。上述三个层面上的联动，与我国“一带一路”倡议中的互联互通观念和要求基本一致。

所谓走更加公平合理的规则构建之路，主要是指构建更加公平公正和完善的全球经济规则和全球治理体系。国与国之间发展差距和不公平，不仅在于经济实力差距所决定的竞争能力有别，从而竞争地位明显不同，同时还表现为不公平不合理的全球经济规则约束下，国际经济合作中权利不平等、发展机会不平等。伴随经济全球化实践的演变和发展，全球经济规则和治理体系也必须与时俱进、因时而变。这不仅是因为伴随部分发展中经济体和新型经济体的发展，在全球经济中的影响力逐步增强需要有与之相适应的话语权，尤其是为争取代表发展中国家利益的话语权，同时还因为经济全球化深度演进对更加合理、公平利益分配机制的内生需求。目前的全球经济治理已经难以适应经济全球化发展的需要，必须作出相应调整。未来的全球经济规则调整和全球经济治理体系的完善，应该秉持“人类命运共同体”的先进理念，以开放为导向，积极鼓励各方积极参与和融入，为全球经济规则和治理体系的调整和完善献言献计，通过“广纳良言和兼容并包”防止治理机制封闭化和规则碎片化。不能继续走一家独大或者几家独霸或者赢者通吃的老路，而是要加强各国之间的沟通和协调，尤其关切发展中国家的代表性和发言权，本着寻求利益共享和实现共赢为根本目标，进行规则共商、机制共建和治理共参，确保权利平等、机会平等、规则平等。党的十八届五中全会公报提出“积极参与全球经济治理和公共产品供给，提高我国在全球经济治理中的制度性话语权，构建广泛的利益共同体”①，表明了我们秉持的是共赢目标。唯有如此，才能为实现“全球增长共赢链”目标提供必要的制度保障。

习近平总书记提出的“人类命运共同体”先进理念，是对经济全球化发展实践的理论总结和未来发展道路的理论指导，拓展了马克思主义政治经济学的新境界。这一先进理念的提出，集中反映了中国共产党人对经济社会发展规律认识的深化，是我国关于世界经济发展理论的又一次重大创新。

思考题

1. 怎样认识当代经济全球化发展新特点？
2. 全球经济失衡的本质是什么？如何实现世界经济再平衡？
3. 怎样认识“人类命运共同体”先进理念对完善全球治理的意义？

---

① 中共中央宣传部：《习近平总书记系列重要讲话读本（2016 年版）》，学习出版社、人民出版社 2016 年版，第 135 页。

第二十章 对外开放新格局

习近平主席在2018年博鳌论坛上的重要讲话中指出，过去40年中国经济发展是在开放条件下取得的，未来中国经济实现高质量发展也必须在更加开放条件下进行。我国经济发展进入新时代，对外开放也进入新时代，进入新时代的对外开放需要形成全面开放新格局，重塑对外开放新优势，构建对外开放新体制。

第一节 重塑对外开放新优势

改革开放以来，中国利用经济全球化的发展机遇，积极参与国际分工和竞争，大力发展开放型经济，以开放促改革、以开放促发展，取得了经济、社会发展的巨大成就，奠定了经济、外贸和利用外资大国的优势地位，为进一步扩大开放、参与全球经济竞争奠定了坚实的基础。2008年全球金融危机冲击之后，全球经济发展进入深度调整期，经济全球化出现了一些新特点和新趋势，国际经济结构出现了新调整；中国经济发展进入“新常态”，开放型经济也进入了新阶段，中国开放发展面临着内外环境的深刻变化。面对国内外经济形势的新变化，中国开放发展必须培育新动能，以创新引领开放发展新优势。

一、对外开放进入新阶段

改革开放以来，中国在经济基础十分薄弱、产业国际竞争力十分低下的情况下，依托低成本国际竞争优势，抓住了贸易自由化和投资自由化为主要内容的经济全球化所带来的重要战略机遇，不断深化改革，扩大开放，大力发展开放型经济，逐步全面和深度融入发达国家跨国公司主导的全球价值链分工体系，取得了经济增长的巨大成就。但是，中国经济发展进入新时代后面临一系列新的开放形势，发展的不平衡、不协调和不可持续等问题也反映在对外开放上。

一是外部环境不再宽松。我国在本轮经济全球化中的快速发展，极大地改变了世界经济格局和利益格局，引起了发达国家特别是美国的反应。2008 年全球金融危机后，“逆全球化”思潮兴起，发达国家贸易保护主义和内顾倾向明显。特朗普政府在 2017 年 12 月 18 日发布的首份《国家安全战略》报告中，明确将中国定位为“竞争者”“挑战者”“对手”。这种负面的战略定位和认知，显然会对中美经贸关系产生直接的负面影响。美欧国家纷纷实施“再工业化战略”，传统的以信息产业为主导的国际产业转移已经接近尾声，一些更具低成本优势的国家和地区逐渐加入全球竞争中来，我国专业化于价值链中低端的条件不复存在，原有发展路径已经走到尽头。

二是内部环境约束增强。随着人口红利逐渐消失，政策优惠逐步取消，环境约束日益增强，土地供应日益趋紧，各类生产要素价格不断上升，传统低成本优势逐渐丧失，而新的竞争优势却未随之建立。处于这一发展阶段，中国既面临着来自发达国家的前方“堵截”，又面临着来自更具低端成本优势国家的后方“追兵”，因而容易陷入“比较优势陷阱”并面临可能的“产业断档”风险。

三是对外开放“天花板”效应显现。以贸易为例。2016 年中国出口贸易占国际市场份额比重约为 13.9%。从既有国际经验来看，这一比重已经超过了第二次世界大战之后德国和日本曾经达到过的最好历史水平，与美国所达到的最高历史水平也基本接近。在规模基数已经达到较高水平情形下，再继续保持以往的高速增长已经不可能。中国出口贸易已经触及了“天花板”，进一步扩张的空间极其有限。在贸易投资一体化的今天，中国外贸发展具有典型的“外资嵌入型”特征。有相当规模的出口是外资引致性出口。因此，“天花板约束”不仅发生在贸易层面上，同样存在于外资利用层面上。

四是世界经济将持续低迷。自2008年全球金融危机爆发以来，距今已有10年时间，但全球经济仍未走出危机冲击的阴霾，持续低迷仍然是全球经济进入深度调整期的突出特征。国际货币基金组织的最新预测表明，未来五年全球经济的年均增长率仍将低于危机爆发前10年约4.2%的水平，乐观估计至多也只能达到3.5%。其中发达经济体的年均增长率大约会达到1.7%，新兴市场和发展中经济体的经济平均增速能达到4%左右。受此影响，全球贸易也从以往高速增长进入中低速增长乃至负增长通道的时代，甚至落在了全球GDP增速之后，而全球对外直接投资也显著低于金融危机爆发前的水平。究其实质，是前一轮科技革命和产业革命的动力机制已经衰竭，而新一轮科技革命和产业革命尚未爆发，尚未形成新的动力机制的必然结果。虽然诸如人工智能等新技术不断涌现，普遍观点认为新一轮技术革命和产业革命正处于孕育期，但何时能够集中爆发、能否顺利实现新旧动能转换，仍然难以给出准确的时间判断。

与上述挑战相伴，新的发展机会也在显现。这就是创新发展态势日益明显。开放发展进入新阶段后，面临国内外环境的深刻变化，近年来中国经济发展正从旧动能转向新动能，创新驱动发展战略已上升为国家战略。据统计，2016年中国研究与试验发展经费支出15677亿元，成为仅次于美国的第二大研发经费投入国家。特别是在新经济领域，中国从无到有、由弱变强，换道超车、变道超车，已走在了世界前列。截至2016年年底，中国的移动互联网用户达6.95亿，超过了欧盟（3.43亿）和美国（2.62亿）移动互联网用户的总和（6.05亿）。在移动互联网用户群体中，移动支付用户占比，中国为68%，美国仅为15%。2016年，中国的电子商务交易额占全球电子商务交易额的40%，其规模突破5万亿元大关，超过英、美、日、法、德五国的总和。其中，移动端电子商务交易额占总体电子商务交易额的比重，中国为70%，美国仅为30%。这里，中国移动支付的普及程度和便利程度，大大超过美国、欧盟等发达国家和地区。自2011年起，中国人工智能每年新增专利数量超过美国。2016年，中国新增人工智能专利9000余项，为美国的2倍多。在最近风投调研机构CB Insights公布的全球科技型创业公司“独角兽”榜单中，共有214家市值在

10 亿美元以上的公司，其中中国有 55 家企业上榜，占 25. 7%，显示了中国企业强大的创新能力。据统计，2016 年中国数字经济总量高达 22. 6 万亿元，占 GDP 的 30. 3%，同比增长 18. 9%。从全世界看，包括高铁在内，网上购物、移动支付、共享单车已成为中国的“新四大发明”。作为创新型经济体，中国在新经济领域已处在世界前沿，开始了从“中国拷贝”向“拷贝中国”的转变，这也成功把中国推上了世界创新者和示范者的位置。

二、培育开放发展新动能

开放型经济发展动力源通常取决于“三维一体”，所谓三维，就是指空间、结构和活力三个维度，所谓一体，就是开放型经济体制的构建。具体地说，过去 40 年的开放型经济主要有如下特点：在空间上主要表现为东部沿海地区抓住了战略机遇，依托发达经济体巨大需求市场，形成了东部沿海地区为先驱、传统发达经济体市场为主导的开放型经济发展格局。在结构上主要表现为依靠禀赋的劳动力和土地比较优势低端切入全球价值链分工体系，从而实现中低端产业和产品出口获得长足发展。在活力上主要表现为引进的外资充满活力。在体制上，“先试先行”的改革精神为开放型经济发展提供了重要的制度保障。尤其是在相当长的时期实行减免税收等优惠政策。

当前，伴随全球经济进入深度调整期，国内经济发展进入“新常态”的内外环境变化，继续循着原有空间、结构、活力和开放型经济体制，发展开放型经济面临显著的“天花板约束”。而破除“天花板约束”需要对空间、结构和活力进行再造，并进一步深化改革。即在外部空间上，应利用“一带一路”的机遇拓展开放型经济发展新空间，在内部空间上，促进东部、中部和西部区域的协调发展，从而打造开放型经济发展整体竞争新优势；在结构上，需要通过供给侧结构性改革实现产业和出口产品的转型升级；在动力机制上，需要加快实现从要素和投资驱动向创新驱动转变，相应地需要借助开放引进国际创新要素。而上述三个维度的转变，需要通过构建开放型经济新体制，破除企业和人才进行创新活力面临的体制机制约束,以提供必要的制度保障。总之,在进一步巩固和利用好传统竞争优势的同时,培育创新驱动新动能,将是开放发展的重要深化方向。

党的十九大报告强调指出要“加快培育国际经济合作和竞争新优势”,其中的关键在于以创新驱动为引领,弥补以往要素驱动为引领且正在逐步丧失的传统竞争优势。在一定意义上甚至可以说,我国开放型经济发展进入新阶段后,实施创新驱动发展战略,是推动形成对外开放新格局的新动能。失去创新这一基础,无论是横向维度上的拓展,还是纵向维度上的深化,其实都无从谈起。伴随劳动力成本持续攀升等因素变化,传统开放发展的比较优势正逐步丧失。但我国人力资本日益丰富、产业配套齐全、制度和政策环境不断完善、创新发展有了一定的基础。这就是说,可以通过创新引领以重塑开放发展新优势。

在当前全球创新链深度演进时期,实施开放创新发展战略,不仅有助于追踪全球前沿科技和创新态势,更有利于整合和利用全球创新要素,从而更加有效地服务于创新驱动发展战略。当然,创新是多方面和多维度的,并非是指单一的科技创新,同时也包括管理模式和开放模式的创新等。总之,要充分利用现有基础和条件,准确把握全球分工尤其是创新链深度发展带来的战略机遇,大力实施创新驱动发展战略,推动开放发展朝着以技术、标准、品牌、质量、服务为核心的综合竞争优势转变,以不断涌现的新产品、新业态、新模式参与国际经济竞争与合作,顺利实现开放发展竞争新优势的重塑。

三、重塑新优势面临战略机遇

中国开放型经济发展环境的变化,不只是为传统开放发展模式带来了挑战,同时也为开放转型发展带来了机遇。正如党的十九大报告指出的,我国发展仍处于重要战略机遇期。依托培育开放发展新动能以及依托创新引领开放发展新优势,中国开放发展在新阶段面临的战略机遇至少体现在如下三个方面。

第一,技术和产业革命的战略机遇。技术和产业革命是有生命周期的。基于传统国际经济学理论可知,开放经济条件下不同发展水平的国家,在技术和产业生命周期中所处位置也不同。前一轮技术和产业革命主要源于发达国家,这一轮技术和产业革命生命周期在发达国家可能基本走到“尽头”,而对于诸如中国等新兴发展中国家而言,以信息化为标志的技术和产业的生命周期显然尚未走完,甚至正在兴起。从产业和产品生产环节国际梯度转移的客观规律来看,进一步向诸如中国等发展中国家转移现有成熟技术和产业的中高端部分,就是延长其生命周期的必然选择。因此,在经济全球化中对于中国迈向全球产业链中高端、促进产业高质量发展,仍然蕴含着巨大的发展机遇。

第二,重构价值链的战略机遇。从分工演进角度看,当前经济全球化进程受阻、逆全球化因素增多,意味着全球价值链分工推进速度放缓乃至出现一定程度的收缩,同时也意味着全球价值链亟待重塑。这无疑为力图在全球价值链分工中寻求地位突破的中国,带来了一定的战略机遇。比如在经济全球化处于十字路口的关键期,中国提出的“一带一路”倡议,对于重构价值链有着重要作用。从微观层面看,随着贸易保护主义抬头、逆全球化潮流涌现以及国际经贸规则的变迁,中国企业的技术升级和市场定价权长期被发达国家压制。中国企业参与“一带一路”建设,进行国际产能合作可以获取技术、品牌和贸易政策等方面的利益,构成了价值链重构的微观动力。从宏观层面看,随着“一带一路”倡议的纵深推进,政府动能形成的战略对接效应、改革动能形成的内外联动效应、合作动能形成的共建效应,构成了价值链重构的宏观动力。从能力角度看,中国技术领先企业具备当价值链“链主”能力,在沿线国家构建包容性的全球价值链,依托资金和技术优势,形成以中国企业为主导的全球价值链体系,进而促使中国企业提升全球价值链中所处地位。

第三,提升参与全球经济治理话语权的战略机遇。全球经济治理体系和规则,通常是世界各国国家经济实力博弈的结果。因此,作为全球公共产品的一种,其提供固然需要成本,但同时也代表着一定的利益诉求。伴随全球经济格局的变化,尤其是新兴发展中国家的群体性崛起,全球各国经济实力对比发生明显变化。在现行全球经济治理体系和规则需要根据经济全球化新形势作出调整和完善之际,长期作为其构建者和主导者的美国等发达国家，却没有足够的意愿，甚至在某种程度上否定现行全球经济秩序中的合理部分。因此，在全球经济治理体系和规则需要进一步向合理化和公正化方向演进的关键时期，伴随经济实力的日益提高并日益走向世界舞台中央，需要通过各种载体，如二十国集团、亚投行、金砖国家、上海合作组织等平台为完善全球经济治理贡献中国理念、中国智慧和中国方案。

显然，进入新时代后，中国的企业抓住新的战略机遇，就能重塑对外开放新优势。

第二节　构建对外开放新格局

进入新时代，面对更为复杂和更为严峻的国内外经济新形势，中国开放型经济亟待转型升级，构建对外开放新格局。这个新格局就是习近平主席 2013 年在博鳌论坛上指出的："中国将在更大范围、更宽领域、更深层次上提高开放型经济水平。"[①]这是全方位立体式开放经济体系，不仅包括横向维度上的开放范围扩大、领域拓宽，也包括纵向维度上的开放方式创新、开放层次加深的"全面开放"。

一、更大范围的开放

进入新时代，更大范围的开放主要涉及内外两个方面：一是指国内区域的更大范围，二是指对外区域的更大范围。

1. 优化区域开放布局

中国的对外开放具有渐进式发展特征，这一点同样表现在区域开放发展方面。从区域开放的梯度推进看，中国对外开放首先从沿海地区起步，然后由东向西实现从沿海、沿江到内陆、沿边逐步进行梯度推进。有关研究文献表明，自党的十八大以来，虽然中西部对外开放的步伐加快并取得了一定成效，但总体而言，开放洼地的现状并没有得到本质改变。最

① 《习近平谈治国理政》第一卷，外文出版社 2018 年版，第 114 页。

新的一篇研究文献结果表明，以 2016 年为例，全国货物贸易出口总额中，东部、中部和西部三个区域的出口占比分别为：86.54%、7.42% 和 6.04%；在利用外资方面，东部、中部和西部三个区域实际利用外资占当年全国实际利用外资总额的比重分别为：62.85%、19.9% 和 17.18%。上述三个地区在开展对外直接投资方面的失衡情况更甚。区域开放发展的不平衡性，同时也暗含着存在协调区域经济发展的潜力和巨大空间。今后在进一步加大沿海地区开放力度的同时，要更多地考虑中西部地区和沿边地区的对外开放，进一步向西开放。党的十九大报告中，习近平总书记进一步强调提出了要“优化区域开放布局，加大西部开放力度”①的重要战略部署。以此为方向指引，中国区域开放必将朝着更加均衡和协调方向发展。

形成沿海、内陆、沿边联动新发展是优化国内区域开放布局的重要举措。东部地区开放高地与中西部地区开放洼地的“二元结构”，既是长期以来区域间没形成良性联动发展的主要原因，也是结果。考虑到地理位置、资源禀赋、发展差距等因素，不同区域的开放发展模式不可能完全采取统一的模式，换言之，内陆和沿边地区不能简单重复东部沿海地区的开放发展道路。国家致力于优化区域开放布局之时，正是东部地区开放型经济转型升级的关键之际，而对于中西部地区来说，产业发展仍然处于“补短”的阶段。因此，沿海、内陆、沿边要基于自身的实际情况和发展阶段，确定不同的开放发展目标和发展路径。比如，东部沿海地区要着力于开放转型，尤其是扩大服务业开放实现现代服务业发展，在产业结构升级中仍然要以面向外部市场需求为主。而内陆和沿边地区则要抓住产业转移的重要机遇，围绕制造业包括现代制造业实现开放发展，与东部地区形成联动发展。通过区域间的协同合作、构建国内价值链而提升国家整体竞争实力和开放型经济发展水平。这也是贯彻实施党的十九大报告关于推动形成全面开放发展新格局中作出的“形成陆海内外联动、东西双向

① 习近平：《决胜全面建成小康社会　夺取新时代中国特色社会主义伟大胜利——在中国共产党第十九次全国代表大会上的报告》，人民出版社 2017 年版，第 35 页。

互济的开放格局”重大战略部署的关键所在。

2. 拓展对外开放空间

一方面，改革开放以来，中国快速而全面地融入经济全球化发展开放型经济，实质上是融入发达国家跨国公司主导的全球价值链分工体系；另一方面，由于全球经济发展的不平衡，导致全球经济的消费重心长期集中在发达经济体市场。由此决定了中国前一轮开放发展主要是向东开放，国际市场的开拓主要集中在发达经济体。这在特定阶段和特定情形下具有必然性和合理性。

伴随全球经济进入深度调整期、国际经济格局出现深刻变化，以及中国经济发展进入新常态，无论是从规避对部分市场过度依赖可能会加大开放发展的风险，还是顺应全球经济市场的变化，抑或是改善中国的全球价值链分工地位的需求角度看，进一步拓展对外开放空间，都是中国进一步开放发展的重要方向。更确切地说，我们需要在继续巩固与发达国家经贸关系的基础上，还要积极扩大与广大发展中国家的经贸合作与交流，在继续向东开放的同时加大向西和向南开放的力度，以进一步拓展对外开放发展空间。对此，习近平总书记曾指出，要将向发达国家和发展中国家开放结合起来，扩大与各国利益的交汇点。[①] 尤其是伴随着“一带一路”倡议的实施，中国未来开放发展必然在外部空间上得到进一步拓展，也会更加趋于平衡。

二、更宽领域的开放

1. 出口和进口并重

改革开放以来，我国对外贸易尤其是出口贸易迅速发展，成为全球第一大出口国，而进口相对滞后。大部分时期是贸易顺差，积累起巨额的外汇储备。这在一定时期是合理的、必要的。很大程度是因为国际产业分工导致的结果，也是我国内需市场不足的结果。

党的十八大以来，我国对外贸易已经发展到出口和进口并重的新阶

① 《十八大以来重要文献选编》（上），中央文献出版社 2014 年版，第 192 页。

段。进口贸易对经济增长的巨大作用得到重视。进口对一国的经济增长至少具有以下几方面作用:第一,进口贸易可以缓解供给约束,从而促进经济增长。一国的产品生产会涉及多种生产要素的投入,通过进口国内短缺的原材料、能源、关键设备等要素,可以缓解国内短缺要素约束,弥补国内生产要素供给缺口。第二,进口贸易可以创造有效需求,从而促进经济增长。进口国外的商品尤其是进口国外的新产品,会培育国内消费者对该种商品的需求,当需求扩大到一定规模时,就会刺激国内企业生产该种商品、形成新的产业。特别是我国经济已经进入高质量发展阶段,内需是中国经济发展的基本动力,随着人民收入水平的提高,迫切需要高质量多样化的产品来满足高质量生活的需求,适时扩大进口,也是满足人民日益增长的美好生活需要的必然要求。第三,进口贸易可以推动产业结构升级,从而促进经济增长。通过进口,可以获得更为先进的技术设备等,进一步提高生产力。第四,通过进口获得技术,可以节省研发时间和资源,加速本国技术进步,进而促进经济增长。因此,我们要坚持出口和进口并重,全面提高开放型经济水平,更好地以开放促发展、促改革、促创新。习近平主席在博鳌亚洲论坛 2018 年年会开幕式上的主旨演讲提出要"主动扩大进口""中国不以追求贸易顺差为目标,真诚希望扩大进口,促进经常项目收支平衡"。①

扩大进口的重要措施是降低关税。按照 WTO 的规则,中国作为全球发展中国家之一,适度降低进口关税,首先是为了提高中国人民的福祉,同时也为全球多边体制的巩固和发展,为全球经济的不断向前发展作出我们的贡献。从中国加入 WTO 起就开启了降低关税的进程。早在 2010 年,中国货物关税总水平由 2001 年的 15.3%降至 9.8%。② 2015 年以来,为吸引海外消费回流,满足居民消费升级需求,经国务院批准,我国已 4 次降低日用消费品进口关税,主要考虑人民群众境外消费比较集中、国内一时供给不上的优质产品。从 2018 年 7 月 1 日起降低关税主要涉

---

① 习近平:《开放共创繁荣、创新引领未来》,《人民日报》2018 年 4 月 11 日。

② 中国国务院新闻办公室:《中国与世界贸易组织》白皮书,2018 年 6 月 28 日。

及两个方面：一是除对前期已大幅降税的部分产品再次进行适当降税外，又较大幅度扩大其他日用消费品降税范围和降税力度，包括境外消费相对较少但国外具有特色优势的产品，以及进口税率相对较高的产品，涉及税目1449个，是前4次降税总数的7倍。平均税率由15.7%降为6.9%，平均降幅55.9%。二是降低汽车进口关税，降税后，我国汽车整车平均税率为13.8%，零部件平均税率为6%，符合我国汽车产业实际。此次降低进口关税，不只是满足人民美好生活的需要，同时也会促进发达国家对正常合理的高技术产品贸易停止人为设限，放宽对华高技术产品出口管制。2018年11月，我国将在上海举办首届中国国际进口博览会。这不是一般性的会展，而是我们主动开放市场的重大政策宣示和行动。

2.“引进来”和“走出去”并重

习近平主席在二十国集团（杭州）工商峰会开幕式上的主旨演讲中指出：“坚持对外开放的基本国策，敞开大门搞建设，从大规模引进来到大踏步走出去”，在党的十九大报告中进一步明确强调“坚持引进来和走出去并重”，必将有利于进一步加快中国“走出去”步伐、构建更加完善的双向循环的开放型经济系统。

开放型经济发展应该是一个既有“引进来”又有“走出去”的双向循环系统。经过40年改革开放的发展，我们在“引进来”方面积累了一定经验，可以说是长于“引进来”，但“走出去”却经验不足。在全球要素分工体系下，“走出去”不仅是转移过剩产能、缓解贸易摩擦的有效途径，也是直接利用海外资源、拓展外部发展空间、实现资源优化配置的必由之路，更是深化与东道国平等合作、互利共赢的有效途径。因此“走出去”在很大程度上可以集中体现一个国家或地区整合和利用全球生产要素的能力以及经济国际化发展水平。一个可喜的变化是，近年来，伴随中国“走出去”战略的实施，中国企业“走出去”的步伐正在加快。联合国贸易和发展会议2017年6月7日发布的《世界投资报告2017》统计数据显示：2016年中国对外直接投资达到1830亿美元，超过日本并首次成为仅次于美国的全球第二大对外投资国。

学术界有一种观点认为，目前中国已经超越了资本短缺时代，与改革开放之初的情形相比，对外资的需求已经不再那么迫切和强烈。这种观点只是就外资来理解外资，或者说把外资简单地理解为货币资本。实际上，外资利用本质上是一揽子生产要素的跨国流动，包括技术、管理、营销、人才等。只能说在开放发展的不同阶段，对外资需求的侧重点不同。诸如像美国这样的发达经济体，目前仍然在大力招商引资。中国开放型经济进入新阶段后，不是需不需要利用外资问题，而是如何引进和利用高质量外资问题。坚持“引进来”尤其是高水平“引进来”对于培育创新发展动能，也是具有极其重要意义的。至于开展对外直接投资，虽然从规模上看，目前已经与利用外资水平相当，但是在“走出去”的产业领域、动机以及体制机制方面，仍然与发展高水平开放型经济差距较大。习近平总书记曾深刻指出：“我国对外开放进入引进来和走出去更加均衡的阶段……支撑高水平开放和大规模走出去的体制和力量仍显薄弱。”[①]因此，中国开放型经济发展进入新阶段后，从构建双向循环的开放型经济体系角度看，需要坚持“引进来”和“走出去”并重。

3. 制造业开放与服务业开放并重

“扩大服务业对外开放”是党的十九大报告作出的重要战略部署。从开放发展领域看，长期以来，中国开放型经济主要发生在制造业领域，服务业领域开放相对不足。这种“单兵突进”和“单线发展”的模式，适合于我国开放发展的初期选择。但在经济全球化进一步深度演进趋势下，以及中国自身开放型经济发展进入新阶段后，这一传统开放发展模式的可持续性问题日益凸显，已经出现了明显的三个方面的不适应。一是不适应制造业转型升级的需要；二是不适应经济全球化发展新趋势尤其是贸易结构不断向服务贸易倾斜的发展变化；三是不适应由此所推动的全球经济规则的相应变化。因为制造业升级有赖于服务业尤其是高端生产性服务业的支撑和引领，因此，通过扩大制造业开放来反向拉动服务业尤其是高端服务业发展，不仅能够促进制造业转型升级，而且也能顺应全球经济发展新趋势，更能由此倒逼国内改革，从而与全球经济规则的新发展

① 《习近平谈治国理政》第二卷，外文出版社 2017 年版，第 213 页。

相接轨。伴随开放引领，不断从制造业向服务业领域拓展，中国对外开放必将在产业领域层面实现范围更广、结构更加均衡的新格局。此外，农业领域的对外开放也是新时代推进农业现代化的重要路径。

现代化经济体系本质上是开放型经济体系。作为实体经济主导地位的制造业开放，无疑是建设现代化经济体系的必由之路和重要组成部分。从形成对外开放新格局角度看，制造业开放的领域需要不断扩大，开放的深度需要不断深化，需要从原有领域不断向先进制造业领域拓展深化，据此引领制造业开放的转型升级。从产业关联角度看，制造业转型升级并非完全依赖于制造业本身，服务业尤其是高端服务业具有重要的支撑和引领作用。一方面，制造业转型升级会对服务业产生强烈的需求，另一方面，制造业发展也会对服务业发展提供需求支撑，二者之间存在着相互作用的互动机制。目前，我国服务业开放和发展滞后，不仅成为产业发展的“短板”，同时也对制造业转型发展形成了制约作用。因此，在坚持深化制造业开放的同时，还要坚持扩大服务业开放，这不仅是促进产业更加全面和均衡发展，乃至产业高度化发展的需要，同时也是顺应全球经济结构调整和贸易结构变化发展新趋势的需要。

三、更深层次的对外开放

更深层次的对外开放突出表现在金融领域的对外开放。

1. 金融业的对外开放

改革开放 40 年来，中国金融业的实力显著提高。截至 2017 年年底，中国银行业金融机构的总资产超过了 250 万亿人民币，居于全球第一位。全球十大系统重要性银行，中国占了四家，利润和资本的指标都居于前列。中国股票的总市值在世界居于第二，债权的市值在全球居第三位，仅次于美国和日本。整个资本市场和债权市场的结构、广度、深度和发达国家趋于一致，保险业按保费收入已经居全球第二。中国的移动支付和许多金融创新在全国和全世界都是居于领先水平。但是中国金融业的对外开放水平有待提高。到 2017 年年末，外资银行在中国的总资产占中国银行业总资产的比重为 1. 3%，而 2007 年的时候是 2. 3%，可以看出来，虽然外资银行也在发展，但是其发展的速度要慢于我们整体银行的资产负债的发展速度，所以它们的比重是下降的。目前境外投资者占银行间债券份额只有 1.8%，这些开放程度远远低于全球发达国家和发展中国家的平均水平，不管用哪个水平来比较，我们的开放程度都是比较低的。

金融是一个竞争性的行业，是多元化的，要有许多机构提供金融服务。市场上需要的绝大多数金融服务都是可以通过市场机制提供的，所以必然要引入竞争，要竞争就必然要开放，对内对外都要开放。通过竞争，中国的金融可以提供更好的服务。当然，金融的开放程度，要坚持与金融监管能力相匹配这样一个原则。国际经验表明，只要监管到位，金融开放能够起到促改革、促发展的作用。

为贯彻落实习近平总书记在 2018 年博鳌论坛上的重要讲话精神，我国自 2018 年 7 月 28 日起，金融领域，取消银行业外资股比限制，将证券公司、基金管理公司、期货公司、寿险公司的外资股比放宽至 51%，2021 年取消金融领域所有外资股比限制。同时要加大开放力度，加快保险行业开放进程，放宽外资金融机构设立限制，扩大外资金融机构在华业务范围，拓宽中外金融市场合作领域。

2. 推进人民币国际化

人民币国际化是指人民币能够跨越国界，在境外流通，成为国际上普遍认可的计价、结算及储备货币的过程。当一国经济规模发展到一定程度，无论是从国际战略需要角度看，还是从展现软实力角度看，都需要推进本国货币国际化。换言之，当一国经济规模发展到一定程度，一方面，货币地位需要有所体现，另一方面，需要增强一国在国际贸易中的影响力，包括结算和定价，以及提升一国在全球地缘政治经济中的话语权。经过 40 年改革开放的发展，中国已经成为世界第一大出口国、第二大进口国、第一大外汇储备国、第二大吸收外资国、第二大经济体、第三大对外投资国。但是与上述规模和体量不相称的是，人民币国际化程度还不够高。对外开放新格局的构建，显然离不开货币国际地位的相应提升。虽然说人民币国际化是个水到渠成、市场驱动的过程，但这并不意味着不可有所作为。况且，从影响人民币国际化的主要因素层面看，其中包括人民币国际流通量增长状况，国内金融市场深度、广度和国际标准化程度状况，国际化过程中人民币对外价值可能发生变动状况，现有经济体制的不足和约束等，推动人民币国际化进程仍然需要付出巨大努力。比如在进一步完善现有经济体制方面。中国市场经济体制建设初见成效，但仍存在难以支撑人民币迅速实施国际化进程的诸多问题。如利率市场化问题、人民币汇率机制完善问题、资本项目可自由兑换问题等。因此，进一步改革和完善现有体制机制，推进人民币国际化，显然存在大有作为的巨大空间。

四、重点推进“一带一路”建设

在形成对外开放新格局的路径和方略上，党的十九大报告明确指出要重点推进“一带一路”建设。2013 年 9 月 7 日，习近平主席访问哈萨克斯坦在纳扎尔巴耶夫大学发表了《弘扬人民友谊　共创美好未来》的演讲，同年 10 月 3 日，他在印度尼西亚参会时又发表了《中国愿同东盟国家共建 21 世纪“海上丝绸之路”》的演讲，标志着“一带一路”倡议的正式提出。“一带一路”倡议是为全球化提供了中国方案，它是包括政治、经济、文化、宗教、外交等全方位的“语境”创新，但它的载体是“陆上丝绸之路”和“海上丝绸之路”，它的产生是基于丝绸贸易等的国家间经济贸易合作。大力推进“一带一路”建设，对于形成对外开放新格局具有关键和战略性意义，甚至具有引领全局的作用。这是因为，借助“一带一路”，我们可以向沿线国家提供公共产品，让其分享中国经济发展的成果；借助“一带一路”，我们可以践行和探索包容、普惠、平衡、共赢的开放发展理念和模式；借助“一带一路”，我们可以对完善全球经济治理，贡献中国智慧和方案；借助“一带一路”，我们可以加大向西和向南开放的力度以及加快开放的速度，从而拓展对外开放空间；借助“一带一路”，我们可以加快“走出去”的步伐，加快推动构建双向循环的开放型经济体系；借助“一带一路”，我们可以将我国中西部地区纳入国际经济大循环，实现东中西部地区对外开放更趋平衡发展；借助“一带一路”，更有助于我们发挥和利用资本、技术和先进产能优势，从而更有利于培育创新发展新动能；等等。

总之,由于"一带一路"倡议与对外开放新格局的基本内容和内涵高度契合,以此为重点对于推动形成我国对外开放新格局具有重要战略意义。

第三节　构建开放型经济新体制

《中共中央关于全面深化改革若干重大问题的决定》强调指出要"构建开放型经济新体制"。可以说,这一新的提法和重要战略部署,为我国开放型经济发展在新的历史起点上指引了正确发展道路。尤其是新时代推动形成全面开放新格局需要有与之相应的开放型新体制作为保障。从本质上看,开放型经济新体制是一种新规则、新制度。构建开放型经济新体制,以适应高标准国际贸易和投资新规则,就必须全面深化改革,转变政府职能,完善要素有序自由流动体制机制,构建完善区域开放格局的有效动力机制等。

一、构建开放型经济新体制的必要性

目前,中国已初步建立的开放型经济体制特征可简单概括为:在各级地方政府主导下,以简单融入国际分工体系和全球制造业体系为目标、以优惠政策和差别待遇为基础、以大量利用外资和大规模出口为主导、以低成本优势为主要竞争手段、以开发区为载体,从而形成庞大的生产制造能力以及大进大出的循环格局。在对外开放的推动下,中国全面融入了国际分工体系,成为世界第一大出口国、第二大进口国、第一大外汇储备国、第二大吸收外资国、第二大经济体、第三大对外投资国,取得了举世瞩目的发展成就。但是,随着国内国际环境深刻变化,现行体制已出现四个不适应:一是不适应全球经济变化新形势;二是不适应国际经贸格局调整和全球经济规则变化;三是不适应中国谋求全球价值链新地位的要求;四是不适应国内经济转型升级内在需要。

首先,在 2008 年全球金融危机的冲击下,全球主要经济体的经济复苏进程缓慢。作为全球最大经济体的美国,近年来大力推进"再工业化战略",经济状况有所好转,但仍不能与 20 世纪 90 年代期间的高速发展

阶段相比。欧洲仍然没有走出欧债危机的困扰,经济增速在低区间徘徊,甚至出现负增长。日本受到全球金融危机、地震、海啸以及核辐射的四重打击,短期内经济难以出现显著复苏。作为中国最大贸易伙伴的全球前三大经济体需求不足,而中国各类生产要素成本不断上升,必然对中国以低成本为主要竞争手段和大规模出口为主导的传统开放型经济发展模式带来巨大压力。适应全球经济新形势,构建开放型经济新体制,已经成为深化对外开放的关键举措。

其次,由于全球价值链的迅速发展,世界生产、贸易与投资体系发生了深刻变化,国际经贸格局面临着深刻调整,与之相适应的国际贸易与投资新规则正在形成。当前由 WTO 主导的多边贸易谈判进程受阻,就是因为,着眼于降低贸易投资壁垒、扩大"市场准入"为目标的"边界措施"的传统多边贸易体制,已经不能提供全球价值链分工下的全球贸易与投资治理规则,建立以"边界内措施"为主,旨在通过各国国内政策的规制协调与融合,建立适应现代国际贸易与投资发展特点的高标准高质量的国际贸易与投资新规则,势在必行。更适合与"市场准入导向"谈判的 WTO 多边贸易体制,显然很难胜任"规制一体化导向"的贸易投资新规则的谈判,新一轮区域贸易自由化浪潮的兴起,就是可以理解的了。为主动适应国际贸易和投资新规则,我国迫切需要构建开放型经济新体制。

再次,中国依托低成本优势快速而全面地融入发达国家跨国公司主导的全球价值链分工体系,的确带动了中国出口贸易的快速扩张乃至产业结构的优化升级。但就全球价值链的分工格局来看,总体而言,中国在全球价值链中仍然处于中低端。面临着"浮萍经济"和"低端锁定"的双重风险,加快攀升全球价值链,谋求全球分工新地位,已经成为当前中国开放型经济发展面临的紧要任务。不断向全球价值链高端攀升,最终要依赖的是微观主体,依赖的是高端要素,依赖的是具有竞争能力和创新能力的企业。然而,在现行的开放型经济体系中,政府的简政放权还不够,很多体制机制的约束作用还比较强,市场微观基础的活力还没有完全释放,这既不利于引进高端产业活动、高级生产要素,以及激发企业的创新能力,也不利于企业"走出去"整合外部优质资源,从而制约了中国攀升全球价值链的能力。构建开放型经济新体制,已是迫在眉睫。

构建开放型经济新体制,也是促进国内经济转型升级的需要。2008年全球金融危机表面上看是对中国经济增长速度的冲击,实质上是对经济发展方式的冲击。因此,转变经济发展方式已经成为中国国民经济面临的全局而重大的战略任务。而中国作为一个开放型经济大国,经济发展方式的转变显然不是封闭条件下的转变,而是开放条件下的转变。换言之,以开放型经济转型升级为抓手,可以更好地实现国内经济转型升级的目标。然而,目前中国开放型经济体制,存在着制造业开放不足从而限制了服务业的发展,以及税收、金融、通关等政策限制了中国吸引高端制造、地区总部等活动,不利于开放型经济转型升级,从而难以适应国内经济转型升级的现实需要。

如果说党的十八大指出的"完善开放型经济体系"是对中国开放型经济的总体战略布局和设想的话,那么党的十八届三中全会决定"构建开放型经济新体制",则是实施和实现战略设想的具体化,是通过进一步全面深化改革而为其提供的制度保障,因而从本质上看是一种新规则、新制度。这种新规则、新制度能够为党的十九大强调开创"全面开放新格局"提供制度保障。

二、深化全球价值链分工促进开放型经济新体制构建

众所周知,20世纪90年代以来,以要素跨国流动和产品"国际生产分割"为主要内容的经济全球化深入发展,从而深刻地改变着全球贸易和投资格局。而这种变化引发了对全球贸易和投资新规则和新制度的需求,尤其是来自于主导全球价值链分工的发达国家跨国公司需求,其核心目标就在于依托新规则和新制度,进一步统筹全球价值链,实现产品生产不同环节和阶段的无缝对接,降低交易成本。在传统的以"最终产品"为界限的分工模式下,贸易自由化主要体现在边境开放措施上,政策取向上主要表现为相互降低乃至取消关税和非关税壁垒,从而提高相互间的市场准入水平。然而,在全球价值链分工模式下,由于其本质是生产的国际化,是中间品、知识、技术、资本、人员、服务等在全球范围内的流动和优化

组合,因此,其生产上的“全球一体化”特征必然要求各国市场规则的一致性乃至各国间标准的兼容性。从这一意义上说,一国国内经济政策和市场环境,包括知识产权保护、法治化水平、制度质量、生产要素市场、竞争中立、环保标准、劳工标准、商业环境的公正透明等,越来越成为发展开放型经济的重要影响因素。总之,价值链驱动下的全球贸易和投资新格局和新趋势,必然要求更为复杂的全球经济规则与之相适应,更确切地说,必然推动全球经济规则从边境规则向境内规则拓展,在政策取向上也就必然表现为从低标准不断向高标准看齐。从对不同经济体的影响程度来看,新规则对诸如中国等发展中经济体的影响更大,或者说会促使发展中经济体进行更大幅度的、必要的国内改革。这是因为,即便作为发展中大国的中国,在多年开放型经济带动下已经在贸易和经济规模上与发达经济体比肩,但在市场经济的完善、法律法规的规范等方面仍然相对滞后。因而,向高标准“看齐”的意义实际上更多意味着发展中经济体应进行必要的国内改革,以进一步提升开放型经济发展的法治化、规范化和国际化水平。

中国改革开放的伟大事业,正是在全球价值链快速发展背景下开展的。因此,过去很长一段时间以来,中国开放型经济发展的本质就是融入发达国家跨国公司主导的全球价值链分工和生产体系。但总体而言,中国在前一轮的开放措施上,主要还是以边境开放为主,开放的内涵还没有充分延伸至“境内”。尽管在前一轮的开放中,基于全球价值链和可持续发展的新规则体系尚未充分体现在国家发展战略规划和政策措施上,但中国开放型经济发展仍然是相对成功的。而前一轮“边境”为主的开放措施,之所以能够取得相对而言的辉煌成就,显然与两种因素有关。一是尽管全球价值链深入演进对全球经济新规则产生内在需求,但这种需求尚未提升到实践层面,或者说在实践中还没有成为主导趋势,因此,基于 WTO 体制框架以市场准入为导向的边境开放,大体还能迎合经济全球化发展的需要;二是与中国融入全球价值链的方式有关,即总体上中国是以“低端嵌入”的方式融入国际分工体系。由于主要承接和专业化全球价值链的“低端”,而“低端”的环节和阶段相对而言,对跨境流动壁垒较为“敏感”,对国内经济政策和商业环境的总体要求还并不太高,或者说由制度质量、知识产权、竞争中立、市场法治化水平等所带来的制约作用尚未充分显现。站在历史新起点的中国开放型经济发展,面临的上述两种因素正在发生深刻而剧烈的变化,即,一方面基于全球价值链内在要求的全球经济新规则正在形成;另一方面,中国自身也面临着完善开放型经济体系、提升分工地位的必要性和迫切性。因此,新一轮的开放必然意味着从边境开放(措施)向境内开放(措施)转变,这是“游戏”规则和制度的本质变化,也是中国构建开放型经济新体制的真实意涵。

目前,中国正在进行的不仅仅是涉外经济领域的体制改革,也不仅仅是经济领域的改革,而是“全面深化改革”,实际上就是呼应上述规则和制度变化的实践表现,涉及的更多是“境内开放”问题。从政策趋向来看,党的十八届三中全会《中共中央关于全面深化改革若干重大问题的决定》中,针对竞争中立原则的国有企业改革问题、针对管辖国内经济活动的法律法规与国际接轨的服务业开放问题、针对形成竞争性商业环境的知识产权保护问题、针对促进国际国内要素自由有序流动的放宽投资准入问题,以及针对劳动者权益保护和加强环保等问题,都有着明确而详细的政策导向,尤其是将贸易便利化(表现为海关监管和检验检疫方面的改革导向)、投资保护、政府采购、电子商务、环境保护等议题列为重点改革和对外谈判的领域。从实践措施来看,中国(上海)自由贸易试验区等的设立和运行,已经在转变政府职能方面改革、外商投资管理体制方面改革、进一步推进服务领域开放方面改革、货物监管模式方面改革,以及负面清单管理方面改革等,并在一系列攻坚领域和深水区进行了创新性突破。这种创新性的探索和尝试,就要为全面深化改革和扩大开放探索新途径、积累新经验,就是从体制层面上为提高开放型经济水平和质量提供强大的保障。总之,从以往的边境开放向境内开放延伸和拓展,从而以新的规则和制度对接全球经济新规则,是构建开放型经济新体制的本质内涵,也是新体制之“新”意所在。

三、以自贸区和自贸港建设促进开放型经济新体制构建

党的十九大报告在推动形成对外开放新格局中提出,“赋予自由贸易试验区更大改革自主权,探索建设自由贸易港”①。这是针对推动形成我国更全面、更深入的开放新格局作出的重要战略部署和重大战略举措。无论是依托自由贸易试验区还是自由贸易港的建设,实质上都是一种制度安排的新探索。这一新的制度安排和探索,一方面,为我国实施创新驱动的开放型经济发展提供了重要的制度保障,比如通过政府监管模式和企业生产模式的重大创新和突破,从而有利于我国在更高层次上实现物流、商流、信息流、人才流和资金流的高效自由流动,将更加有利于集聚全球创新要素从而加快推进创新驱动的开放型经济发展,提升开放发展的质量和效益;另一方面标志着我国从政策性开放向制度性开放的全面升级,标志着我们对更高标准的要求和迈进,标志着我们正在力图通过“自我完善”为开放型的世界经济树立榜样,标志着我们将通过不断完善开放体制机制的安排,在主动顺应经济全球化治理新格局、主动对接国际贸易新规则的同时,努力为全球经济治理贡献中国智慧和中国方案,等等。因此,积极探索建设自由贸易区和自由贸易港,就要求我们在对接更高的标准中,推动形成更全面、更深入的开放发展新格局。

加快实施自由贸易区战略和自由贸易港建设,是适应经济全球化新趋势的客观要求,是全面深化改革、构建开放型经济新体制的必然选择,也是我国积极运筹对外关系、实现对外战略目标的重要手段。加快实施自由贸易区战略和自由贸易港建设,实质上就是要求按照国际化、法治化的要求,营造良好法治环境,依法管理开放,建立与国际高标准投资和贸易规则相适应的管理方式,形成参与国际宏观经济政策协调的机制,推动国际经济治理结构不断完善。推进政府行为法治化、经济行为市场化,建立健全企业履行主体责任、政府依法监管和社会广泛参与的管理机制。

---

①　习近平:《决胜全面建成小康社会　夺取新时代中国特色社会主义伟大胜利——在中国共产党第十九次代表大会上的报告》,人民出版社 2017 年版,第 35 页。

概括起来,由于自由贸易区战略和自由贸易港建设,本质上就是要对照国际最高标准、最好水平的自由贸易区,全面深化自由贸易试验区改革开放,因而能够在如下几个方面加快推动开放型经济新体制的构建。

第一,创新外商投资管理体制。加快实施自由贸易区战略和自由贸易港建设,有利于改善投资环境,扩大服务业市场准入,进一步开放制造业,稳定外商投资规模和速度,提高引进外资质量。加快实施自由贸易区战略和自由贸易港建设,有利于探索改革外商投资审批和产业指导的管理方式,尤其是完善外商投资市场准入制度,探索对外商投资实行准入前国民待遇加负面清单的管理模式。通过开放型经济新体制的建设,有利于将自由贸易区和自由贸易港培育成为吸引外资新优势的排头兵、科技创新驱动和绿色集约发展的示范区。

第二,构建外贸可持续发展新机制。外贸可持续发展,一方面是指保持外贸传统优势;另一方面是指加快培育外贸竞争新优势,着力破解制约外贸持续发展和转型升级的突出问题。从而实现全面提升外贸竞争力的目标。当前,伴随传统优势的逐步丧失,需要通过构建开放型经济新体制,增创新的竞争优势。无疑,加快实施自由贸易区战略和自由贸易港建设,能够在诸如提高贸易便利化水平、完善进出口促进体系、健全贸易摩擦应对机制、大力发展服务贸易、促进外贸提质增效升级等方面,构建出外贸可持续发展新机制。

第三,构建优化对外开放区域布局的协同作用机制。加快实施自由贸易区战略和自由贸易港建设,可以扩大服务业和先进制造业对外开放,形成促进投资和创新的政策支持体系,并将部分开放措施辐射到其他地区,及时总结改革试点经验,在全国复制推广。比如依托现有上海自由贸易试验区、广东、天津、福建等已经构建的11个自由贸易试验区,以上海自由贸易试验区试点内容为主体,结合地方特点,不断充实新的试点内容,并加快自由贸易港建设步伐。如此,可以构建其立足东中西协调、陆海统筹,扩大对港澳台开放合作,推动形成全方位的区域开放新格局,以区域开放的提质增效带动经济的协调发展的区域布局协同作用机制,推动实施新一轮高水平对外开放。

第四，构建开放安全的金融体系。提升金融业开放水平，稳步推进人民币国际化，扩大人民币跨境使用范围、方式和规模，加快实现人民币资本项目可兑换，是未来中国扩大开放的重要内容和方向。在此过程中，需要形成以服务实体经济为主要内容的金融创新制度框架，需要形成更加开放的金融市场体系和金融机构体系，需要形成加强监管合作、有效防范风险的协调机制，需要探索形成一大批可复制、可推广的金融创新成果。而这一切都必须建立在持续评估、完善审慎监管和有效管控风险的基础上。这就要求充分发挥自由贸易试验区和自由贸易港金融开放创新"试验田"作用。

第五，拓展国际经济合作新空间。如前所述，外部开放空间的不平衡是制约我国发展高层次开放型经济的制约因素之一。而要拓展外部经济合作空间，究其实质，就是要在巩固传统市场的同时，不断向其他国家和地区拓展。积极参与全球经济治理，做国际经贸规则的参与者、引领者，扩大国际合作与交流，努力形成深度交融的互利合作网络。

第六，与推进"一带一路"建设密切配合。自由贸易区和自由贸易港与"一带一路"建设存在着紧密的逻辑内洽关系。自由贸易区和自由贸易港是"一带一路"倡议的外部依托平台；自由贸易区和自由贸易港是"一带一路"倡议的内在落实基点；自由贸易区和自由贸易港构成"一带一路"倡议落地的国内国外两个战略支撑，通过自由贸易区和自由贸易港建设，可以营造国际化、法治化和市场化的营商环境，可以对标更高标准的国际经贸规则体系从而为提升参与全球经济治理能力奠定基础。因此，强化三者之间的良性互动，将为中国新一轮对外开放提供有力支撑；建设自由贸易区和自由贸易港，能够为加快推进"一带一路"建设提供重要的支撑和平台。

思考题

1. 怎样认识我国对外开放进入新阶段？
2. 构建对外开放新格局的主要内容是什么？
3. 开放型经济新体制的主要内涵是什么？怎样构建开放型经济新体制？

结束语:中国特色社会主义政治经济学之魂

马克思主义政治经济学从马克思创立开始就有所处时代的特征。中国特色社会主义进入了新时代,政治经济学也进入了新时代。进入新时代后,习近平总书记多次提出坚持和发展中国特色社会主义政治经济学问题。可见中国特色社会主义政治经济学在习近平总书记的治国理政理念中居于重要地位。中国特色社会主义政治经济学的基本范式属于马克思主义政治经济学,但中国特色社会主义政治经济学不是政治经济学社会主义部分的翻版。中国特色社会主义政治经济学是对中国特色社会主义经济制度和经济发展道路的理论概括,具有新时代特征。特别是习近平新时代中国特色社会主义经济思想是中国特色社会主义政治经济学的最新成果。中国特色社会主义政治经济学是对习近平新时代中国特色社会主义经济思想的学理化,因此习近平新时代中国特色社会主义经济思想是构建中国特色社会主义政治经济学之魂。

一、中国特色社会主义政治经济学的时代特征

时代特征与政治经济学研究的问题导向相关。所谓问题导向,最重要的是对所处时代的重大发展问题导向,并作出科学回应。根据习近平总书记的论述,中国特色社会主义先后有三个时代:“站起来时代”“富起来时代”和“强起来时代”。新中国成立,中国进入“站起来”的时代,改革开放,中国进入“富起来”的时代,现在正在进入“强起来”的时代。基于以人民为中心的基本立场,中国特色社会主义政治经济学的时代特征主要表现在以下三个方面:

第一,社会主义本质规定的新时代特征。我国改革开放一开始,邓小平同志就提出了关于社会主义本质的规定。邓小平同志指出共同贫困不是社会主义,社会主义的本质是解放生产力,发展生产力,消灭剥削,消除两极分化,最终达到共同富裕。与此相应实行允许一部分地区、一部分人先富起来的大政策。其显著效应是,我国经济社会发展活力不断增强,人民生活水平普遍提高,也就是富起来了。但也出现了收入差距日益扩大问题。中国特色社会主义进入新时代后,面对新的发展问题,习近平总书记指出:"消除贫困、改善民生、逐步实现共同富裕,是社会主义的本质要求,是我们党的重要使命。"①这个规定,不仅继承了邓小平同志关于社会主义本质的规定,而且针对收入差距扩大的新问题,把着力点放在消除贫困、改善民生、实现共同富裕上,也就是说关注不是一部分人而是全体人民的富裕。这是以人民为中心的现实体现。与此相联系,习近平总书记又提出共享发展的理念,要求实现发展成果的全民共享,充分体现了社会主义本质要求。按照共享发展理念,经济发展不是为少数人、一部分人服务,而是全体人民在发展中共享、在共享中发展,在民生改善中有更多获得感。尤其是脱贫攻坚。几千万人口的脱贫直接影响人民群众对全面建成小康社会的满意度、国际社会对我国全面建成小康社会的认可度。党的十八大以后,我国打响了脱贫攻坚战,深入实施精准扶贫、精准脱贫,取得显著成就。很显然,进入新时代后,习近平总书记关于社会主义本质的新规定应该成为中国特色社会主义政治经济学的指导思想。

第二,社会主要矛盾的新时代特征。社会主要矛盾的判断直接影响社会经济发展的方向和重点。党的十一届三中全会结束了阶级斗争为纲。后来的社会主义初级阶段理论明确我国的社会主要矛盾是人民群众日益增长的物质文化需要与落后的社会生产之间的矛盾。指引富起来的政治经济学关注这个矛盾的主要方面,即针对落后的社会生产着力于发展生产力。进入新时代后,虽然仍然处于社会主义初级阶段,但社会主义初级阶段的主要矛盾也有新时代特征。社会主要矛盾转化主要基于两个

① 《习近平谈治国理政》第二卷,外文出版社2017年版,第83页。

方面:一方面我国告别了低收入阶段进入了中等收入阶段,人民生活水平显著改善,人民群众的需要已经不只是数量上的“日益增长的物质文化需要”,而是在质量上的日益增长的美好需要。另一方面,经过改革开放以来的发展,我国社会生产力水平明显提高,社会生产能力在很多方面进入世界前列,过去主要矛盾表述的“落后的社会生产”已经不能反映我国经济社会发展的实际。面对这种新变化,习近平新时代中国特色社会主义经济思想适时提出社会主要矛盾已经转化为人民日益增长的美好生活需要和不平衡不充分的发展之间的矛盾。从两点论分析,所谓美好生活的需要,不仅涉及对物质的美好生活需要,还涉及对政治、社会、生态和文化等方面的美好生活需要。突出表现是消费水平进入中高端消费阶段,不仅是中高端人群的消费,更是在满足基本生活需要后的中高端层次的消费需要,涉及质量、安全、卫生、健康等层次的消费需求。所谓不能满足美好生活需要的,是指由过去落后的社会生产转变为不平衡不充分的发展。

中国特色社会主义政治经济学依据两点论和重点论的分析方法研究解决新时代社会主要矛盾的路径。根据重点论,社会主要矛盾分析更为关注矛盾的主要方面。如果说,过去面对人民群众日益增长的物质文化需要与落后的社会生产之间的矛盾,政治经济学分析的着力点在改变生产的落后面貌的话,以新时代社会主要矛盾为主线的中国特色社会主义政治经济学分析的着力点是解决发展的不平衡不充分问题。解决发展的不平衡问题,主要是补短板,主要涉及农业现代化的短板、地区发展不平衡的短板、生态环境的短板。协调发展就是要补齐短板。解决发展的不充分问题,最为突出的是解决由创新能力不足产生的核心技术供给不充分,由供给体系质量不高产生的有效供给不足等问题。显然,反映时代特征的中国特色社会主义政治经济学应该以新时代社会主要矛盾分析作为出发点和主线。

第三,发展目标的新时代特征。根据习近平新时代中国特色社会主义经济思想,新时代的总任务是实现社会主义现代化和中华民族伟大复兴,这也是构建中国特色社会主义政治经济学的总任务。基于第一个

"百年奋斗目标"即将实现,党的十九大绘制了分两步走在21世纪中叶建成富强民主文明和谐美丽的社会主义现代化强国的蓝图。基于在新时代推进的现代化是以人民为中心的社会主义现代化要求,第二个"百年奋斗目标"也是分两步走。第一个15年基本实现现代化是要使人民生活更为宽裕,第二个15年全面现代化时人民生活更加幸福安康。从小康到宽裕再到幸福安康,就是以人民生活水准为标准的发展进程。不仅如此,还有明确的共同富裕实现进程的明确安排,基本实现现代化阶段,城乡区域发展差距和居民生活水平差距显著缩小,而到全面现代化阶段,全体人民共同富裕基本实现。显然,社会主义现代化就是共同富裕逐步实现的过程。这是以人民为中心发展观的具体体现,也是推动进入"强起来"时代的重要标志。

二、新时代经济发展层面的重大理论创新

新时代的经济发展成为研究对象本身就是中国特色社会主义政治经济学的创新。就如马克思在《共产党宣言》中提出,无产阶级夺取政权以后的任务是要:"尽可能快地增加生产力的总量。"[①]因此研究发展生产力即经济发展问题就成为中国特色社会主义政治经济学的主要内容。

经济发展进入新时代的一个重要特征是,告别低收入发展阶段、进入中等收入发展阶段。在这个阶段,面临着一系列与低收入阶段不同的新的重大发展问题,概括起来主要有:一是传统发展动力衰减、资源环境承载能力已经达到或接近极限,相应的长期保持的高速增长速度不可持续。二是世界上一些国家在进入中等收入阶段后,没有及时转变经济发展方式,出现了收入差距过大、环境生态破坏等严重问题,发展陷入停滞。我国面临着避免重蹈他人覆辙、跨越"中等收入陷阱"的严峻挑战。三是发展面临的深层次问题是人民群众的需要由数量需要转向质量需要,相应的经济发展的不平衡不充分问题凸显。这些重大发展问题和呈现出的经济新常态,呼唤政治经济学的理论创新。习近平新时代中国特色社会主

① 《马克思恩格斯选集》第1卷,人民出版社2012年版,第421页。

义思想，为解决这些重大发展问题指明了方向。首先，针对我国经济持续40年的高速增长转向中高速增长。习近平总书记指出："我国发展仍处于重要战略机遇期，我们要增强信心，从当前我国经济发展的阶段性特征出发，适应新常态，保持战略上的平常心态。"①从战略机遇期视角观察并科学判断新常态，意味着不能只把新常态理解为经济增速放缓，还必须掌握其作为战略机遇期的科学内涵和精神实质，抓住和用好发展的新机遇。习近平总书记在党的十九大报告中指出我国经济正处于转变发展方式、优化经济结构、转换增长动力的攻关期。而跨越转向高质量发展的"关口"就是建设现代化经济体系。其次是掌握高质量发展的规律。习近平总书记在2014年7月29日中央政治局会议上指出，"发展必须是遵循经济规律的科学发展，必须是遵循自然规律的可持续发展，必须是遵循社会规律的包容性发展"。政治经济学是研究经济规律的科学，中国特色社会主义政治经济学更应关注进入新时代后经济发展规律研究，指导科学发展。

基于对新时代客观规律的深刻认识，习近平总书记提出了创新、协调、绿色、开放、共享的新发展理念。新发展理念不仅是对我国当前和今后一个时期经济社会发展的战略指引，而且推动了政治经济学理论的一系列创新。

一是发展驱动力理论创新。在经济发展的不同阶段，驱动力是不一样的。最初是要素驱动，是指主要依靠土地、资源、劳动等生产要素的投入推动经济增长。接下来是投资驱动，是指依靠持续的高投资（以低消费为基础）推动经济增长，这种驱动力一般适用于低收入条件下推动经济起飞时。中国进入新时代的一个重要标志就是习近平总书记所讲的，"从要素驱动、投资驱动转向创新驱动"。② 一方面支持物质资源高投入的要素供给到了极限；另一方面居民不能继续忍受低收入和低消费水平来支持高投资，需要在分享发展成果中支持发展。在此背景下，创新是发

① 《习近平关于全面建成小康社会论述摘编》，中央文献出版社2016年版，第22页。

② 《习近平关于全面建成小康社会论述摘编》，中央文献出版社2016年版，第23页。

展的第一动力。作为驱动力的创新包含多方面,其核心是科技创新。习近平总书记指出:“抓创新就是抓发展,谋创新就是谋未来。不创新就要落后,创新慢了也要落后。”①科技创新的着力点是创新处于国际前沿的核心技术。这就是习近平总书记指出的,核心技术是国之重器。既需要基础研究以研发核心高新技术为导向,也需要推动占领产业制高点的产业创新。将科技创新与产业创新融合,就是要打通从科技强到产业强、经济强、国家强的通道,解决好从“科学”到“技术”的转化,建立有利于创新成果产业化的机制和通道。

二是发展战略理论创新。基于发展中国家发展要素缺乏的现实,发展中国家通常采取不平衡发展战略推动发展,如我国实施的允许一部分地区先富起来的政策。其初期发展效果也很明显,但随之而来的不平衡不协调问题会影响高质量发展。进入新时代后,习近平总书记指出:“协调既是发展手段又是发展目标,同时还是评价发展的标准和尺度。再比如,协调是发展两点论和重点论的统一。”②协调是经济持续健康发展的内在要求。马克思的社会再生产理论可以归结为协调发展理论,是马克思主义政治经济学的重要组成部分。协调是发展的目标,意味着经济发展的目的并不是经济增长在数量上的累积,而是追求经济、社会、人与自然等多个方面的平衡发展。协调是发展的手段,意味着发展离不开协调,协调能够促进国家实现更高层次的发展,提高发展的整体水平,注重发展的平衡性、系统性与可持续性。协调同时还是评价发展的标准和尺度。因此,协调也就成为高质量发展的评价标准。根据协调发展的理念,经济发展转向平衡战略,涉及产业、城乡、区域等方面平衡发展。

三是财富理论创新。政治经济学需要研究财富的积累。长期以来,人们对财富只是理解为物质财富。工业文明时代人类利用工业化的文明成果对大自然加以索取和掠夺,造成自然界生态平衡的破坏和人与自然关系的恶化状况。对此,习近平总书记深刻指出:“人类社会在生产力落

① 《习近平关于科技创新论述摘编》,中央文献出版社 2016 年版,第 70 页。

② 《习近平谈治国理政》第二卷,外文出版社 2017 年版,第 205—206 页。

后、物质生活贫困的时期,由于对生态系统没有大的破坏,人类社会延续了几千年。而从工业文明开始到现在仅三百多年,人类社会巨大的生产力创造了少数发达国家的西方式现代化,但已威胁到人类的生存和地球生物的延续。”①中国特色社会主义所处的新时代,是由工业文明转向生态文明的时代。绿色发展的理念包含财富观的创新。“绿水青山就是金山银山。”干净的水、清新的空气、多样性的生物、绿色的环境是宝贵的生态财富。这种财富观体现人与自然和谐共生问题。经济发展不仅要谋求物质财富,还要谋求生态财富。不能为谋求物质财富而牺牲生态财富。就如习近平总书记指出的,“牢固树立保护生态环境就是保护生产力、改善生态环境就是发展生产力的理念”②。新时代的绿色发展理念不仅仅是保护环境和生态问题,还要治理和改善过去的发展所遗留的环境生态问题,提供人民美好生活所需要的高质量的生态产品。

四是开放型经济理论创新。改革开放以来指导开放的经济理论突出利用国际国内两个市场两种资源。即使在发达国家主导的经济全球化背景下,中国的开放仍然获得了全球化的红利。现在的开放型经济也进入了新时代。与某些发达国家推行反全球化政策相反,作为世界第二大经济体的中国扛起了继续推动全球化的大旗。新时代的开放型经济就是要根据习近平建立“人类命运共同体”的思想,建立高质量的开放型经济体系。主要表现是:与过去重在引进不同,开放战略坚持“引进来”和“走出去”并重,利用自由贸易区等开放载体,形成陆海内外联动、东西双向互济的开放格局;服从于创新驱动发展战略,引进国外要素的着力点将转向创新要素,进行开放式创新;与过去以资源禀赋的比较优势被嵌入全球化不同,参与全球化分工将以比较优势转向竞争优势,着力培育以技术、品牌、质量、服务为核心竞争力的新优势;与过去以资源禀赋的比较优势嵌入全球价值链不同,重视我国产业在全球价值链地位的提升,争取在价值链中的主导地位,并且依托核心技术建立以我国为主的全球价值链,形成

---

① 习近平:《之江新语》,浙江人民出版社2007年版,第118页。

② 《习近平谈治国理政》第一卷,外文出版社2018年版,第209页。

面向全球的贸易、投融资、生产、服务的价值链,培育国际经济合作和竞争新优势;与过去偏重制造业对外开放不同,现在是各个产业全方位开放,尤其是服务业的对外开放,随着人民币国际化和汇率市场化的推进,亚投行等金融机构作用的增强,中国在世界经济中的地位就有金融支撑。基于这些创新的开放型经济理论,就是在新的高度上引导新时代的高质量发展。

五是共同富裕理论创新。马克思预见的未来社会中,“生产将以所有人的富裕为目的”①。改革开放开始以后,针对长期的平均主义产生的共同贫困,邓小平同志最早提出了允许一部分地区一部分人先富起来的大政策,实际上创造了通过先富后富的差别最终实现共同富裕的道路。当时邓小平同志就预言到一定阶段(实现小康)就要提出先富帮后富问题。进入新时代就到了这个阶段。习近平总书记提出了共享发展的理念。这就是他在党的十八届五中全会提出的:“必须坚持发展为了人民、发展依靠人民、发展成果由人民共享,作出更有效的制度安排,使全体人民在共建共享发展中有更多获得感。”全民共享是目标,全面共享是内容,共建共享是基础,渐进共享是途径,核心是共享发展成果。“落实共享发展理念,归结起来就是两个层面的事。一是充分调动人民群众的积极性、主动性、创造性,举全民之力推进中国特色社会主义事业,不断把‘蛋糕’做大。二是把不断做大的‘蛋糕’分好,让社会主义制度的优越性得到更充分体现,让人民群众有更多获得感。”②从马克思关于共同富裕的目标提出,到改革开放初期确定允许一部分地区、一部分人先富起来的大政策,直至习近平总书记提出共享发展理念,形成了完整的社会主义条件下实现共同富裕的理论体系。

新发展理念是习近平新时代中国特色社会主义经济思想的主要内容,也是新时代中国特色社会主义经济建设的科学指南。新发展理念不仅是指引中国走向富强的理论之魂,也是指导建构新时代中国特色社会

---

① 《马克思恩格斯文集》第4卷,人民出版社2009年版,第211页。

② 《习近平谈治国理政》第二卷,外文出版社2017年版,第216页。

主义政治经济学的经济发展理论之魂。

三、新时代经济制度层面的重大理论创新

社会经济制度是政治经济学的研究对象。中国经济体制的重大变革就是从市场化改革开始的。政治经济学的制度理论创新也是由市场化改革推动的。

中国建立社会主义市场经济体制推动了公有制为主体、多种所有制经济共同发展的基本经济制度的形成,以及按劳分配为主体、多种分配方式并存的基本分配制度的形成。进入新时代后,习近平新时代中国特色社会主义经济思想的重大贡献就是党的十八届三中全会对社会主义市场经济体制内涵的新界定。这一理论的重大突破引领了经济制度的进一步创新。

社会主义市场经济理论的创新。从 1992 年党的十四大一直用到 2012 年党的十八大,社会主义市场经济体制被界定为市场在国家的宏观调控下对资源配置起基础性作用。进入新时代后,习近平新时代中国特色社会主义经济思想对社会主义市场经济的界定有两个突破性进展。第一,回归到市场经济的本义,对市场配置资源的作用由基础性作用改为决定性作用。习近平总书记指出:作出“使市场在资源配置中起决定性作用”的定位,有利于在全党全社会树立关于政府和市场关系的正确观念,有利于转变经济发展方式,有利于转变政府职能,有利于抑制消极腐败现象。市场决定资源配置突出的是市场的自主性。这种自主性不仅表现为市场自主地决定资源配置的方向,同时也表现为市场调节信号即市场价格自主地在市场上形成,不受政府的不当干预。在实践中大力度推进了各级政府取消和下放行政审批权的改革。第二,明确市场对资源配置起决定性作用同更好发挥政府作用是一个整体。并且明确“科学的宏观调控,有效的政府治理,是发挥社会主义市场经济体制优势的内在要求”①。显然,社会主义市场经济的特色就在于市场和政府的作用不但不矛盾,还

① 《习近平谈治国理政》第一卷,外文出版社 2018 年版,第 77 页。

能协同,各自在自己的领域充分发挥作用。

党的十九大就加快完善社会主义市场经济体制做了进一步的部署,明确了经济体制改革的两大重点:一是完善产权制度;二是完善要素市场化配置。目标是实现产权有效激励、要素自由流动、价格反应灵活、竞争公平有序、企业优胜劣汰。

社会主义市场经济理论的新突破必然牵动经济体制其他方面的深化改革。在习近平总书记的表述中,只有基本经济制度和基本收入制度用“基本”两字。因此这两个基本制度的理论创新是中国特色社会主义政治经济学的制度领域的核心内容。

基本经济制度改革推动的理论创新。所有制理论是政治经济学永恒的主题。产权制度分析超越所有制理论,拓宽了基本经济制度研究的空间。进入新时代后继续坚持“两个毫不动摇”的理论成果,即:毫不动摇巩固和发展公有制经济;毫不动摇鼓励、支持、引导非公有制经济发展。在此基础上,基本经济制度方面的理论创新突出在以下三方面:一是明确公有制经济和非公有制经济都是社会主义市场经济的重要组成部分,都是我国经济社会发展的重要基础。与此相应,在产权保护上,明确提出公有制经济财产权不可侵犯,非公有制经济财产权同样不可侵犯。在政策待遇上,强调坚持权利平等、机会平等、规则平等,实行统一的市场准入制度。二是明确多种所有制资本交叉持股、相互融合的混合所有制经济,是基本经济制度的重要实现形式。利用混合所有制经济,既有利于国有资本放大功能,又鼓励发展非公有资本控股的混合所有制企业。三是在国有企业已经同市场经济相融合的基础上,明确提出推动国有资本做强做优做大。其路径包括:国有企业按商业类和公益类两类进行分类改革;国资管理转向管资本为主,改革国有资本授权经营体制;加快国有经济布局优化、结构调整、战略性重组,促进国有资产保值增值,有效防止国有资产流失。

基本分配制度改革推动的理论创新。从党的十四大到党的十八大都提出,确立和健全劳动、资本、技术和管理等生产要素按贡献参与分配的制度。进入新时代后坚持和完善这种分配制度的基本思路是,既要坚持按劳分配原则,又要完善按要素分配的体制机制,促进收入分配更合理、更有序。习近平新时代中国特色社会主义经济思想重大的理论成果主要有以下两个方面:一是,党的十八届三中全会进一步提出:各种生产要素的报酬由各自的生产要素市场决定。这样,各种生产要素参与收入分配的份额,不只是取决于各自的投入,还要取决于各自的“贡献”和供求状况。这是市场决定资源配置的现实体现。二是,在各种非劳动力要素参与收入分配的背景下,不同的人拥有的要素存在很大差别,不可避免会产生收入差距。储蓄能力强的、技术水平高的、经营能力强的,致富能力也强。与此相反,在生产一线的劳动者的报酬在收入中所占比重呈下降的趋势。对此,党的十八届三中全会明确提出要体现公平正义,逐步实现共同富裕的要求。由此推动的理论创新就在于两个方面:第一,如何体现按劳分配为主体。其关键在于科学认识按劳分配为主体的内涵和外延。首先,在公有制为主体、多种所有制经济共同发展的背景下,不仅公有制企业中要坚持按劳分配,在非公有制企业中的劳动报酬也应体现按劳分配的要求。其次,按劳分配收入不只是处于生产一线的直接劳动的收入,也包括属于总体劳动的技术和管理的收入,这部分劳动是复杂劳动,其收入应该更高。这部分劳动收入与生产一线的直接劳动收入合起来体现按劳分配为主体。同时,对直接劳动者提供教育培训投入,可以增加其技术等要素的供给,从而支持按劳分配为主体。第二,从公平正义要求提高生产一线的直接劳动者的收入。主要路径是初次分配和再分配都要处理好公平和效率的关系,再分配更加注重公平;提高居民收入在国民收入分配中的比重,创造条件让更多的群众拥有财产性收入;基本公共服务均等化。

以上由社会主义市场经济理论的重大突破引领的基本经济制度和基本分配制度的创新,反映了中国特色社会主义经济制度的进一步完善。中国特色社会主义政治经济学作为中国特色社会主义经济制度的理论概括反映这些新进展,是理论自信、制度自信的体现。

四、新时代经济运行层面的重大理论创新

经济运行层面主要涉及资源配置方式和供求关系的分析。我国的政

治经济学教科书专门研究经济运行是从推进市场化改革开始的。市场调节及其带动的供求机制的分析成为经济运行分析的主要内容。进入新时代后,习近平总书记对供求关系做了科学的论述:“供给和需求是市场经济内在关系的两个基本方面,是既对立又统一的辩证关系,二者你离不开我、我离不开你,相互依存、互为条件。”①据此习近平总书记明确提出供给侧和需求侧的关系:“供给侧和需求侧是管理和调控宏观经济的两个基本手段。”②需求侧管理重在解决总量性问题,注重短期调控;供给侧管理重在解决结构性问题,注重长期发展。

需求侧运行理论。转向市场经济体制实际上是在需求侧进行改革。我国从党的十七大起明确提出促进经济增长由主要依靠投资、出口拉动向依靠消费、投资、出口协调拉动转变,从而推动了政治经济学的宏观经济运行分析对三大需求的研究,宏观调控也集中在财政和货币政策的总量需求调控。党的十八届三中全会明确市场对资源配置起决定性作用,习近平总书记同时指出由计划经济转变的市场经济存在的问题,包括市场秩序不规范、生产要素市场发展滞后、市场规则不统一、市场竞争不充分,等等。这些问题不解决好,完善的社会主义市场经济体制是难以形成的。由此推动经济运行领域关于统一开放竞争有序的市场秩序和规范的理论研究和创新。

发展中国家经济运行的实践证明,只是在需求侧进行改革,只是完善需求管理,并不能有效解决经济运行的效率和供给质量,不能满足人民美好生活的需要。供给侧的问题归结为结构、效率和质量,根子在供给体制。因此,在 2015 年中央财经领导小组第十一次会议上,习近平总书记所提出要“在适度扩大总需求的同时,着力加强供给侧结构性改革”。从那时起,供给侧结构性改革开始成为高频词。对供给侧结构性改革的研究为经济运行分析开拓了新境界。

全要素生产率。全要素生产率最早是诺贝尔经济学奖得主索罗提出

① 《习近平谈治国理政》第二卷,外文出版社 2017 年版,第 252 页。
② 《习近平谈治国理政》第二卷,外文出版社 2017 年版,第 253 页。

的,意思是各种要素集合所产生的生产率之和大于各单个要素投入的生产率之和。这个概念被用于供给侧结构性改革目标,并被赋予新的内容:全要素生产率成为经济运行的目标。这就是习近平总书记所指出的:“供给侧结构性改革,重点是解放和发展社会生产力,用改革的办法推进结构调整,减少无效和低端供给,扩大有效和中高端供给,增强供给结构对需求变化的适应性和灵活性,提高全要素生产率。”①在供给侧,不仅涉及物质要素投入,还有技术、结构、效率、制度等方面的投入。在物质资源和低成本劳动力方面的供给推动力消退时,全要素生产率的提高就可在很大程度上弥补要素投入的不足,创新驱动、结构调整、提高效率都可以成为新的供给推动力。这就是习近平总书记所指出的:“优化现有生产要素配置和组合,提高生产要素利用水平,促进全要素生产率提高,不断增强经济内生增长动力。”②党的十九大报告进一步指出了通过质量变革、效率变革、动力变革三大变革提高全要素生产率的途径。

供给体系质量。供求实现动态平衡的关键在供给体系的质量。现实中存在的供求矛盾集中在供给侧。产品的质量、技术档次、卫生、安全等方面不适合需求就反映有效供给的短缺。与此同时又存在无效和低端的产能过剩。这些供给侧的问题反映了供给体系的缺陷。正如习近平总书记所说,“我国供给体系产能十分强大,但大多数只能满足中低端、低质量、低价格的需求”③。去产能、去库存、去杠杆、降成本、补短板,只是腾出被无效和低端供给占用的资源,增加有效供给。最根本的还是改革供给体系,增强供给结构对需求变化的适应性和灵活性,提高供给体系的质量和效率。其途径就是党的十九大报告进一步指出的:必须把发展经济的着力点放在实体经济上,显著增强我国经济质量优势。优化存量资源配置,扩大优质增量供给,实现供需动态平衡。

供给侧的激励,调动各方面积极性是中国特色社会主义政治经济学的重大原则。在一般情况下,需求侧突出的是市场选择,提供发展压力;

① 《习近平谈治国理政》第二卷,外文出版社 2017 年版,第 252 页。
② 《习近平关于社会主义经济建设论述摘编》,中央文献出版社 2017 年版,第 108 页。
③ 《习近平关于社会主义经济建设论述摘编》,中央文献出版社 2017 年版,第 113 页。

而供给侧则突出经济激励,提供发展的动力。供给侧的激励注重对实体经济的激励,突出在两方面:一是激励企业;二是激励企业家。激励企业主要为企业降低税、费、利息和社会负担,使企业轻装上阵;激励企业家主要是保护企业家财产,激励和保护企业家精神,最终目的是释放企业活力。

从体制及改革的角度分别研究需求侧和供给侧的运行效率,反映中国关于经济运行理论研究的深入,将其成果上升为系统化的经济学说,也是中国特色社会主义政治经济学的重大进展。

以上,从整体上概括了中国特色社会主义政治经济学的理论体系,包括基本理论和重要范畴,从中不仅反映中国特色社会主义政治经济学是当代中国的马克思主义政治经济学,而且反映以习近平新时代中国特色社会主义经济思想为魂的中国特色社会主义政治经济学是对马克思主义政治经济学的重大发展。

参 考 文 献

马克思、恩格斯:《共产党宣言》,人民出版社 2014 年版。

马克思:《资本论》,人民出版社 1975/2004 年版。

《马克思恩格斯选集》,人民出版社 1972/1975/1995/2012 年版。

《马克思恩格斯文集》,人民出版社 2009 年版。

《列宁选集》,人民出版社 1995 年版。

列宁:《市场问题述评》,《列宁全集》第 4 卷,人民出版社 1961 年版。

习近平:《弘扬人民友谊　共同建设“丝绸之路经济带”》,《人民日报》2013 年 9 月 8 日。

习近平:《决胜全面建成小康社会　夺取新时代中国特色社会主义伟大胜利——在中国共产党第十九次全国代表大会上的报告》,人民出版社 2017 年版。

习近平:《坚持节约资源和保护环境基本国策　努力走向社会主义生态文明新时代》,《人民日报》2013 年 5 月 25 日。

习近平:《坚持走中国特色自主创新道路　不断在攻坚克难中追求卓越》,《人民日报》2014 年 1 月 7 日。

习近平:《立足于我国国情和我国发展实践　发展当代中国马克思主义政治经济学》,《人民日报》2015 年 11 月 25 日。

习近平:《敏锐把握世界科技创新发展趋势　切实把创新驱动发展战略实施好》,《人民日报》2013 年 10 月 2 日。

习近平:《人民对美好生活的向往就是我们的奋斗目标》,《人民日报》2012 年 11 月 16 日。

《习近平谈治国理政》第一卷,外文出版社 2018 年版。

《习近平谈治国理政》第二卷,外文出版社 2017 年版。

习近平:《在庆祝中国共产党成立 95 周年大会上的讲话》,《人民日报》2016 年 7 月 2 日。

习近平:《在省部级主要领导干部学习贯彻党的十八届五中全会精神专题研讨班上的讲话》,《人民日报》2016 年 5 月 10 日。

习近平:《在十八届中央政治局第十五次集体学习时的讲话》,《人民日报》2014年5月28日。

习近平:《之江新语》,浙江人民出版社2013年版。

习近平:《扎扎实实做好改革发展稳定各项工作 为党的十九大胜利召开营造良好环境》,《人民日报》2017年6月24日。

习近平:《主动适应、把握、引领经济发展新常态,着力推进供给侧结构性改革》,《党的文献》2017年第4期。

中共中央文献研究室编:《习近平关于全面深化改革论述摘编》,中央文献出版社2014年版。

中共中央文献研究室编:《习近平关于社会主义生态文明建设论述摘编》,中央文献出版社2017年版。

中共中央文献研究室编:《习近平关于社会主义经济建设论述摘编》,中央文献出版社2017年版。

《习近平在部分省区市党委主要负责同志座谈会上讲话》,《人民日报》2015年6月20日。

《邓小平文选》,人民出版社1993年版。

胡锦涛:《高举中国特色社会主义伟大旗帜 为夺取全面建设小康社会新胜利而奋斗——在中国共产党第十七次全国代表大会上的报告》,《人民日报》2007年10月25日。

胡锦涛:《坚定不移沿着中国特色社会主义道路前进 为全面建成小康社会而奋斗——在中国共产党第十八次全国代表大会上的报告》,《人民日报》2012年11月18日。

《中共中央关于全面深化改革若干重大问题的决定》,人民出版社2013年版。

《中共中央国务院关于完善产权保护制度依法保护产权的意见》,2016年11月4日。

《中共中央国务院关于深化国有企业改革的指导意见》,2015年8月24日。

《国务院办公厅关于进一步完善国有企业法人治理结构的指导意见》,2017年5月3日。

中国国务院国有资产监督管理委员会、中国财政部、中国国家发展和改革委员会:《关于国有企业功能界定与分类的指导意见》,2015年12月30日。

《马克思主义政治经济学概论》编写组:《马克思主义政治经济学概论》,人民出版社2011年版。

陈彬:《我国区域发展的阶段性特征及趋势》,2016年4月8日。

程立显:《伦理学与社会公正》,北京大学出版社2002年版。

邓鹏:《论共享发展理念的民生伦理意蕴》,《中国社会科学院研究生院学报》

2016 年第 5 期。

[美]埃里克·弗鲁博顿、[德]鲁道夫·芮切特:《新制度经济学——一个交易费用分析范式》,姜建强、罗长远译,格致出版社、上海三联书店、上海人民出版社 2012 年版。

高培勇:《论国家治理现代化框架下的财政基础理论建设》,《中国社会科学》2014 年第 12 期。

葛扬:《市场机制作用下国企改革、民企转型与混合所有制经济的发展》,《经济纵横》2015 年第 10 期。

龚柏华:《国际化和法治化视野下的上海自贸区营商环境建设》,《学术月刊》2014 年第 1 期。

郭树清:《体制转轨与宏观调控》,中国人民大学出版社 2007 年版。

哈米德·豪斯塞尼、万田:《不确定性与认知欠缺导致欠发达国家的政府失灵》,《经济社会体制比较》2004 年第 2 期。

胡鞍钢、马伟:《现代中国经济社会转型:从二元结构到四元结构》(1949—2009),《国情报告》,2012 年。

黄达:《财政信贷总和平衡导论》,中国金融出版社 1984 年版。

贾康:《中国供给侧结构性改革中创新制度供给的思考》,《区域经济评论》2016 年第 3 期。

[美]西蒙·库兹涅茨:《诺贝尔经济学奖金获得者讲演集》,王宏昌、林少宫编译,中国社会科学出版社 1986 年版。

[美]西蒙·库兹涅茨:《现代经济增长》,夏睿、易诚,北京经济学院出版社 1989 年版。

[美]杰里米·里夫金:《第三次工业革命》,张体伟、孙豫宁译,中信出版社 2012 年版。

李实、岳希明:《〈21 世纪资本论〉到底发现了什么》,中国财政经济出版社 2015 年版。

李义平:《马克思的经济发展理论:一个分析现实经济问题的理论框架》,《中国工业经济》2016 年第 11 期。

厉以宁:《宏观经济学的产生和发展》,湖南人民出版社 1997 年版。

厉以宁:《论共同富裕的经济发展道路》,《北京大学学报(哲学社会科学版)》1991 年第 5 期。

刘斌:《西方经济学中收入分配公平观述评》,《山西大学学报(哲学社会科学版)》2004 年第 4 期。

刘灿等:《中国特色社会主义收入分配制度研究》,经济科学出版社 2018 年版。

刘国光:《是“国富优先”转向“民富优先”还是“一部分人先富起来”转向“共同

富裕”》,《浙江社会科学》2011 年第 4 期。

刘瑞:《中国特色的宏观调控体系研究》,中国人民大学出版社 2016 年版。

刘诗白:《刘诗白经济文选》,中国时代经济出版社 2010 年版。

刘诗白:《马克思主义政治经济学原理》,西南财经大学出版社 2011 年版。

刘诗白:《政治经济学》,西南财经大学出版社 2014 年版。

刘树成:《经济周期与宏观调控》,社会科学文献出版社 2005 年版。

刘迎秋:《中国非国有经济发展道路》,经济管理出版社 2013 年版。

刘志彪:《中国语境下如何推进供给侧结构改革》,《探索与争鸣》2016 年第 6 期。

罗尔斯:《正义论》,何怀宏等译,中国社会科学出版社 1988 年版。

罗斯托:《经济增长的阶段:非共产党宣言》,郭熙保等译,中国社会科学出版社 2001 年版。

洪银兴:《创新是新时代现代化的第一动力》,《经济理论与经济管理》2018 年第 1 期。

洪银兴:《非劳动生产要素参与收入分配的理论辨析》,《经济学家》2015 年第 4 期。

洪银兴、任保平:《经济新常态下发展理论创新》,经济科学出版社 2017 年版。

洪银兴:《科技创新与创新型经济》,《管理世界》2012 年第 7 期。

洪银兴:《市场对资源配置起决定性作用后政府作用的优化》,《光明日报》2014 年 1 月 29 日。

洪银兴:《市场秩序和规范》,上海人民出版社 2007 年版。

洪银兴:《现代经济学大典(政治经济学分卷)》,经济科学出版社 2016 年版。

洪银兴:《现代经济学通论》,高等教育出版社 2007 年版。

洪银兴:《学好用好中国特色社会主义政治经济学》,江苏人民出版社 2017 年版。

洪银兴:《准确认识供给侧结构性改革的目标和任务》,《中国工业经济》2016 年第 6 期。

孟捷:《劳动与资本在价值创造中的正和关系研究》,《经济研究》2011 年第 4 期。

诺思:《经济史中的结构与变迁》,上海三联书店 1994 年版。

彭爽、叶晓东:《论 1978 年以来中国国民收入分配格局的演变、现状与调整对策》,《经济评论》2008 年第 2 期。

托马斯·皮凯蒂:《21 世纪资本论》,巴曙松等译,中信出版社 2014 年版。

青连斌:《分配制度改革与共同富裕》,江苏人民出版社 2004 年版。

邱海平:《共同富裕的科学内涵与实现途径》,《政治经济学评论》2016 年第 4 期。

曲顺兰:《税收调节收入分配:基本判断及优化策略》,《马克思主义与现实》2011 年第 1 期。

约瑟夫·萨缪尔森:《经济学》(第 19 版),萧琛主译,商务印书馆 1979 年版。

陆学艺、李培林、陈光金主编:《2013年中国社会形势分析与预测》,周立群等译,社会科学文献出版社2012年版。

斯蒂格利茨:《社会主义向何处去——经济体制转型的理论与证据》,周立群等译,吉林人民出版社1998年版。

斯蒂格利茨:《国家作用的重新定义》,载于[日]青木昌彦等编著:《市场的作用,国家的作用》,林家彬等译,中国发展出版社2002年版。

斯蒂格利茨:《政府为什么干预经济:政府在市场经济中的角色》,郑秉文译,中国物资出版社1998年版。

迈克尔·P.托达罗、斯蒂芬·C.史密斯:《发展经济学》,余向华、陈雪娟译,机械工业出版社2014年版。

卫兴华、张宇:《社会主义经济理论(第三版)》,高等教育出版社2013年版。

谢地、宋冬林:《政治经济学》,高等教育出版社2013年版。

约瑟夫·熊彼特:《经济发展理论》,何昆等译,商务印书馆1990年版。

杨瑞龙、陈秀山、张宇:《社会主义经济理论》,中国人民大学出版社1999年版。

于金富等:《试论生产要素按贡献参与分配与按劳分配的一致性》,《教学与研究》2014年第9期。

余源培:《以共识、共通、共容、共享引领社会管理创新》,《毛泽东邓小平理论研究》2011年第8期。

约翰·希克斯:《经济学展望》,余皖奇译,商务印书馆2013年版。

张宇等:《中国特色社会主义政治经济学》,高等教育出版社2017年版。

赵晓雷:《中华人民共和国经济思想史纲》,首都经济贸易大学出版社2009年版。

朱航:《关于共同富裕的内涵及实现标准的思考》,《财政研究》1996年第7期。

Baumol, W., 1993, *Entrepreneurship, Management and the Structure of Payoffs*, Cambridge: The MIT Press.

Djankov, S., La Porta, R., López-de-Silanes, F. and Shleifer, A., "The Regulation of Entry", *The Quarterly Journal of Economics*, Vol.117, No.1(2002).

Eifert, B., Gelb, A. and Ramachandran, V., "Business Environment and Comparative Advantage in Africa: Evidence from the Investment Climate Data", *Banque Mondiale*, Washington D.C., 2005.

Hallward-Driemeier, M., Khun-Jush, Gand Pritchett, L., 2010, "Deals versus Rules: Policy Implementation Uncertainty and Why Firms Hate It", *NBER Working Paper* 16001.

Long, Chery Xiaoning, Colin Lixin Xu, and Jin Yang, 2018, Business Climate in China: Evolution between 1992 and 2012, World Bank Working Paper.

North, D.C., "Economic Performance Through Time", *The American Economic Review*,

Vol.84, No.3(1994).

Piketty, T., Yang, L. and Zucman, G., "Capital Accumulation, Private Property and Rising Inequality in China, 1978–2005", Burean of Economic Research, No.023368.

后　记

2015年由我牵头的《中国特色社会主义政治经济学研究》被立项为马克思主义理论研究和建设工程重大项目、国家社科基金重大项目。经中央马克思主义理论研究和建设工程办公室批准,本项目研究的首席专家除我以外还有中国人民大学的黄泰岩教授、西南财经大学的刘灿教授、复旦大学的石磊教授、厦门大学的龙小宁教授、南京大学的葛扬教授,西北大学的任保平教授作为课题组主要成员。根据研究计划,我们编写了由经济科学出版社出版的中国特色社会主义政治经济学研究丛书,并先后在南京大学、西南财经大学和厦门大学举行新时代中国特色社会主义政治经济学理论研讨会,在此基础上,我们根据最新研究成果编写了这本《新编社会主义政治经济学教程》。

编写本教程的作者分工如下:导论:洪银兴;第一章:葛扬;第二章:洪银兴;第三章:黄泰岩;第四章:洪银兴、黄泰岩;第五章:葛扬;第六章:扬德才;第七章:刘灿、吴垠;第八章:刘灿;第九章:洪银兴、孙宁华;第十章:刘灿、李梦凡;第十一章:盖凯程;第十二章:任保平;第十三章:赵建;第十四章:龙小宁、张兴祥;第十五章:洪银兴;第十六章:何爱平;第十七章:宋宇;第十八章:石磊;第十九章、第二十章:张二震;结束语:洪银兴。全书由我统稿。

在本书出版之际,首先要感谢中央马克思主义理论研究和建设工程办公室,由于《中国特色社会主义政治经济学研究》的立项,才可能将国内政治经济学研究领域的高层次专家集中在一起研究中国特色社会主义政治经济学的重大理论和实践问题,从而编写出这本教程。同时,感谢人民出版社,尤其是郑海燕主任从编写本教程开始就介入,对本教程编写的规范给予了悉心指导。

在党的十九大后编写这本教程,面对的是新时代的新课题。由于我们水平有限,有不完善的地方,欢迎读者批评指正。

洪银兴

2018 年暑期